SEGURANÇA PÚBLICA, SISTEMA CARCERÁRIO E DIREITOS HUMANOS

Bruno Cavalcante Leitão Santos
Francisco de Assis de França Júnior
José Ailton da Silva Júnior

Coordenadores

EDITORA MERAKI

Copyright © 2020 Editora Meraki Ltda

Todos os direitos reservados.

ISBN: 978-65-991584-3-8

Acompanhamento editorial Leonam Liziero
Diagramação Mateus Souza
Capa Leonam Liziero

Editora Meraki
Conselho Editorial
Alexandre Walmott Borges (UFU)
Alessandra Silveira (UMinho)
Ari Marcelo Solon (USP)
Dawid Bunikowski (UEF)
Diva Julia Safe Coelho (PNPD-CAPES/UFU)
Felipe Magalhães Bambirra (UniALFA)
Gonçal Mayos (UB)
José Carlos Remotti (UAB)
Osvaldo Alves de Castro Filho (UFMS)
Saulo Pinto Coelho (UFG)

L533	Leitão Santos, Bruno Cavalcante et al.
	Segurança Pública, Sistema Carcerário e Direitos Humanos / Bruno Cavalcante Leitão Santos, Francisco de Assis de França Júnior, José Ailton da Silva Júnior (Coord.). Andradina: Meraki, 2020.
	Bibliografia
	ISBN 978-65-991584-3-8
	1. Direito 2. Ciências Criminais 3. Pesquisa Jurídica
	1. Título
	CDU – 343 CDD – 345

DIRETORIA DA 3ª SUBSEÇÃO DA OAB/AL EM PALMEIRA DOS ÍNDIOS/AL

TRIÊNIO 2019-2021

PRESIDENTE: MARCUS FREDERICO DE QUEIROZ RIBEIRO LIMA
VICE-PRESIDENTE: MARIA VILMA TAVARES NEVES
SECRETÁRIO: MARCOS FILIPE MEDEIROS GAMA
SECRETÁRIO ADJUNTO: FELIPE MARINHO VITÓRIO CAVALCANTE
TESOUREIRO: ZENÍCIO VIEIRA LEITE NETO

COMISSÃO DE EDUCAÇÃO JURÍDICA, ESTÁGIO E EXAME DE ORDEM

PRESIDENTE: ARIANE FERREIRA FERRO

MEMBROS:
BRUNO DE OLIVEIRA PINTO FERRAZ
SANDRO ROGERIO MELROS DE OLIVEIRA RIOS

Algumas atividades da gestão
Instagram: @3subsecaooabpalmeiraal

3subsecaooabpalmeiraal Hoje Dr. Marcus Ribeiro. Dr. @arthurferro.adv. representando Dra. @jackycamilo Presidente da Comissão de Defesa do Consumidor, se reuniram com o Presidente do @proconalagoas Dr. @daniel_sampaio_ e toda sua diretoria, juntos com representantes do @bancodobrasil, @caixa, @clarobrasil, @spc_serasa_consulta mais 10 empresas , iniciaram as tratativas para a realização do primeiro feirão de renegociação de dívidas do interior, que será realizado dias 06 e 07 de Março na AABB na cidade de Palmeira dos Índios/AL.

Será uma ótima oportunidade para os consumidores do Sertão e Agreste

Curtido por felipemendesadv e outras 70 pessoas

3subsecaooabpalmeiraal • Seguindo
OAB/AL - Ordem dos Advogados do Brasil

3subsecaooabpalmeiraal Na última sexta feira o Conselho da Ordem dos Advogados do Brasil Seccional Alagoas, esteve reunido com uma vasta pauta, a internet e suas redes sociais foi um dos temas largamente discutidos. Dr. Telmo Paiva , Presidente do Tribunal de Ética e Disciplina junto com Dr Anderson, fizeram uma longa e esclarecedora palestra acerca do tema que conforme o Código de Ética e Disciplina é vedado qualquer mercantilização da profissão. Na ocasião o Presidente da @3subsecaooabpalmeiraal Dr. Marcus Ribeiro, afirmou que mesmo sendo nosso Código defasado, é preciso está atento a literalidade de seus comandos até que o Conselho Federal da Ordem dos Advogados do Brasil se

Curtido por arianeferreiraferro e outras 44 pessoas

3subsecaooabpalmeiraal A comissão de Defesa do Consumidor junto com o Presidente da 3ª Subseção da OAB/AL recebeu na sede o Superintendente do Procon Dr. Daniel Sampaio. na ocasião a Presidente da Comissão Dra Jacqueline Camilo externou a preocupação da ordem quanto a ausência do Procon na cidade e apontou as dificuldades que os consumidores locais tem enfrentado.
De imediato, o Superintendente do Procon Dr. Daniel Sampaio, apontou algumas ações a serem realizadas. inclusive com atuação imediata ainda hoje em alguns seguimentos do comércio e nas agências bancárias.

Curtido por felipemendesadv e outras 83 pessoas

3subsecaooabpalmeiraal • Seguindo ···

3subsecaooabpalmeiraal Hoje, o Presidente da 3º Subseção OAB PALMEIRA. @_marcusr e o Presidente da Seccional @nivaldobarbosajr1 , mais os advogados @zenicioneto. @franklin_bitencourt , @vitoriofilipe @klenaldo.oliveira , @marcondesoliveira, foram recebidos em audiência na Corregedoria Geraldo do TJ AL pelo Des. Fernando Torinho, na ocasião trataram acerca das indicações dos Juízes Titulares da 2ª e 4ª Vara da Comarca de Palmeira dos Índios. uma vez que os juízes foram promovidos para outras comarcas. de maneira que, o Des. Corregedor. garantiu que irá da início ao procedimento administrativo e que

Curtido por felipemendesadv e outras 62 pessoas

SUMÁRIO

PREFÁCIO

A Comissão de Educação Jurídica, Estágio e Exame da Ordem dos Advogados do Brasil – Secção Alagoas -, de forma oportuna e eficiente, com acentuado dinamismo e senso de oportunidade, apresenta à comunidade jurídica a presente obra **"Segurança Pública, Sistema Carcerário e Direitos Humanos",** um conjunto de ideias e anseios que estão resumidos em condensados pensamentos jurídicos, articulados em artigos de expressiva relevância, de autoria de notáveis pensadores, invocando questões relativas à segurança pública, sistema penitenciários e direitos humanos.

A obra coordenada pelos professores Bruno Leitão Cavalcante Santos, Francisco de Assis de França Júnior e José Ailton da Silva Júnior, oferece aos leitores – principalmente aos estudantes e profissionais do Direito – dados estatísticos e lições claras e precisas sobre os altos índices de criminalidade de que assolam o País, mormente no Estado de Alagoas, constatando e oferecendo sugestões primorosas para a redução da violência naquele Estado.

Lado outro, o livro destaca, sobremaneira, a grave crise carcerária que Alagoas vem enfrentando nos últimos anos, aliás, como já ocorre com os demais Estados da Federação, com poucas perspectivas de mudanças de comportamento humano e material das suas prisões, muito mais em face da inexistência de um plano estadual penitenciário que possa efetivar a Lei de Execução Penal de 1984, que é muito boa em termos legislativos, mas muito pouco usada no dia a dia do ambiente prisionais. O tratamento penitenciário oferecido ao preso pelas autoridades públicas responsáveis pelas prisões, provocam medo e desesperança na classe carcerária, desse modo contribuindo para constantes revoltas e motins em seus estabelecimentos penais.

A presente obra, por oportuno, retrata os graves problemas vivenciados pelo povo alagoano, oriundos da violência crescente e da ausência de vagas no seu sistema penitenciário, sem contar que as suas prisões não oferecem aos seus presidiários a assistência jurídica, material, social, educacional e à saúde, como exige a Lei de Execução Penal.

Nesse sentido, a proposta da Comissão de Educação Jurídica, Estágio e Exame da Ordem dos Advogados do Brasil – Secção Alagoas -, ora transformada em livro, tem tudo para desfrutar no celeiro jurídico brasileiro como uma contribuição significativa em defesa da cidadania, da paz social e da compreensão que não basta só punir. A integração social do condenado será sempre extremamente fundamental para os destinos da humanidade e para a paz social tão almejada.

Adeildo Nunes
Doutor e Mestre em Direito de Execução Penal pela Universidade Lusíada de Lisboa. Pós-doutorando em Direito Público pela Universidade Autônoma de Lisboa, professor e advogado.

15 anos do caso "Sandrinho, o terror de Maceió": uma análise sob a perspectiva da criminologia midiática

Ana Carolina Lima Guedes Silva[1]
Maria Victória Menezes de Mesquita[2]

Introdução

Os saberes criminológicos sempre foram diversos e conflitantes entre si. As mais diversas perspectivas criminológicas (que não serão abordadas exaustivamente aqui), focam-se na análise do exercício do poder punitivo.

Nesse sentido, sob a ótica da criminologia midiática, será analisado o caso de Alessandro Domingos, conhecido popularmente como "Sandrinho" ou ainda "o terror de Maceió", referente a cobertura da imprensa sobre os diversos delitos cometidos pelo jovem entre os anos de 2005 e 2006, que começou a ser largamente noticiado a partir do natal de 2005 até a sua morte em julho de 2006.

Desse modo, o tema a ser abordado traz consigo uma perspectiva de análise da segurança pública sob o viés da cobertura midiática realizada pelos veículos de imprensa em geral. Assim, o estudo foi realizado com base no portal Alagoas 24 Horas, no lapso temporal de maio a julho de 2006, totalizando o número de 44 reportagens que continham as palavras-chave "Sandrinho" e "Alessandro Domingos", e no documentário "Sandrinho: O culpado de todos os crimes", dirigido por Manuela Félix.

Para tanto, utilizamos no campo teórico utilizamos pesquisa

---

[1] Graduanda no curso de Direito do Centro Universitário Tiradentes – UNIT/AL. Membro Associada do Instituto Brasileiro de Ciências Criminais (IBCCRIM). Membro do Laboratório de Ciências Criminais IBCCRIM/UNIT (2019-20). Integrante do Grupo de Pesquisa Biopolítica e Processo Penal e da Liga Acadêmica de Pesquisa e Extensão Constitucional – LAPEC (UNIT-AL). Monitora do Laboratório de Ciências Criminais IBCCRIM/UNIT (2020). E-mail: aclguedes1@gmail.com

[2] Graduanda no curso de Direito do Centro Universitário CESMAC, Maceió/AL. Membro Associada do Instituto Brasileiro de Ciências Criminais (IBCCRIM). Membro do Grupo de Estudos Avançados IBCCRIM/CESMAC (2019-20). Secretária Geral da Liga Acadêmica de Estudos de Ciências Criminais – LIDECCRIM/CESMAC. E-mail: menezesvictoria6@gmail.com.

bibliográfica e no campo prático, análise qualitativa de reportagens de portais de notícias (especificamente Alagoas 24 Horas), com a finalidade de entender o papel da imprensa na segurança pública, além de identificar os elementos e causas propulsores para a perseguição de Alessandro Domingos de tal forma que esse ele ficou conhecido como o criminoso mais perigoso da capital do estado de Alagoas.

1 Breves considerações sobre a criminologia midiática

Os saberes criminológicos sempre foram diversos e conflitantes entre si. As mais diversas perspectivas criminológicas (que não serão abordadas exaustivamente neste trabalho), focam-se na análise do exercício do poder punitivo sob diversos ângulos.

Desta forma, Zaffaroni[3] atesta que a criminologia também é objeto dos meios comuns de comunicação em massa, através dos discursos proferidos pela mídia. Sem qualquer relação de causalidade estrita, contudo, lança-se as bases para uma nova criminologia, que se poderia chamar de criminologia midiática.

Percebe-se, por tanto, que a criminologia midiática sempre existiu e sempre recorre a uma criação da realidade através de informação, subinfomação e desinformação em convergência com preconceitos e crenças[4], não resguardando uma apropriada fidelidade aos fatos, distorcendo-os e moldando-os, o que acaba por estruturar uma política penal de caráter intrinsecamente punitivo[5]. Por meio da mídia sensacionalista, no uso do seu poder simbólico, é projetada uma perspectiva da realidade que é aceita pelo telespectador, conjugada com a disseminação da violência e do medo.

Os discursos em torno do crime e do criminoso associados a propagação distorcida da realidade são propalados pelos meios de comunicação como verdades universais, que carregam visões de mundo onde são identificados dois tipos de indivíduos, as "pessoas

---

[3] ZAFFARONI apud JOBIM; SWATEK. *In:* Criminologia midiática: um estudo sobre o programa "Cidade Alerta" (Rede Record de Televisão). **Revista Eletrônica do Curso de Direito da UFSM**, Santa Maria, RS, v. 15, n. 1, e39072, jan./abr. 2020. pp. 3.

[4] ZAFFARONI, Eugenio Raúl. **A questão criminal**. 1ª ed. Rio de Janeiro: Revan, 2003. pp. 197

[5] BATISTA, Nilo. Mídia e sistema penal no capitalismo tardio. Discursos sediciosos: crime, direito e sociedade, Instituto Carioca de Criminologia. Rio de Janeiro: Revan, ano 7, n. 12, 2002. pp. 271-274.

decentes" (hordienamente os denominados "cidadãos de bem"), e os criminosos, identificados através de estereótipos, que configuram um *eles* afastado do conjunto social, por se tratarem de pessoas não desejadas, diferentes, más; e um *nós* (ou "cidadãos de bem"), que nas palavras de Zaffaroni:[6]

> Os *eles* da criminologia midiática incomodam, impedem que se durma com portas e janelas abertas, perturbam as férias, ameaçam as crianças, *sujam* por todos os lados e, por isso, devem ser separados da sociedade, para deixar-nos viver tranquilos, sem medos, *para resolver nossos problemas*. Para isso é necessário que a polícia nos proteja de seus assédios perversos, sem nenhum obstáculo nem limites, porque nós somos limpos, puros, imaculados. (grifos no original)

2 A construção do sujeito criminoso a partir da mídia no caso do Sandrinho

"A criminologia midiática assume o discurso da higiene social"[7]

Os bodes expiatórios variam muito conforme tempo e lugar[8] sendo, no presente estudo, aquele considerado marginalizado, o que vem da periferia, promovendo desordem social e contaminando o "nós".

A criminologia midiática é encarregada de construir o sujeito criminoso, a partir de suas transgressões. Todavia, essa vai além quando também possui o intuito de separar linearmente a parcela da sociedade entre "nós" (os da classe dominante) e "eles" (os que pertencem à classe dominada e são expostos na mídia). Segundo Zaffaroni[9], essa separação se destina a deixar claro quem são os criminosos e quem são as meras vítimas em potencial desses: "O discurso da criminologia midiática atual não é outro senão o chamado neopunitivismo dos Estados Unidos, que se expande pelo mundo globalizado."[10]

A imprensa - aqui especificamente portais de notícias policiais - possui grande poder de persuasão, não porque passa todas as

---

6 ZAFFARONI, Eugenio Raúl. **A questão criminal**. 1ª ed. Rio de Janeiro: Revan, 2003. pp. 197-198

7 ZAFFARONI, Eugenio Raúl. **A questão criminal**. 1ª ed. Rio de Janeiro: Revan, 2003. pp. 200

8 Ibidem, pp. 198

9 Ibidem, pp.

10 Ibidem, pp. 195

informações aos seus receptores, muito pelo contrário, pois trata-se de passar aquilo que os interessam e que impulsione aos "desinformados" estigmatizarem determinado indivíduo, alvo das exposições sensacionalistas da mídia.

Acontece que nem sempre aquele que está transmitindo a informação realmente a possui de tal forma que consiga repassá-la de forma neutra, justamente porque se é repassado tão somente aquilo que os interessa, geralmente deixando ambiguidades num terreno fértil do senso comum. Vale destacar, no entanto, que essas ambiguidades não dão uma liberdade de interpretação, porquanto a mensagem passada já possui um direcionamento tendencioso.

A intenção dos meios de comunicação não é fazer o telespectador refletir, mas tão somente fazer com que esses acreditem no sistema penal como a única alternativa de restaurar a harmonia social. De acordo com Bermudes e Silva:

> Não se discutem as causas da violência e da criminalidade, e essa ausência de reflexão mais aprofundada sobre a problemática não é por acaso, mas ao contrário, já que o que se busca é justamente evitar qualquer reflexão que possa ir de encontro ao que é transmitido.

Os autores ainda pontuam criticamente os sensacionalistas, a partir da percepção que esses utilizam da emotividade do receptor da informação, isto é, para que o público simpatize com seus argumentos, é necessário inseri-los no caso apresentado como sendo, por exemplo, a mãe da vítima ou a própria vítima de uma violência sexual.

Para eles, "(...) o discurso e estratégia da criminologia midiática é desprovida de qualquer conhecimento empírico, pois sustenta-se em meras afirmações e hipóteses, apelando sempre para a emotividade e sensacionalismo midiático." [11]

Frise-se, por fim, que é também a partir dessa criminologia midiática que aqueles contrários ao discurso construído pelo transmissor, acabam, frequentemente, sendo atacados, perseguidos e considerados como *"inimigos da sociedade e do cidadão de bem"*[12].

Caso "Sandrinho" - O bandido mais procurado de Maceió

"Falar do Sandrinho hoje ainda é um tabu, principalmente lá na

---

[11] Ibidem, pp. 11
[12] Ibidem, pp. 8.

região [no bairro Benedito Bentes]"[13]

A análise do caso foi feita através do sítio do "Alagoas 24 horas", esse que acompanhou e narrou todos os passos do caso Sandrinho, contando com 44 reportagens, resultado de uma busca rápida pelos termos "Sandrinho" e "Alessandro Domingos", contudo algumas dessas com conteúdos semelhantes.

Sandrinho foi um jovem alagoano que entrou para o mundo do crime muito novo, aproximadamente aos 10 anos. Todavia, somente no ano de 2005 ficou reconhecido no Estado de Alagoas, especificamente na cidade de Maceió, porquanto liderava vários crimes.

O jovem comandava a boca de fumo no bairro Benedito Bentes, além de orquestrar diversos outros crimes como assassinatos e, portanto, foi considerado o bandido mais procurado no biênio 2005-2006[14], tendo, inclusive, o Conselho de Segurança Pública aprovado o pagamento de recompensa no valor de R$ 5.000,00 (cinco mil reais) em favor daquele que indicasse o paradeiro dele.

O método utilizado por Sandrinho era pegar suas vítimas de surpresa e sem muito planejamento[15]. Tinha como alvo mulheres que ficavam sozinhas em casa e os rivais de grupos inimigos. No caso desses últimos, o criminoso era mais paciente, planejava, ficava de tocaia, observando o comportamento da vítima até alcançar o momento ideal para "atacar".

Alessandro Domingos começou a ser alvo da mídia a partir do natal de 2005, quando tirou a vida de 3 (três) rivais de facções criminosas contrárias no Benedito Bentes, Maceió/AL. Contudo, isso não significa que o mesmo não tenha praticado crimes anteriores, tendo em vista que se especulava que, sob seu comando,

---

[13] SANDRINHO: o culpado de todos os crimes, 2016, 1 vídeo (15:03). Dirigido por Manuela Félix. Publicado pelo canal Manuela Félix. Disponível em: < https://www.youtube.com/watch?v=V3PtZRiC6TI>. Acesso em: 12 de fev. 2020.

[14] RODRIGUES, Elaine. Sandrinho vira mito e faz sucesso no Orkut. **Alagoas 24 Horas.** Disponível em: < https://www.alagoas24horas.com.br/842034/sandrinho-vira-mito-e-faz-sucesso-no-orkut/> . Acesso em 10 de fev. 2020.

[15] QUEIROZ, Igor Raphael Gouveia de; LIMA, Daniel Borges; Gusmão, Carlos Alberto Cavalcanti de. O mito midiático: o papel da imprensa alagoana na construção da trajetória do Terror de Maceió. **XXXVIII Congresso Brasileiro de Ciências da Comunicação, Rio de Janeiro –** RJ, 2015. Disponível em:< http://portalintercom.org.br/anais/nacional2015/resumos/R10-1063-1.pdf>. Acesso em 13 de fev. 2020

haveriam sido cometidos 30 (trinta) assassinatos.

Foi pego pela primeira vez somente após 7 anos na vida do crime, ainda menor, porém, conseguiu fugir, sendo recapturado, posteriormente, já de maior e encaminhado ao presídio Cyridião Durval, localizado na capital e de onde mais tarde fugiria novamente. A reportagem[16] datada de 01/05/2006, noticia a fuga dele com mais outros 9 (nove) reeducandos, durante a madrugada, da cela 16, módulo G-2.

Após essa última fuga, foi quando seu rosto começou a ficar estampado nos jornais locais da capital e a busca por ele se tornou desenfreada. Alguns dias depois, uma megaoperação[17] foi realizada, envolvendo Polícia Civil, Polícia Militar e Polícia Rodoviária Federal, onde alcançou alguns dos amigos do criminoso, bem como alguns dos que empreenderam na fuga, como seu irmão, José Domingos da Silva.

Frise-se que todos os supostos passos do criminoso estavam sendo monitorado pela mídia de tal forma que seus atos eram noticiados no mesmo momento: "*Agora há pouco*, Sandrinho fez mais duas vítimas, na Rua São Paulo, na Grota da Alegria, no Benedito Bentes"[18]. (Grifos nosso).

A fama e a construção do mito midiático nas redes sociais

Nas redes sociais, as pessoas não pareciam muito preocupadas com o "bandido mais perigoso de Maceió" solto, visto que foi feita 3 (três) comunidades na antiga rede social conhecida como *Orkut*. As comunidades foram criadas especificamente nos dias 05, 08 e 10 do mês de maio de 2006.

A primeira a ser criada denominava-se "U terror Sandrinho é matador", sendo depois intitulada como "Sandrinho do BiO terror"[19], contando com 400 (quatrocentos) amigos e 56 (cinquenta

---

[16] REDAÇÃO. Sandrinho, "o terror de Benedito Bentes", mata mais dois. **Alagoas 24 Horas.** Disponível em: < https://www.alagoas24horas.com.br/840677/sandrinho-o-terror-de-benedito-bentes-mata-mais-dois/> . Acesso em 11 fev. 2020.

[17] ___________. Cúpula da Segurança Pública fala da morte de Sandrinho neste sábado. **Alagoas 24 Horas.** Disponível em: < https://www.alagoas24horas.com.br/845531/cupula-da-seguranca-publica-fala-da-morte-de-sandrinho-neste-sabado/>. Acesso em 11 de fev. 2020

[18] *Ibidem*

[19] RODRIGUES, Elaine. Sandrinho vira mito e faz sucesso no Orkut. **Alagoas 24 Horas.** Disponível em: <

e seis) fãs e tendo como conteúdo tanto ameaças ao próprio destinatário da comunidade, ou seja, Sandrinho, como também encomendando a morte de dois apresentadores de programas policiais locais, mas não especificados na matéria.

A segunda comunidade era destinada àqueles que já tinham visto o criminoso, portanto era chamada "Eu vi o Sandrinho" e a última era referente à promoção do criminoso à governador do Estado, ficando conhecida como "Sandrinho Governador 2006", o qual tinha como propostas, dentre muitas outras, o fim da violência, dos estupros e dos estupradores, fechamento de escolas, bem como o fim da desigualdade social, da fome e emprego para todos. As comunidades nas redes sociais contavam com simples curiosos, além daqueles que de fato apoiavam o criminoso, bem como com os que o queriam morto.

Em uma das reportagens, o diretor geral da Polícia Civil de Alagoas da época, Robervaldo Davino, esclareceu a ênfase e o sensacionalismo que envolvia o caso "Sandrinho", porquanto, segundo ele:

> Há pessoas irresponsáveis endeusando um delinquente. Fez-se o mito no Benedito Bentes e no Tabuleiro dos Martins. Tudo é o Sandrinho. Não estou dizendo que não foi ele que cometeu estes crimes. Pode até ter sido, mas é preciso investigar e que as pessoas que dizem tê-lo reconhecido, que oficializem isto. Há casos de presos que são soltos por falta da documentação das denúncias.

A morte de Sandrinho

A trajetória do criminoso se encerrou em 26/07/2006, numa operação comandada pelo delegado José Laurentino dos Santos, na época coordenador do TIGRE – Tático Integrado Grupamento de Resgate e, conforme reportagens, Alessandro Domingos teria ido à óbito em uma troca de tiros com policiais, tirando sua vida e a de seu parceiro conhecido como "Galo Cego". Ele morreu na própria área de atuação, próximo ao bairro do Tabuleiro dos Martins.

Em outra reportagem, o diretor geral da Polícia Civil de Alagoas, Robervaldo Davino, tentou explicar o motivo da morte de Sandrinho[20]:

---

https://www.alagoas24horas.com.br/842034/sandrinho-vira-mito-e-faz-sucesso-no-orkut/> . Acesso em 10 de fev. 2020.

[20] VILAR, Luis. "Caça ao bando de Sandrinho continua", afirma secretário. **Alagoas 24 Horas.** Disponível em: <

> Sabíamos das ações que o grupo vinha fazendo nestes últimos meses. Eles são jovens delinquentes que forma uma quadrilha, que nem é tão organizada assim, graças a Deus. Há jovens de 15 anos de idade participando da quadrilha. A Polícia Civil – na noite de ontem – simplesmente reagiu aos ataques. Lamentamos a morte.

Diante disso, a polícia expôs o corpo de Sandrinho como um troféu, deixando a imprensa tirar fotos explícitas de seu corpo ensanguentado e estampando na manchete dos jornais no dia seguinte.

Nessa senda, utiliza-se o que Zaffaroni acredita estar "(...) chegando ao encobrimento máximo nos casos de fuzilamentos disfarçados de mortes em confrontos, apresentadas como episódios da guerra contra o crime, em que se mostra o cadáver do fuzilado como indicador de eficácia preventiva, como o soldado inimigo morto na guerra." (ZAFFARONI, 2003, p. 200)

A mídia

O apelido "terror de Maceió"[21] foi supostamente dado pelo editor de polícia da redação do jornal Gazeta de Alagoas. Além disso, no documentário "Sandrinho: o culpado de todos os crimes", sob direção de Manuela Félix, há relatos de que o presente caso começou a chegar na redação do jornal supramencionado como fato ou crime comum, tomando, posteriormente, outras dimensões a partir dos boatos que começaram a se espalhar, sendo muitos desses impulsionados pela própria polícia e a mídia utilizava-se tão somente dos boletins de ocorrência para produzirem as matérias, se baseando na premissa na qual tudo o que a polícia contava era a verdade dos fatos.

Um dos entrevistados do documentário acredita que a imprensa comete muitos erros, e que a polícia de Alagoas tem um vasto (e absurdo) histórico deles[22]. De acordo com os relatos constantes no

---

https://www.alagoas24horas.com.br/845547/caca-ao-bando-de-sandrinho-continua-afirma-secretario/> . Acesso em: 11 de fev. 2020

[21] QUEIROZ, Igor Raphael Gouveia de; LIMA, Daniel Borges; Gusmão, Carlos Alberto Cavalcanti de. O mito midiático: o papel da imprensa alagoana na construção da trajetória do Terror de Maceió. **XXXVIII Congresso Brasileiro de Ciências da Comunicação, Rio de Janeiro – RJ**, 2015. Disponível em:< http://portalintercom.org.br/anais/nacional2015/resumos/R10-1063-1.pdf>. Acesso em 13 de fev. 2020

[22] SANDRINHO: o culpado de todos os crimes, 2016, 1 vídeo (15:03). Dirigido por

documentário, acredita-se que alguns casos deixaram de ser investigados por que a própria imprensa já atribuía automaticamente à figura de Sandrinho. Ou seja, a maioria dos crimes correspondentes ao biênio 2005-2006, compreendia-se que eram cometidos por ele.

Tal afirmativa se justifica porque, para os entrevistados, quando a polícia não consegue resolver diversos inquéritos e BO's, ela se encarrega de encontrar um sujeito ativo, e esse na época era Sandrinho. Entretanto, os inquéritos foram enterrados com ele.

O divisor de águas na trajetória de Sandrinho e o rápido desfecho do caso

Verifica-se que também no dia 29/07/2006, outra reportagem foi publicada no portal do Alagoas 24 Horas, com o seguinte título: *"Davino: Sandrinho liderou assalto a fazenda do deputado Olavo Calheiros"*[23]. Coincidentemente - ou não - o suposto assalto tinha ocorrido no dia 1° do mesmo mês da morte de Sandrinho.

Tal ocorrido dá um melhor entendimento ao rápido desfecho do caso Sandrinho. Ora, além do jovem desafiar as autoridades judiciárias, ainda teve a "ousadia" de supostamente ter assaltado Olavo Calheiros, irmão de Renan Calheiros, presidente do Senado à época.

O crime teve como principal sujeito ativo Sandrinho porque a caminhonete modelo "Hilux" foi encontrada no Benedito Bentes, em uma área que supostamente o mesmo e seus comparsas utilizavam para guardar os carros roubados. Diante disso, Davino, o diretor-geral da Polícia Civil de Alagoas, declarou: "Tínhamos noção das ações do grupo e estávamos trabalhando constantemente nestes últimos três meses [maio-julho/2006] para pegá-lo com vida".

Destarte, percebe-se uma rápida "resolução" do caso, aparentemente por ter atingido a classe do *cidadão de bem,* pois, se Sandrinho tivesse continuado a praticar seus crimes nas zonas periféricas, tais ocorrências não passariam de uma violência cometida dentro do grupo, que pouco importaria para ou outros

---

Manuela Félix. Publicado pelo canal Manuela Félix. Disponível em: < https://www.youtube.com/watch?v=V3PtZRiC6TI>. Acesso em: 12 de fev. 2020.
[23] VILAR, LUIS. Davino: Sandrinho liderou assalto a fazenda do deputado Olavo Calheiros. **Alagoas 24 Horas.** Disponível em: < https://www.alagoas24horas.com.br/845551/davino-sandrinho-liderou-assalto-a-fazenda-do-deputado-olavo-calheiros/. Acesso em 15 de fev. 2020.

grupos, pois se matariam por que são brutos[24].

Consequências da exposição exacerbada de Sandrinho na mídia

A construção do "terror de Maceió" foi tão difundida pelos jornais locais que despertaram na população o desejo de ver Sandrinho morto, vez que acreditavam que só assim voltariam a ter paz, pois ele era considerado como o único capaz de oferecer insegurança na urbe, corroborando com o que Zaffaroni (ANO) afirma, em que "(...) jamais faltará material para a criminologia midiática construir um *eles* maligno, responsável por toda nossa angústia e a quem é preciso fazer crer que é necessário aniquilar" (ZAFFA, ANO, p. 206).

Diante disso, quando a "polícia mata Sandrinho" - manchete do jornal Gazeta de Alagoas, ano LXXII, n° 415 -, em seu velório no Instituto Médico Legal - IML, há uma invasão de populares dos bairros próximos, a fim de confirmar sua morte e ver o carro que o criminoso utilizava no dia de sua morte. Ora, de fato um nítido exemplo de uma espécie de espetacularização da morte.

Ademais, muitos daqueles que se dirigiram até o IML no dia 29/07/2006[25], passavam pelo corpo de Sandrinho, desferindo palavras de baixo calão, bem como frases de naturalização quando se tem a morte de criminosos, como p. ex. "bem feito" e "agora teve o que merecia". Compreende-se esta situação como reflexo de uma camada social influenciada diariamente por doses altas de violência exposta (e diversas vezes explicita), o que leva a perda da sensibilidade, o que acarreta indiferenças sociais ou até mesmo políticas para com os outros indivíduos dentro de uma mesma sociedade[26].

Nesta esteira, uma das moradoras residentes do bairro Tabuleiro

---

[24] ZAFFARONI, Eugenio Raúl. **A questão criminal**. 1ª ed. Rio de Janeiro: Revan, 2003. pp. 198

[25] VILAR, Luis. Multidão invade IML para visitar o corpo de Sandrinho. **Alagoas 24 Horas.** Disponível em: < https://www.alagoas24horas.com.br/845543/multidao-invade-iml-para-visitar-o-corpo-de-sandrinho/>. Acesso em 16 de fev. 2020

[26] MEDEIROS apud DE LIMA; PANTIERI. A influência da criminologia midiática na sociedade. **Biblioteca digital de Segurança Pública** – PM/GO, 2019. Disponível em: < http://dspace.pm.go.gov.br:8080/pmgo/handle/123456789/1874?mode=full> . Acesso em 15 de fev. 2020.

dos Martins, que também tinha ido ao IML no dia do velório, declarou que estava "muito feliz" com o ocorrido, pois, segundo ela, "ele estava aterrorizando muita gente e matando muito pai de família. Eu queria agradecer pessoalmente a quem fez isto".

Em contrapartida, a irmã de Alessandro Domingos, destacava a falta de respeito para com o cadáver do irmão, principalmente porque, para ela, o objetivo já tinha sido alcançado, qual seja, matar Sandrinho, alegando que "os funcionários do IML bem que poderiam fechar esta porta. Ninguém precisa estar vendo o corpo do meu irmão. É um absurdo isto. Ele já foi morto. Pronto."

No dia seguinte, compareceram em seu enterro cerca de 100 (cem) pessoas e o título da reportagem deste dia, 30/07/2006, foi a seguinte redação: "apenas família e amigos "armados" acompanham enterro de Sandrinho"[27].

Essa reportagem indicava, ainda, a dificuldade que os repórteres e jornalistas tiveram em fotografar o enterro do criminoso, inclusive o próprio Alagoas 24 Horas relatou ter sido intimidado por homens armados. Frise-se que essa ainda trazia à baila de que no enterro não havia policiais fardados, havendo somente durante o sepultamento uma moto e um carro estacionados como se estivesse de tocaia (pois as armas encontravam-se visíveis), mas sem identificar se seriam policiais ou integrantes do grupo de Sandrinho.

Conclusão

O presente estudo buscou analisar sob o prisma crítico a condução dos fatos do jovem alagoano até o seu desfecho sanguinolento, caracterizando como a mídia construiu e lapidou a imagem do referido como pertencente ao *"eles"*, objeto da perseguição do *"nós"*, sendo necessária a eliminação daquele indivíduo como símbolo da eficiência policial em combater a criminalidade, pois para estes "infelizmente esse é o final de quem debanda para o lado do crime".

Verifica-se, portanto, que a rápida "resolução" do caso somente se deu a partir do assalto à fazenda do então Deputado Federal Olavo Calheiros, irmão do Presidente do Senado Federal à época, Renan Calheiros, supostamente a mando de Alessandro Domingos.

---

[27] REDAÇÃO. Apenas família e amigos "armados" acompanham enterro de Sandrinho. **Alagoas 24 horas.** Disponível em: < https://www.alagoas24horas.com.br/845590/apenas-familia-e-amigos-armados-acompanham-enterro-de-sandrinho/>. Acesso em 16 fev. de 2020.

Nota-se, por fim, o poder da imprensa em influenciar a opinião pública pois, todo o caso foi convertido em um espetáculo midiático que se propagou inclusive após a morte do "terror de Maceió", com a permissão policial para que a imprensa registrasse o cadáver, como se fosse o capítulo final de uma novela onde o bandido padece e os mocinhos podem desfrutar da paz, sem o perigo que aquela figura *maléfica por natureza* simbolizava.

Referências

AMARAL, Augusto Jobim do; SWATEK, Tatiana das Neves. Criminologia midiática: um estudo sobre o programa "Cidade Alerta" (Rede Record de Televisão). Revista Eletrônica do Curso de Direito da UFSM, Santa Maria, RS, v. 15, n. 1, e39072, jan./abr. 2020. ISSN 1981-3694. DOI: http://dx.doi.org/10.5902/1981369439072. Disponível em: < https://periodicos.ufsm.br/revistadireito/article/view/39072 Acesso em: 16 de fev. 2020 >

BATISTA, Nilo. Mídia e sistema penal no capitalismo tardio. Discursos sediciosos: crime, direito e sociedade, Instituto Carioca de Criminologia. Rio de Janeiro: Revan, ano 7, n. 12, 2002.

BERMUDES, Carlos. SILVA, Heleno Florindo da Silva. Criminologia midiática: Espetacularização da violência, cultura do medo e a falácia do discurso favorável à redução da maioridade penal. Revista Derecho y Cambio Social, Peru, 2015. Disponível em: < https://www.derechoycambiosocial.com/revista040/CRIMIN OLOGIA_MIDIATICA.pdf>. Acesso em: 18 de fev. 2020)

BUDÓ, Marília de Nardin; CAPPI, Ricardo. Punir os jovens?: a centralidade do castigo nos discursos midiáticos e parlamentares sobre o ato infracional. Belo Horizonte: Letramento, 2018

QUEIROZ, Igor Raphael Gouveia de; LIMA, Daniel Borges; Gusmão, Carlos Alberto Cavalcanti de. O mito midiático: o papel da imprensa alagoana na construção da trajetória do Terror de Maceió. XXXVIII Congresso Brasileiro de Ciências da Comunicação, Rio de Janeiro – RJ, 2015. Disponível em:< http://portalintercom.org.br/anais/nacional2015/resumos/R1 0-1063-1.pdf>. Acesso em 13 de fev. 2020

REDAÇÃO. Sandrinho, "o terror de Benedito Bentes", mata mais dois. Alagoas 24 Horas. Disponível em: < https://www.alagoas24horas.com.br/840677/sandrinho-o-terror-de-benedito-bentes-mata-mais-dois/> . Acesso em 11 fev. 2020.

[1] ______________. Cúpula da Segurança Pública fala da morte de Sandrinho neste sábado. Alagoas 24 Horas. Disponível em: < https://www.alagoas24horas.com.br/845531/cupula-da-seguranca-publica-fala-da-morte-de-sandrinho-neste-sabado/>. Acesso em 11 de fev. 2020

______________. Apenas família e amigos "armados" acompanham enterro de Sandrinho. Alagoas 24 horas. Disponível em: < https://www.alagoas24horas.com.br/845590/apenas-familia-e-amigos-armados-acompanham-enterro-de-sandrinho/>. Acesso em 16 fev. de 2020.

RODRIGUES, Elaine. Sandrinho vira mito e faz sucesso no Orkut. Alagoas 24 Horas. Disponível em: < https://www.alagoas24horas.com.br/842034/sandrinho-vira-mito-e-faz-sucesso-no-orkut/> . Acesso em 10 de fev. 2020.

SANDRINHO: o culpado de todos os crimes, 2016, 1 vídeo (15:03). Dirigido por Manuela Félix. Publicado pelo canal Manuela Félix. Disponível em: < https://www.youtube.com/watch?v=V3PtZRiC6TI>. Acesso em: 12 de fev. 2020.

VILAR, Luis. "Caça ao bando de Sandrinho continua", afirma secretário. Alagoas 24 Horas. Disponível em: < https://www.alagoas24horas.com.br/845547/caca-ao-bando-de-sandrinho-continua-afirma-secretario/> . Acesso em: 11 de fev. 2020

______________. Davino: Sandrinho liderou assalto a fazenda do deputado Olavo Calheiros. Alagoas 24 Horas. Disponível em: < https://www.alagoas24horas.com.br/845551/davino-sandrinho-liderou-assalto-a-fazenda-do-deputado-olavo-calheiros/. Acesso em 15 de fev. 2020.

______________. Multidão invade IML para visitar o corpo de Sandrinho. Alagoas 24 Horas. Disponível em: < https://www.alagoas24horas.com.br/845543/multidao-invade-iml-para-visitar-o-corpo-de-sandrinho/>. Acesso em 16 de fev.

2020

ZAFFARONI, Eugenio Raúl. A questão criminal. 1ª ed. Rio de Janeiro: Revan, 2003

______________________________. Em busca das penas perdidas: a perda de legitimidade do sistema penal. Trad.: Vania Romano Pedrosa, Amir Lopez da Conceição. 5ª ed.. Rio de Janeiro: Revan, 1991.

A elevação do criminoso à categoria de inimigo social numa perspectiva foucaultiana

João Henrique Jacinto Agostinho[1]

Introdução

O presente estudo tem por objeto analisar a categorização do criminoso como um inimigo social com base nas ideias defendidas por Michel Foucault. Desse modo, investiga-se como se deu a referida classificação levando-se em conta o sistema punitivo adotado pela sociedade hodierna.

Parte-se do pressuposto que a elevação do delinquente ao posto de inimigo social é um fenômeno social que pode ser historicamente localizado, que está atrelado as relações de poder que estruturam a sociedade contemporânea e que deve ser visto como um dos elementos justificantes à hostilidade social dirigida ao transgressor de normas.

Assim, é preciso considerar que a punição dos elementos que agem de forma contrária aos regramentos sociais/legais estabelecidos pelo corpo social não é um fenômeno contemporâneo. Por consequência, é aceitável asseverar que essa realidade está presente em todas as sociedades humanas.

Todavia, o estabelecimento da ideia de que um ato criminoso é capaz de lesionar toda a sociedade não pode ser visualizado da mesma maneira. Isso ocorre na medida em que ela é uma construção que está diretamente relacionada a complexos e diversos fenômenos sociais ocorridos em um período relativamente recente da história humana.

Nesse sentido, foi feito um estudo bibliográfico com a finalidade de se entender como o infrator de normas foi elevado à categoria de inimigo social na ótica de Michel Foucault. Destaca-se que o presente artigo não objetiva esgotar a temática, mas, tão somente, contribuir para a discussão.

---

[1] Advogado, Graduando em Direito pela Faculdade CESMAC do Sertão, Pós-graduado em Direito Penal e Processo Penal pela Universidade Estácio Arapiraca e Pós-graduando em Criminologia pela Faculdade FARMAT. E-mail: Advjoaohjacinto@gmail.com.

1 As táticas finas da sanção

Punir sujeitos que atuam de jeito contrário ás leis estabelecidas pelo grupo social não é um fenômeno contemporâneo. É possível asseverar tal realidade está presente em todas as sociedades humanas. Desta forma, a sociedade hodierna não é diferente, pois existe toda uma lógica de punição aplicável aos sujeitos infratores.

Nesse sentido, Bronislaw Malinowski (2015) nos conta que uma punição como consequência da desobediência de uma norma estabelecida socialmente é algo atestado por vários antropólogos que desenvolveram seus estudos observando diversas sociedades primitivas.

Entretanto, cabe destacar que lógica de que os crimes lesionam toda a sociedade não é atemporal. Ela deve ser vista como uma construção que está diretamente relacionada a complexos e diversos fenômenos sociais ocorridos em um período relativamente recente da história humana.

Michel Foucault é um dos estudiosos que trabalha como se deu tal construção social. Inicialmente, tem-se que o autor em questão busca visualizar a maneira como as sociedades tratam a criminalidade "[...] segundo dimensões que possibilitem ao mesmo tempo decompô-la em seus elementos constituintes e encontrar as relações de poder a ela subjacentes e que a tornam possíveis" (FOUCAULT, 2015, p. 6).

Assim, antes de se adentrar nas formas como as diversas sociedades tratavam e tratam da criminalidade, é necessário que se fale sobre a noção de poder e a de relações de poder para Foucault. De acordo com ele, inicialmente é preciso considerar que o poder não se possui, ele tão somente pode ser exercido. Desse modo, não se pode considerá-lo como algo que alguém detém ou que se manifesta isoladamente, é preciso levar em conta que:

> Não se tem, nesse caso uma força que seria dada por inteiro a alguém e que este alguém exerceria isolada e totalmente sobre os outros; é uma máquina que circunscreve todo mundo, tanto aqueles que exercem o poder quanto aqueles sobre os quais o poder se exerce (FOUCAULT, 2017, p. 332).

Por isso, o poder não está concentrado, não têm origem em um único local ou é algo que possa ser tomado. Ele o considera como um fenômeno que tem manifestação em toda a sociedade, sendo exercido pelos sujeitos que o exercem e por, em alguns casos, por aqueles que sofrem o seu exercício[2].

Desse modo, Foucault (2015) afirma que todos os sistemas de punições adotados por todas as sociedades humanas podem ser classificados de acordo com o que ele denomina de quatro táticas finas da sanção, que são: excluir, impor uma compensação, marcar e encarcerar.

Antes de falar de tais espécies, faz-se necessário explicitar que tal divisão foi construída por Michel Foucault com a finalidade de entender a relação entre o poder e o sistema punitivo, de maneira que uma mesma forma de punir pode desempenhar papeis diferentes em sistemas diferentes. Em vista disso, é importante destacar que:

> Se antes de tudo falei dessas táticas, foi porque queria elucidar a seguinte questão: que formas de poder são efetivamente exercidas para que, às infrações que põem em xeque suas leis, suas regras, seu exercício, ele responda com táticas como a exclusão, a marca o ressarcimento ou a reclusão? Se me apego a essas táticas, e principalmente à reclusão, não é para tentar reconstruir o conjunto das representações jurídicas e morais que supostamente sustentam e justificam essas práticas penais; é por querer definir a partir daí as relações de poder efetivamente em ação através dessas táticas. (FOUCAULT, 2015, p. 12)

Assim, é possível afirmar que essa diferenciação feita pelo autor não busca encontrar as prováveis justificativas da existência de uma ou outra tática em determinada sociedade. De outro modo, ele objetiva evidenciar as relações de poder que estão subjacentes a essas táticas, bem como quais os modos de exercício do poder necessárias para a consolidação de uma ou de outra.

A primeira das táticas, *excluir*, deve ser entendida como o exilio ou a expulsão. Portanto, tal tática punitiva consiste em proibir que o um indivíduo frequente lugares comunitários ou sagrados, tirando dele todas as regras de hospitalidade. Ela também é vista nas sociedades que privavam tais sujeitos de sua casa a fim de que eles fossem exilados (FOUCAULT, 2015).

Em relação a segunda tática, *impor uma compensação*, é preciso considerar que sua lógica de funcionamento considera que a desobediência de uma regra provoca dois procedimentos distintos: a constituição de um indivíduo do grupo como vítima do dano, que

---

[2] É necessário considerar que não existem regras preestabelecidas para que haja o exercício de poder. Assim, considera-se que o poder é exercido de maneira estratégica em todos os campos da vida social (LOBO, 2012).

poderá exigir reparação; e a constituição do infrator, que deverá assumir algumas obrigações (FOUCAULT, 2015). Sendo importante destacar que:

> Assim, em torno da infração, não haverá o fenômeno de vazio do primeiro caso, mas a constituição de toda uma rede específica de obrigações, comparável a uma dívida que seria preciso reembolsar ou a um dano que seria preciso reparar. Aquele que infringiu as regras fica assim forçosamente preso a um conjunto de compromissos que o coagem. Há aí uma tática diferente da anterior: na primeira, o objetivo é romper todos os elos com o indivíduo, todos os elos por meio dos quais ele é mantido no interior do poder; aqui, ao contrário, o objetivo é prender o infrator dentro de uma rede de obrigações multiplicadas, exacerbadas em relação à rede tradicional na qual ele se encontra. (FOUCAULT, 2015, p. 8)

Dessa maneira, é possível visualizar que a diferença entre as duas *táticas finas da sanção* já expostas reside nas relações de poder que permeiam o indivíduo infrator. Enquanto a primeira, *excluir*, busca retirá-lo das relações de poder subjacentes à vida social, a segunda, *impor uma compensação*, busca prender esse sujeito a essas relações.

A terceira tática, *marcar*, pode ser visualizada nas sociedades que impunham aos corpos dos infratores das normas uma diminuição virtual ou visível; ou, na hipótese de o corpo real não ser atingido, maculavam simbolicamente o nome dele, lhe causavam humilhação ou reduziam seu *status* social (FOUCAULT, 2015). Nesse quadro, é imprescindível considerar que tal sistema funcionava com base na seguinte lógica:

> Nesse sistema, a infração já não é aquilo que deve ser ressarcido, compensado, reequilibrado, portanto até certo ponto apagado; ao contrário, é aquilo que deve ser ressaltado, que deve escapar ao esquecimento, ficar fixado numa espécie de monumento, ainda que este seja uma cicatriz, uma amputação, algo que gire em torno da vergonha ou da infâmia; são todos os rostos expostos no pelourinho, as mãos cortadas dos ladrões. O corpo visível ou social, nesse sistema, deve ser o brasão das penas, e esse brasão remete a duas coisas. [Por um lado] à culpa, de que ele deve ser o vestígio visível e imediatamente reconhecível: sei muito bem que és ladrão, pois não tens mãos; e, [por outro lado,] ao poder que impôs a pena e, com essa pena, deixou no corpo do supliciado a marca de sua soberania. Na cicatriz ou amputação, visível não é apenas a culpa, mas também o soberano. (FOUCAULT, 2015, p. 8-9)

Percebe-se, com base na citação exposta, que as relações de poder subjacente a essa tática diferem consideravelmente das anteriores.

Isso ocorre na medida em que já não importa excluir ou prender o sujeito infrator as relações de poder que permeiam a vida social. Agora importa evidenciar, por meio da marcação dos infratores, duas situações diversas: a culpa do infrator e a força do soberano.

A quarta e última tática, reclusão, é a "Tática que praticamos, cuja instauração definitiva se situaria na virada do século XVIII para o século XIX" (FOUCAULT, 2015, p. 9). Importa informar que, apesar de Foucault escrever sobre a sociedade francesa, essa categoria é a que vigora na maioria das sociedades contemporâneas, inclusive no contexto brasileiro. Bem como, destaca-se que essa espécie será tratada a seguir, conjuntamente com a categorização do infrator como inimigo social, haja vista a forte correlação entre esses fenômenos.

2 A categorização do criminoso como inimigo social

Categorizar o transgressor de normas como um inimigo de todo o corpo social não é um fenômeno que pode ser visualizado em todas as sociedades. Ao contrário, é possível restringi-lo a contextos específicos, de modo que cabe enxergá-la como uma das formas de exercício de poder utilizadas para manter a tática de reclusão na contemporaneidade.

Nesse quadro, Foucault (2015) afirma que se os mecanismos que buscam dar legitimidade às táticas penais podem ser utilizados para analisar as relações de poder, então a luta política em torno do poder será o elemento central de toda a questão. Sendo que, para analisar essa luta política, ele se utiliza da ideia de *guerra civil* nos seguintes termos:

> [...] a guerra civil é o estado permanente a partir do qual possível e é preciso compreender diversas dessas táticas de luta, entre as quais os sistemas penais são precisamente um exemplo privilegiado. A guerra civil é a matriz de todas as lutas pelo poder, de todas as estratégias do poder e, por conseguinte, também a matriz de todas as lutas a propósito do poder e contra ele. É a matriz geral que possibilitará compreender a instauração e o funcionamento de determinada estratégia da penalidade: a da reclusão. (FOUCAULT, 2015, pags.13-14)

Pelo exposto, percebe-se que a guerra civil é um estado social permanente, essencial para compreender as táticas utilizadas para manutenção do poder ou contrárias a esse. Desta maneira é possível considerar que a política é um desdobramento da referida guerra civil

(FOUCALT, 2015)[3].

Dessa maneira, é nesse contexto, de guerra civil como determinante das táticas penais, que se estrutura um mecanismo que tem o objetivo de legitimar o sistema punitivo da reclusão, qual seja, a categorização do criminoso como um inimigo de todo o corpo social. Dessa forma, tem-se que:

> A partir do século XVIII, assiste-se à formulação da ideia de que o crime não é simplesmente uma culpa, aquela categoria de culpa que causa dano a outrem, mas de que o crime é aquilo que prejudica a sociedade, ou seja, de que é um gesto por meio do qual o indivíduo, rompendo o pacto social que o liga aos outros, entra em guerra contra sua própria sociedade. (FOUCAULT, 2015, p. 31).

Conforme o exposto, nos é afirmado que é no século XVIII que se começa a formular o entendimento de que o crime é mais do que uma violação direcionada à vítima do delito, de outro modo, ele passa a ser visualizado como uma manifestação que causa dano a todo o corpo social.

Em decorrência dessa mudança estrutural, Foucault (2015) nos conta que o crime passou a ser entendido como um fenômeno que rompe o pacto social e traz à tona a guerra de todos contra todos, mais especificamente, do criminoso com a sociedade. Por conta disso, a punição ao infrator torna-se uma medida de proteção social contra esse último.

É importante destacar que a elevação do criminoso a categoria de inimigo social se fundamentou, basicamente, em dois diferentes processos originados em momentos históricos distintos: uma nova concepção teórica a respeito do direito penal surgido no século XVIII e a ação pública criada no período medieval. Sobre esses, importa destacar que:

> Temos, portanto, dois processos que, em certo nível de análise, podem ser identificados independentemente: em primeiro lugar, um processo de derivação teórica, que, à maneira de Hobbes, conduz de uma concepção de guerra de todos contra todos, de pacto social, à guerra civil e, finalmente, ao crime; em segundo lugar, um processo de derivação institucional mais antigo (do século XVI ao XVIII), que parte do controle dos litígios judiciários pelo poder monárquico e conduz à institucionalização de personagens e de

---

[3] É preciso destacar que, diferente de outros autores que trabalham com essa temática, existe para Foucault (2015) uma diferença conceitual entre a guerra de todos contra todos e a guerra civil.

diversas regras de direito que farão o criminoso funcionar como inimigo do soberano da sociedade[a]. (FOUCAULT, 2015, pags. 32-33)

Para Foucault (2015) esses dois processos funcionaram conjuntamente com um terceiro elemento, o surgimento e instauração de diversas instituições oficiais que permitiram implantar essa nova forma de enxergar o criminoso. Destaca-se que esse elemento foi quem desempenhou a função de conector entre as práticas medievais relativas à ação pública e as novas teóricas penais.

Isso ocorreu na medida em que essas instituições oficiais permitiram que a ação pública se desenvolvesse da maneira esperada. Bem como, essas instituições se utilizaram dos saberes desenvolvidos no século XVIII, que enxergam o transgressor de normas como um inimigo social (FOUCAULT, 2015).

Conjuntamente ao exposto, é preciso considerar que a construção de novos saberes a partir da ideia do infrator de normas como um inimigo social é algo também destacado por Foucault, visto que "Em torno do fenômeno da criminalidade nasceram discursos e instituições como os que se organizam com o nome de psicopatologia do desvio" (FOUCAULT, 2015, p. 34).

Assim, é possível perceber como a concepção do criminoso como um inimigo social se vinculou não só ao sistema punitivo, mas também a diversos outros fenômenos sociais. Por conta disso, é importante entender quais os objetivos que a referida construção social desempenha na sociedade. Acerca desses, importa destacar o seguinte:

> Essa espécie de conector que constitui o criminoso como inimigo social é na realidade um instrumento por meio do qual a classe que está no poder transfere para a sociedade, na forma de júri, ou para a consciência social, por todas essas intermediações epistêmicas, a função de rejeitar o criminoso. Essa exclusão, que eu dizia não considerar função fundamental, é aquilo que a classe que está no poder quer que aqueles para os quais ela aparentemente transferiu a função de julgar ou castigar façam em seus atos ou em sua consciência (FOUCAULT, 2015, p. 34).

Com base no exposto, é possível sustentar que a categorização do criminoso como um inimigo social é um fenômeno que pode ser localizado historicamente e que tem como um de seus objetivos fazer com que toda a sociedade rejeite o sujeito que comete crimes. De maneira que essa situação difere da realidade social anterior, a qual a rejeição ao transgressor de normas não possuía característica global[4].

Conclusão

O presente trabalho teve como objetivo central compreender como se deu a categorização do criminoso como um inimigo social com base nas ideias defendidas por Michel Foucault. Para atingir tal objetivo, foi feito um estudo bibliográfico com a finalidade de se entender como o transgressor de normas foi elevado à categoria de inimigo social, dando ênfase a obra de Michel Foucault denominada de *Sociedade Punitiva*.

Por intermédio dessa análise, foi possível entender que a categorização do criminoso como um inimigo social é um fenômeno social que está relacionado com mudanças ocorridas na Europa do século XVIII, mais precisamente o estabelecimento de uma nova tática de punição, a reclusão.

Além disso, também é possível relacionar a referida categorização a três diferentes fenômenos: a concepção teórica a respeito do direito penal que surgiu no século XVIII, a ação pública criada ainda no período medieval e estabelecimento de diversas instituições oficiais que permitiram implantar essa nova forma de enxergar o delinquente.

Por fim, pôde-se constatar que um dos objetivos de tal fenômeno social foi estabelecer que o sujeito que comete crimes seja rejeitado socialmente. Em vista disso, é possível considerar que tal construção pode ser considerada como um dos elementos justificantes à grande aversão social que existe atualmente em relação ao criminoso.

Referências

FOUCAULT, Michel. **A sociedade punitiva: curso no Collége de France (1972-1973).** (Trad. Ivone C. Benedetti). São Paulo: Martins Fontes, 2015.

______. **Microfísica do Poder.** Rio de Janeiro: Paz e Terra, 2017.

LOBO, L. F. A expansão dos poderes judiciários. **Psicologia &**

---

[4] No tocante ao contexto brasileiro, é possível asseverar que tal rejeição pode ser visualizada. Tal afirmativa encontra fundamento numa pesquisa realizada em 2016 pelo Datafolha para o 10º Anuário Brasileiro de Segurança Pública, do Fórum Brasileiro de Segurança Pública, que constatou que 57% dos brasileiros concorda com a afirmação "Bandido bom é bandido morto".

Sociedade, 24 (n. spe.), 25-30, 2012.

FÓRUM BRASILEIRO DE SEGURANÇA PÚBLICA. **Anuário brasileiro de segurança pública 2016.** São Paulo, 2016.

MALINOWSKI, Bronislaw. **Crime e costume na sociedade selvagem.** Tradução de Noéli Correia de Melo Sobrinho. Petrópolis: Vozes, 2015.

A efetividade da Lei n° 11.340/2006 e a ameaçadora epidemia de violência doméstica praticada contra mulheres no Brasil

SIMONE DOS SANTOS BATISTA DE ARAÚJO[1]

Introdução

A Lei n° 11.340/2006, Lei Maria da Penha, é uma norma que surgiu como mecanismo legal no combate e enfrentamento da violência doméstica praticada contra mulheres em todo o país, puramente em razão da condição do gênero. Sobreveio mormente da busca de mitigar ou fazer cessar essa forma de violência, além de oferecer meios de suporte às mulheres vítimas dessa crueldade; na medida em que contribuiu para com o debate e o desenvolvimento doutrinário e jurisprudencial acerca do tema da violência doméstica praticada contra as vítimas que, por sua vez, são mulheres em situação de vulnerabilidade.

Ademais, preconizam-se, em especial, políticas públicas que devem ser aplicadas de forma integrada entre Poder Judiciário, Ministério Público, Defensoria Pública e órgãos do Poder Executivo, assim como por órgãos extragovernamentais, no qual surge o papel desempenhado pelas organizações da sociedade civil que, também, atuam com incentivo de campanhas de prevenção e enfrentamento a essa difícil realidade. Desse modo, faz-se mister a observância a seguinte problemática: a lei n° 11.340/2006 teria efetividade, sobretudo no que tange à mitigação ou erradicação da violência doméstica praticada contra mulheres no Brasil? Seria esse o principal meio a ser utilizado para atingir tais objetivos?

Com efeito, é evidente que o suprarreferido dispositivo legal veio para o ordenamento jurídico brasileiro como um avanço significativo no que tange ao enfrentamento da mencionada violência, uma vez que vislumbra em seu texto uma série de mecanismos e a serem implementados visando a defrontação dessa realidade. Entretanto, com base no quantitativo de vítimas anuais e

---

[1] Graduada em Direito pelo Centro Universitário CESMAC (Mceió/AL)

cotidianas da prática de tal crime, verifica-se que não basta que existam dispositivos legais para que tenham eficácia imediata, devendo, portanto, ser adotadas medidas que garantam de forma conjunta a mitigação dessa realidade, que, aumenta com os baixos investimentos e a consequente falta de estrutura que garanta proteção as vítimas que se encontram em situação de violência.

Entretanto, faz-se mister a aplicação efetiva do referido dispositivo legal, bem como da existência de outras práticas para o real enfrentamento a essa onda de violência que só cresce ao redor do país. O presente trabalho tem por escopo uma análise da efetividade da referida lei que traz em seu bojo uma das problemáticas mais urgentes da atualidade, a endêmica violência doméstica praticada contra mulheres no seio da sociedade brasileira, sem dúvida, uma questão complexa e que, portanto, merece ser devidamente explorada com a atenção e o cuidado necessário.

Desse modo, cumpre destacar, ainda, que a pesquisa está baseada em objetivos gerais e específicos. Quanto aos gerais, visa analisar a efetividade da Lei Maria da Penha no Brasil, no tocante a sua aplicabilidade no combate a violência contra mulher; quanto aos específicos, identificar a palpabilidade e os efeitos da Lei nº 11.340/2006 no tocante à proteção à mulher vítima de violência doméstica; Historicizar e fazer levantamento das possíveis causas e questões sociais que contribuíram para a atual situação da referida violência; Compreender a proporção dessa endemia que faz vítimas cotidianas e verificar apontamentos para uma maior eficácia no combate e na proteção das vítimas expostas a prática de tal crime.

A presente reflexão apontará, ainda, as falhas e as incoerências das políticas públicas aplicadas atualmente a essa questão de saúde pública, bem como a real efetividade da Lei nº 11.340/06, que vem de maneira a coibir e/ou erradicar, conjuntamente com outras práticas, essa onda assustadora e cruel que tem acometido mulheres das mais variadas idades e classes sociais, por entre lares nos mais diversos lugares do país.

Destarte, a análise em curso apresentará apontamentos e reflexões importantes embasados em uma pesquisa bastante aprofundada e observações de índices relativos à aplicabilidade e eficácia das normas e políticas públicas aplicadas no contexto dos fatos suprarreferidos. Ademais, tais apontamentos, também serão realizados com base em dados legislativos, estatísticos, doutrinários e jurisprudenciais, com observância aos direitos e garantias individuais, além de uma breve análise da qualificadora e majorante específicas do Feminicídio à luz do Direito Penal brasileiro.

Nesse sentido, em síntese, é essencial e válido ressaltar que, levando em consideração os apontamentos constatados por meio de dados que demonstram um aumento significativo da violência contra mulher no âmbito familiar, destaca-se a   pertinência temática e a relevância científica e social do objeto, ao passo em que, trata-se de uma celeuma atual e de notável complexidade que acaba por demandar, sobretudo, a atenção e o debruçar-se da comunidade acadêmica sobre esse fenômeno que acomete mulheres em quase todo planeta. Sendo assim, utilizaremos o método hipotético-dedutivo revisão bibliográfica.

Lei Maria da Penha – Nº 11.340/06

Inicialmente, far-se-á uma abordagem voltada à elucidação e historicização, bem como uma análise sobre como, de fato, iniciou-se o contexto de enfrentamento a essa relevante problemática arraigada na sociedade brasileira ao longo de tantos anos. Sobretudo, levando-se em consideração a criação e elaboração da Lei Maria da Penha – Lei nº 11.340/2006, e como se deu concretamente o caso da senhora Maria da Penha Maia Fernandes, vítima de agressões por seu cônjuge à época, e fundadora do Instituto Maria da Penha – IMP, que, por sua vez, promove ações de apoio e conscientização às mulheres vítimas e em situação de violência. Ademais, far-se-á, ainda, análise jurídica no tocante aos aspectos doutrinários, jurisprudenciais e legislativos da Lei nº 11.340/2006, visando abordar além dos aspectos jurídicos, mas também peculiaridades e seus reflexos, com especial observância ao posicionamento das cortes superiores acerca da matéria em comento.

1.1 Antecedentes históricos da Lei Nº 11.340/2006

Em que pese a República Federativa do Brasil ser signatária de vários tratados e convenções internacionais acerca dos direitos humanos das mulheres e de combate a todas as formas de discriminação e violência baseadas no gênero, tais como a Convenção sobre a Eliminação de Todas as Formas de Discriminação contra a Mulher – CEDAW, Convenção Americana sobre Direitos Humanos, Convenção Interamericana para Prevenir,

Punir e Erradicar a Violência contra a Mulher[2], Declaração e Plataforma de Ação da 4ª Conferência Mundial sobre a Mulher, entre outros; (DIAS, 2019, pág. 43) o antecedente imediato de maior relevo para a edição da Lei n° 11.340/2006 foi o caso 12.051, o qual tramitou perante a Comissão Interamericana de Direitos Humanos, após denúncia[3] apresentada pela Sra. Maria da Penha Maia Fernandes[4], pelo Centro pela Justiça e pelo Direito Internacional – CEJIL e pelo Comitê Latino-Americano de Defesa dos Direitos da Mulher – CLADEM. (PENHA, 2018)

> Em 1998, enviamos, eu e duas instituições de peso, o Centro para a Justiça e o Direito Internacional, CEJIL, e o Comitê Latino-americano e do Caribe para a Defesa dos Direitos da Mulher, CLADEM, o meu caso para a Comissão Interamericana de Direitos Humanos da Organização dos Estados Americanos (OEA), protestando contra a demora quanto a uma decisão definitiva da justiça brasileira em relação ao processo. A Comissão Interamericana de Direitos Humanos publicou, o Estado Brasileiro como responsável pela violação dos meus direitos humanos, que teve repercussão internacional. Foi um incentivo para que se debatesse amplamente o tema. (PENHA, 2018, p. 108)

Instado a se manifestar, quedou-se inerte o Estado brasileiro, quer no tocante à admissibilidade, quer no que alude ao mérito da petição.[5] Após regular tramitação de procedimento perante a Comissão Interamericana de Direitos Humanos, a República Federativa do Brasil foi considerada responsável pela violação dos direitos e proteção judiciais, sobretudo em virtude da protelação injustificada dos processos de apuração de violência doméstica, exarou-se uma série de recomendações ao Estado brasileiro, entre as quais: concluir com celeridade o processo penal envolvendo o

---

2 Maria Berenice Dias, A Lei Maria da Penha na Justiça, 2019, p. 43.

3 Informações disponíveis em: <http://www.institutomariadapenha.org.br

4Consoante ao que dispõe em seu livro: Sobrevivi Posso Contar (2018), a Sra. Maria da Penha padeceu com agressões físicas e psicológicas perpetradas por seu então marido, o Sr. Marco Antônio Heredia Viveiros, durante toda a convivência matrimonial, a qual durou 23 anos, culminado em duas tentativas de homicídio: na primeira, ele deflagrou um disparo de arma de fogo nas costas da vítima enquanto ela dormia, resultando em um quadro irreversível de tetraplegia; na segunda tentativa, ocorrida após ela regressar do hospital onde se recuperava dos procedimentos cirúrgicos decorrentes das lesões, o agressor a eletrocutou no momento em que ela estava tomando banho, não chegando, contudo, a lhe ocasionar o óbito. (PENHA, 2018)

5 Disponível em: <www.cidh.org

agressor da Sra. Maria da Penha Maia Fernandes; proceder reforma legislativa e adoção de medidas de caráter administrativo no sentido de evitar a tolerância estatal e o tratamento discriminatório no que tange a suprarreferida violência.[6] É nesse contexto que veio a lume, por intermédio de regular tramitação legislativa, a Lei n° 11.340/2006.

Um instrumento de igualdade

A Constituição da República Federativa do Brasil – CRFB/88, preconiza em seu bojo tanto a igualdade formal, quanto a igualdade material que, por sua vez ultrapassa e transcende a ideia de que todos são iguais perante a lei, para uma ideia de que além dessa igualdade formal, também existe a igualdade entre as pessoas iguais na proporção de suas igualdades, ou na dimensão na qual se desigualam, o que constitui diretamente a igualdade material preconizada pelo jurista José Afonso da Silva[7], para além do que está encartado no inciso I, do artigo 5°, da Carta Magna que bem prevê: "todos são iguais perante a lei, sem distinção de qualquer natureza...". Sobre isso cabe citar o que dispõe Dirley da Cunha Júnior em sua obra Curso de Direito Constitucional:

> O direito à igualdade é o direito que todos têm de ser tratados igualmente na medida em que se igualem e desigualmente na medida em que se desigualem, quer perante a ordem jurídica (igualdade formal, quer perante a oportunidade de acesso aos bens da vida (igualdade material), pois todas as pessoas nascem livres e iguais em dignidade e direitos. A exigência de Igualdade decorre do princípio constitucional da igualdade, que é um postulado básico da democracia, pois significa que todos merecem as mesmas oportunidades, sendo defeso qualquer tipo de privilégio e perseguição. O princípio em tela interdita tratamento desigual às pessoas iguais e tratamento Igual as pessoas desiguais. (DIRLEY, 2012, p. 696)

Neste sentido, a Lei Maria da Penha possui um papel essencial

---

[6] Informações disponíveis em: <http://www.institutomariadapenha.org.br
[7] "Aqui a igualdade não é apenas no confronto marido e mulher. Não se trata apenas da igualdade no lar e na família. Abrange também essa situação, que, no entanto, recebeu formulação específica no art. 226, §5°: "Os direitos e deveres à sociedade conjugal são exercidos igualmente pelo homem e pela mulher". Vale dizer: nenhum pode mais ser considerado cabeça de casal, ficando revogados todos os dispositivos da legislação ordinária que outorgava primazia ao homem.". (SILVA, JOSÉ AFONSO DA, 2013, p. 219)

no tocante a tentativa de mitigar a violência doméstica e familiar praticada contra a mulher, quando surge como um mecanismo legal no enfrentamento ao paradigma da disparidade de gênero mantida na sociedade brasileira. Sobre isso, André Estefan (2017), afirma ser plenamente justificável o objeto da Lei nº 11.340 de 2006. Vejamos:

> "Há quem entenda que a lei n. 11.340/2006, ao estabelecer tratamento privilegiado à violência doméstica ou familiar contra mulheres, teria malferido o princípio constitucional da isonomia (art. 5º, *caput*). Esse pensamento, todavia, não se mostra correto. A outorga de tratamento jurídico diferenciado por conta do gênero mostra-se plenamente justificada. " (ESTEFAM, 2017, p. 230).

Assim, cumpre destacar o que preconiza o notável jurista Celso Antônio Bandeira de Mello, acerca do princípio da isonomia, sobretudo em consonância ao contexto de igualdade encartado no texto da CRFB/88 que serviu de arcabouço para o surgimento de diversos outros dispositivos legais, bem como da Lei em comento:

> Supõe-se, habitualmente, que o agravo à isonomia radica-se na escolha, pela lei, de certos fatores diferenciais existentes nas pessoas, mas que não poderiam ter sido eleitos como matrizes do discrimén. Isto é, acredita-se que determinados elementos ou traços característicos das pessoas ou situações são insuscetíveis de serem colhidos pela norma como raiz de alguma diferenciação, pena de se proem às testilhas como a regra da igualdade. Assim, imagina-se que as pessoas não podem ser legalmente desequiparadas em razão da raça, ou do sexo (...). Então, percebe-se, o próprio ditame constitucional que embarca a desequiparação por motivo de raça, sexo, trabalho, credo religioso e convicções políticas, nada mais do que colocar em evidência certos traços que não podem, por razões preconceituosas mais comuns em certa época ou meio, ser tomados gratuitamente como ratio fundamentadora de discrímen. (MELLO, 2014, p. 15, 17-18).

Destarte, embora o princípio da isonomia esteja encartado no texto da Constituição da República Federativa do Brasil de 1988, em seu artigo 5º, *caput*, que por sua vez engloba tanto a igualdade formal quanto a material, faz-se necessária a utilização de mecanismos de combate a esse tipo de violência, bem como de dispositivos legais infraconstitucionais que contribuam significativamente na busca pela solução desse problema que acomete diversas vítimas em todo o país[8]. Ademais, sobre o aspecto jurídico da constitucionalidade e

---

[8] Urge salienta o que afirma a pesquisa Visível e Invisível da Fiocruz realizada junto com o Datalfolha: ""A pesquisa Raio X do Feminicídio, realizada pelo Núcleo de

da isonomia, como preconiza José Afonso da Silva, onde houver um homem e uma mulher, qualquer tratamento desigual entre eles, a propósito de situações pertinentes a ambos os sexos, constituirá uma infringência constitucional.[9]

Para Maria Berenice Dias, ainda nesse contexto de isonomia e mitigação da suprarreferida disparidade de gênero buscada tanto pelo texto constitucional, quanto pela Leia nº 11.340/2006:

> A Lei Maria da Penha veio atender esse compromisso constitucional. No entanto, chama a atenção o fato de, na sua ementa, fazer menção não só a norma constitucional, mas também à Convenção sobre a Eliminação de Todas as Formas de Discriminação contra as mulheres e à Convenção Interamericana para Prevenir, Punir e Erradicar a Violência contra a Mulher. Esse tipo de referência é pouco usual, mas lá está porque a Lei Maria da Penha foi editada para atender à recomendação da OEA, decorrente de condenação imposta ao Brasil. A menção também reflete nova postura frente aos tratados internacionais de proteção dos direitos humanos. (DIAS, 2019, p. 40)

Destarte, ainda, acerca dos avanços encartados na supracitada Carta Magna, Roberto Barroso afirma, em sua obra Curso de Direito Constitucional Contemporâneo:

> Sob a Constituição de 1988, o direito constitucional no Brasil passou da desimportância ao apogeu em menos de uma geração. Uma Constituição não é só técnica. Tem de haver, por trás dela, a capacidade de simbolizar conquistas e de mobilizar o imaginário das pessoas para novos avanços. O surgimento de um *sentimento constitucional* no país é algo que merece ser celebrado. Trata-se de um sentimento ainda tímido, mas real e sincero, e de maior respeito pela Lei Maior, a despeito da volubilidade de seu texto. É um grande progresso. Superamos a crônica indiferença que, historicamente, se mantinha em relação à Constituição. E para os que sabem, é a indiferença, não o ódio, o contrário do amor. (BARROSO, 2015, p. 280)

Aspectos jurisprudenciais da Lei Maria da Penha

Sabe-se que a edição da LMP não foi algo tão simples, uma vez

---

Gênero do Ministério Público, abrangeu 121 cidades e 364 denúncias, resultando na constatação de que 84% dos feminicidas são parceiros ou ex-parceiros das vítimas (casados ou conviventes) e 12% namorados.". (DATAFOLHA/2019, pág. 27)

[9] José Afonso da Silva, Curso de Direito Constitucional Positivo, pág. 219.

que após a sua promulgação, uma série de polêmicas surgiram sobre aspectos e pontos preconizados em seu texto, assim como a questão da inaplicabilidade da Lei n. 9.099/95, sobretudo no que tange a suspensão condicional do processo, e a discussão sobre a possibilidade de aplicação do princípio da bagatela a crimes cometidos contra a mulher no âmbito residencial. Além disso, não se pode esquecer da polêmica suscitada em razão das divergências entre doutrinadores sobre a sua constitucionalidade, que, por vezes, só terminaram após julgamento da Suprema Corte ou dos Tribunais Superiores. (DIAS, 2019, pág. 129, 135-140)

No âmbito do Supremo Tribunal Federal, em sede de controle concentrado de constitucionalidade, destacaram-se duas ações: a Ação Declaratória de Constitucionalidade nº 19[10] e a Ação Direta de Inconstitucionalidade nº 4.424. (ESTEFAM, 2017, pág. 230) Como resultado de seu julgamento conjunto, em 09 de fevereiro de 2012, fixaram-se importantes teses relacionadas ao processamento e melhor exegese das disposições[11] da Lei Maria da Penha, quais sejam: A ação penal pública incondicionada em crime de lesão corporal leve em se tratando de violência doméstica e familiar contra mulher, não se aplicando quanto a estes delitos os preceitos da Lei nº 9.099/95; competência cumulativa das varas criminais para que processem e julguem as causas cíveis e criminais envolvendo violência doméstica e familiar contra a mulher, enquanto os juizados relacionados a esta matéria não estiverem devidamente estruturados; e a inaplicabilidade da Lei nº 9.099/95[12], sobretudo no tocante aos institutos despenalizadores, tais como a suspensão condicional do processo, transação penal e composição civil dos danos, além de não submeter os processos de violência doméstica e familiar contra a mulher aos Juizados Especiais. Nesse sentido ainda a decisão exarada pelo

---

[10] Supremo Tribunal Federal – STF, ADC 19/DF, Relator Ministro Marco Aurélio, julgamento em 09/02/2012

[11] Informações disponíveis em:<https://stf.jusbrasil.com.br/jurisprudencia/25342756/acao-direta-de-inconstitucionalidade-adi-4424-df-stf

[12] Preceitua André Estefam: "De acordo com o STF, em decisão proferida em sede de controle concentrado de constitucionalidade, a ação penal por lesão corporal dolosa leve praticada em situação de violência doméstica ou familiar contra a mulher é de ação penal pública incondicionada (*vide* ADIn 4.424 e ADC 19). O art. 88 da Lei n. 9.099/95, que prevê a necessidade de representação por parte da vítima de tal crime, não se aplica, portanto, a fatos abrangidos pela Lei Maria da Penha, por força do art. 41 da referida lei.". (ESTEFAM, 2017, pág. 230)

Pretório Excelso no HC 106.212, reconhecendo a constitucionalidade do art. 41 da Lei 11.340/2006. Eis a ementa, *in verbis*:

> "E M E N T A HABEAS CORPUS. DIREITO PENAL. CONTRAVENÇÃO PENAL. VIAS DE FATO. VIOLÊNCIA DOMÉSTICA E FAMILIAR CONTRA A MULHER. LEI Nº 11.340/2006. ARTIGO 226, § 8º, DA LEI MAIOR. DIREITOS HUMANOS DA MULHER. SISTEMA PROTETIVO AMPLO. INTERPRETAÇÃO DA LEI. ALCANCE. INFRAÇÃO PENAL – CRIME E CONTRAVENÇÃO. COMBATE À VIOLÊNCIA EM TODAS AS SUAS FORMAS E GRAUS. SUBSTITUIÇÃO DA PENA PRIVATIVA DE LIBERDADE POR RESTRITIVA DE DIREITOS. INVIABILIDADE. [...]4. Sistema protetivo da mulher contra toda e qualquer violência de gênero. O sistema da Lei nº 11.340/2006 - de nítido cariz constitucional e fortemente amparado em diplomas internacionais - introduz sensíveis alterações no ordenamento jurídico brasileiro, dentre as quais: i) a mudança de paradigma no combate à violência contra a mulher, antes entendida sob à ótica da infração penal de menor potencial ofensivo, e, hodiernamente, como afronta a direitos humanos; e, ii) o inegável e imperioso reforço do papel repressivo da pena. Na lição de Flávia Piovesan, "além da ótica preventiva, a Lei 'Maria da Penha' inova a ótica repressiva, ao romper com a sistemática anterior baseada na Lei n. 9.099/95, que tratava a violência contra a mulher como uma infração de menor potencial ofensivo [...]". (Temas de Direitos Humanos. 10ª ed., rev., ampl. e atual. Saraiva, São Paulo, 2017. p. 430) 6. Na exata dicção do art. 6º da Lei Maria da Penha, "a violência doméstica e familiar contra a mulher constitui uma das formas de violação dos direitos humanos", não mais admitida leitura sob a ótica das infrações penais de menor potencial ofensivo. 9. O art. 226, § 8º, da Carta Política consagra vetor hermenêutico de proteção da mulher – dever constitucional de agir, por parte do Estado, ante a adoção de mecanismos para coibir toda e qualquer violência nos âmbitos doméstico e familiar. 10. Ordem de habeas corpus denegada.".

Na esteira da jurisprudência do STF, o Superior Tribunal de Justiça editou duas súmulas envolvendo a violência doméstica e familiar contra a mulher: a Súmula 542[13], segundo a qual, a ação

---

[13] Sobre isso, Alice Bianchini afirma: "Não obstante o entendimento manifestado pelo STF (como dito, já no ano de 2012) e as recorrentes decisões proferidas em sede do STJ, as demandas sobre o tema objeto do enunciado (a natureza da ação penal é pública incondicionada) não estancaram, o que, inclusive, motivou o STJ a sumular o assunto: "Súmula 542. A ação penal relativa ao crime de lesão corporal

penal relativa ao crime de lesão corporal resultante de violência doméstica contra a mulher é pública incondicionada, e a Súmula 536, a qual dispõe que a suspensão condicional do processo e a transação penal não se aplicam na hipótese de delitos sujeitos ao rito da Lei Maria da Penha (ESTEFAM, 2017, Pág. 230). Ademais, o STJ, no julgamento do HC 123804, fixou relevante tese jurídica no sentido de viabilizar a prisão preventiva nos casos de descumprimento das medidas protetivas de urgência, de modo a garantir a integridade física da vítima de violência doméstica e familiar. Segue a ementa:

> HABEAS CORPUS. HOMICÍDIO QUALIFICADO. TENTATIVA. LEI Nº 1.340/2006 (LEI MARIA DA PENHA). PRISÃO PREVENTIVA. DESCUMPRIMENTO DE MEDIDA PROTETIVA DE URGÊNCIA. GARANTIA DA ORDEM PÚBLICA. RISCO À INTEGRIDADE FÍSICA DA VÍTIMA. COMPROVAÇÃO DO DESCUMPRIMENTO DA MEDIDA. EXAME APROFUNDADO DO CONJUNTO FÁTICO-PROBATÓRIO.
>
> I – A Lei 11.340/06, que cria mecanismos para coibir a violência doméstica e familiar contra a mulher, introduziu, na sistemática processual penal relativa às prisões cautelares, mais uma hipótese autorizadora da prisão preventiva, ao estabelecer, no artigo 313, inciso IV, do CPP, a possibilidade desta segregação cautelar para garantir a eficácia das medidas protetivas de urgência. [...]

Notas conceituais acerca da violência doméstica praticada contra mulher

2.1 A violência doméstica e a unidade familiar

A violência doméstica praticada contra mulheres pode ser definida como uma espécie de agressão direcionada em razão do sexo feminino e por pessoas que, via de regra, convivem ou tem algum tipo de relação com a vítima[14], familiar ou conjugal por exemplo. Essa agressão pode ser realizada de diversas maneiras, de forma pontual ou continuada, e sob vários aspectos.

No tocante aos aspectos, cabe dizer que se apresentam de

---

resultante de violência doméstica contra a mulher é pública incondicionada". (Terceira Seção, j. 26.08.2015, DJe 31.08.2015)" (BIANCHINI, 2019, pág. 85)

[14] [...] "a Lei nº 11.340/2006 possui objetivos e funções específicas, que visam enfrentar a violência contra a mulher por sua condição de gênero, por meio de políticas públicas, serviços e equipamentos que busquem erradicar a violência vivida pela mulher no contexto de relações íntimas, familiares e domésticas, crimes com proporções endêmicas no país.". (BIANCHINI, 2019, p. 62)

maneiras diferentes nos mais variados lares ao redor do país, seja de forma física, seja por intermédio de violência psicológica, patrimonial, econômica, sexual, moral, entre outras. Ademais, podem ser desenvolvidas através da hostilidade, da selvageria e da crueldade empregada na forma do trato cotidiano, praticada pelo marido, pelo pai, pelo irmão ou até mesmo por um agregado da família. Sendo a agressão psicológica a de mais difícil diagnóstico e constatação.[15]

Outrossim, para Maria Berenice Dias (2019), a LMP – Lei Maria da Penha, no que tange à referida violência, preocupou-se em definir o seu contexto e campo de incidência, definindo-o em seu artigo 5º, inciso I, como unidade doméstica: um local no qual a forma de agressão pode ser exercida tanto por familiares, quanto por agregados esporádicos, ou até pessoas com quem mantenha algum convívio duradouro ou permanente[16].

Destarte, Guilherme de Souza Nucci, em sua obra Leis penais e processuais penais comentadas, prevê que deve haver relação familiar, quando da agressão a mulher no âmbito da unidade doméstica, para que então possa haver a possibilidade de aplicação da agravante preconizada pela Lei 11.340/2006[17], uma vez que não basta que uma mulher seja agredida na casa de alguém, na qual haja a mencionada relação doméstica entre outras pessoas que não ela para que seja aplicada a supracitada agravante.

Desse modo, no que se refere ao âmbito da violência doméstica e familiar contra mulher, Alice Bianchini (2019), afirma que a unidade doméstica, a qual, para ela, é um lugar de convívio entre pessoas independentemente de haver ou não vínculo familiar, em relações permanentes ou esporádicas, abrange, também, pessoas que sejam irmãs unilaterais, mulheres tuteladas, sobrinhas, curateladas ou atém mesmo enteadas. Bastando que a omissão ou a ação, por parte do agressor contra a vítima, ocorra no âmbito de alguma relação íntima de afeto, ou da unidade familiar ou doméstica, para que haja a possibilidade de caracterização da supracitada violência.

2.2 Modalidades

---

[15]   FONAVID,   2017,   p.   57.   Disponível   em: <https://www.amb.com.br/fonavid/files/livro-fonavid.pdf

[16] Maria Berenice Dias, A Lei Maria da Penha na justiça..., pág. 60.

[17] Guilherme de Souza Nucci, em sua obra Leis penais e processuais penais..., p. 864.

No tocante as modalidades[18], é válido mencionar que a Lei Maria da Penha, mais especificamente no artigo 7º, elenca algumas formas[19] da violência doméstica e familiar praticada contra mulher.[20] Vejamos:

> Art. 7. são formas de violência doméstica e familiar contra a mulher, entre outras:
>
> I - a violência física, entendida como qualquer conduta que ofenda sua integridade ou saúde corporal;
> II - a violência psicológica, entendida como qualquer conduta que lhe cause dano emocional e diminuição da autoestima ou que lhe prejudique e perturbe o pleno desenvolvimento ou que vise degradar ou controlar suas ações, comportamentos, crenças e decisões, mediante ameaça, constrangimento, humilhação, manipulação, isolamento, vigilância constante, perseguição contumaz, insulto, chantagem, ridicularização, exploração e limitação do direito de ir e vir; [...] (BIANCHINI, 2019, pág. 70-71)

Sobre isso, também é importante ressaltar que existem vários tipos de violência doméstica praticadas contra mulheres no âmbito familiar e/ou doméstico[21]. Antes de elencá-los, vale ressaltar que qualquer conduta, mesmo que seja praticada por omissão, de forma agressiva, por coerção ou por discriminação, dirigida a mulher em razão do sexo feminino, causando sofrimento, dor, dano, qualquer tipo de limitação, morte, perda patrimonial, financeira ou econômica, causando constrangimento e sofrimento com dano psicológico, moral, sexual, político e até social, poderá de fato caracterizar a violência contra mulher.

Quantos aos tipos de violência em si, ela pode se dar de diversas maneiras, quais sejam: violência familiar, institucional, física, doméstica, violência moral, patrimonial, intrafamiliar/doméstica, sexual e psicológica. No que tange aos conceitos das mencionadas modalidades de violência, a familiar é a que ocorre dentro de um convívio e de uma relação de parentesco, envolvendo pessoas que compõem e constituem a unidade familiar, seja através do vínculo sanguíneo, por parentesco natural ou civil, como no caso dos

---

[18]

[19] Maria da Penha Maia Fernandes, Sobrevivi... Posso Contar, 2018, p. 202. Texto da Lei nº 11.340/2006.

[20] _____. Lei n. 11.340 de 07 de agosto de 2006. *Lei Maria da Penha*. Disponível em: <http://www.planalto.gov.br/ccivil_03/_ato2004-2006/2006/lei/l11340.htm>. Acesso em: 22 jul. 2019.

[21] Alice Bianchini, Crimes Contra Mulheres..., 2019, p. 70.

cônjuges, ou mesmo por afinidade ou por afetividade, quando na ocasião em que há uma amiga ou amigo agregado no lar da família e que, por sua vez, pratique a referida violência. (DIAS, 2019, pág. 77, 88 - 91)

No tocante à violência psicológica, pode-se dizer que é consumada através de omissão ou da ação que busca e consegue degradar, humilhar, manipular, diminuir, rechaçar a mulher, por meio de intimidação, ameaça, seja ela direta ou apenas indireta, implicando, por sua vez, em danos e prejuízos a saúde mental e até causando danos ao crescimento pessoal da vítima. Ao passo que a violência de cunho moral está relacionada a injuriar a honra da vítima, a agredir moralmente, a difamar, caluniar e a destruir a reputação da pessoa causando danos a sua imagem. (FONAVID, 2017, pág. 57, 58 e 59)

O ciclo da violência doméstica

É fato irrefutável que houve um avanço significativo na sociedade brasileira ao longo das últimas décadas, entretanto, apesar desse avanço, ainda existem situações que não foram totalmente deixadas de lado, ou até mesmo esquecidas no passado como de fato deveria ocorrer; mais parece, porém, que irão se perpetuar. Nesse caso, trata-se mais especificamente da discriminação destinada a mulher simplesmente em razão do gênero feminino, uma vez que a referida discriminação ocorre sobretudo devido a manutenção da desigualdade sociocultural no seio da sociedade.[22] Em razão disso, diversas mulheres, ainda, acreditam que merecem as agressões, independentemente do que seja a justificativa utilizada para culpa-las. No entanto, não é sempre que deixam de denunciar seus agressores tão somente por falta de condições financeiras de custear o próprio sustento e o de seus filhos, mas também em razão do

---

[22] Afirma Maria Berenice Dias: "Ditados populares, repetidos de forma jacosa, absolveram a violência doméstica: "em briga de marido e mulher ninguém mete a colher"; "ele pode não saber por que bate, mas ela sabe por que apanha". Esses, entre outros ditos repetidos como brincadeira, sempre esconderam uma certa conivência da sociedade para com a violência doméstica. Talvez o mais terrível deles seja: "mulher gosta de apanhar", engano gerado pela dificuldade que elas têm de denunciar o seu agressor. Seja por medo, por vergonha, por não ter para onde ir, por receio que não conseguir se manter sozinha e sustentar os filhos, o fato é que a mulher resiste em buscar a punição de quem ama ou, ao menos, um dia amou.". (DIAS, 2019)

vínculo emocional, por estarem ligadas aos agressores de tal maneira que acabam por pensar que não possuem capacidade de seguir a diante.

> O ciclo da violência é perverso. Primeiro vem o silêncio seguido da indiferença. Depois surgem as reclamações, reprimendas, reprovações e começam os castigos e as punições. Os gritos transformam-se em empurrões, tapas, socos, pontapés, num crescer sem fim. As agressões não se cingem à pessoa da família, o varão destrói seus objetos de estimação, a humilha diante dos filhos. Sabe que estes são os seus pontos fracos e os usa como massa de manobra, ameaçando maltratá-los. (DIAS, 2019, p. 22)

Ademais, isso também ocorre, muito em razão das agressões psicológicas facilitadas pela coabitação e pelo laço de afetividade que, por vezes, é utilizado para afastar a mulher do convívio social, da família, do trabalho e de atividades enriquecedoras profissionais/educativas, e isso faz com que a vítima não tenha proximidade com as pessoas a quem poderia pedir ajuda quando na situação de violência. Sobre isso:

> A ideia da família como uma entidade inviolável, não sujeita à interferência do Estado e da Justiça, sempre se fez que a violência se tornasse invisível, protegida pelo segredo. Agressor e agredida firmam um verdadeiro pacto de silêncio, que o livra da punição. Estabelece-se um círculo vicioso: a mulher não se sente vítima, o que faz desaparecer a figura do agressor. Mas o silêncio não impõe nenhuma barreira. A falta de um freio só faz a violência aumentar. O homem testa seus limites de dominação. Como a ação não gera reação, a agressividade é exacerbada. Para conseguir dominar, para manter a submissão, as formas de violência se multiplicam. (DIAS, 2019, p. 09)

Diante disso, é válido mencionar o que muito se dispõe acerca do ciclo da violência doméstica praticada dentro das relações intimas entre homens e mulheres, trata-se da duração ser dividida em três fases, quais sejam: a primeira, que é a acumulação da tensão, a segunda que é a explosão e a última que é a fase da lua de mel. Na primeira o agressor deixa a vítima sempre em estado de tensão e alerta, que pensa que algo pode ocorrer a qualquer momento, agredindo-a com ofensas, entre outras formas; na segunda, o ele pratica a violência atingindo a vítima de forma psicológica ou física, e na terceira, ele já passa a se desculpar e prometer que nunca mais o fará. (BRASIL, 2018, pág. 06)

Assim, no que tange aos atores da violência suprarreferida, basta apenas que se verifique o vínculo da relação doméstica, de afetividade ou até mesmo de relação familiar; considerando-se o homem como sujeito ativo, ou podendo ser até mesmo uma mulher que pratique alguma dos tipos de violência dentro dos parâmetros supracitados quando numa relação homoafetiva. É válido ressaltar que também haverá aplicação do referido dispositivo legal a casos em que a relação se constitua nos parâmetros estabelecidos de uma união estável.

> Toda relação de parentesco, afinidade, socioafetividade ou afeto, em eficácia ou rompida, tenha havido ou não coabitação ou prática de relações sexuais, está protegida pela Lei Maria da Penha. Para a configuração da violência doméstica não é necessário que as partes sejam marido e mulher, sem que estejam ou tenham sido casados. Também na união estável – que nada mais é do que uma relação íntima de afeto – a agressão é considerada como doméstica, quer a união persista ou já tenha findado. (DIAS, 2019, p. 68).

Desse modo, uma vez que haja motivação de gênero, como também nos casos em que o agressor se valer do respectivo ambiente familiar, numa aparente relação de parentesco, restará configurada a violência doméstica. Assim, pode ocorrer a suprarreferida caracterização da violência, na qual o homem seja o sujeito ativo da prática e incidência do crime, seja ele companheiro, namorado, ex-companheiro, ex-namorado, marido ou ex-marido, irmão, neto ou até mesmo o filho. Em que pese também possa ocorrer de a mulher ser o sujeito ativo praticante das agressões e da consequente violência, quando de uma relação homoafetiva constituída por duas mulheres, justamente por tratar-se de namorada, ex-companheira, companheira ou até mesmo de ex-namorada.

> A cônjuge ou a companheira da vítima responde pela prática de violência de âmbito familiar (LMP, art. 5.º, parágrafo único). Basta estar o vínculo caracterizado como relação doméstica, familiar ou de afetividade, pois o legislador deu prioridade à criação de mecanismos para coibir e prevenir a violência doméstica contra a mulher, sem importar o gênero do agressor. (DIAS, 2019, p. 69).

Outrossim, acerca da relação homoafetiva, bem como no que se refere a aplicabilidade do referido dispositivo legal, as mulheres vítimas quando no contexto de violência praticada contra mulher lésbica ou bissexual, afirma Alice Bianchini que, elas estarão protegidas por meio do suprarreferido dispositivo legal. Haja vista conservar tanto a condição de mulher, quanto os papéis que são deles peculiares e provenientes.

Nesse sentido, já que a Lei 11.340/2006 tem como *menus legis* proteger a mulher vítima de violência doméstica e familiar baseada na condição de seu pertencimento ao gênero feminino, a proteção estende-se igualmente a vítimas mulheres, que estejam em relacionamentos bissexuais ou lésbicos, assim como as transexuais. A legislação expressamente determina que "as relações pessoais enunciadas neste artigo independem de orientação sexual" (Lei Maria da Penha, art. 5º, parágrafo único). (BIANCHINI, 2019, p. 58)

Nesse sentido, é válido ressaltar que a Lei nº 11.340 de 2006 tem por espoco a proteção da mulher que vivencie situação de violência doméstica de agressões provenientes de agressores que o fazem em razão pura e simplesmente do pertencimento das vítimas ao gênero feminino. Logo, o entendimento de doutrinadores acerca do sujeito ativo mulher quando numa relação homoafetiva em que envolva obviamente a mulher enquanto homossexual, está diretamente em consonância ao disposto quanto as distinções relativas a orientação sexual e identidade de gênero. Assim, a orientação sexual estaria mais voltada a sexualidade de um indivíduo, isto é, mais ligada a orientação da afetividade, enquanto que a identidade de gênero está relacionada mais diretamente a condição de pertencimento de mulher ou de homem.23 Entretanto, ainda no que se refere ao sujeito passivo, não é exatamente assim que descreve Bianchini, quando trata acerca da aplicabilidade da suprarreferida lei a casos de

---

23 Posicionamento da ONU: [...] "A orientação sexual é a tração física, romântica e/ou emocional que uma pessoa sente em relação a outra. Todo o mundo tem uma orientação sexual, pois é parte integral da identidade de cada um. Homens gays e mulheres lésbicas são atraídos por indivíduos de seu sexo. Bissexuais são pessoas que podem sentir atração por indivíduos de seu sexo ou de sexo diferente. A orientação sexual não está relacionada a identidade de gênero. [...] A identidade de gênero é um sentimento e uma vivência profunda do próprio gênero. A identidade de gênero de uma pessoa é normalmente consistente com o sexo que lhe foi atribuído no momento do nascimento. Em alguns casos, sua aparência, hábitos e outras características exteriores podem entrar em conflito com as expectativas da sociedade em relação ao comportamento normativo de gênero [...] Uma pessoa intersexual nasce com uma anatomia sexual, com órgãos reprodutivos ou padrões de cromossomas que não se encaixam na definição padrão masculino-feminino. Isto pode ser evidente no nascimento ou se desenvolver mais tarde. Uma pessoa intersexual pode se desenvolver como homem ou como mulher, ou como nenhum dos dois. O estado intersexual não é sobre a orientação sexual ou a identidade de gênero da pessoa: as pessoas intersexuais experimentam a mesma gama de orientações sexuais e identidades de gênero que os outros indivíduos.". (ONU, 2017, pág. 01)

violência, nas quais o sujeito passivo seja o homem. Nesse contexto, ela afirma a impossibilidade da aplicação ao gênero masculino.

> De qualquer forma, a não aplicação da Lei Maria da Penha a vítimas de violência doméstica e familiar do gênero masculino, como já dito, não denota ignorância ou desprezo pela realidade vivida por homens que sofrem violência, inclusive por parte de seus parceiros, no caso de relacionamentos homoafetivos. O que se defende é que a Lei n° 11.340/2006 possui objetivos e funções específicas, que visam enfrentar a violência vivida pela mulher no contexto de relações íntimas, familiares e domésticas, crimes com proporções endêmicas no país. (BIANCHINI, 2019, p. 62)

Desse modo, urge salientar, que no que se refere ao sujeito passivo, para que haja a sua caracterização, faz-se mister a qualidade essencial de ser mulher.[24] Não bastando, porém, puramente a existência de agressão dentro do âmbito familiar, uma vez que o supracitado dispositivo trata expressamente sobre seu escopo de proteção as mulheres vítimas de violência doméstica, no âmbito familiar, mas podendo ser aplicado também em casos de agressões praticadas contra a mulher que seja tutelada ou curatelada, de acordo com o que afirma Maria Berenice Dias, vejamos:

> Apesar do silêncio da Lei, não há como excluir do conceito de unidade familiar a convivência decorrente da tutela ou da curatela. Ainda que o curador não tenha vínculo de parentesco com a tutelada ou curatelada, a relação entre eles permite ser identificada como um espaço de convivência. De modo geral, existe alguma verticalização de poder nessas relações, e a ocorrência cabe ser qualificada como doméstica. (DIAS, 2019, p. 74)

3 Violência doméstica contra a mulher no Brasil: uma epidemia

Consoante disposto nos capítulos anteriores, a violência doméstica e familiar contra a mulher está arraigada no seio da sociedade brasileira há muitos anos, e embora essa seja uma questão sociocultural, merece ser estudada, discutida, mitigada e solucionada com os mecanismos de enfrentamento necessários e essenciais, os quais vão muito além do que dispõe a dogmática jurídico penal, embora esse seja, sem dúvida, um dos principais meios a serem utilizados para uma possível erradicação do fenômeno em comento.

---

[24] Jayme Walmer de Freitas, em sua obra Impressões objetivas sobre a Lei de Violência Doméstica.

O presente capítulo trará uma abordagem geral no intuito de fazer um breve panorama atual acerca da violência doméstica praticada contra mulheres no Brasil,[25] levando em consideração, especialmente, os aspectos jurídicos, doutrinários, jurisprudenciais e sumulados, bem como dados e apontamentos estatísticos pertinentes a elucidação da suprarreferida problemática.

Assim, Rogério Sanches[26] afirma que a Lei Maria da Penha, trouxe nova redação mais penosa direcionada aos crimes e suas punições no tocante ao âmbito da violência doméstica e familiar ao fazer alteração no § 9º do artigo 129 do Código Penal brasileiro[27], e complementa dizendo que o crime supracitado deixa então de ser de menor potencial ofensivo, uma vez que deixa de caracterizar a natureza leve no caso de lesão corporal dolosa, e passa a ensejar o aumento de pena quando o delito for cometido no que se pode chamar de âmbito das relações domésticas, o qual envolve a coabitação ou a hospitalidade, e, sobretudo, quando praticado contra qualquer das pessoas mencionadas no supracitado § 9º do art. 129 do CP.

Quanto a necessidade da convivência ou coabitação como característica essencial para a configuração desse delito, há quem discorde de sua necessidade, contrariando o que está disposto nas próprias alterações da legislação impostas ao dispositivo legal supracitado no parágrafo anterior. Nesse liame, pode-se citar Guilherme Nucci que discorda do aspecto da "convivência", ao afirmar:

> [...] "Não podemos aquiescer com a interpretação literal, ou seja, além do ascendente, descendente, irmão, cônjuge ou companheiro,

---

[25] Registre-se: "Analisando dados sobre a violência contra a mulher posterior à implantação da Lei Maria da Penha, segundo o Instituto Brasileiro de Geografia e Estatística (IBGE), vê-se que a cada ano, mais de um milhão de mulheres são vítimas de violência doméstica no País. [...] Os elevados índices da violência contra a mulher sejam por agressão psicológica, lesão corporal ou feminicídio e, ainda, as políticas públicas no combate a estas modalidades de crime sensibilizam e conduzem estudiosos a discutirem o tema, com o intuito principal de erradicar essa prática ainda persistente na sociedade hodierna.". (FONAVID, 2017, p. 59) Disponível em: <https://www.amb.com.br/fonavid/files/livro-fonavid.pdf.

[26] Rogério Sanches Cunha, Manual de direito penal – parte especial, p. 124.

[27] Código Penal Brasileiro, artigo 129, § 9.º "Se a lesão for praticada contra ascendente, descendente, irmão, cônjuge ou companheiro, ou com quem conviva ou tenha convivido, ou, ainda, prevalecendo-se o agente das relações domésticas, de coabitação ou de hospitalidade: Pena – detenção de 3 (três) meses a 3 (anos).". Redação da pena preconizada pela Lei Maria da Penha – nº 11.340/2006.

qualquer outra pessoa agredida, que conviva ou tenha convivido (esta forma, mostrando o passado, é a pior) estaria inserida no tipo do § 9º, pois seria ampliar em demasia a figura qualificada denominada violência doméstica. Uma empregada doméstica com quem o agente tenha convivido, agredida muito depois de cessada a relação de emprego, faria nascer a violência doméstica? Por certo que não. Logo, resta interpretar que haverá a forma qualificada da lesão quando o agente voltar-se contra ascendente, descendente, irmão, cônjuge ou companheiro com quem conviva ou tenha convivido. Não outra pessoa, mas somente estas enumeradas no tipo.".[28]

Entretanto, Maria Berenice Dias (2019), afirma que não é imprescindível que convivam sob o mesmo teto o agressor e a vítima, para que somente assim venha a ser configurada a violência doméstica, levando-se em consideração tão somente o aspecto âmbito familiar[29], logo, consubstanciando o que estabelece Rogério Sanches, acerca da convivência prevista no supracitado dispositivo legal, quando afirma:

> Haverá violência doméstica na agressão contra pessoa (que não ascendente, descendente, irmão, cônjuge ou companheiro) com quem o agente conviva ou tenha convivido (caso da república de estudantes, por exemplo). A necessária interpretação restritiva que o tipo incriminador merece é facilmente alcançada ao se exigir que a lesão corporal tenha sido provocada em razão da vivência, atual ou pretérita. (SANCHES, 2016, p. 125)

Nesse sentido, é válido ressaltar o que também dispõe Maria Berenice Dias (2019) sobre dados relevantes e atuais de pesquisas realizadas acerca da violência doméstica praticada contra mulher no país. Pois bem, segundo a autora, antes da década de oitenta não eram nem realizados levantamentos acerca da incidência da taxa de feminicídio no país, fato que apenas começou a ocorrer no ano de 1980, sendo que, de acordo com dados apurados pela OMS – Organização Mundial da Saúde, o Brasil perfaz a quinta maior taxa de feminicídio de todo planeta, pelo que até o ano de 2013, 106.093 mulheres faleceram em razão puramente da sua condição do gênero

---

[28] Guilherme de Souza Nucci, C. P. Comentado, pág. 688.

[29] Súmula 600 – STJ: "Para configuração da violência doméstica e familiar prevista no artigo 5º da Lei 11.340/2006, Lei Maria da Penha, não se exige a coabitação entre autor e vítima.". Texto de súmula aprovado na 3ª Seção pelo STJ, em 22 de novembro de 2017.

feminino, ou seja, pelo fato de ser mulher[30].

A referida autora afirma, ainda, que o número 180[31] atendeu 92.323 denúncias ainda no ano de 2018[32], consoante levantamento realizado pelo Ministério da Mulher, da Família e dos Direitos Humanos, entretanto, já no segundo mês do ano de 2019, foram atendidas o número de 17.836 notificações, perfazendo um total superior ao mesmo período do ano anterior em 36,85%. Na medida em que no primeiro semestre de 2019, o 180 obteve um aumento de cerca de 10,93% em comparação com o ano de 2018, perfazendo um total de 46.510 denúncias nos seis meses levantados.[33]

Sobre isso, destaca-se a fala da ministra Damares Alves[34] acerca do crescimento nos índices da violência doméstica perpetrada contra mulheres: "A impunidade, o medo, a vergonha e, muitas vezes, a dependência financeira ou afetiva, fazem com que muitas mulheres se calem diante da violência", afirma ao passo que pondera a possibilidade de que os números podem ir muito além do que os revelados pelos dados expostos. Diante disso, vale destacar o que dispõe a atual pesquisa realizada em conjunto pelo Fórum Brasileiro de Segurança Pública com o Instituto de Pesquisa Econômica Aplicada – IPEA, qual seja, o atlas da violência de 2019.

Pode-se verificar no quadro abaixo a evolução da violência letal contra mulher no Brasil de acordo com os dados levantados por meio da pesquisa suprarreferida ao longo dos anos de 2007 a 2017, porém perfazendo a maior taxa de homicídios neste último ano:

---

[30] Maria Berenice Dias, A Lei Maria da Penha na Justiça, p. 25.

[31] Ligue 180 é um serviço gratuito e de utilidade pública que tem por escopo, entre outros objetivos, o recebimento de denúncias de violência contra a mulher, é, portanto, uma central de atendimento às mulheres que existe desde o ano de 2005 e que, inclusive ajuda a informar mulheres acerca de seus direitos. (MMFDH)

[32] Informações disponíveis em: <https://www.mdh.gov.br/todas-as-noticias/2019/agosto/balanco-anual-ligue-180-recebe-mais-de-92-mil-denuncias-de-violacoes-contra-mulheres.

[33] Levantamento realizado por meio da Ouvidoria Nacional dos Direitos Humanos do MDH.

[34] Disponível em: <https://www.mdh.gov.br/todas-as-noticias/2019/agosto/balanco-anual-ligue-180-recebe-mais-de-92-mil-denuncias-de-violacoes-contra-mulheres.

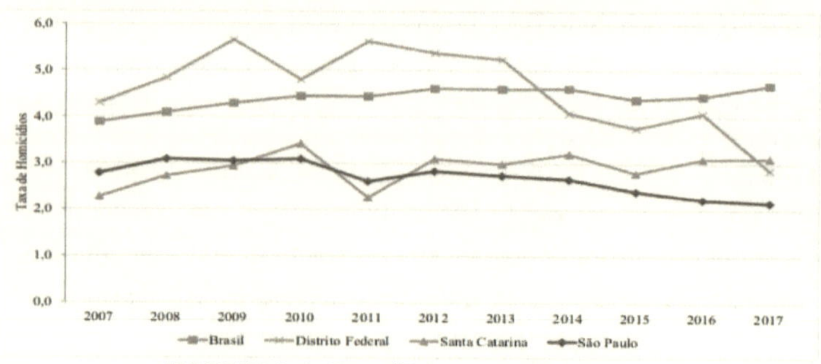

FIGURA 1: Ipea/Dist e FBSP, 2019.[35]

Percebe-se por meio desse gráfico um panorama sobre a evolução da supracitada violência letal perpetrada contra mulheres na última década de 2007 a 2017 pelo Brasil, sendo possível verificar um avanço na letalidade em todo o país com distinções entre os estados da federação. Nesse diapasão, verifica-se pertinente citar os dados abaixo[36], coletados do atlas da violência de 2019 realizado pelo Diest/Ipea e FBSP, que demonstram com muita clareza o crescimento significativo nos últimos anos da violência praticada no âmbito residencial, seja por arma de fogo ou sem ela:

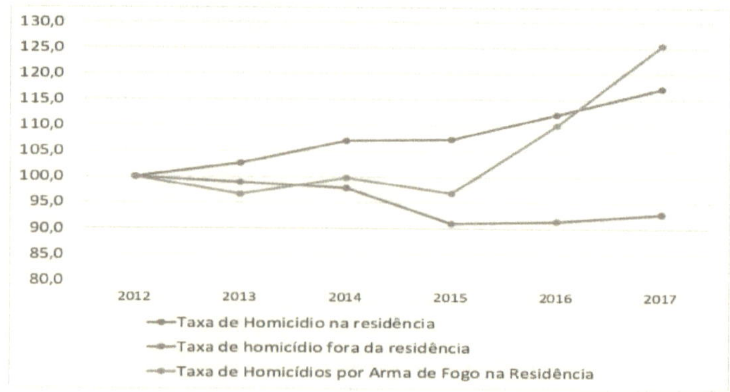

FIGURA 2: Ipea/Dist e FBSP, 2019.[37]

---

[35] Dados coletados do levantamento realizado – atlas da violência de 2019 pelo IPEA – Instituto de Pesquisa e Econômica Aplicada, p. 36. Elaboração Diest/Ipea e FBSP, 2019.

[36] Dados coletados do Atlas da violência de 2019 do Ipea/Diest e FBSP, pág. 42.

[37] Informações coletadas no Atlas da Violência do Ipea (2019), com dados disponíveis em:

É verificado nesse ponto uma significativa evolução de morte de mulheres em decorrência de crimes de homicídios praticados com utilização de arma de fogo dentro das residências ao longo dos últimos dois anos registrados na pesquisa[38]. Ademais, urge salientar, ainda, que de acordo com a referida pesquisa desenvolvida com base na verificação dos microdados da saúde, no qual é levado em consideração o local do homicídio, verifica-se que o maior crescimento foi da taxa de homicídios praticados dentro das residências que, se levar em consideração o uso de arma de fogo, tem-se um aumento de 29,8%, isso sem levar em conta os homicídios nos quais os locais da ocorrência do fato eram ignorados, os quais perfazem um total de 39,3%, o que poderia vir a caracterizar o que pode ser denominado como uma das formas do feminicídio, qual seja: o feminicídio íntimo[39]. (IPEA, 2019, p. 37, 40 e 42)

Outrossim, de acordo com Alice Bianchini, em pesquisa realizada pelo FBSP – Fórum Brasileiro de Segurança Pública, datada do ano de 2019, após entrevista com mais de mil mulheres ao redor de todo o país, constatam-se fatos que corroboram dados já observados em 2017, revelando o dado alarmante de que apenas 10,3% de todas as mulheres que sofreram algum dos tipos de violência no país, procurou por uma delegacia especializada; ao passo em que 8% procurou uma comum; enquanto que 52% delas não fez absolutamente nada. Fato preocupante, pois talvez signifique dizer que um grande número de vítimas ainda sofre em silêncio. (BIANCHINI, 2019, pág. 80)

Nesse sentido, é válido salientar que, como política de

<http://www.ipea.gov.br/portal/images/stories/PDFs/relatorio_institucional/1 90605_atlas_da_violencia_2019.pdf.

[38] Os dados mencionados foram coletados no Atlas da Violência realizado pelo IPEA – Instituto de Pesquisa Econômica Aplicada (2019), p. 42. Dados disponíveis em: http://www.ipea.gov.br/portal/images/stories/PDFs/relatorio_institucional/190 605_atlas_da_violencia_2019.pdf

[39] Sobre o crime de feminicídio íntimo e sua origem: [...] "está previsto na legislação desde a entrada em vigor da Lei nº 13.104/2015, que alterou o art. 121 do Código Penal (Decreto-Lei nº 2.848/1940), para prever o feminicídio como circunstância qualificadora do crime de homicídio. Assim, o assassinato de uma mulher cometido por razões da condição de sexo feminino, isto é, quando o crime envolve: "violência doméstica e familiar e/ou menosprezo ou discriminação à condição de mulher".". (INSTITUTO PATRÍCIA GALVÃO) Disponível em: < https://dossies.agenciapatriciagalvao.org.br/violencia/violencias/feminicidio/

enfrentamento dessa violência de tamanha proporção, e que tem sido tão presente no cotidiano dos brasileiros, em que pese tratar-se de uma situação de difícil erradicação, são utilizados mecanismos para mitigar essa realidade que faz um número tão alarmante de vítimas a cada ano de acordo com pesquisas realizadas pelos mais variados institutos brasileiros como o IPEA[40] – Instituto de Pesquisa e Estatística e o IBGE[41] – Instituto Brasileiro de Geografia e Estatística. Entre essas políticas adotadas como mecanismos de enfrentamento, destacam-se as medidas protetivas de urgência[42] que surgiram com o escopo de garantir uma maior eficácia nas formas de aplicação do dispositivo legal, visando garantir mais proteção as mulheres em situação de violência, uma vez que possuem um caráter preventivo e são mais direcionadas a demandas urgentes[43].

A própria Lei Maria da Penha prevê em seu bojo as referidas medidas protetivas em seu capítulo II, Seções I e II, em que preconiza diversas medidas obrigatórias ao agressor, assim como "o afastamento do lar, domicílio ou local de convivência com a ofendia"[44]. Destarte, de acordo com os dados revelados no levantamento realizado pelo CNJ – Conselho Nacional de Justiça, no ano de 2018 sobre medidas protetivas expedidas entre os anos de 2016 e 2017, pode-se perceber um aumento expressivo no número de determinações, sobre isso, urge verificar o gráfico abaixo que retrata com clareza a referida evolução.

---

[40] Disponível em: <http://www.ipea.gov.br/portal/

[41] Disponível em: <https://ibge.gov.br/

[42] Para Maria Berenice Dias: "As medidas protetivas que obrigam o agressor – nem todas, mas a maioria – têm caráter provisional e estão concentradas no art. 22 da Lei Maria da Penha. O deferimento de tais medidas não impede a aplicação de outras, sempre que a segurança da ofendida ou as circunstâncias o exigirem. O descumprimento das medidas protetivas de urgência configura infração penal, sujeito a pena de detenção de 03 meses a dois anos". (DIAS, 2019, pág. 167)

[43] Dados coletados do levantamento realizado pelo CNJ – Conselho Nacional de Justiça, 2018, pág. 11. Disponível em:https://www.cnj.jus.br/wpcontent/uploads/2018/06/5514b0debfb866190c20610890849e10_1c3f3d621da010274f3d69e6a6d6b7e6.pdf.

[44] Maria da Penha Maria Fernandes, Sobrevivi... Posso Contar, 2018, pág. 211.

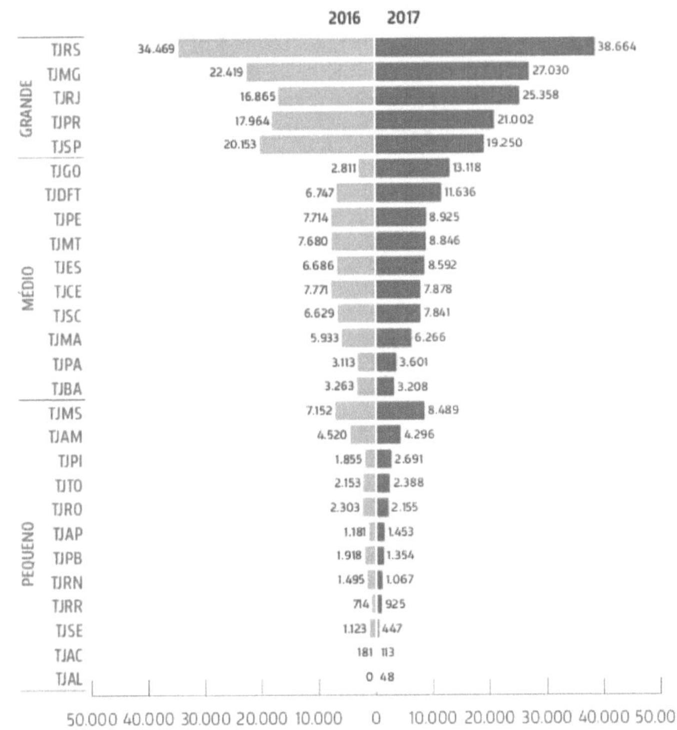

FIGURA 3: CNJ – Conselho Nacional de Justiça, 2018.[45]

Consoante disposto anteriormente, o gráfico apresenta um crescimento expressivo, no tocante à expedição, da quantidade de medidas protetivas entre os anos de 2016 e 2017, levando-se em consideração, especialmente, todos os dados apontados pelos tribunais do país acerca da matéria em questão, verificando-se uma quantidade de 194.812 em 2016, ao passo que 236,641 em 2017, perfazendo uma evolução de 21% em comparação com o ano anterior.[46] Ademais, a mesma pesquisa também traz dados nacionais

---

[45] Dados coletados do levantamento O Poder Judiciário na Aplicação da Lei Maria da Penha, 2018, pág. 12, realizado pelo CNJ – Conselho Nacional de Justiça. Disponível em: <https://www.cnj.jus.br/wp-content/uploads/2018/06/5514b0debfb866190c20610890849e10_1c3f3d621da0 10274f3d69e6a6d6b7e6.pdf

[46] CNJ – Conselho Nacional de Justiça. Dados disponíveis em:

acerca do quantitativo de novas demandas e apurações sobre o quantum de casos envolvendo medidas protetivas de urgência, que por sua vez deixaram de ser solucionados nos tribunais existentes em todo o Brasil[47]. O levantamento realizado pelo CNJ afirma, ainda, a existência de cerca de quase um milhão de casos pendentes no país, perfazendo cerca de 908.560 até o ano de 2017. (CNJ/2018, pág. 14)

Entretanto, mesmo diante dos fatos explanados acima, há, ainda, afirmações no sentido de que não existe o aumento propriamente dito da violência em comento, mas apenas e tão somente a existência de maior informação por parte das vítimas que fazem mais declarações[48] e, por conseguinte, maior constatação pelas autoridades. No entanto, existem pesquisadores que afirmam que, talvez, parte da elevação na taxa de feminicídio no Brasil, bem como da violência doméstica praticada contra mulher, especialmente nos últimos anos, desde 2014 a 2019, seja em razão da redução do montante direcionado aos programas nacionais que visam o enfrentamento dessa forma de violência. Sobre isso, cabe citar a pesquisa realizada pelo INESC – Instituto de Estudos Socioeconômicos[49], na qual, revela-se uma redução desses recursos de um montante que gira em torno de 53%, desde 2014 até o ano de 2017. (INESC/2018, pág. 09)

Desse modo, em pesquisa realizada pelo CNJ – Conselho Nacional de Justiça no ano de 2018, fora constatado que após o ano de 2006 e a Lei Maria da Penha entrar em vigor, houve redução na taxa de homicídio de mulheres que depois se manteve por anos, entretanto, de 2008 a 2019, essa taxa tem crescido significativamente. A referida pesquisa denota, ainda, que, de acordo com o atlas da

---

<https://www.cnj.jus.br/wp
content/uploads/2018/06/5514b0debfb866190c20610890849e10_1c3f3d621da0
10274f3d69e6a6d6b7e6.pdf

[47] Conselho Nacional de Justiça - CNJ/2018, O Poder Judiciário na Aplicação da Lei Maria da Penha, pág. 14. Dados:<https://www.cnj.jus.br/wpcontent/uploads/2018/06/5514b0debfb8661 90c20610890849e10_1c3f3d621da010274f3d69e6a6d6b7e6.pdf

[48] Dados disponíveis em: < https://www12.senado.leg.br/institucional/datasenado/arquivos/aumenta-numero-de-mulheres-que-declaram-ter-sofrido-violencia. (SENADOFEDERAL/2017, pág. 03)

[49] Dados disponíveis em: <https://www.inesc.org.br/wp-content/uploads/2018/08/Rel_Dir_Hum_Temp_Aust-NOVO-1-_V3.pdf?x40748

violência de 2015, o Brasil ocupa a quinta pior posição no mundo no ranking das piores taxas de homicídios praticados contra mulheres. (CNJ, 2018, pág. 19). Já, conforme Anuário Brasileiro da Segurança Pública de 2019, pode-se dizer que houve uma vítima do crime de feminicídio a cada 8 horas no país, dados somente do ano de 2018, perfazendo um total de 1.206 óbitos em decorrência desse crime. (ANUÁRIO, 2019, pág. 07)

É importante dizer, ainda, que de acordo com supracitado Anuário, existiram 263 mil e 67 casos de violência doméstica no Brasil ao longo do ano de 2018, perfazendo um total de um registro dessa violência a cada dois minutos[50]. Logo, diante de todos os dados e levantamentos realizados por institutos nacionais e internacionais, é possível que se verifique uma epidemia[51] de violência doméstica perpetrada contra mulheres no país, ou como afirma a jurista Alice Bianchini (2019), uma endemia desse tipo de violência[52]. Ademais, o Relatório Mundial dos Direitos Humanos, publicado no ano de 2019, no qual inclui dados sobre o Brasil, afirma que o país vive números recordes de violência praticada contra a mulher que caracterizam uma verdadeira epidemia, na qual um milhão e dois mil casos ainda aguardavam por solução até o ano de 2017[53].

Ademais, o referido relatório aponta uma série de circunstâncias que podem ensejar a situação mencionada, dentre eles fala sobre a efetividade da Lei Maria da Penha[54], a qual resta prejudicada devido

---

[50] Dados coletados do Anuário Brasileiro de Segurança Pública do ano de 2019, com levantamento do ano de 2018, disponível em: <http://www.forumseguranca.org.br/wp-content/uploads/2019/09/Anuario-2019-FINAL-v3.pdf

[51] De acordo com o disposto em: <https://www.dicio.com.br/epidemia/ Pode-se dizer epidêmica, pois empregando o significado por extensão, epidemia é: [...] "Agravação de um fenômeno, comportamento, ações etc.: epidemia de desempregados; epidemia de queixas...".

[52] Alice Bianchini, Crimes Contra Mulheres, Lei Maria da Penha..., 2019, pág. 62.

[53] Informações coletadas do Relatório Mundial de 2019 - HUMAN TIGHTS WATCH publicado pela Organização dos Direitos Humanos. Disponível em: <https://www.hrw.org/sites/default/files/world_report_download/hrw_world_report_2019.pdf

[54] Sobre o enfrentamento da violência doméstica contra mulher, o relatório da Fiocruz em conjunto com o Datafolha afirma: "Enfrentar a violência contra a mulher exige romper muitas barreiras, que se estendem desde os "pré-conceitos" e machismos naturalizados até os fatores que mantêm as mulheres em silêncio como temor, vergonha, crença na mudança do parceiro e revitimização por parte de autoridades e da sociedade. Essa violência tem vitimado mulheres pelas mãos de agressores conhecidos, iniciando-se na juventude e agravando-se na fase adulta.".

à falta de estrutura necessária para o devido enfrentamento da violência. Sobre isso, levantamento datado do ano de 2019, realizado pelo Datafolha em conjunto com a Instituição Fiocruz[55], afirma que para que haja efetividade na lei, é necessário que ela seja, implementada no contexto da realidade na qual se insere, não bastando apenas a existência do dispositivo para garantir que produza efeitos, mas dependendo de outras medidas que são essenciais para atingir o que se propõe. (DATAFOLHA/2019, pág. 26)

Destarte, a Lei 11.340/2006, é um importante instrumento no enfrentamento da supracitada violência, é inclusive reconhecida pela ONU – Organizações das Nações Unidas como uma das três melhores legislações[56] de todo o planeta, no tocante ao fim que se propõe desenvolver. Além disso, na busca pela efetividade, existem atualmente 443 Delegacias da Mulher, especializadas, ao redor do país; o Ligue 180 que é uma central de atendimento gratuita e destinada ao atendimento à mulher que esteja em situação de violência, a Política Nacional de Combate à Violência Doméstica, implementada pelo Decreto 9.586/2018; e as casas de passagem que desempenham um papel crucial na proteção das vítimas. (DIAS, 2019, pág. 242, 243 e 244). Entretanto, conforme reverbera Maria Berenice Dias, faz-se mister que o Estado deixe de exercer apenas um papel repressor, e passe a obstar a continuidade do ciclo da violência.

Conclusão

Para concluir, cumpre destacar primordialmente, que conforme suscitado ao longo da pesquisa, a presente análise tem por escopo, especialmente, verificar a evolução, a epidemia, da violência doméstica praticada contra mulher no âmbito da sociedade brasileira, bem como a efetividade e a importância, o contexto de criação e elaboração, embasados em apontamentos doutrinários,

---

(DATAFOLHA/2019)

[55] Relatório Visível e Invisível: A Vitimização de Mulheres no Brasil, 2019. Disponível em: <http://www.iff.fiocruz.br/pdf/relatorio-pesquisa-2019-v6.pdf

[56] Leia-se: "Ao analisar os dados coletados pelo IPEA, é possível identificar que a Lei Maria da Penha contribuiu para uma diminuição de cerca de 10% na taxa de homicídios contra mulheres praticados dentro das residências das vítimas (BRASIL, 2015). A Lei é reconhecida pela Organização das Nações Unidas (ONU) como uma das três melhores legislações frente à violência contra a mulher em todo o mundo.". (FONAVID, 2017, pág. 54)

jurisprudenciais e científicos provenientes da Lei 11.340/2006. Pois bem, consoante os dados explanados ao longo de do trabalho, verifica-se que é de suma importância a existência de dispositivos legais que objetivem a mitigação, o enfrentamento, a prevenção e a erradicação da suprarreferida forma de violência no Brasil e no mundo.

Consequentemente, não se pode, portanto, tratar juridicamente de algo que não existe e que não está tipificado no ordenamento jurídico, daí a necessidade da tipificação para que haja a devida defrontação da referida problemática que acomete, conforme dados dispostos ao longo do trabalho, um número significativo de pessoas ao longo dos anos, cotidianamente por entre os mais diversos lares ao redor do país. Isto posto, percebe-se que houve movimentação em território nacional e internacional para o ensejamento do referido dispositivo, que depois serviu como objeto de embasamento para uma série de outras medidas com definição de papeis de alguns entes da federação, e suscitou diversas polêmicas no campo da constitucionalidade que foram discutidas por juristas, doutrinadores, e principalmente, pela suprema corte, com discussões inclusive sobre os atores sujeitos da violência, sobre as sanções quanto ao descumprimento de medidas protetivas de urgência e uma série de outras questões pertinentes.

Desse modo, consoante preceituam os diversos juristas brasileiros citados no estudo, como Celso Antônio Bandeira de Mello, José Afonso da Silva, André Estefam, Maria Berenice Dias e Alice Bianchini, além dos levantamentos realizados pelos mais diversos institutos como o IPEA (2019), o FONAVID (2017) e o estudo do próprio CNJ – Conselho Nacional de Justiça (2018), entre outros, percebe-se que essa é uma questão, de fato, muito discutida e estudada pelos mais diversos pesquisadores, não só no Brasil, mas também no mundo, uma vez que conforme mencionado no segundo capítulo do trabalho, uma das possibilidades de mitigação e/ou erradicação dessa triste realidade é obstar diretamente as fases que constituem o denominado ciclo da violência, qual seja: a fase em que existe a tensão e o medo, a que se perpetuam as agressões físicas e a terceira, na qual o agressor se manifesta de modo a pedir desculpas e a levar a crer que não cometerá mais a prática de tal crime.

Logo, embora o agente prometa que não mais o fará, a manutenção das agressões, conforme disposto no decorrer do terceira capítulo, consubstanciam as altíssimas taxas dessa forma de violência perpetrada diuturnamente[57], acabando por ensejar o surgimento das elevadas taxas de letalidade de mulheres provenientes da violência doméstica, conforme disposto nos gráficos que constam do terceiro capítulo (figura 1 e figura 2 – CNJ/2018); que por conseguinte, acabam culminando, por sua vez, nos crimes de feminicídio, tipificados pela Lei n° 13.104/2015. Assim, percebe-se que houve desde o ano de 2006, com o surgimento da LMP - Lei n° 11.340, uma evolução nos mecanismos que foram suscitados visando garantir maior efetividade a suprarreferida lei da violência doméstica; dentre eles, pode-se citar: a criação de casas-abrigo que são, em sua essência, em endereço desconhecido; além delas, os Juizados e as Delegacias da Mulher voltadas ao atendimento das vítimas, além destas medidas, também outras como as medidas protetivas de urgência que são deveras essenciais para o enfrentamento da violência, uma vez que possuem aplicabilidade em casos que demandam urgência.

Destarte, não há dúvidas de que existem muitos benefícios viabilizados pelo surgimento do referido dispositivo legal que, inclusive, visa retirar esse sentimento de impunidade que esteve presente por muitos anos na sociedade brasileira, não só por parte de quem sofre, mas também de quem convive com essa violência, além de vislumbrar a garantia de proteção as mulheres em situação de violência. Entretanto, diante dos fatos expostos ao longo do artigo, de acordo com os levantamentos suscitados, observa-se que, faz-se mister muito mais do que apenas e tão somente a existência de dispositivos legais, penais, constitucionais ou infraconstitucionais, para garantir a referida efetividade, uma vez que torna-se difícil evoluir nos índices de enfrentamento, reduzindo as taxas de violência, sem que existam investimentos relevantes voltados a esta finalidade para que contribuam diretamente na melhoria da estrutura voltada ao acolhimento das vítimas, e a defrontação do problema. Além disso, só haverá que se falar em efetividade legislativa, quando existirem meios e estrutura adequada que contribuam em conjunto para a real atenuação e transformação dessa triste realidade.

Referências

BRASIL. Constituição de 05 de outubro de 1988. Constituição da

---

[57] De acordo com Maria Berenice Dias: "No ano de 2016 a Central de Atendimento à Mulher, realizou 1.133.345 atendimentos a mulher em todo o País, pelo Ligue 180.". (DIAS, 2019, pág. 244)

República Federativa do Brasil. Disponível em: <http://www.planalto.gov.br/ccivil_03/constitui cao/ConstituicaoCompilado.htm>. Acesso em: 16 set. 2019.

BRASIL. Lei n°11.340, 7 de agosto de 2006. Cria mecanismos para coibir a violência doméstica e familiar contra a mulher. Diário Oficial da União, 8 de agosto de 2006. Disponível em: < http://www.planalto.gov.br/ccivil_03/_ato2004-2006/2006/lei/l11340.htm>. Acesso em: 29 set. 2019.

BRASIL. STJ. HC 123804 - MG. Relator: Min. Felix Fischer, Data de Julgamento 17/03/2009, Data de Publicação 27/04/2009. Disponível em: http://stj.com.br Acesso em: 05 de maio de 2019.

BRASIL. STF. HC 137888 – MT. Relatora: Min. Rosa Weber, Data de Julgamento 31.10.2017. Disponível em: http://stf.jus.br/portal/jurisprudência Acesso em: 05 de maio de 2019.

______. Decreto n° 1.973 de 1° de agosto de 1996. Convenção Interamericana para Prevenir, Punir e Erradicar a Violência contra a Mulher. Disponível em: <http://legis.senado.gov.br/legislacao/ListaTextoIntegral.action?id=122009>. Acesso em: 07 de ago. 2019.

______. Decreto n° 4.316 de 30 de julho de 2002. Convenção sobre a Eliminação de Todas as Formas de Discriminação contra a Mulher. Disponível em: <http://www.pla nalto.gov.br/ccivil_03/decreto/2002/D4316.htm>. Acesso em: 05 de junho. 2019.

BANDEIRA DE MELLO, Celso Antônio. Conteúdo Jurídico do Princípio da Igualdade. 3ª. 23ª tir. ed. São Paulo: Malheiros, 2014.

BARROSO, Luis Roberto. Curso de Direito Constitucional Contemporâneo: os conceitos fundamentais e a construção do novo modelo. 5ª. ed. Saraiva, São Paulo, 2015.

BIANCHINI, Alice. Crimes Contra Mulheres: Lei Maria da Penha, crimes sexuais e feminicídio, Juspodivum, Salvador, 2019.

CUNHA JUNIOR, Dirley da. Curso de Direito Constitucional. Juspodivum, Salvador, 2012.

CUNHA, Rogério Sanches. Manual de Direito Penal – Parte Especial. 8. ed. Juspodivum, Salvador, 2016.

CUNHA, Rogério Sanches e Ronaldo Batista Pinto. Violência Doméstica. 7. ed. Juspodivum, Salvador, 2018.

DIAS, Maria Berenice. A Lei Maria da Penha na Justiça. 5. ed. Juspodivm, Salvador, 2019.

ESTEFAM, André. Direito Penal: Volume 2. 4ª. ed. Saraiva: São Paulo, 2017.

FERNANDES, Maria da Penha Maia. Sobrevivi posso contar. 6. ed. Fortaleza: Armazém da Cultura, 2018.

IPEA. Atlas da Violência. Rio de Janeiro: 2019. Disponível em: http://www.ipea.gov.br/portal/images/stores/PDFs/relatório _institucional/190605_atlas_da_violencia_2019.pdf.

NUCCI, Guilherme de Souza. Leis penais e processuais penais comentadas. 108. ed. São Paulo: Livraria RT, 2017

PORTO, Pedro Rui da Fontoura. Anotações preliminares à Lei 11.340/2006 e suas repercussões em face dos Juizados Especiais Criminais. Está disponível: <https://jus.com.br/artigos/8917/anotacoes-preliminares-a-lei-n-11-340-06-e-suas-repercussoes-em-face-dos-juizados-especiais-criminais>. Acesso em: 27 abr. 2019.

SILVA, José Afonso da. Curso de Direito Constitucional Positivo. 37. ed. São Paulo: Malheiros, 2013.

A violência doméstica e a proteção conferida pela Lei Maria da Penha: uma análise do quantitativo dos processos da 4ª Vara Criminal de Palmeira dos Índios, Alagoas, de 2017 a 2019

PAULO RICARDO SILVA LIMA[1]
YOLANDA KALLINE FERRO DE ARAÚJO[2]

Introdução

Ao longo da história a mulher foi tratada como subordinada dos seus parceiros, tendo como dever primordial zelar pelo lar e acompanhar o processo educativo da prole, não tendo espaço para reivindicar e exercer direitos dentro da sociedade, todavia, através dos movimentos revolucionários de cunho social, como o feminismo, as mulheres foram ganhando mais liberdade e recebendo proteção do Estado.

As mulheres, por questões de sororidade, vêm desempenhando papéis de enfrentamento aos padrões que as sociedades as impõem. Sem as lutas do século XX que tinham como reivindicação o direito ao voto, e sem os enfrentamentos que as mulheres tiveram que travar para demonstrar que as questões de gênero não as faziam inferiores aos homens, tendo como principal expoente a filósofa estadunidense Judith Butler, as mulheres não teriam ganhado voz e garantido direitos (ZANELLO, 2017).

Mesmo o Brasil sendo signatário de vários acordos e tratados de direitos humanos; ter criado leis específicas de proteção a mulher e desenvolvido políticas públicas de enfrentamento a violência, ainda há um grande índice de denúncias de agressão feminina, sendo os

---

[1] Mestrando em Ciência da Informação - UFAL (2020); Especialista em Direito Administrativo - FCE (2019); Especialista em Gestão da Qualidade na Administração Pública – UNEAL (2019); Especialista em Gestão de Pessoas - FCE (2020); Graduado em Administração Pública - UNEAL (2017); Graduando em Direito - UNIT/AL (2020); Servidor Público da Defensoria Pública do Estado de Alagoas. E-mail: pauloricardo.admpublic@gmail.com.

[2] Graduada em Direito – CESMAC – Faculdade Cesmac do Sertão (2016); Graduada em Letras pela Universidade Estadual de Alagoas (2002); Servidora Pública da Secretaria Estadual de Educação do Estado de Alagoas; Advogada. E-mail: yolandaferro10@gmail.com.

seus parceiros - na maioria das vezes - os principais criminosos.

A principal lei que confere proteção às mulheres no Brasil é a de nº 11.340, de 07 de agosto de 2006, popularmente conhecida como "Lei Maria da Penha", sancionada pelo presidente à época, Luiz Inácio Lula da Silva. Cumpre destacar que a lei só foi criada depois que o Brasil recebeu uma sanção da Comissão Interamericana de Direitos Humanos por não ter tratado o caso da farmacêutica Maria da Penha Maia Fernandes, que sofreu inúmeras agressões do seu companheiro. Destarte, a principal finalidade da lei é impedir a violência doméstica e garantir às mulheres em situação de vulnerabilidade proteção à integridade física, moral e psicológica (ALMEIDA, 2017). Cumpre destacar que o enfrentamento da violência doméstica está associado a um conjunto de ações integradoras das áreas de saúde, direitos humanos, justiça, segurança, educação e de cunho social, uma vez que a violência acontece de forma física, psicológica, sexual, moral e patrimonial, carecendo a vítima de acompanhamentos e medidas protetivas eficientes que reduzam o sofrimento e inibam delitos.

A judicialização de crimes de violência doméstica continua sendo um tabu para as mulheres, ainda prevalece na sociedade atual à cultura do medo e a falta de confiança nas instituições jurídicas e de segurança, uma vez que o judiciário passa por uma morosidade processual e ausência de estruturas para resolver essas questões. No mesmo sentido, Oliveira (2008, p. 143) explana que "Mais do que uma dimensão paranoica, os reclamantes persistentes chamam a atenção para as dificuldades das instituições judiciárias ou congêneres em lidar com o insulto, assim como para o significado social desse tipo de agressão".

Note-se, no entanto, que com o passar dos tempos e a evolução humana, as mulheres, indignadas com humilhações e injustiças sofridas, lutaram por seus direitos, perderam, de certa forma, o medo, aderiram, implantaram e expandiram políticas de enfrentamento e perceberam que possuem voz e vez, buscando dignidade perante uma sociedade mais justa, que preconiza direitos e deveres em nível de igualdade social, cultural, inclusive isonomia trabalhista e financeira, independente de gênero, sexo, cor, raça, religião, conforme estabelece a Constituição Federal Brasileira de 1988, em seu artigo 5º, inciso I, ao afirmar que "Todos são iguais perante a lei, sem distinção de qualquer natureza, [...] I - homens e mulheres são iguais em direitos e obrigações, nos termos desta

Constituição;" (BRASIL, 1988, p. 8).

Neste sentido, o objetivo principal da referida pesquisa foi identificar a importância da aplicação dos instrumentos legais de proteção às mulheres no ambiente familiar. Para tanto, realizou-se um levantamento quantitativo dos processos de casos de violência doméstica recebidos pela 4ª Vara da cidade de Palmeira dos Índios, Alagoas, nos anos de 2017, 2018 e 2019, com a finalidade de identificar como as mulheres têm enfrentado a violência, principalmente a doméstica e a familiar através da intervenção do poder judiciário.

1 Breve abordagem histórica da mulher na sociedade e das formas de enfrentamento aos crimes de violência doméstica

A história da mulher envolve quebra de paradigmas e muitas lutas travadas ao longo de sua existência, quer seja no âmbito familiar e doméstico, no meio social e/ou principalmente no âmbito profissional, além de outras áreas onde existe sua presença. As lutas foram marcos histórico no mundo inteiro concernentes à opressão, injustiças e discriminação relacionadas à mulher, bem como qualquer falta de respeito no tocante ao gênero feminino que perdura até hoje, pois se vive em uma sociedade em constante evolução, mas que ainda apresenta retrocesso concernente aos direitos, dentre eles a isonomia social, a cultural, a racial, a salarial, a religiosa, de gênero, de liberdade de escolha, de expressão de pensamento.

Há muito se viveu em uma sociedade predominantemente patriarcal e machista na qual o homem era superior a mulher, líder de seu lar, autoridade de sua família, o único ser que poderia relacionar-se culturalmente com a sociedade, conduzir a política, as guerras, opinar sobre assuntos ligados ao meio ao qual estava inserido. A mulher, por sua vez, devia obediência ao seu senhor marido, estava destinada a procriar, ser dona do lar e cuidar da casa e da educação da prole, sem poder externar seus sentimentos, anseios e opiniões, sendo considerada "objeto" de seu companheiro. Nesse sentido, Nádia Gerhard (2014) afirma:

> Na maior parte da história da humanidade, o patriarcado foi irrefutadamente aceito por todos e legalizado com o embasamento nos papéis de gênero diferenciado, nas aptidões associadas a cada um deles e em um fracionamento entre o ambiente público e o ambiente privado.

Por longos anos a mulher submeteu-se a tratamentos

humilhantes, sendo vítima de subordinação sua dependência abrangeu não só o aspecto financeiro e cultural, mas principalmente o aspecto psicológico, pois a "coisificação" da presença feminina fazia com que a mesma sentisse-se um ser antissocial e se conformasse com tal situação, porque era assim que a sociedade determinava que o fosse. Tal cultura foi sendo dissipada para acabar com essa visão deturpada, uma vez que a mulher é superior a qualquer diferença entre homem e mulher, imposta por uma sociedade que só visava à hierarquia e os ditames masculinos.

Entre os anos de 1770 e 1830, após a Revolução Industrial, na Inglaterra, as mulheres foram deixando de ser vistas apenas como reprodutoras e donas do lar para serem vistas como matéria de labor, pois havia uma necessidade muito grande de mão de obra no mercado de trabalho. Essa modificação não era um grande avanço comparado à atualidade, mas à época, foi uma quebra de paradigmas bastante significativos para a sua classe e toda sociedade patriarcal e machista. Eis o que marca o final do século XIX e o século XX no tocante ao início das lutas da mulher contra a opressão e as desigualdades concernentes ao gênero feminino, pois o capitalismo acabava com o período patriarcal (BOTTINI; BATISTA, 2013).

A discriminação feminina por parte da sociedade e do gênero masculino, com o passar dos tempos, não impediu que a mulher avançasse e continuasse lutando por seus direitos, combatendo a discriminação em vários aspectos, pois além da inserção no mercado de trabalho com jornada igual a do sexo masculino, ela desempenha suas funções como qualquer homem, e, além de sua jornada dupla de trabalho, ainda desenvolve outra jornada tripla ou quádrupla porque continua desenvolvendo suas atividades domésticas cuidando e zelando da casa, da educação e bem estar dos filhos, estuda, aprimora-se para suas atividades curriculares, diariamente.

Porém, apesar de suas habilidades e tanta dedicação, ainda sofre com desigualdade salarial, preconceito no tocante a indicação para cargo de chefia, sofre assédio moral e sexual, dentre outras situações vexatórias que a coloca em situações desfavoráveis. Isso ocorre porque, apesar dos avanços, o machismo ainda está embutido na sociedade, pois se verifica sua presença nessas relações laborais quando não há isonomia, por exemplo. Decorrente desse quadro situacional, o Estado teve que intervir nas relações para agir como garantidor de direitos e deveres, legalizando igualdade de gênero para que a mulher fosse vista e tratada com dignidade, superando o período histórico de subordinação. Deve-se frisar, porém, que essa legalidade foi fruto das lutas cotidianas dos movimentos feministas que fizeram valer sua voz, sendo vistas como cidadãs comuns pertencentes à mesma sociedade que o homem. Daí surge o direito ao voto, aos salários e a direitos trabalhistas dignos e iguais, a relações políticas, empresariais, a liderança feminina, a liberdade sexual, dentre outros direitos que foram sendo conquistados ao longo da história.

Apesar de vários avanços, em pleno século XXI, ainda há muitas diferenças entre os sexos, pois ainda existem atitudes díspares no entorno de relações sociais. Diante de árduas labutas, muitas mulheres ainda são vítimas de companheiros por não cederem ao machismo que ainda está inserido em algumas atitudes masculinas. Há homens que não suportam a independência e a superioridade da mulher, sua habilidade para lidar com diversas situações controversas e desafios do cotidiano e resolvê-los com habilidade. Infelizmente a violência doméstica ainda é uma realidade constante na vida de muitas mulheres, o que faz crer que é um problema que não envolve só cultura, também envolve políticas públicas de conscientização social. Tal fato, notório na atualidade, instigou o legislador a legislar sobre a violência no âmbito doméstico e familiar com o intuito de proteger o "sexo frágil" contra violência de agressores que convivem com as vítimas no lar, buscando meios para inibir abusos e violências, bem como aplicar medidas protetivas para evitar reincidência dos mesmos. Nesse ínterim, nasce diante de muita luta a Lei 11.340/2006, Lei Maria da Penha, sancionada e com vigência em 2006. A violência contra a mulher gerou, ao longo dos anos, um grande desconforto entre as organizações defensoras dos direitos humanos, refletindo uma preocupação mundial, pois afronta a dignidade da pessoa humana, o princípio da igualdade entre homens e mulheres, bem como a sociedade em seus diversos segmentos. Sendo discutida apenas a partir do final do século XIX quando surgiram movimentos feministas lutando contra a opressão dos direitos relacionados à mulher.

Os discursos dos movimentos feministas surtiram efeito, tanto que, em 1979, a Convenção sobre a Eliminação de Todas as Formas de Discriminação contra a Mulher foi adotada pela Assembleia Geral da Organização das Nações Unidas. Como signatário, o Brasil incorporou a Convenção ao ordenamento jurídico brasileiro em 1984 através de Decreto Legislativo (PRÁ; EPPING, 2012). Em

1993 a Organização das Nações Unidas (ONU), por intermédio da Resolução da Assembleia Geral, expediu a Declaração sobre a Eliminação da Violência contra as Mulheres que conceituou a violência contra as mulheres como toda forma de manifestação de relações de poder historicamente desiguais entre homens e mulheres que conduziram à dominação e à discriminação contra as mulheres pelos homens e impedem o pleno avanço das mulheres. A Conferência Mundial de Direitos Humanos, em 1993, Viena, reconheceu a violência de gênero como violação dos direitos humanos, incumbindo aos Estados signatários o dever de zelar pela segurança pública, bem como garantir a igualdade das pessoas, independentemente da cor, sexo, gênero, credo e nacionalidade, além de prevenir, investigar e punir a violência contra a mulher (PRÁ; EPPING,2012). Em 1994 o Brasil ratificou a Convenção Sobre a Eliminação de Todas as Formas de Discriminação Contra a Mulher, aprovada pelo Congresso Nacional por meio do Decreto Legislativo. A referida Convenção trouxe a baila, de forma ampla, dois propósitos sobre os direitos humanos da mulher, quais sejam: promover os direitos da mulher na busca da igualdade de gênero e reprimir quaisquer discriminações contra a mulher (PRÁ; EPPING, 2012).

Por conseguinte, ainda em 1994, a Convenção Interamericana para Prevenir, Punir e Erradicar a Violência contra a Mulher, denominada Convenção de Belém do Pará, insere-se no sistema regional especial de proteção aos direitos humanos (PRÁ; EPPING,2012). Aprovada pela Assembleia Geral da Organização dos Estados Americanos (OEA), a Convenção foi incorporada ao ordenamento jurídico brasileiro com a promulgação de Decreto Presidencial reafirmando que a violência contra a mulher constitui uma violação dos direitos humanos e das liberdades fundamentais e limita total ou parcialmente à mulher o reconhecimento, gozo e exercício de tais direitos e liberdades. Em 1995, a Organização das Nações Unidas, definiu como tema principal do seu programa "Mulher, Saúde e Desenvolvimento" a violência contra a mulher, enfatizando a prioridade à violência de gênero no que concerne a prevenção para evitar trágicas as consequências fatais, devendo ser trabalhadas pelos governos como políticas públicas. De certo, os acordos e tratados internacionais foram fundamentais para conscientização dos signatários da importância do desenvolvimento e implementação de políticas públicas e de legislações especiais no ordenamento jurídico que salvaguardasse os direitos da mulher (PINAFI, 2007).

No Brasil, essa conscientização só ocorreu depois das denúncias feitas por Maria da Penha Maia Fernandes, clamando por justiça para que seu agressor respondesse criminalmente por seus atos violentos e inconformada com a omissão e a negligência das autoridades brasileiras, bem como com a morosidade dos tribunais, recorreu à Comissão Interamericana de Direitos Humanos da Organização dos Estados Americanos. Esta que acionou o Brasil a efetivar medidas eficazes no tocante ao caso concreto.

Os representantes brasileiros reconheceram a importância de combater os crimes de violência contra a mulher, implementando em seu ordenamento jurídico uma legislação especial e modificando outras normas que garantissem a prevenção da violência, a punição do agressor e a aplicação de medidas protetivas em favor da vítima. Assim, nasce a Lei 11.340, de 07 de agosto de 2006, a Lei Maria da Penha, fortemente embasada nas recomendações formuladas pela Comissão Interamericana de Direitos Humanos, mudou as leis de proteção à mulher em todo o Brasil, assegurando a efetivação dos direitos expressos na Constituição Federal Brasileira de 1988.

Pelo exposto, é mister notar que todos os atos de luta e reivindicações femininas tem uma ratificação de direitos, pois a cada convenção há reafirmação e aprimoramento dos direitos da mulher, cada conquista é salutar para essa causa que representa importantes avanços para uma sociedade civilizada.

1.1 A consolidação da Lei Maria da Penha

Maria da Penha Maia Fernandes, brasileira, natural do Ceará, biofarmacêutica, é uma das centenas de milhares de vítimas da violência doméstica e familiar. Foi agredida durante seis anos e sofreu duas tentativas de homicídio pelo marido, ficando paraplégica, em 1983. Ela lutou incansavelmente por seus direitos durante dezenove anos na justiça para punir seu agressor, bem como para conseguir implantar no Brasil uma lei que protegesse a mulher contra qualquer tipo de violência doméstica e familiar, pois até então a lei vigente à época, não salvaguardava nenhuma mulher contra esse tipo de violência, ficando o infrator impune (SOUZA; BARACHO, 2015).

A coragem de Maria da Penha significou uma mudança muito grande na sociedade, uma verdadeira quebra de paradigmas, pois muitas mulheres vítimas de violência doméstica e familiar silenciavam suas agressões por medo de represálias, por vergonha em se expor socialmente ou por negação a realidade em que viviam, onde muitas vezes viam-se obrigadas a continuar convivendo com o agressor, dado que a Lei existente era muito branda em relação à violência doméstica contra a mulher (SOUZA; BARACHO, 2015).

Não existia uma legislação específica para esse tipo de violência. O procedimento adotado era do rito comum na seara criminal, no qual se averiguava a violência pela lei penal vigente que a tipificava apenas como crime de menor potencial ofensivo, cuja punição era uma pena de um ano que era convertida em prestação de serviço comunitário ou fornecimento de cestas básicas para instituições de caridade, permanecendo, o agressor, em liberdade, no seu âmbito familiar, na iminência de realizar novas agressões (SOUZA; BARACHO, 2015). A mulher não tinha nenhuma proteção contra essa iminente agressão. Portanto, para que o agressor fosse afastado do lar ela haveria de ingressar com outra ação no juízo cível, paralelamente a ação penal, a fim de que conseguisse o divórcio, alimentos, guarda dos filhos, por exemplo. Porém, essas ações não eram tratadas como prioridade e, por não haver celeridade processual, muitas vezes a mulher desistia da ação ou simplesmente nem ingressava com ela, já que sua causa não era levada a sério e o agressor não apresentava "características de violência", o que criava uma situação de risco ainda maior para a mulher e/ou filhos.

Diante desse contexto, incrédula com o descaso e a morosidade da Justiça Brasileira pela demora no julgamento do processo em face ao seu ex-marido, Maria da Penha na busca incansável por justiça, recorre em 1998, a órgãos institucionais com o poder de acionar a Comissão Interamericana de Direitos Humanos da Organização dos Estados Americanos (OEA) para analisar casos delicados que não tem resolução em seu país, quais foram os órgãos: o Centro pela Justiça e o Direito Internacional (CEJIL) e o Comitê Latino Americano e do Caribe para a Defesa dos Direitos da Mulher (CLADEM). Por intermédio do clamor internacional, as autoridades brasileiras são acionadas pela Corte Interamericana de Direitos Humanos que condena o Brasil por omissão e negligência no caso de Maria da Penha, em 2002, quando se compromete em reorganizar sua política jurídica e social no tocante ao enfrentamento da violência doméstica e familiar, evitando com que o número de vítimas aumente e os infratores permaneçam impunes. Vale ressaltar que nesse mesmo ano o seu ex-marido foi preso e condenado pela tentativa de homicídio, depois de dezenove anos de impunidade (SOUZA; BARACHO, 2015).

Assim, visando uma maior proteção à mulher, em 2006, foi sancionada e entrou em vigor a Lei 11.340, de 07 de agosto de 2006, a Lei Maria da Penha, em homenagem a Maria da Penha Maia Fernandes. A referida Lei, que vigora até os dias atuais, é uma lei especial e foi vista como um símbolo nacional da luta das mulheres contra a violência e a opressão, uma vez que traz em seu escopo mecanismos para coibir a violência doméstica e familiar contra a mulher, como bem define o artigo 1º do referido ordenamento jurídico, a dizer:

> Art. 1º Esta Lei cria mecanismos para coibir e prevenir a violência doméstica e familiar contra a mulher, nos termos do § 8º do art. 226 da Constituição Federal, da Convenção sobre a Eliminação de Todas as Formas de Violência contra a Mulher, da Convenção Interamericana para Prevenir, Punir e Erradicar a Violência contra a Mulher e de outros tratados internacionais ratificados pela República Federativa do Brasil; dispõe sobre a criação dos Juizados de Violência Doméstica e Familiar contra a Mulher; e estabelece medidas de assistência e proteção às mulheres em situação de violência doméstica e familiar. (BRASIL, 2006)

Pelo aludido, a Lei em tela efetiva a garantia dos direitos fundamentais contidos da Magna Carta de 1988 introduzindo no ordenamento jurídico brasileiro um sistema de prevenção, proteção e assistência às mulheres vítimas de violência doméstica e familiar, além de modificar o Código Penal vigente a fim de que se adeque a nova realidade jurídica. Essa garantia dos direitos fundamentais é assegurada pela União, Estados e Municípios, visando à efetivação de políticas públicas que garantam a efetividade da Lei. A Lei traz títulos com disposições preliminares; definição da violência doméstica e familiar; assistência à mulher em situação de violência doméstica e familiar; procedimentos; equipe de atendimento multidisciplinar; disposições transitórias e disposições finais. Nesses termos, verifica-se que a Lei classifica e elenca o seu objeto tutelado e apresenta procedimentos com a finalidade de coibir a violência contra a mulher, dando assistência e assegurando proteção com uma série de medidas protetivas a todas as vítimas da violência, não só física, mas também da violência psíquica, sexual, patrimonial e moral no âmbito familiar. No tocante às medidas protetivas, vale ressaltar que o rol que a Lei traz é exemplificativo, pois, dependendo do caso concreto, o magistrado irá aplicar outras medidas necessárias e adequadas à situação analisada.

No que concerne à inovação legislativa, pode-se apontar algumas modificações em relação aos referidos crimes de violência contra a mulher no âmbito domiciliar, a exemplo de atualmente a violência ser reconhecida como agravante, circunstância que aumenta a pena; a pena máxima cominada para o crime de lesão corporal anteriormente aplicada que era de um ano, passou para três; a aplicação de pena exclusivamente pecuniária e a substituição por pagamento de cestas básicas foi totalmente vedada; o suspeito da agressão pode ser preso em flagrante; o agressor pode ser afastado das vítimas e de seus parentes; assistência econômica à vítima no caso de depender exclusivamente do agressor; dentre outras cautelas trazidas pelo novo dispositivo legal.

Com proteção especial, a Lei acolhe as pessoas que se identificam com o sexo feminino e que estejam em situação de vulnerabilidade em relação ao agressor, quer sejam as mulheres, os heterossexuais e homossexuais, além das mulheres transexuais, ressaltando que o agressor pode ser o marido ou companheiro; um parente ou uma pessoa do seu convívio, mesmo sem que haja a coabitação, mas que já esteve em uma relação de afeto no âmbito doméstico e familiar, o que justifica condições excepcionais de proteção e abrangência, devendo sempre priorizar o respeito, a integridade e a dignidade da vítima.

Assim, pelo exposto, a Lei Maria da Penha inovou o ordenamento jurídico brasileiro, modificou a legislação já existente e trouxe grandes avanços no combate à violência contra a mulher, mobilizando a união e parceria de todos os entes federativos para efetivar políticas públicas para enfrentamento e combate da violência, pois a violação aos direitos da mulher é considerada violação aos direitos humanos.

Antes mesmo de ser sancionada a Lei 11.340/2006, Lei Maria da Penha, o governo brasileiro vem desenvolvendo e implantando projetos que auxiliem o combate a violência doméstica e familiar, conscientizando a sociedade civil da responsabilidade que cada ser humano possui em contribuir com a política de enfrentamento, pois qualquer iniciativa é mais um instrumento de combate à violência física, psicológica, moral, sexual, econômica. Em novembro de 2005, a Central de Atendimento à Mulher criou o "Projeto Ligue 180", visando atender mulheres em situação de violência, tendo como principal objetivo possibilitar às mulheres o conhecimento sobre os seus direitos, os serviços disponíveis e a orientação do local onde poderia ser feito o registro da denúncia da violência sofrida (SANTOS, 2018).

Intitulado como "Disk Denúncia", o projeto funciona vinte e quatro horas por dia, todos os dias da semana e as ligações são gratuitas e confidenciais. Assim, tanto a vítima quanto qualquer pessoa que tenha conhecimento da agressão pode realizar a chamada para registrar denúncias de violações contra mulheres, fazer pedido de socorro para a vítima, encaminhando-a aos órgãos competentes e realizar seu monitoramento, além de denunciar o agressor. O projeto também dissemina informações sobre direitos da mulher, amparo legal e a rede de atendimento e acolhimento (SANTOS, 2018).

Em 2013 instituiu "A Casa da Mulher Brasileira", uma das ações do programa do Governo Federal, "Mulher, Viver sem Violência" é um espaço público que concentra serviços especializados e multidisciplinares para o atendimento às mulheres em situação de violência, com o objetivo específico de acolher a mulher vítima de violência e busca possibilidades de enfrentamento e os encaminhamentos necessários para o atendimento integral e humanizado da mulher agredida (BRASIL, 2015). Com a evolução a sociedade modifica-se e o crime aperfeiçoa-se. Assim, o combate à criminalidade e a marginalização também tem que se aperfeiçoar. Nesse contexto, em 2015, foi sancionada a Lei 13.104 que está em vigor até os diais atuais, trouxe a tipificação do crime de feminicídio íntimo que alterou o artigo 121 do Código Penal Brasileiro para prever o feminicídio como circunstância qualificadora do crime de homicídio. A qualificadora aumenta a pena do crime por este ter sido cometido apenas pela qualidade de a vítima ser mulher (BRASIL, 2015).

Nesse entorno, de acordo com a Legislação Nacional e com a Política Nacional de Enfrentamento à Violência contra as Mulheres, o Governo Federal propôs cursos de difusão das "Diretrizes Nacionais do Feminicídio", de investigação criminal com perspectiva de gênero, atendimento humanizado em ocorrências de violência dessa tipificação penal que cresceu aceleradamente nos últimos anos. Em 2019, no Brasil, o Governo Federal implantou projetos para erradicar a violência doméstica e familiar. Com o intuito de levar políticas públicas e solidariedade para as regiões mais remotas do Brasil, a política requer a empatia e o envolvimento de toda a sociedade para ter êxito das atividades. O Ministério da Mulher, da Família e dos Direitos Humanos (MMFDH), por meio da Secretaria Nacional de Políticas para as Mulheres (SNPM), lançou em 2019 o projeto Salve Uma Mulher. O projeto é uma iniciativa do Governo Federal e abarca uma série de ações voltadas à sensibilização e mobilização da sociedade civil, das instituições públicas e privadas para o enfrentamento à violência contra a mulher, pois é prioridade do governo, em parceria com todos os brasileiros, a responsabilidade de assegurar o cuidado, a saúde e a integridade da mulher (BRASIL, 2019).

2 Violência doméstica no Brasil e principais desafios no Século XXI

Como já abordado, a violência doméstica se manifesta através de diversas modalidades, sendo as mais comuns e destacadas no art. 7º da lei Maria da Penha: a física, psicológica, sexual, patrimonial e moral. Assim, é necessário fazer uma breve abordagem de cada uma delas. A violência física é a forma de violência em que o agressor busca lesionar o corpo da vítima, gerando múltiplas consequências, podendo fazer uso da força física e de objetos que causem lesões, como arma de fogo, instrumentos pontiagudos, entre outros (CASIQUE CASIQUE; FUREGADO, 2006). De acordo com o inciso I do art. 7º da Lei Maria da Penha "I - a violência física, entendida como qualquer conduta que ofenda sua integridade ou saúde corporal" (BRASIL, 2006). Essa modalidade de violência ocorre como forma de disciplinar a vítima por atitudes que contrariem as vontades do agressor, podendo ser realizada em diferentes graus, que vão desde um tapa até o homicídio (DAY, *et al*, 2003).

Quanto à violência psicológica, o agressor busca nessa modalidade atingir aspectos emocionais da mulher, controlando suas ações e promovendo uma campanha de ridicularização, constrangimento e humilhação (LEMOS DA SILVA; COELHO; CAPONI, 2007). No mesmo sentido, Souza e Cassab (2010, p. 41) apontam que a "violência psicológica pode ser considerada como a mais perversa, entre os outros tipos de violência, ocorrida no âmbito doméstico, em decorrência das marcas irremediáveis que deixa, perdurando por muito tempo ou, às vezes, por toda a vida, desta mulher que a sofre".

A lei Maria da Penha trouxe a seguinte definição de violência psicológica:

> II - a violência psicológica, entendida como qualquer conduta que lhe cause dano emocional e diminuição da autoestima ou que lhe prejudique e perturbe o pleno desenvolvimento ou que vise degradar ou controlar suas ações, comportamentos, crenças e decisões, mediante ameaça, constrangimento, humilhação, manipulação, isolamento, vigilância constante, perseguição contumaz, insulto, chantagem, violação de sua intimidade, ridicularização, exploração e limitação do direito de ir e vir ou qualquer outro meio que lhe cause prejuízo à saúde psicológica e à autodeterminação; [...] (BRASIL, 2006).

Na leitura do supracitado inciso do art. 7º da lei é notório perceber que a violência psicológica possui um conjunto de atitudes que a assemelha com crimes de tortura, carecendo a vítima de acompanhamentos de profissionais das várias áreas da saúde para reduzir os traumas oriundos da violência. Uma das maiores dificuldades de se identificar a violência psicológica é que às vezes o agressor e a vítima não possuem discernimento para entenderem que estão em uma relação de violência abusiva.

A violência sexual, assim como a psicológica, alcançam proporções traumáticas que só podem ser revertidas através do trabalho de equipes multiprofissionais da área da saúde (MORAES, *et al*, 2012). A lei trouxe em seu bojo a definição de violência sexual,

> III - a violência sexual, entendida como qualquer conduta que a constranja a presenciar, a manter ou a participar de relação sexual não desejada, mediante intimidação, ameaça, coação ou uso da força; que a induza a comercializar ou a utilizar, de qualquer modo, a sua sexualidade, que a impeça de usar qualquer método contraceptivo ou que a force ao matrimônio, à gravidez, ao aborto ou à prostituição, mediante coação, chantagem, suborno ou manipulação; ou que limite ou anule o exercício de seus direitos sexuais e reprodutivos; [...] (BRASIL, 2006).

Existem em nossa sociedade alguns ditados populares como "em briga de marido e mulher ninguém mete a colher" que intensificam a camuflação desse crime, nesse interim, "[...] a violência contra a mulher ainda se encontra oculta nos lares brasileiros, embora na maioria das vezes não seja denunciada por medo dos agressôres e por vergonha de exposição" (ARAUJO, *et al*, 2017, p.283). Sob uma percepção cultural, muitas mulheres se vêem obrigadas a manter uma relação de abusos sexuais para manter o casamento, pois acreditam

que esta situação faz parte das responsabilidades matrimoniais
(GUIMARÃES; PEDROZA, 2015).

Quanto à violência patrimonial, a lei trouxe a seguinte definição:

> IV - a violência patrimonial, entendida como qualquer conduta que
> configure retenção, subtração, destruição parcial ou total de seus
> objetos, instrumentos de trabalho, documentos pessoais, bens,
> valores e direitos ou recursos econômicos, incluindo os destinados
> a satisfazer suas necessidades; [...] (BRASIL, 2016).

Os agressores realizam esse tipo de violência com fito de impedir
que a vítima abandone o lar e não saia de sua vigilância, por esse
ângulo, Pereira *et al* (2013, p. 212) complementam que "Enfim,
consiste na recusa do agressor em entregar a vítima seus bens,
valores, pertences e documentos, como forma de vingança ou, até
mesmo, como um meio de conseguir obrigá-la a permanecer num
relacionamento do qual pretende se retirar". Cumpre destacar que
esse tipo de violência também possui previsão no Código Penal. No
que se refere à violência moral, a lei Maria da Penha define-a como:
"V - a violência moral, entendida como qualquer conduta que
configure calúnia, difamação ou injúria" (BRASIL, 2006). Atitudes
caluniosas tendem a violar direitos já estabelecidos na Constituição
Federal de 1988 e Tratados internacionais de direitos humanos,
como a dignidade humana. Como observado por Ribeiro (2018, p.
26-27) "A difamação ocorre quando é atribuída a vítima fatos que
ofendam a sua reputação; calúnia acontece quando é afirmando em
vão, que a vítima tenha cometido algum crime e por sua vez, a injúria
acontece nos casos em que a dignidade da mulher é ofendida [...]."

Como observado, a violência contra a mulher é multifacetada,
não necessariamente tratada isoladas. Apesar de estar à disposição
das mulheres instrumentos legais que garantem proteção e outros
direitos fundamentais da pessoa humana, o medo da denúncia ainda
é um grande obstáculo para enfrentar esse problema social. Esse
medo da mulher está atrelado ao receio de ser mal atendida nas
centrais policiais; ausência de efetividade das medidas protetivas; e
deficiência das políticas públicas. Apesar de alguns estados
brasileiros possuírem delegacias especializadas de atendimento à
mulher (DEAMS) em violência doméstica, como São Paulo e Santa
Catarina (ROSA; SALVARO; ALVES, 2019), algumas cidades
interioranas não foram contempladas, sendo a delegacia de
denúncias comuns as responsáveis em fazer o atendimento desses
crimes, entretanto, o corpo de profissionais dessas não são

capacitados para tal. Assim como as delegacias comuns, as DEAMS também encontram alguns problemas que dificultam no processo de atendimento eficaz das demandas sociais, neste sentido, Vasconcelos e Nery (2011, p. 7) entendem que "[...] as Delegacias da Mulher apresentam problemas estruturais, como a falta de recursos financeiros, a insuficiência de recursos humanos devidamente treinados e a fragmentação dos serviços entre essas Delegacias e os demais órgãos públicos."

Mesmo com as garantias previstas em lei, o Brasil é um dos países que demonstram um alto índice de violência contra a mulher na atualidade, de acordo com Amarante (2019):

> Em 2017 foram registrados 4.473 homicídios dolosos de mulheres (um aumento de 6,5% em relação a 2016). Muitas violências que ocorrem nos lares sequer são notificadas. Segundo o 12º Anuário Brasileiro de Segurança Pública de 2018, o número de estupros no Brasil cresceu 8,4% de 2016 a 2017, passando de 54.968 para 60.018 casos registrados. Isso significa que ocorreram cerca de seis estupros de uma mulher brasileira a cada dia.

Diante desses números é perceptível que ainda há muito que ser feito para garantir segurança integral da mulher dentro da sociedade, sobretudo de seus lares. A violência possui várias faces, entretanto, o grupo de mulheres negras das comunidades carentes são os mais vulneráveis o que revela a necessidade de políticas incisivas, profissionais capacitados e um judiciário mais célere (AMARANTE, 2019). O trabalho das redes de apoios às mulheres em situação de violência deve ser realizado de modo articulado para que seja possível a recuperação dos traumas que a vítima tenha desenvolvido e a ajude a compreender os limites entre uma relação saudável e uma abusiva, pois boa parte da sociedade brasileira ainda acredita que o modelo de família patriarcal é o ideal para as mulheres, nessa perspectiva, Lettiere e Nakano (2011, p. 7) também advertem que "[...] é fundamental um trabalho em rede, que inclua setores de saúde, segurança, educação, bem-estar social e jurídico, que trabalhem de forma articulada e responsável [...]."

3 Resultados e discussões

De acordo com os dados das pesquisas realizadas pelo Instituto de Pesquisa Econômica Aplicada - IPEA, o índice de violência contra mulheres que culminou em morte aumentou 30,7% (trinta vírgula sete por cento) entre os anos de 2007 a 2017. Esses dados representam o quanto às mulheres estão vulneráveis na atual conjuntura social. Em Alagoas, as taxas de homicídios de mulheres foram bastante expressivas nos últimos anos conforme quadro abaixo:

Tabela 1 - Feminicídio 2007-2017

PAÍS/ ESTADO	2007	2008	2009	2010	2011	2012	2013	2014	2015	2016	2017
BRASIL	3.778	4.029	4.265	4.477	4.522	4.729	4.769	4.836	4.621	4.645	4.936
ALAGOAS	109	83	111	137	138	133	142	125	95	101	111

Fonte: Atlas da Violência, 2019.

Conforme tabela acima é possível perceber que o número de homicídios em Alagoas entre os anos 2009 a 2014 foram os mais altos, sendo o menor no ano de 2008, na década, o estado teve um número de 1.285 homicídios, já no Brasil foram registrados 49.607 assassinatos. Quando observado os dados gerais do Brasil, é notório observar uma escala evolutiva. Em relação ao homicídio de mulheres negras, o atlas apontou os seguintes números para os anos de 2007 a 2017:

Tabela 2 - Homicídio de mulheres negras 2007-2017

PAÍS/ ESTADO	2007	2008	2009	2010	2011	2012	2013	2014	2015	2016	2017
BRASIL	2.049	2.255	2.419	2.611	2.714	2.917	2.881	2.992	2.902	3.005	3.288
ALAGOAS	68	71	96	104	114	116	117	118	90	91	104

Fonte: Atlas da Violência, 2019.

Destarte, como bem pontuado por Amarante (2019), as mulheres negras são as principais afetadas pela violência no Brasil, o que reforça a necessidade de uma rede de atendimento às mulheres, que busquem conscientizá-las, empoderá-las a denunciar quaisquer formas de violência (LETTIERE; NAKANO, 2011). A partir dos dados da tabela 2 nota-se que em Alagoas o total de mulheres negras assassinadas na década foi de 1.089, e no Brasil foram contabilizados

30.33 homicídios. Comparando as duas tabelas é possível perceber que na década analisada o índice brasileiro de homicídios de mulheres negras foi de 60% (sessenta por cento) enquanto em Alagoas foi de 84% (oitenta e quatro por cento). Para a redução desses números é importante que haja uma cooperação mútua entre Estado e sociedade.

No que tange a violência doméstica o Atlas da Violência constatou que "Do total de homicídios contra mulheres, 28,5% ocorrem dentro da residência (39,3% se não considerarmos os óbitos em que o local do incidente era ignorado). Muito provavelmente estes são casos de feminicídios íntimos, que decorrem de violência doméstica" (BRASIL, 2019, p. 40). Em 2017, cerca de 221.000 mulheres prestaram denúncias nas delegacias por violência doméstica (BRASIL,2019). Partindo para os dados do judiciário na cidade de Palmeira dos Índios do estado de Alagoas, em 2017, 2018 e 2019, foram ajuizados os seguintes quantitativos:

Tabela 3 - Processos de violência doméstica na comarca de Palmeira dos Índios/AL

VARA	2017	2018	2019	TOTAL
4ª Vara da Comarca de Palmeira dos Índios	53	51	95	199

Fonte: Tribunal de Justiça de Alagoas, 2020.

Apesar de serem dados relativamente baixos, as mulheres ainda buscam o judiciário para denunciar as agressões e todas as formas de violência doméstica e assim alcançar medidas protetivas. No Brasil ainda impera a cultura do medo de denunciar os agressores por grande parte das mulheres, entretanto, quando o judiciário em colaboração com as redes de apoio trabalhar em sintonia, isto é, julgando com mais celeridade, garantindo medidas protetivas, encaminhando as mulheres para tratamentos de saúde física e psicológica, esse medo poderá deixar de ser cultural.

Conclusão

A história universal apresenta um quadro evolutivo de mudanças sociais que refletem na atualidade, pois a presença da mulher está sempre ligada a vivências de lutas comuns e resistência, pois quando os movimentos feministas surgiram com sua vertente reivindicativa, começou a ter uma valorização das questões relativas às mulheres, suscitando a realização de debates, convenções, acordos, bem como implantação de legislação específica, medidas protetivas, projetos de erradicação da violência, dentre outros procedimentos voltados à neutralidade da violência e a recuperação da dignidade humana. Durante muito tempo a violência doméstica e familiar contra a mulher foi vista como um problema da vida privada e essa concepção equivocada, no tocante as agressões domésticas, levou a impunidade de muitos agressores, pois pouca ou nenhuma importância era dada às vítimas. O próprio Estado era omisso em relação à criação de políticas públicas para combater tais atrocidades.

Apenas com o "Caso Maria da Penha" é que as autoridades brasileiras deram importância ao problema que sempre existiu no País, depois de terem sido notificadas pela Corte Interamericana de Direitos Humanos para desenvolverem e implantarem medidas eficazes para solucionar o problema, uma vez que, além de ser um grave problema social, também é uma afronta aos direitos humanos.

Assim, a Lei 11.340, de 07 de agosto de 2006, Lei Maria da Penha, fortemente embasada nas recomendações formuladas pela Comissão Interamericana de Direitos Humanos, foi um avanço promissor para o ordenamento jurídico brasileiro e as vítimas de violência doméstica e familiar, pois contribuiu para o aumento de denúncias dos agressores para que sejam efetivamente punidos, além da efetivação de medidas protetivas, dentre outros procedimentos.

Nesse contexto, analisando a violência doméstica no Brasil e os principais desafios do século XXI, tem-se uma maior visibilidade da necessidade de políticas públicas e a integração de todos os segmentos da sociedade para combater esse tipo de crime. Cabe ao Estado proteger os direitos do cidadão, mas os indivíduos envolvidos no processo também podem fazer valer o escopo da Lei impregnado de assistência e proteção integral e irrestrita à mulher agredida, buscando dar à vítima condições de fazer valer os seus direitos.

Diante dessas discussões percebeu-se que as vítimas de violência doméstica estão mais confiantes na Lei. Se por um lado há um aumento significativo de denúncias de agressões, acredita-se que é porque as políticas públicas, apesar de ainda serem escassas, estão surtindo efeito, pois a mulher da atualidade não se vitimiza e busca seus direitos no amparo legal do judiciário, conforme dados que foram colhidos, analisados e apresentados na parte discursiva do presente artigo. O IPEA apresenta um aumento considerável de homicídios femininos resultante de violência doméstica no Brasil, do período de 2007 a 2017. Em Alagoas, no mesmo período, também houve um aumento considerável, o que fica perceptível que ainda é expressiva a vulnerabilidade feminina na atual conjuntura social.

No tocante à realidade do município de Palmeira dos Índios, Alagoas, foram analisados os processos de violência doméstica e familiar existentes na 4ª Vara Criminal da Comarca da referida cidade, do período de 2017 a 2019, onde percebeu-se uma quantidade baixa de denúncias de agressão. Porém, há ausência de dados mais detalhados pertinentes a pesquisa, pois o juízo da Comarca citada encontra-se em fase de adaptação devido a mudanças internas, o que não prejudicou o desenvolvimento da presente pesquisa que visa deixar um legado para os leitores se conscientizarem da importância da luta por seus direitos, bem como pelo cumprimento de seus deveres no atual Estado Democrático de Direitos, zelando pelo respeito e pela dignidade da pessoa humana.

Referências

ALMEIDA, D.A Lei Maria da Penha e os tipos de violência contra a mulher. In: LEMOS. A. K.; et al.Maria da Penha vai à escola : educar para prevenir e coibir a violência doméstica e familiar contra a mulher. Brasília: TJDFT, 2017.

AMARANTE, S. Violência contra a mulher no século XXI: Ainda há muito a fazer. In: Instituto Nacional de Saúde da Mulher, da Criança e do Adolescente Fernandes Figueira (IFF/Fiocruz), 2019. Disponível em: http://www.iff.fiocruz.br/index.php/institucional. Acesso em: 19 jan. 2020.

ARAÚJO, L. M. *et al*. Violência doméstica e sexual contra a mulher: revisão integrativa. In: HOLOS, Ano 33, Vol. 08, 2017.

BRASIL. Atlas da violência 2019. Instituto de Pesquisa Econômica Aplicada; Fórum Brasileiro de Segurança Pública. Disponível em:http://www.ipea.gov.br/portal/images/stories/PDFs/relat orio_institucional/190605_atlas_da_violencia_2019.pdf. Acesso em: 12 fev. 2020.

______. Constituição da República Federativa do Brasil;

promulgada em 5 de outubro de 1988. Organização do texto: Anne Joyce Angher. 6. ed. São Paulo: Rideel, 2008.

______. Decreto-lei n° 2.848, de 7 de dezembro de 1940. Código Penal. Disponível em: http://www.planalto.gov.br/ccivil_03/decreto-lei/del2848compilado.htm. Acesso em: 14 fev. 2020.

______. Lei n° 11.340 de 07 de agosto de 2006 (Lei Maria da Penha). Disponível em:http://www.planalto.gov.br/ccivil_03/_ato2004-2006/2006/lei/l11340.htm. Acesso em: 29 jan. 2020.

______. Programa mulher, viver sem violência. 2015. Disponível em: http://www.mulheres.ba.gov.br/arquivos/File/Publicacoes/CasadaMulherBrasileira_DiretrizesGeraiseProtocolosdeAtendimento.pdf. Acesso em: 11 fev. 2020.

______. Lançado pelo MMFDH, projeto Salve Uma Mulher visa mobilizar a sociedade no enfrentamento à violência doméstica, 2019. Disponível em: https://www.mdh.gov.br/todas-as-noticias/2019/outubro/lancado-pelo-mmfdh-projeto-salve-uma-mulher-visa-mobilizar-a-sociedade-no-enfrentamento-a-violencia-domestica. Acesso em: 16.fev. 2020.

BOTTINI, L. M.; BATISTA, R. L. O trabalho da mulher durante a revolução industrial inglesa (1780 a 1850). In: Os desafios da escola pública paranaense na perspectiva do professor pde. 2013. Disponível em: http://www.diaadiaeducacao.pr.gov.br/portals/cadernospde/pdebusca/producoes_pde/2013/2013_fafipa_hist_artigo_lucia_mamus_bottini.pdf. Acesso em: 12 fev. 2020.

CASIQUE CASIQUE, L.; FUREGATO, A. R. F. Violence against women: theoretical reflections. In: Rev Latino-am Enfermagem, 2006. Disponível em: http://www.scielo.br/pdf/rlae/v14n6/v14n6a18.pdf. Acesso em: 10 fev. 2020.

DAY, V. P. *et al.* Violência doméstica e suas diferentes manifestações. In:R. Psiquiatr. RS, 25'(suplemento 1): 9-21, abril 2003. Disponível em: http://www.scielo.br/pdf/rprs/v25s1/a03v25s1.pdf. Acesso em: 08 fev. 2020.

GERHARD, Nádia. Patrulha Maria da Penha: O impacto da ação da Polícia Militar no enfrentamento da violência doméstica. Porto Alegre: AGE e ediPUCRS, 2014, pág. 62. Disponível em: https://mundoeducacao.bol.uol.com.br/historiageral/as-mulheres-na-historia.htm

Acesso em: 14 fev.2020.

GUIMARÃES, M. C.; PEDROZA, R. L. S. Violência contra a mulher: problematizando definições teóricas, filosóficas e jurídicas. In:Psicologia & Sociedade, 2015. Disponível em:http://www.scielo.br/pdf/psoc/v27n2/1807-0310-psoc-27-02-00256.pdf. Acesso em: 12 fev. 2020.

LEMOS DA SILVA, L.; COELHO, E. B. S.; CAPONI, S. N. C. D. Violência silenciosa: Violência silenciosa: violência psicológica Violência silenciosa: como condição da violência física doméstica. In: Interface - Comunic, Saúde, Educ, v. 11, n. 21, p. 93-103, jan/abr 2007.

LETTIERE, A.; NAKANO, A. M. S. Violência doméstica: as possibilidades e os limites de enfrentamento. In: Rev. Latino-Am. Enfermagem, 2011. Disponível em: http://www.scielo.br/pdf/rlae/v19n6/pt_20.pdf. Acesso em: 12 fev. 2020.

MORAES, S. D. T. D. A. et al. Impact of domestic and sexual violence on women's health. In: Journal of Human Growth and Development, 2012. Disponível em: http://pepsic.bvsalud.org/pdf/rbcdh/v22n2/19.pdf. Acesso em: 09 fev. 2020.

OLIVEIRA, L. R. C. Existe Violência Sem Agressão Moral?. In: Revista Brasileira de Ciências Sociais, v. 23, p. 135-146, 2008.

PEREIRA, R. D. C. B. R. *et al.* O fenômeno da violência patrimonial contra a mulher: percepções das vítimas. In: Oikos: Revista Brasileira de Economia Doméstica, Viçosa, v. 24, n.1, p.207-236, 2013.

PRÁ, J. R.; EPPING, L. Cidadania e feminismo no Cidadania e feminismo no reconhecimento dos reconhecimentos dos direitos humanos das mulheres direitos humanos das mulheres. In:

Revista Estudos Feministas, 2012.

PINAFI, T.. Violência contra a mulher: políticas públicas e medidas protetivas na contemporaneidade. in: Revista histórica online, São Paulo, 2007.

RIBEIRO, L. C. Violência contra a mulher nas relações domésticas: uma análise acerca da proteção conferida pela lei maria da penha em face do direito comparado, 2018. In: Trabalho de Conclusão de Curso apresentado à Faculdade de Direito Professor Jacy de Assis da Universidade Federal de Uberlândia.

ROSA, L. A. D.; SALVARO,G. I. J.; ALVES, I. G.Violência doméstica e familiar contra as mulheres: políticas públicas e delegacias especializadas em santa catarina. In: R. Inter. Interdisc. INTERthesis, Florianópolis, v.16, n.3, p.95-113 Set.-Dez. 2019.

SANTOS, N. B. D. Medidas protetivas de urgência da lei n° 11.340/2006: análise crítica à luz de um estudo de caso. Monografia apresentada ao curso de graduação na Faculdade de Direito da Universidade Federal da Bahia, 2018.

SOUZA, H. L. D.; CASSAB, L. A. Feridas que não se curam: A violência psicológica cometida à mulher pelo companheiro. In: Anais do I Simpósio sobre Estudos de Gênero e Políticas Públicas, Universidade Estadual de Londrina, 24 e 25 de junho de 2010. Disponível em:http://www.uel.br/eventos/gpp/pages/arquivos/5.HugoL eonardo.pdf. Acesso em: 11 fev. 2020.

SOUZA, M. C. D.; BARACHO, L. F. A lei maria da penha: égide, evolução e jurisprudência no brasil. In: Revista Eletrônica do Curso de Direito - PUC Minas Serro – n. 11 – Jan./Agost. 2015.

VASCONCELOS, T. B.D.; NERY, I. S. A atuação das delegacias da mulher como política pública de enfrentamento à violência de gênero. In: Anais V jornada internacional de políticas públicas, São Luiz, 2011.

ZANELLO, V. Violência contra a mulher: o papel da cultura na formação de meninos e menina. In: LEMOS. A. K.; et al.Maria da Penha vai à escola : educar para prevenir e coibir a violência doméstica e familiar contra a mulher. Brasília : TJDFT, 2017.

Violência obstétrica: um olhar sobre as disfunções das políticas públicas contra a violação da dignidade humana das presas grávidas ou parturientes

MIRNA LUDMILA LOPES CASTANHA DE SOUZA[1]

Introdução

Acabar com a violação aos direitos fundamentais contra as mulheres presas é um dos maiores desafios impostos, atualmente, ao Estado brasileiro. A violência institucional é a que mais afeta a mulher encarcerada decorrente da discriminação em geral, pois os direitos reservados a esta população estigmatizada não são aplicados. Durante a pesquisa, foi constatada que a desigualdade de gênero, no acesso às políticas públicas é uma problemática que potencializa as vulnerabilidades das mulheres que, somada à visão do poder punitivo, ressalta a relação de poder do Estado na dominação dos corpos dos apenados que estão sob a sua custódia.

A situação das mulheres presas, no Brasil, só veio chamar atenção a partir do final do século XIX e início do século XX, quando a precariedade das prisões brasileiras começou a ser exposta e diferentes estudos passaram a buscar soluções para reverter estes problemas. Estes estudos eram relatórios que mostravam não apenas as condições precárias as quais as mulheres presas passavam nas prisões e casas de correção brasileiras, mas também o pequeno número de condenadas e detidas, o que justificava, possivelmente, o protelamento de elucidar estas questões que envolviam as mulheres encarceradas (AGUIRRE, 2009; ANGOTTI, 2011; ARTUR, 2011).

Com o advento da Lei de Execuções Penais em 1984, a Lei de nº 7.209, do mesmo ano da LEP, alterou os dispositivos do Código Penal de 1940 e deu novas providências. Uma delas é o atual dispositivo que trata sobre a situação das encarceradas, ficando o art. 37 regulamentando que "As mulheres cumprem pena em estabelecimento próprio, observando-se os deveres e direitos inerentes à sua condição pessoal, bem como, no que couber, o disposto neste Capítulo".

Na Lei de Execução Penal existem diversas regras garantidoras da dignidade humana no rol de direitos dos condenados que

---

[1] Especialista em Direito Constitucional e Administrativo e Graduada em Direito pelo CESMAC (Maceió/AL)

cumprem pena privativa de liberdade, justamente pela necessidade de adequação desta legislação com a Constituição Federal de 1988. É importante observar que os operadores do direito tiveram a preocupação com as detentas, incluindo-se no rol a garantia dos direitos destas, principalmente direito a uma vida condigna e a saúde.

Sendo assim, qualquer ato ou conduta baseada no gênero, causando morte, dano ou sofrimento de ordem física, sexual ou psicológico à mulher, tanto na esfera pública como na esfera privada é configurado como violência feminina. Dentre tantas formas de brutalidade contra a mulher tem-se a violência obstétrica, tema do presente trabalho, que ocorre na gravidez, no parto, no pós-parto e na interrupção, espontânea ou provocada, do estado gravídico, manifestada através de agressões, hostilidade, ofensas, negligência e descaso.

Ora, a presa grávida ou parturiente, dentro de suas limitações, tem protegidos seus direitos fundamentais, por meio da aplicação das políticas públicas já existentes? Muito pelo contrário! Por isso, a necessidade de debater a possível efetividade das políticas públicas na prevenção da prática da violência obstétrica nas mulheres presas garantindo assim, sua integridade física e moral.

Partindo da crítica acerca do cumprimento da pena nos estabelecimentos prisionais, essas violações aos direitos humanos e fundamentais reservados a estas mães invisíveis estariam retrocedendo para uma época onde a pena passava ao corpo do condenado. O corpo é colocado num sistema de coação e de privação, de obrigações e de interdições. O sofrimento físico, a dor do corpo não é mais os elementos constitutivos da pena. Mesmo que essas instituições serem criadas como verdadeiro "depósito de humanos" de pessoas estigmatizadas e segregadas dos bens e serviços públicos.

Por esta razão, a metodologia utilizada no trabalho foi com base numa pesquisa bibliográfica, com método dedutivo, histórico e analítico sempre trazendo ao leitor o conhecimento, que mesmo havendo movimentos em relação à divulgação e esclarecimento sobre a violência obstétrica, e as leis existentes não sendo de natureza nacional, o imprescindível é olhar sobre o fenômeno do grande encarceramento que não pode ficar alheio às questões de gênero. As garantias fundamentais e os próprios direitos inerentes à execução da pena privativa de liberdade passam a ser indiretamente violados, criando situações divergentes no momento de sua aplicação.

O texto foi dividido em três seções. E todas divididas em duas subseções. A primeira seção será tratada sobre como as condições das mulheres encarceradas eram deixadas de lado e só começaram a ser notadas e modificada através de estudos na área que relatavam não apenas as condições precárias as quais estas passavam nas prisões, mas também o descaso e a demora em solucionar suas questões perante a justiça. Sendo assim, os direitos fundamentais das mulheres, especificamente, das presas, vieram à tona e mais estudos e pesquisas lutaram em garantir e reconhecer esses direitos. Mas, a contrariedade no sistema carcerário em face da dignidade humana das detentas é bastante nítida. A violação da garantia dos direitos fundamentais das presas é materializada em várias circunstâncias e, exemplo de uma delas é a violência obstétrica (institucional).

Na segunda seção, será discutido sobre a execução da pena privativa de liberdade e a concretização da dignidade humana das mulheres presas em estado gravídico, onde a ausência desta efetivação pelo poder estatal gera a violência obstétrica institucional contra as presas. A falta de uma política orientada para a igualdade faz com que se tenha um grande aumento na desigualdade de gênero potencializando a invisibilidade das mulheres encarceradas.

A terceira seção tratará sobre os caminhos para garantir os direitos constitucionais e a dignidade humana das mulheres presas parturientes através das políticas públicas já existentes, combatendo assim o estado de coisas inconstitucional presente no sistema carcerário brasileiro para diminuir a violência obstétrica que tanto afeta as mulheres condenadas.

Assim, a pesquisa busca a necessidade de mostrar que o tratamento conferido as presas parturientes está abaixo de uma adequação da dignidade mínima humana, onde seus direitos são violados e a efetivação de políticas públicas para combater essas desigualdades são cada vez mais precárias e escassas.

2 Os direitos fundamentais e o combate à violência obstétrica das mulheres encarceradas no Brasil

A Constituição Federal de 1988 assegura direitos individuais e sociais que deverão garantir a supremacia da dignidade da pessoa humana, garantindo a inviolabilidade do direito à vida, à liberdade, à igualdade, à segurança e à propriedade; os direitos sociais à educação, à saúde, à alimentação, ao trabalho, à moradia, ao transporte, à segurança, à previdência social; a proteção à maternidade e à infância;

e a assistência aos desamparados (BRASIL, 1988). Direitos estes que não sofrem distinção de quaisquer natureza, e pessoas que estão eventualmente sob a custódia do Estado, em privação de liberdade, são detentores desses direitos, principalmente quanto ao respeito à integridade física e moral e dignidade da pessoa humana. Em seu art. 5º, §1º, pressupõe que às normas de direitos e garantias fundamentais têm uma aplicabilidade direta. A garantia e satisfação de direitos fundamentais inerentes às presas não são uma faculdade, mas sim um dever juridicamente responsável do Estado em proteção à vida e à integridade física e moral destas.

Os direitos fundamentais presentes na Carta Magna, assim como os corolários dos tratados e convenções internacionais, como a Declaração Universal dos Direitos Humanos e as Regras de Bangkok, precisam ser efetivados, pois a base sociológica das conquistas da civilização que estes direitos representam não foi meramente teórica, são resultados de disputas políticas, sociais e econômicas a partir de rupturas que as mulheres passaram para conquistá-los. Para Ferrajoli (2001, p. 19-20), os direitos fundamentais são "todos aqueles que são atribuídos universalmente a todos enquanto pessoas, enquanto cidadãos, ou enquanto seres capazes de agir". Conforme Mendes (2014) e Pérez Luño (2011), em relação aos direitos das mulheres, os direitos fundamentais não pode ser no sentido significativo, mas no sentido de obrigação estatal para vincular a um programa de Direito Penal Mínimo construído a partir dos direitos exclusivos das mulheres, a autodeterminação e proteção. Estes direitos não são valores abstratos, mas direitos que precisam ser efetivados pelo próprio Estado.

É possível delinear os direitos fundamentais das mulheres a partir do princípio da dignidade da pessoa humana. Os debates sobre os direitos das mulheres giram em torno da autodeterminação e da inviolabilidade do corpo. A concepção adotada no presente trabalho é de uma dignidade como limite e tarefa do Estado, abrangendo assim a vedação da coisificação das mulheres, especificamente em estudo, as presas. É nítido observar que a garantia da dignidade da pessoa humana reside nos direitos fundamentais que asseguram, não apenas, um dever de respeito, mas também a obrigação de condutas positivas do poder estatal, tendentes a efetivar, proteger e promover as condições que viabilizem e removam qualquer ação que esteja a impedir as pessoas de viverem com dignidade, minimizando os efeitos das violações, inclusive assegurando a reparação do dano

(BARCELLOS, 2002a; SARLET, 2007).

No mesmo sentido, Sarlet (2010, p. 382) preceitua que "compreendida no sentido de que as normas de direitos fundamentais devem, em princípio, ter o *status* de normas de eficácia plena, que impõe ao conjunto dos órgãos estatais o dever de otimização de sua eficácia e efetividade".

O sistema penal brasileiro está entregue a uma profunda crise, onde a omissão de direitos e garantias fundamentais dos presos está amplamente insigne na prática social cotidiana. Apesar de o sistema prisional ser predominantemente masculino, o encarceramento feminino estar completamente em ascensão, e com isto, a omissão de seus direitos e garantias fundamentais é proporcionalmente maior, devido às especificidades próprias decorrentes de sua condição de gênero.

Segundo os últimos dados de junho de 2016, publicados pelo Levantamento Nacional de Informações Penitenciárias, o Brasil conta com uma população prisional de 726.712 pessoas, deste total, 42.355 são mulheres. No período de 2000 a 2016 o aumento da população feminina foi de 642,9%, enquanto a média de crescimento masculino, no mesmo período, foi de 256,9%, refletindo, assim, a curva ascendente do encarceramento em massa de mulheres (BRASIL, 2016a).

Deve-se problematizar sim sobre o encarceramento feminino, para que seja amplamente conhecida a precariedade do nosso sistema penal. Por um lado, entender os problemas do aprisionamento feminino abarcando a lógica da prisão enquanto espaço de confinamento de corpos para imputar-lhes uma pena e retirá-los do convívio social num sistema como um todo. Onde outros inúmeros direitos são igualmente violados, como a convivência familiar, direito à educação e a dignidade humana, e o não cumprimento da Lei de Execução Penal (ANGOTTI, 2016; OLIVEIRA; SANTOS, 2012).

A assistência à saúde e o respeito à integridade física e moral dos condenados e dos presos provisórios, direitos estes inerentes ao mínimo existencial da dignidade da pessoa humana são previstos na lei de Execução Penal de 1984 no art. 14 e parágrafos, no art. 40 e no art. 41, inciso VII, incluindo, sem discriminação de gênero, no rol de detentores, as mulheres presas. *In verbis*:

> Art. 14. A **assistência à saúde do preso** e do internado de caráter preventivo e curativo, compreenderá atendimento médico,

farmacêutico e odontológico.

§ 1º (Vetado).

§ 2º Quando o estabelecimento penal não estiver aparelhado para prover a assistência médica necessária, esta será prestada em outro local, mediante autorização da direção do estabelecimento.

§ 3º **Será assegurado acompanhamento médico à mulher, principalmente no pré-natal e no pós-parto, extensivo ao recém-nascido.** (Incluído pela Lei nº 11.942, de 2009)

Art. 40. Impõe-se a **todas as autoridades o respeito à integridade física e moral** dos condenados e dos presos provisórios.

Art. 41. Constituem **direitos do preso**:

VII – **assistência** material, **à saúde**, jurídica, educacional, social e religiosa; (grifos nossos).

Assim, fica claro, com o advento da Lei nº 11.942/2009, que alterou a LEP, que as mulheres presas, em estado gravídico têm o direito à presença de acompanhante durante o trabalho de parto, parto e pós-parto imediato. A Lei 8.080/90 garantindo a igualdade da assistência à saúde, sem preconceitos ou privilégios de qualquer espécie; em seu art. 2º, § 1º confirma que a saúde é um direito fundamental do ser humano, devendo o Estado garantir a saúde, formular e executar políticas econômicas e sociais, que visem à redução de riscos de doenças e de outros agravos em estabelecimentos de condições, que assegurem acesso universal e igualitário às ações e aos serviços para a sua promoção, proteção e recuperação.

Um exemplo disso compreende a Lei Estadual do Rio de Janeiro de nº 7.193/2016 que proíbe o uso de algemas em presas ou internas parturientes, durante o trabalho de parto pelo período de internação, em estabelecimento de saúde público e privado. Mesmo existindo esta norma, a sua efetivação, naquele Estado, não é bem executada, violando assim direitos fundamentais – dignidade da pessoa humana – das detentas.

A Cartilha da Mulher Presa, disponibilizada pelo Conselho Nacional de Justiça em 2012, destina-se a esclarecer os direitos e deveres das mulheres encarceradas, com informações claras e diretas sobre garantias constitucionais, prerrogativas legais e administrativas (BRASIL, 2012a). Informando as presas que a Constituição Federal traz no art. 5º os direitos e garantias fundamentais de todos os cidadãos e cidadãs. Embora tenha sido presa, a detenta "é uma cidadã e como tal deve ser tratada" (BRASIL, 1988). Tem direito a tratamento digno, de forma a não sofrer preconceitos de origem, raça, sexo, cor, idade, língua, opinião política ou quaisquer outras formas de discriminação. Direito a não sofrer violência física ou moral, de não ser submetida à tortura nem a tratamento desumano ou cruel. "É proibida qualquer forma de coação física (tapas, chutes, socos), moral ou psíquica (palavrões, provocações, ameaças, insultos, humilhações, etc.). Nenhuma autoridade ou servidor penitenciário pode usar de violência física ou psicológica" (BRASIL, 2012a).

Em pesquisa realizada por Leal et al (2016) em unidades prisionais femininas localizadas em 24 Estados brasileiros e o Distrito Federal, foi relatado que:

> a presença de acompanhantes da escolha da mulher durante a internação para o parto foi de 3% e 11% delas receberam visitas de familiares no hospital. **Para 73% das mães o principal motivo para a não visita de familiares no hospital foi a proibição do sistema prisional** (dados não apresentados). As puérperas **relataram ter sofrido maltrato ou violência durante a estadia nas maternidades pelos profissionais de saúde (16%) e pelos guardas ou agentes penitenciários (14%).** Nas duas situações as principais formas de maltrato/violência referida **foram verbal e psicológica.** O **uso de algemas em algum momento da internação** para o parto foi referido por 36% das gestantes, **sendo que 8% relatou ter ficado algemada mesmo durante o parto.** (grifos nossos).

São várias maneiras de configurar em violência obstétrica, gritar, xingar, amarrar, ironizar e desrespeitar a mulher em sua autonomia e sua integridade física e moral, suas escolhas ou suas preferências. Embora seja mais notória e estudada a agressão praticada por profissionais de saúde, no Brasil há outro prisma a ser vislumbrada, a institucional. Diante disto, comprova-se que esta violência é a que mais afeta a mulher encarcerada.

Para melhor entender, a violência obstétrica institucional decorre de:

> falhas, omissivas ou ativas, oriundas de instituições públicas, privadas e, também, do Estado, este, sobretudo, pelos parcos recursos disponibilizados à saúde, pelas ações deficitárias e pela negligência, falta ou má prestação de serviços, de gestão e de controle (ZAGO, 2007).

O dossiê sobre violência obstétrica Parirás com Dor, entregue à CPMI da Violência contra a Mulher em 2012, mostrou que algumas mulheres em período de parto, muitas vezes relataram a dor da solidão, da humilhação e da agressão, com as práticas institucionais e dos profissionais de saúde que criaram ou reforçaram o sentimento de incapacidade, inadequação e impotência destas e de seu corpo (BRASIL, 2012b). Se mulheres sem estar em privação de liberdade, sem ter o estigma cravado em sua identidade sofrem este tipo de violência, imagine o que as detentas passam.

Do exposto, fica comprovado que é preciso ampliar o entendimento das particularidades de um presídio feminino, as condições específicas de vulnerabilidade que exigem atenção especial do Estado, que tem o dever de dar maior respeito a essa situação, o que, lamentavelmente, não vem sendo observado.

Para Santa Rita (2006, p. 41), a representação da moralidade e da religiosidade presente no percurso histórico das prisões femininas brasileiras "reproduz e legitima a discriminação da mulher e as formas de dominação existentes no contexto da privação de liberdade até os dias atuais". Sobre sua transgressão, recai, além de um sistema punitivo de controle e de poder, uma representação social do seu papel feminino, ocasionando, assim, "uma dupla discriminação: por ser criminosa e por ser mulher".

Baratta (1999) aponta que no inicio dos anos 1970 a posição desigual da mulher no direito penal começou a ser objeto de estudo por parte da criminologia e, a questão do direito ser masculino como forma de legitimar a reprodução da dominação masculina nos conceitos legais, colocando em posição de desvantagem o gênero feminino. Assim, o aparato legal e as formas de controle foram organizados dentro de uma perspectiva masculina, "reproduzindo a violência patriarcal, ou seja, as desigualdades de gênero" (SANTA RITA, 2006, p. 42-43), já que desconsideram as especificidades femininas e se tornam incompatíveis com as demandas das mulheres.

A situação de violação dos direitos fundamentais em questões de gênero levou a elaboração de três Projetos de Lei em tempos diferentes, mas que ainda encontram-se em trâmite na Câmara – PL 7633/14, PL 7867/17 e PL 8219/17 – definindo que tipo de atitude pode ser considerada violência obstétrica e as punições previstas, que vão de multa a dois anos de prisão. Os três projetos, que tramitam juntos, consideram casos de violência, passíveis de punição, todas as situações já descritas no presente trabalho, como por exemplo, recusar atendimento, deixar de aplicar anestesia, impedir a presença do pai ou acompanhante no parto, induzir a mulher a fazer uma cesariana, impedir o contato de mãe e filho sem justificativa ou submeter a mulher a procedimentos dolorosos, desnecessários ou humilhantes (CÂMARA DOS DEPUTADOS, 2017).

Diante disso, o Coletivo de Advocacia em Direitos Humanos – CADHu – em 2017, impetrou um Habeas Corpus coletivo n° 143641 ao Supremo Tribunal Federal, onde salientou o caráter estrutural das violações, no âmbito da prisão cautelar, a que estão sujeitas gestantes e mães de crianças de até 12 anos, em razão de falhas estruturais de acesso à Justiça, consubstanciadas em obstáculos econômicos, sociais e culturais, propondo que essas mulheres tenham a prisão preventiva revogada e convertida em prisão domiciliar (BRASIL, STF. HC-coletivo: 143641/SP, 2018). As circunstâncias retratadas nos autos do referido HC demonstram a relevância da matéria a ser apreciada pela Corte, em se tratando da importância da aplicação de normas constitucionais, das regras internacionais de Direitos Humanos e do Estatuto da Primeira Infância – Lei n° 13.257/16.

Mesmo existindo movimentos em relação à divulgação e esclarecimento sobre a violência obstétrica, e as leis existentes não sendo de natureza nacional, e sim, de tratados e normativas internacionais consagrados pelo Brasil, é necessário observar que a ocorrência do grande encarceramento não pode ficar alheia às questões de gênero. As garantias da dignidade humana e os próprios direitos inerentes à execução da pena privativa de liberdade passam a ser indiretamente violados, criando situações divergentes no momento de sua aplicação.

2.1 A previsão dos direitos humanos em favor da eliminação da violência contra as mulheres encarceradas

Foi a partir da definição ao termo "violência contra a mulher" presente na Declaração sobre a Eliminação da Violência contra a mulher implantada pela Assembleia geral da Organização das Nações Unidas - ONU, em 1993, que o problema passou a ser tratado com mais atenção como proteção dos direitos humanos e, dada com bastante visibilidade ao mundo como um exemplo de combater qualquer ato de violência baseado no gênero que resulte, ou possa resultar, em dano físico, sexual ou psicológico ou em sofrimento para a mulher.

Não demorou muito para a Organização dos Estados

Americanos – OEA, editar, em 1994, uma Convenção Interamericana para Prevenir, punir e erradicar a violência contra a mulher – a Convenção de Belém do Pará e promulgada pelo Estado brasileiro pelo Decreto de nº 1.973, em 1996, e com isto, ser o primeiro tratado internacional de proteção aos direitos humanos das mulheres a reconhecer expressamente a violência contra a mulher como um problema generalizado na sociedade, afirmando que a violência contra a mulher constitui violação dos direitos humanos e liberdades fundamentais; ofensa contra a dignidade humana e, que a eliminação, desta violência, é condição indispensável para seu desenvolvimento individual e social e sua plena e igualitária participação em todas as esferas de vida (BRASIL, 1996).

Neste diapasão, para os efeitos desta Convenção (1994), em seus artigos 1º e 2º:

> entender-se-á por violência contra a mulher qualquer ato ou conduta baseada no gênero, que cause morte, dano ou sofrimento físico, sexual ou psicológico à mulher, tanto na esfera pública como na esfera privada.
> Artigo 2 Entende-se que a violência contra a mulher abrange a violência física, sexual e psicológica.
> a) ocorrida no âmbito da família ou unidade doméstica ou em qualquer relação interpessoal, quer o agressor compartilhe, tenha compartilhado ou não a sua residência, incluindo-se, entre outras turmas, o estupro, maus-tratos e abuso sexual;
> b) ocorrida na comunidade e comedida por qualquer pessoa, incluindo, entre outras formas, o estupro, abuso sexual, tortura, tráfico de mulheres, prostituição forçada, seqüestro e assédio sexual no local de trabalho, bem como em instituições educacionais, serviços de saúde ou qualquer outro local; e
> c) perpetrada ou tolerada pelo Estado ou seus agentes, onde quer que ocorra. (grifos nossos).

Nota-se que o Instituto Interamericano de Derechos Humanos (2004) incluiu a perspectiva de gênero na definição do conteúdo sobre os direitos humanos:

> [...] la perspectiva de género permite entender la especificidad de los derechos en el marco de la universalidad inherente a los mismos; promueve la igualdad desde el reconocimiento de las diferencias; y viabiliza el hecho de que las mujeres son sujetas de derechos también en ámbito privado.

De acordo com a terminologia de Bobbio (2004) a busca pela implementação de direitos humanos é um processo de especificação, apesar de universais, são exercidos de maneiras diferentes, de acordo com características peculiares de cada indivíduo, incluindo-se: gênero, raça, etnia, geração, classe social e cultura. Em conformidade, Piovesan (2009, p. 207-208) aduz:

> O sistema especial de proteção realça o processo de especificação do sujeito de direito, no qual o sujeito passa a ser visto em sua especificidade e concreticidade. [...]. Com o processo de especificação do sujeito de direito, mostra-se insuficiente tratar o indivíduo de forma genérica, geral e abstrata. Torna- se necessária a especificação do sujeito de direito, que passa a ser visto em suas peculiaridades e particularidades. Nessa ótica, determinados sujeitos de direito, ou determinadas violações de direitos, exigem uma resposta específica, diferenciada. Nesse sentido, as mulheres devem ser vistas nas especificidades e peculiaridades de sua condição social. Importa o respeito à diferença e à diversidade.

O principal marco normativo internacional a abordar essa problemática são as chamadas Regras de Bangkok – Regras das Nações Unidas para o tratamento de mulheres presas e medidas não privativas de liberdade para mulheres infratoras. Essas Regras propõem olhar diferenciado para as especificidades de gênero no encarceramento feminino, tanto no campo da execução penal, como também na priorização de medidas não privativas de liberdade, ou seja, que evitem a entrada de mulheres no sistema carcerário. Como se pode ver em seus artigos:

> [...]
> Regra 22
> **Não se aplicarão sanções de isolamento ou segregação disciplinar a mulheres gestantes**, nem a mulheres com filhos/as ou em período de amamentação.
> Regra 23
> Sanções disciplinares para mulheres presas não devem incluir proibição de contato com a família, especialmente com crianças.
> Regra 24
> **Instrumentos de contenção jamais deverão ser usados em mulheres em trabalho de parto, durante o parto e nem no período imediatamente posterior.**
> [...]. (BRASIL, 2016b) (grifos nossos).

Assim, confirma que, violadas estas regras, configura-se em violência obstétrica. O encarceramento massivo feminino amplia a vulnerabilidade e dificulta o acesso aos serviços de saúde seja para prevenção, assistência ou vigilância. Além disso, ocorre uma ruptura nos laços sociais das mulheres que passam a viver longe de seus familiares e amigos em um ambiente superpopuloso, insalubre, marcado pela violência e com assistência médica limitada (LEAL; et al, 2016).

Ao se discutir sobre a problemática do encarceramento feminino e sobre como aplicar as Regras de Bangkok, que sistematicamente podem combater a violência institucional que dessa situação decorre, dispondo sobre diversas diretrizes, inclusive, no tratamento conferido a presas grávidas. Segundo Lemgruber (1999), a fundamentação histórica das concepções teóricas no encarceramento feminino apresentava diversas deficiências e buscava, explicar as diferenças da criminalidade feminina e masculina, focando o aspecto físico e patológico, esquecendo-se, assim, os fatores socioestruturais.

É mister observar que a mulher presa passa por uma desigualdade de gênero, no acesso às políticas públicas, que potencializa a condição vulnerável destas somada à visão do poder punitivo do Estado na dominação dos corpos das apenadas que estão sob a sua custódia.

2.2 A contrariedade no sistema carcerário em face da dignidade humana das mulheres

O poder punitivo se consolida, em relação às mulheres, a partir de um conjunto de sujeições que conformam um discurso único legitimador do binômio perseguição-repressão. A ordem se embasa sobre as relações irregulares entre entes e sujeitos diferenciados. O liame da ordem é o poder, enquanto relação entre um sujeito dominante e um sujeito banido à obediência.

Para Zaffaroni (1995, p. 23-38), o poder punitivo, na forma que hoje se conhece, não existiu sempre, mas é "produto das sociedades em que o poder se concentra e se verticaliza em um modelo corporativo". Esse modelo corporativo também não apareceu e se instalou de uma única vez, mas sofreu várias mudanças e reapareceu no final da Idade Média, consolidando-se na forma que é hoje. Sobre as mulheres, a relação com o poder punitivo se manifesta desde "sua origem, de modo a conferir-lhe, ao longo de séculos, um caráter aberto de poder de gênero".

O idealismo patriarcal e discriminatório se reproduz, em suas distintas manifestações, através de múltiplas e variadas instituições cuja prática, relação ou organização, atuam para a transmissão da desigualdade entre os sexos e a convalidação da discriminação entre as mulheres e para a reprodução dos mecanismos de dominação masculina que oprimem a todas as mulheres. Fundamentando-se no domínio do homem por meio da violência contra a mulher, institucionalizada e promovida através das instituições da família e do Estado (MENDES, 2014).

Mendes (2014) afirma que o exercício do poder punitivo em relação às mulheres é uma política historicamente construída e patrocinada por múltiplos atores e com diferentes formas de atuação cujo objetivo central é exercer a vigilância, a perseguição e a repressão de significativa parcela da humanidade.

No final do século XVIII, nenhuma mulher detinha igualdade política, imagine a igualdade formal em relação ao homem. As reformas democráticas advindas da Revolução Francesa as beneficiaram somente de forma indireta, como esposas dos homens livres e iguais. Pois, mesmo com todo esse processo revolucionário, elas continuaram dependentes dos homens e consideradas inadequadas para a vida pública em razão de um déficit de racionalidade. A tão sonhada e perfeita igualdade preconizada por Rousseau para uma república ideal, as mulheres não estavam inseridas, a Revolução não trouxe significativas mudanças para as mulheres. Devido à contradição existente entre a prometida liberdade e igualdade e o papel submisso da mulher iniciou-se os discursos feministas (MENDES, 2014).

No Brasil a mulher tem surgido, constantemente, sob a luz de estereótipos, dando triste ilusão de imobilidade. A partir de 1970 que o papel da família e da sexualidade foi posta em debate, e assim, volta-se para pesquisas sobre a história das mulheres. Duas linhas ora se iniciava, a primeira era fazer emergir a mulher no cenário de uma história pouco preocupada com as diferenças sexuais, e a outra, era demonstrar a exploração, a opressão e a dominação que vitimavam as mulheres. Esses trabalhos acabaram levando a história da mulher a um isolamento intelectual e a estudos circulares sem maior influência. A dialética da dominação masculina em relação à opressão feminina deve ser evitada e substituída pela análise das mediações. Análise esta, que busca as histórias nebulosas, onde se encontram as mulheres anônimas, invisíveis (DEL PRIORE, 1994).

Assim, tornou-se possível traçar a visão em que se encontra a mulher no sistema penitenciário, onde se esclarece que falar da mulher no sistema penitenciário sempre foi um dilema, pois a esta sempre coube cuidar da família, dos afazeres domésticos, dos filhos, sendo essa a imagem associada no imaginário social, como alguém frágil e dócil. Sendo assim, como poderia, ela, então, estar confinada por descumprir as regras sociais?

Compreender as diferenças de gênero no sistema prisional é um importante passo para a construção de políticas públicas que atendam as mínimas necessidades das mulheres encarceradas, de modo a proporcionar maiores possibilidades de uma efetiva reintegração social (COSTA, 2015).

A partir do efeito de exclusão social e visão restritiva sobre mulher é que os problemas e violações de direitos começam a surgir na realidade das encarceradas. O conceito de dignidade vai muito além das condições mínimas e básicas de vida para o homem, devendo estar inserido no convívio familiar, oferecendo educação, moradia, alimentação, saúde, além do direito ao voto e ao direito de igualdade. Em contraponto, cabe ao preso respeitar as regras e normas impostas pelo presídio, e por consequência a instituição carcerária independentemente de merecimento pessoal ou social, zelar pelos direitos fundamentais (SILVA, T, 2015).

Neste diapasão, Sarlet explica que o princípio da Dignidade Humana possui uma dimensão dúplice, que se manifesta enquanto simultaneamente expressão da autonomia da pessoa humana, bem como da necessidade de sua proteção. Assim, o referido autor define a dignidade humana como sendo:

> A qualidade intrínseca e distintiva reconhecida em cada ser humano que o faz merecedor do mesmo respeito e consideração por parte do Estado e da comunidade, implicando, neste sentido, um complexo de direitos e deveres fundamentais que assegurem a pessoa tanto contra todo e qualquer ato de cunho degradante e desumano, como venham a lhe garantir as condições existenciais mínimas para uma vida saudável, além de propiciar e promover sua participação ativa e corresponsável nos destinos da própria existência e da vida em comunhão com os demais seres humanos, mediante o devido respeito aos demais seres que integram a rede da vida (2015, p. 71).

Assim, tem-se como garantia da qualidade intrínseca e distintiva reconhecida em cada pessoa e, por um lado, os direitos de liberdade como todos os direitos à afirmação, à tutela e à valorização de todas as diferenças entre homens e mulheres serem igualmente merecedores do mesmo respeito e consideração por parte do Estado e da comunidade.

O descaso do Estado em desrespeito ao art. 5º, XLIX da CF,

onde dispõe que "é assegurado aos presos o respeito à integridade física e moral" (BRASIL, 1988), o que muitas das vezes refletem no fracasso do sistema prisional, no qual não é garantido pela execução da lei, através do poder público que possui o papel de reeducar e ressocializar o preso, entretanto, em contrapartida, os presos vivem em condições desumanas e degradantes e, em estruturas superlotadas.

A falta de estrutura nos presídios é uma das causas da ineficácia quanto à reabilitação do condenado, visto que a sociedade brasileira vive um paradoxo no sistema carcerário brasileiro através da violência e ao mesmo tempo convive com a superpopulação prisional, acarretando em grandes mazelas.

Faz-se necessário acompanhar o funcionamento do sistema carcerário como um todo, desde sua aplicação oferecida pelos recursos públicos até o tratamento dado aos ingressos no cárcere. A questão da superlotação nos presídios acarreta de imediato na violação de normas e princípios constitucionais, gerando ao que foi submetida a uma pena privativa de liberdade uma "sobrepena" (ARRUDA, 2014), uma vez que vive em um ambiente no meio de tensões, violência e constantes rebeliões, sendo isto maior do que a pena imposta.

Dentro do ambiente, prisão, o Estado tem pouca ou nenhuma influência. E diante do tratamento degradante que recebem os encarcerados sob a guarda oficial, todos aqueles direitos e garantias prometidos na Constituição tendem a ser violados. "Não há espaço para o sadio desenvolvimento da dignidade humana" (FRANÇA JÚNIOR, 2014, p. 88), mas sim para a sua degeneração. Os incluídos no sistema carcerário rapidamente se percebem a margem, onde os valores democráticos não se costumam ser aplicados.

Da mesma forma que se ouve as autoridades falarem que a solução para o problema da superlotação nas cadeias pela falta de vagas, seria resolvida com a construção de mais presídios, mutirões e revisão processual, retoma-se para uma inequívoca prova que o sistema penal é "em regra falho e ineficiente" (FRANÇA JÚNIOR, 2014). É preciso avançar nas discussões a respeito do sistema penal, desde seu funcionamento até o modo para solucionar conflitos, desde que se tenha uma consolidação pelos princípios democráticos no país. Ainda é preciso conviver com o fato que boa parte da sociedade não procura saber como estão sendo tratados os presos no cárcere, tendo uma visão como fruto de uma cultura punitivista celebrada por boa parte da "mídia permeada de incoerências" (FRANÇA JÚNIOR, 2015, p. 88).

Nesse sentido, Arruda (2014) ressalta que a crise carcerária "só poderá ser resolvida quando a sociedade e os políticos tiverem vontade de solucionar o problema. Para tanto, é preciso à erradicação dos preconceitos em relação ao preso e ao ex-presidiário por parte da sociedade".

Em Alagoas, a ausência de estabelecimentos adequados para os detentos em diferentes regimes, resulta em problemas quanto à omissão da gestão do Estado, visto que o poder público tem como papel de mediação a reintegração social. Todavia, percebe-se que a política penitenciária de amparo às egressas, volta-se em regra todo o funcionamento do universo masculino, e desta maneira, apenas resta às mulheres uma "política residual", e mesmo assim ela é planejada e executada por homens, visto que a maior parte da população carcerária é voltada aos homens, o que não justifica a falta de criação de políticas específicas para as mulheres presas (COSTA, 2011).

A polêmica em torno dos presídios femininos deve-se pelo fato do direito a visita íntima ser considerada uma regalia à população encarcerada, pois ainda que digam que exista a garantia deste direito coletivo entre os sexos, é nítido observar a existência constatada, da discriminação entre homens e mulheres em respeito aos seus direitos e deveres, onde os valores de uma sociedade patriarcal e sexista tornam-se cada vez mais presentes na sociedade brasileira refletindo na concessão deste direito.

De acordo com Andrade (1997, p. 108; 2015), o sistema seletivo de controle social duplica a violência feminina e serve para reproduzir a violência estrutural:

> Pois além da violência sexual representada por diversas condutas masculinas (estupro, assédio) a mulher torna-se vítima da violência institucional (plurifacetada) do sistema penal que expressa e reproduz a violência estrutural das relações sociais capitalistas (a desigualdade de classe) e patriarcais (a desigualdade de gênero) de nossas sociedades e os estereótipos que elas criam e se recriam no sistema penal e são especialmente visíveis no campo da moral sexual dominante.

Sendo assim, pode-se afirmar que as mulheres encarceradas vivem abaixo da linha de dignidade mínima, não sendo a elas garantidos os seus primordiais direitos, em particular, aquele que poderiam lhe conferir uma convivência saudável, e no que concerne à existência e efetivação de políticas públicas baseadas nas necessidades das pessoas privadas de liberdade.

3 Relação dos direitos fundamentais das detentas e ações governamentais enquanto prestações estatais

Se a trajetória das mulheres, em geral, é negligenciada e mesmo silenciada na historiografia, "fadada à intimidade da vida doméstica e aos diários secretos", mais grave é a situação de não reconhecimento da condição das mulheres que passaram pela prisão ao longo dos séculos e que "contemporaneamente engrossam as estatísticas carcerárias em todo o mundo" (COSTA, 2015, p. 108).

Como já foram expostos no início deste trabalho, os últimos dados publicados pelo Levantamento Nacional do INFOPEN, o Brasil conta com uma população prisional de 726.712 pessoas (Sistema Penitenciário, Secretarias de Segurança e carceragens de delegacias), dentre as quais 689.510 estão custodiadas no Sistema Penitenciário. Deste total, 42.355 são mulheres e 665.482 homens. No período de 2000 a 2016 o aumento da população feminina foi de 642,9%, enquanto a média de crescimento masculino foi de 256,9%, confirmando assim a ascendência do encarceramento feminino (BRASIL, 2016a).

É necessário propor um olhar diferenciado para as especificidades de gênero no encarceramento feminino, tanto no campo da execução penal, como também na priorização de medidas não privativas de liberdade, ou seja, que evitem a entrada de mulheres no sistema carcerário. Posto isto, adentra-se ao mérito da pesquisa, levantando informações das legislações pertinentes que garantem os direitos fundamentais visualizando desta forma o quão não estão respaldadas as reeducandas (SOUZA, 2016).

Visualiza-se que no Brasil, a Constituição de 1988 representa marco importante na busca pela igualdade formal de direitos entre homens e mulheres, pois o inciso I do art. 5º declara que todos são iguais perante a lei, sem distinção de qualquer natureza, garantindo-se a sua inviolabilidade. No art. 29, § 2º e art. 37 do Código Penal de 1940 e no art. 5º, inciso XLVIII da CF/88, determinam que as mulheres presas devam cumprir pena em estabelecimento próprio, e que sejam adequadas as necessidades inerentes ao gênero feminino.

As leis existem, porém não são colocadas em prática, faz-se necessário verificar o espaço prisional em que estas mulheres estão confinadas e o descaso que sofrem pela imensa crise que o sistema prisional brasileiro, retratado pela ausência de políticas públicas que considerem a encarcerada como sujeito de direitos com especificidades próprias advindas de sua condição de gênero (OLIVEIRA; SANTOS, 2012). Para o Estado e a sociedade, parece que existem somente 726 mil homens e nenhuma mulher nas prisões do país. Só que, uma vez por mês, aproximadamente 42 mil desses presos menstruam (CERNEKA, 2009; BRASIL, 2016a).

O *status* de sujeito detentor de direitos e deveres enquanto ser humano e cidadão são mantidos às presas apesar das imposições peculiares à sanção penal, como exemplo sendo impedida dos seus direitos políticos em virtude meramente da incompatibilidade, por sua natureza, com a prisão. Assim sendo, não alcançados pela condenação penal, os direitos podem ser desfrutados de maneira plena pela condenada, de forma a preservar sua dignidade e personalidade ao período do cumprimento da pena. É o que acontece com o direito ao exercício da sexualidade, não abrangido pelos impactos da sentença penal (SPRICIGO, 2013).

Mendes (2014) adentra no questionamento sobre quais são os direitos fundamentais exclusivamente das mulheres presas, enfatizando que no campo penal, muito do debate feminista sobre os direitos das mulheres gira em torno da liberdade (autodeterminação) e da inviolabilidade do corpo. Tendo em vista a concepção de universalidade dita por Ferrajoli aos direitos fundamentais, Mendes entende que esta universalidade corresponde à indisponibilidade, a limites possíveis de traçar a configuração a partir do princípio da dignidade da pessoa humana, tanto o direito à autodeterminação, quanto o direito à proteção, se colocam como vetores estruturantes a partir dos quais devem ser deduzidos os limites de atuação do direito penal especificamente nas situações que envolvem os direitos reprodutivos e a violência de gênero.

Como já foi tratada anteriormente durante o presente trabalho, a dignidade da pessoa humana abrange a vedação da coisificação. Sendo que, em uma dupla perspectiva ontológica e instrumental, compreende a dimensão negativa (defensiva) e a positiva (prestacional) (SARLET, 2015).

Em consonância, Queiroz (2015) pondera de forma clara a "invisibilização" das mulheres encarceradas no meio prisional. Ambiente este, construído por homens e para homens, onde as mulheres são confinadas de forma improvisada, mesmo quando a instituição é direcionada exclusivamente ao seu aprisionamento.

Concretizar políticas públicas voltadas às necessidades de apenas um sexo, denominando-as como igualdade, não denota novidade dentro dos planos Estatais, nem em nenhum setor da sociedade patriarcal, como de costume, brasileira, porém a questão se torna ainda mais problemática quando se trata do sistema prisional.

França Júnior joga uma reflexão sobre se o tratamento recebido no cárcere é condizente com os valores democráticos, quando questiona "qual tipo de estrutura prisional poderia se enquadrar, se isso é possível, em um modelo de respeito à dignidade humana?" O espaço físico é tão importante quanto o tratamento que é recebido (2015, p. 92). Nos estabelecimentos penais, as estruturas internas e as normas de convivência no cárcere quase nunca estão adaptadas às necessidades da mulher, já que são sempre desenhadas sob a perspectiva do público masculino. Uma reflexão sobre o questionamento que comprovam a enorme distância entre a teoria humanista de ressocialização do detento e o espaço utilizado como instrumento para a aplicação desta teoria.

Para Cordeiro (2010), construir unidades prisionais não deve ser simplesmente uma questão de muros, grades, celas, trancas, câmaras, pois há muito mais por trás de tudo isso, concentra-se um universo oculto, coercitivo, inacessível e muito particular, tendo como objetivo a manutenção da ordem interna mediante o seu poder repressivo. Uma produção arquitetônica não é ingênua, contêm muito da carga cultural do projetista; existem, portanto, importantes significados embutidos nela e outras características que influenciam nesse processo relacional homem-meio. A personalidade humana, constante do núcleo de proteção da dignidade da pessoa, não se pode negar, é fruto de sua interação com o meio.

Nesse diapasão, Costa (2007) concorda que é possível e necessário pensar e executar políticas específicas, que devem se voltar para todos os elementos da estrutura das prisões, a exemplo da arquitetura prisional, na saúde das detentas, da qualificação dos agentes penitenciário feminino. Visto que, é preciso "romper com a reprodução de práticas conservadoras de dentro da prisão que reforçam os pressupostos do modelo patriarcal de organização social" (2015, p. 110).

O ambiente prisional é todo construído para promover "ações engessadas" (CORDEIRO, 2009, p. 18), visando o absoluto controle das ações do indivíduo, limitando sua plena autonomia, até mesmo as necessidades mais básicas do corpo, o Estado se presta a regular por força do controle dos "serviços da cela" (CORDEIRO, 2009; FRANÇA JÚNIOR, 2015).

Apesar de o Estado brasileiro ter participado ativamente das negociações para a elaboração das regras mínimas para tratamento às detentas - Regras de Bangkok, até o momento elas não foram constituídas em políticas públicas consistentes, sinalizando que a violação aos direitos destas ainda é contínua. Há violações variadas no que respeita aos direitos essenciais como saúde, política de reintegração social, educação, trabalho e preservação de vínculos familiares, principalmente para os segmentos menos favorecidos da população.

O grande encarceramento não pode ficar alheio às questões de gênero, seja na formulação de direitos e garantias que atendam às demandas das mulheres, seja por meio de políticas públicas atentas à necessidade de mudanças nos paradigmas patriarcais tão presentes no sistema penal brasileiro. Em conformidade com recomendações internacionais, o Brasil publicou normas e leis que tratam especificamente das mulheres encarceradas, entretanto sua implementação ainda é limitada no cotidiano institucional.

Dentro desse mesmo cenário, é possível e necessário pensar e executar políticas específicas, voltada para modificar a infraestrutura dos estabelecimentos prisionais que não contribui em nada para o desenvolvimento saudável dessas mães invisíveis, já que apenas 16% das unidades femininas ou mistas possuem cela ou dormitório adequado para gestantes, ficando estas, na maioria das vezes em camas compartilhadas com outras mulheres ou até "na praia", gíria utilizada para identificar o dormir no chão (ALIMENA, 2010; DINIZ, 2015; ANGELO, 2015; COSTA, 2015; SOUZA, 2016 ; BRASIL, 2016a).

Streck (1999, p. 102-103), concorda com Ferrajoli quanto à ideia de que nenhuma garantia e direito fundamental não podem estar sustentados apenas em normas sem o apoio da luta pela realização por parte de quem é seu titular – no presente estudo, as mulheres encarceradas – e da solidariedade da força política social:

> [...] fácil delinear um modelo garantista em abstrato, e traduzir seus princípios em normas constitucionais dotadas de claridade e capazes de deslegitimar, [...]. Difícil, porém, é modelar as técnicas legislativas e judiciais adequadas para assegurar efetividade aos princípios constitucionais e aos Direitos Fundamentais consagrados por eles. Por isso, faz uma forte crítica à ciência penalista, que teoriza sobre o monopólio penal e judicial da violência institucional, que esquece

as práticas autoritárias e as ilegalidades da polícia, confunde a imagem normativa do Direito Penal como técnica de tutela de Direitos Fundamentais e de minimização da violência.

Com isto, hoje é necessário um trabalho institucional para combater qualquer tipo de violência, principalmente, a obstétrica, que atinge a mulher encarcerada.

> Enfim, na linha de Boaventura de Souza Santos – e o parafraseando, quando diz que, pedagogicamente, nós temos que trazer a miséria humana para dentro da sala de aula –, diria que é preciso trazer a miséria do cotidiano para dentro do Direito. Isto porque, conforme o mestre português, idéias não criam imagens. Imagens se criam com imagens! (STRECK, 1999, p. 104).

Tendo em vista as questões postas pelos movimentos de mulheres no final dos anos 70, a discriminação dessas questões, diretamente, ligadas às políticas de gênero envolve, por sua vez, tanto uma crítica à ação ou omissão do Estado, como a formulação de propostas de novas políticas públicas que tenham como foco a discussão dos direitos sexuais e reprodutivos à mulher. Ao denunciarem as formas de exclusão e a falta de políticas de igualdade é preciso que o Estado discuta a efetivação desses direitos através da garantia de acesso aos programas de serviços de saúde da mulher tendo como respaldo a dignidade humana.

Em diapasão, diga-se de passagem, que é necessário trazer o problema da violência obstétrica (institucional) para o conhecimento da sociedade, para o conhecimento dos fóruns, para o conhecimento acadêmico, pois os profissionais do Direito aprendem de uma forma teórica, nas instituições de ensino, o princípio da dignidade humana, mas falta uma "sensibilidade empírica em relação a essa realidade pela qual eles vão tratar" (SHIMIZU, 2017, p. 13), as práticas institucionais enferrujadas daquela instituição acabam fazendo com que esse profissional se torne um "reprodutor da mesma violência que vem sendo praticada" há tempos no Brasil (SHIMIZU, 2017, p. 14). Por isso a necessidade de se fazer conhecer, debater sobre o assunto, pois só assim pode-se exigir a efetivação e realização de quem tem o dever de combater.

Como exemplo desse tipo de violência tem-se os presídios que não garantem as presidiárias o acesso aos programas de serviços de saúde, seus direitos reprodutivos e a elaboração das políticas, ações destinados à população feminina devido ao despreparo dos órgãos responsáveis sobre questões de gênero e direitos humanos ferindo, assim, o direito das mulheres presas.

3.1 Políticas públicas orientadas para igualdade na prevenção da prática da violência obstétrica contra as mulheres presas

As políticas públicas podem ser definidas como instrumentos comuns que o Estado dispõe, através da Administração pública, para promover os direitos fundamentais garantidos na Carta Magna. Já, Políticas Orientadas para a Igualdade, Graser (2011) refere-se a qualquer curso de ação planejado que seja direcionado à manutenção ou promoção da igualdade através de sua elaboração. Por consequência, a efetivação dessas políticas não é um processo unânime, muito pelo contrário, há muita oposição e contradição de interesses. Pois, "o Estado escolhe determinadas ações que beneficia determinados grupos em um determinado período histórico" (COHN, 2012, p. 220-221; BREU, 2006). Estas políticas fixam pontos que não podem ser descumpridos e muito menos suprimidos, oferecendo aos cidadãos garantia quanto à omissão do Estado, pois as ações prestacionais ainda têm a sua efetividade, extremamente, limitada. E isso se deve, como foi tratado na seção anterior, porque os direitos sociais dependem de possibilidades de políticas que demandam auxiliar na redistribuição dos recursos econômicos, cada vez mais deficientes, buscando corrigir as desigualdades estruturais e a insuficiência das políticas que pretendiam ter caráter universal (HÖFLING, 2001, apud LERMEN et al, 2015; GRASER, 2011; CARPINETTI; ZAMPIERI, 2017), especialmente com o objetivo de atender às necessidades específicas de cada grupo, como na saúde, na educação e no trabalho.

Ao interpretar o sentido de "igualdade" na Constituição Federal e em outros documentos sobre direitos fundamentais, é preciso levar em conta o princípio da equidade. A natureza de tal princípio é a "correção" das leis e políticas públicas nos pontos em que são insuficientes por terem caráter universal (CARPINETTI; ZAMPIERI, 2017). As ações afirmativas são exemplos de políticas que buscam a equidade, pois são utilizadas para "alcançar a igualdade entre indivíduos e grupos com realidades desiguais [...]. É uma forma de corrigir as desigualdades e fazer com que os direitos universais possam alcançar a todos" (CLÈVE; RECK, 2003b, p. 31).

No âmbito feminino, as mulheres argumentavam que as desigualdades nas relações sociais entre homens e mulheres se traduziam também em problemas de saúde que afetavam particularmente a população feminina. Por isso, fazia-se necessário criticá-los, buscando identificar e propor processos políticos que promovessem mudanças na sociedade e consequentemente na qualidade de vida da população. Em 2004, o Ministério da Saúde elaborou o Programa de Assistência Integral à Saúde da Mulher – PAISM, incorporando como princípios e diretrizes as propostas de descentralização, hierarquização e regionalização dos serviços, bem como a integralidade e a equidade da atenção na formulação do Sistema Único de Saúde – SUS. Mas, somente em 2011, com o lançamento do programa Rede Cegonha, que o objetivo de "assegurar às mulheres o direito ao planejamento reprodutivo e a atenção humanizada à gravidez, ao parto e ao puerpério" (BRASIL, 2011) foi reavaliado.

Esse novo programa para a saúde da mulher incluía ações educativas, preventivas, de diagnóstico, tratamento e recuperação, englobando a assistência à mulher em clínica ginecológica, no pré-natal, parto e puerpério, no climatério, em planejamento familiar, além de outras necessidades identificadas a partir do perfil populacional das mulheres (BRASIL, 2011).

No contexto do sistema prisional brasileiro, estas contradições de interesses estatais refletem o desacordo da sociedade acerca dos direitos sociais da população encarcerada, apesar de tais direitos estarem previstos no texto constitucional. E mesmo assim, o pensamento repressivo ainda rege a construção de políticas públicas brasileiras (COHN, 2012), com o tratamento de coisificação desta população. A "visão moralista e punitiva por parte da sociedade e do Estado" (LERMEN et al, 2015) despreza que o Código Penal prevê, em seu art. 38, que "o preso conserva os direitos não atingidos pela perda de liberdade, impondo-se a todas as autoridades o respeito à integridade física e moral" (BRASIL, 1940), visto que, continuam sendo sujeitos de direitos.

Vale ressaltar que as políticas sócias no âmbito carcerário só foram criadas a partir da Lei de Execução Penal em 1984, e com o encarceramento em massa e as estruturas precárias e insalubres das prisões, estas políticas de igualdade que visam melhorar as condições humanas dos detentos, não foram acompanhadas de melhorias necessárias, violando assim sua dignidade humana.

Apesar de muitos dos direitos violados, como já visto, serem assegurados pela LEP/84 e pela Lei Complementar nº 79/94 é observado a omissão reiterada e persistente das autoridades públicas no cumprimento das obrigações estabelecidas em favor dos presos de forma generalizada e estrutural. Afere-se, também, situação de fracasso das políticas legislativas, administrativa e orçamentária, ocorrendo assim, uma transgressão feita pelos Poderes Executivo e Legislativo para transformar o quadro (BRASIL, STF. ADPF: 347-DF, 2015).

É sabido que a igualdade de oportunidades é um dos grandes pilares do Estado Constitucional de Direito. E conforme Sarmento (2014), os direitos sociais asseguram a todos a possibilidade de obter do Estado, idênticos "pontos de partida" para que possam desenvolver-se física e moralmente. A violação de diversos preceitos fundamentais, o tratamento desumano e a inviabilização de condições adequadas ao encarceramento feminino causando assim a violência institucional decorrem principalmente da falta de políticas públicas à saúde das presas.

Mesmo a saúde ser instituída pela Constituição de 1988, como "direito de todos e dever do Estado" e, regulamentada pelas Leis 8.080 e 8.142, ambas de 1990, no que rege as questões as políticas de saúde no sistema prisional foram três marcos fundamentais. A LEP de 1984 que foi a precursora a garantir os direitos à saúde, previsto no art. 14, a toda população do sistema carcerário, sendo ela provisória ou apenada. Garantia esta que, em tese, se opera no plano jurídico e não necessariamente se efetiva dentro do cenário carcerário. No entanto, essa assistência ainda era de interesse e de responsabilidade das políticas de segurança pública, e não de saúde. Foi somente através da implantação do Plano Nacional de Saúde no Sistema Penitenciário em 2003, o segundo marco das políticas de saúde, que foi garantido o direito à saúde para todas as pessoas privadas de liberdade no sistema prisional e acesso ao Sistema Único de Saúde – SUS, respeitando os preceitos dos direitos humanos e de cidadania (BRASIL, 2003).

A diferença desses dois planos é que o PNSSP identificava como sendo os sujeitos de direito à saúde as "pessoas privadas de liberdade" ampliando o sentido do termo "preso" usado pela LEP. Desenvolvia, ainda, a responsabilização conjunta das políticas sociais de saúde e de segurança. Sua proposta era garantir ações integrais de saúde, enfatizando, além da assistência, a prevenção e a promoção de saúde às populações masculina, feminina e psiquiátrica privadas de liberdade (BRASIL, 2003). Vale ressaltar que, apesar dessa discussão toda sobre quem de fato tem esse direito, a Constitucional, em seu texto, não faz distinção em relação ao sujeito detentor, preso ou não, todos têm direito à saúde.

É relevante apontar que, apesar dos inúmeros avanços alcançados através da implementação da atenção à saúde pelo PNSSP, esta ação ainda não era abrangida a totalidade das pessoas privadas de liberdade, pois estavam voltadas unicamente às pessoas recolhidas em penitenciárias, presídios, colônias agrícolas e hospitais de custódia e tratamento, deixando descoberta a parte que cumpriam pena em regimes abertos e provisórios, recolhidas em cadeias públicas e distritos policiais (BRASIL, 2003; LERMEN et al, 2015).

O terceiro marco de políticas de saúde foi a implantação do Plano Nacional de Atenção Integral à Saúde das Pessoas Privativa de Liberdade no Sistema Prisional - PNAISP, publicado em 2014 como o objetivo de garantir o acesso integral ao SUS através da qualificação e da humanização da atenção à saúde no sistema prisional, com ações conjuntas nas áreas da saúde e da justiça, nas esferas federais, estaduais e municipais (BRASIL, 2014a). A partir desse marco, o acesso às políticas de saúde no cárcere passa a ser garantida não apenas à população privada de liberdade, mas ampliada a todos aqueles que estejam sob custódia do Estado e, também, as pessoas que circulam nos espaços físico das prisões.

Seguindo o entendimento do princípio da equidade foi observado que o PNSSP e o PNAISP não foram suficientes para garantir uma política de igualdade na atenção integral à saúde às minorias que compõem o sistema carcerário brasileiro. Dentre estas minorias, estão as mulheres, que hoje ocupam cerca de 156,7% do sistema prisional (BRASIL, 2016a). Mesmo estas políticas públicas tendo como objetivo a atenção à saúde da mulher no pré-natal e puerpério, a efetivação de tais políticas não eram garantidas, o Estado teve que recorrer a leis e resoluções específicas para dar visibilidade e tornar concretas as políticas de saúde e tratamento mais adequado às mulheres presas. Exemplos disso é a lei nº 11.942/2009, que ordena a LEP a assegurar à mulher gestante presa o direito ao acompanhante médico tanto no pré-natal quanto no pós-parto e, a Resolução de nº 03/2012 do CNPCP que considera em seu art. 3º, que é defeso utilizar algemas ou outros meios de contenção em presas parturientes, definitivas ou provisórias, no momento em que se encontrem em intervenção cirúrgica para realizar o parto ou se estejam em trabalho de parto natural, e no pós-parto (BRASIL, 2012c).

Visto isto, percebe-se que até meados do ano de 2013, as políticas sociais destinadas, especificamente para as mulheres presas eram voltadas à saúde materno-infantil, ou seja, devido à importância da proteção da criança e do adolescente, a mulher encarcerada recebia maior atenção quando vinculada a uma criança, mas mesmo assim, uma assistência muito precária.

Nesse sentido, com debates constantes sobre regras para o tratamento de mulheres presas, a publicação das Regras de Bangkok em alta, onde o Brasil é signatário e a publicação do PNAISP, no mesmo ano, mais exatamente dez dias depois foi implantado o Plano de Política Nacional de Atenção às Mulheres em Situação de Privação de Liberdade e Egressas do Sistema Prisional, o PNAMPE, junto com a Inclusão das Mulheres em Privação de Liberdade no plano Rede Cegonha. Prevendo assim, uma visão mais ampliada sobre as políticas públicas em função das mulheres encarceradas, incluindo a prevenção de todos os tipos de violência contra estas e revisões de algumas práticas médicas que durante o pré-natal passaram a ser reavaliadas institucionalmente, onde o incentivo à adoção de normas e procedimentos adequados às especificidades das mulheres no que tange às questões de gênero, idade, etnia, cor ou raça, sexualidade, orientação sexual, nacionalidade, escolaridade, maternidade, religiosidade, deficiências física e mental e outros aspectos relevantes, bem como a promoção à construção e adaptação de unidades prisionais para o público feminino (BRASIL, 2014b; BRASIL, 2014c).

No que tange a humanização do cumprimento da pena, deverá ser garantido o acesso das presas à justiça e às diversas políticas públicas, o reconhecimento de sua diversidade, considerando que as práticas institucionais deverão ser orientadas por servidores capacitados e habilitados para atuar com mulheres encarceradas garantindo a dignidade da pessoa humana, a equidade e suas necessidades específicas. Prevendo ao Estado dever de criar meios de controle social que exijam maior participação social, combatendo todas as formas de violência contra a mulher.

As justificativas para a falta de um olhar diferenciado com práticas de humanização no que diz respeito à diversidade de gênero, no âmbito das prisões femininas, reproduzem visões simplistas unicamente focadas na questão numérica, tendo em vista que do total de 726.712 da população carcerária, 42.355 são mulheres, o que equivale a um percentual de cerca de 156,7% encarceradas (BRASIL,

2016a). Entre os eixos que compõem uma análise sobre a relação entre a infraestrutura prisional e a capacidade de assegurar os direitos básicos da mulher presa, encontra-se a questão do exercício da maternidade no ambiente carcerário. Nesse sentido, são contemplados, conforme o INFOPEN-mulher de junho de 2016, apenas 16% das unidades em todo o país apresenta cela ou dormitório para gestantes (BRASIL, 2016a). Tais dados revelam uma realidade assustadora de um Estado que pretende efetivar direitos fundamentais. Como correlaciona o Min. Edson Fachin, os estabelecimentos prisionais funcionam como "instituições segregacionistas de grupos em situação de vulnerabilidade social" (BRASIL, STF. ADPF: 347-DF, 2015).

Nesse diapasão, é mister efetivar uma política com gestão e execução compartilhadas entre as esferas de governo e atores vinculados ao sistema penitenciário, aliando-se às diretrizes de diversas políticas públicas garantidoras de direitos humanos, elaborando assim uma execução penal menos estigmatizante e violadora de direitos, ao ser direcionada às necessidades e realidades específicas das mulheres presas.

Os resultados das políticas públicas não dependem apenas de sua coerência econômica, mas também das práticas institucionais. No entanto, tais mudanças são substancialmente importantes e legitimam uma nova visão do Estado em relação à população prisional feminina. É importante destacar, também, que cada conquista somente foi possível em função do momento histórico em que a sociedade se encontrava (COHN, 2012), e que cada marco foi fundamental para que se pudesse avançar um pouco mais na ampliação dos direitos garantidos para os presos.

Assim, se o cumprimento da Constituição e da LEP fosse efetivado desde o início, não seria preciso investir em grandes políticas públicas e nem busca via judicial dos direitos fundamentais. Mas, devido a tantos os gestores públicos quanto a comunidade não quererem ver nem ouvir falar em direitos para os presos, há uma crescente disseminação do estado de coisas inconstitucional da população prisional.

Nesse contexto, Krell (2000, p. 42) argumenta que os direitos sociais que englobam o mínimo existencial representam "mandados de otimização que devem ser densificados e o seu descumprimento só pode ser realizado temporariamente em virtude de uma impossibilidade material evidente e comprovável". Assim, numa sociedade onde existe a possibilidade fática da erradicação da violência obstétrica, por meio da efetivação de políticas públicas específicas, orientadas para a igualdade, o seu impedimento significa um retrocesso contra as mulheres presas em estado gravídico que são diretamente prejudicadas na sua vida e integridade.

3.2 A possível ponderação dos direitos fundamentais nas questões de gênero para efetivar as políticas públicas em assistências às presas grávidas ou parturientes

Se a Administração pública não construiu critérios razoáveis e ponderados para diminuir o atendimento cada vez mais massivo das violações institucionais contra as mulheres o atendimento cada vez mais massivo das violações institucionais contra as mulheres presas, envolvendo grande parte das encarceradas em situações de violação generalizada de direitos fundamentais no tocante à dignidade, integridade física e psíquica, então isto deverá ser feito na esfera da judicialização, ao menos naqueles casos passíveis de uma ponderação de interesses, orientada pelos critérios da razoabilidade e da proporcionalidade.

Para o contexto prisional, a visão masculina tem sido utilizada, há muito tempo, como "padrão de igualdade" (CRENSHAW, 1997, p. 19) para os serviços e políticas penais direcionados para homens, deixando de lado as diversidades que compreendem a realidade dos presídios femininos, como as questões de gênero, a situação da saúde, dentre outras. A lei estava habituada a argumentação através do pensamento aristotélico, tratar coisas iguais de forma igual e coisas diferentes de forma diferente. Mas, "como tratar de maneira igual coisas que são diferentes?" (CRENSHAW, 1997, p. 19). Pois, o que se busca é a igualdade de tratamento entre homens e mulheres, sendo este, um dos principais problemas na crise do sistema prisional feminino, quando se depara, por exemplo, como lidar com a questão da gravidez no presídio.

Concretizar políticas públicas voltadas às necessidades de apenas um sexo, denominando-as como igualdade, não denota novidade dentro dos planos Estatais, nem em nenhum setor da sociedade patriarcal, como de costume, brasileira, porém a questão se torna ainda mais problemática quando se trata do sistema prisional (QUEIROZ, 2015). É possível e necessário pensar e executar políticas específicas, que devem se voltar para todos os elementos da estrutura das prisões, a exemplo da arquitetura prisional, da qualificação dos agentes penitenciário feminino. Visto que, é preciso "romper com a reprodução de práticas conservadoras de dentro da prisão que reforçam os pressupostos do modelo patriarcal de organização social" (COSTA, 2015, p. 110).

O que contribui para a invisibilidade das necessidades das mulheres presas é o aumento da deficiência de dados e interesse de indicadores sobre o perfil destas mulheres nos bancos de dados oficiais governamentais. As Regras de Bangkok, como já foi dito, foi a pioneira a propor um olhar diferenciado para as especificidades de gênero no sistema carcerário, tanto no campo da execução penal, como também na priorização de medidas que evitem o aumento do encarceramento feminino (BRASIL, 2016b).

Lamentavelmente não está sendo observadas melhorias, mesmo tendo entendimento pacificado nos tribunais do reconhecimento de estado de coisas inconstitucional dos presos (BRASIL, STF. ADPF: 347-DF, 2015), substituição da prisão preventiva pela prisão domiciliar, diante da falta de estrutura no ambiente carcerário que possibilite o exercício dos cuidados maternos ao filho (BRASIL, STF. HC-coletivo: 143641/SP, 2018). De modo contrário, há julgamento pela manutenção da prisão preventiva da paciente gestante (BRASIL, TJ. HC: 0000875-14.2016.8.26.0000/SP, 2016), eis que, o indeferimento se deu da mesma se encontrar segregada junto à Ala de Amamentação, o que, pelo entendimento, inexiste o constrangimento ilegal.

Embora se reconheça a necessidade de fomentar a criação de políticas públicas de natureza que ponderem as questões de gênero na aplicação de penas de prisão às mulheres, é necessário, primeiramente, planejar uma solução judicial que facilite a utilização da ponderação dos direitos fundamentais ao encarceramento, principalmente para as hipóteses de reconhecimento do mínimo existencial através das políticas públicas de saúde no combate a violência institucional.

Para Barroso (2009, p. 36), diante disso, se chega ao ponto crucial a discussão:

> supor, a um primeiro lance de vista, que se está diante de uma colisão de valores ou de interesses que contrapõe, de um lado, o direito à vida e à saúde e, de outro, a separação de Poderes, os princípios orçamentários e a reserva do possível. A realidade, contudo, é mais dramática. O que está em jogo, na complexa ponderação aqui analisada, é o direito à vida e à saúde de uns versus o direito à vida e à saúde de outros. Não há solução juridicamente

fácil nem moralmente simples nessa questão.

Assim, após estas observações, conclui-se que é necessário identificar o sistema constitucional de proteção e concretização do mínimo existencial, estabelecendo assim novos parâmetros de comparação, como a proibição de retrocesso, o dever de solidariedade e a inaplicabilidade da reserva do possível.

A sociedade não tolera mais a criminalidade e a insegurança pública, e isso implica ser contrária à preocupação com a tutela das condições dignas do encarceramento. A impopularidade da população prisional faz com que os políticos, salvo raríssimas exceções, não reivindiquem recursos públicos a serem aplicados em um sistema carcerário voltado ao oferecimento de condições de existência minimamente condigna. A comunidade acredita que o criminoso perde o direito da condição humana e não deva ser titular de quaisquer direitos fundamentais ao ser preso. Com tais ideias disseminadas, faz com que o Estado não enxergue com prioridade, no tocante aos gastos públicos, à melhoria das instalações prisionais (BARCELLOS, 2002b) para diminuir as violações de direitos fundamentais na questão de gênero.

Diante dessa forte violação de direitos fundamentais, com base na transgressão à dignidade da pessoa humana e ao próprio mínimo existencial, existe uma justificativa plausível na atuação judicial, na intervenção ponderada nas políticas públicas e escolhas orçamentárias em decisões primariamente políticas sem que se possa cogitar afronta ao princípio democrático e da separação de poderes. Leia-se, a intervenção mostra-se legítima presente a omissão estatal frente à situação de violação generalizada de direitos fundamentais.

Em diapasão, trata-se de entendimento pacificado, como revelado no julgamento do Recurso Extraordinário n° 592.581/RS e do Habeas Corpus coletivo de n° 143641/SP, da relatoria do Min. Ricardo Lewandowski, no julgamento do Recurso Extraordinário n° 641.320/RS, da relatoria do Min. Gilmar Mendes, no julgamento da ADPF n° 347/DF, da relatoria do Min. Marco Aurélio, que verificada a paralisia dos poderes políticos e o reconhecimento de estarem atendidos os pressupostos do estado de coisas inconstitucional podendo resultar na possível ponderação dos direitos fundamentais para efetivar as políticas públicas nas questões de gênero.

A maioria desses referidos julgados faz menção ao entendimento do Min. da Justiça, José Eduardo Cardozo, quando ele aduz que os presos tornam-se "lixo digno do pior tratamento possível", pois as penas privativas de liberdade aplicadas em nossos presídios convertem-se em penas cruéis e desumanas. A superlotação carcerária e a precariedade das instalações das delegacias e presídios são os principais problemas que configuram tratamento degradante e indigno a pessoas que se encontram sob custódia do Estado (BRASIL, STF. ADPF: 347-DF, 2015).

A situação de violação dos direitos fundamentais em questões de gênero levou a elaboração de três Projetos de Lei, que punem a prática de violência obstétrica, já exposto na subseção 1.1, o PL nº 7633/14, o PL nº 7867/17, e PL nº 8219/17. Tramitam em conjunto e serão analisados por três comissões da Câmara: Educação; Seguridade Social; e Constituição e Justiça, que serão transformados em uma proposta única e, se aprovada pelas comissões, pode ser enviada ao Senado sem passar pelo Plenário da Câmara (CÂMARA DOS DEPUTADOS, 2017) e julgados com critérios de ponderação.

Nesse sentido, para que todas as pessoas realmente tenham efetivados seus direitos básicos, como o direito à saúde, é preciso considerar as discriminações causadas pelas diferenças de oportunidades e acesso a serviços essenciais entre as mulheres e os homens. Ao tratar de discriminação contra as mulheres, a Convenção Interamericana para Prevenir, Punir e Erradicar a Violência contra a Mulher – Convenção de Belém do Pará de 1994 –, que o Brasil aderiu em 1996, e a Convenção sobre a Eliminação de Todas as Formas de Discriminação contra a Mulher – CEDAW de 1979 trazem as medidas especiais voltadas às mulheres com o objetivo de garantir o exercício de direitos em igualdade de condições com os homens. Nacionalmente, existem leis e políticas públicas voltadas para a população feminina, entretanto, tais políticas são universalistas, fazendo com que, na prática, muitas mulheres não tenham suas necessidades de saúde e bem-estar contempladas (BRASIL, 2002; CARPINETTI; ZAMPIERI, 2017). Visto isto, é possível constatar a falta de políticas orientadas para a igualdade voltadas para suas necessidades específicas, onde se pode diminuir a discriminação e negligência quanto ao atendimento dos serviços de saúde, especificamente para as mulheres que estejam em estado gravídico no sistema carcerário brasileiro, onde elas sejam acolhidas desde o seu pré-natal, que tenham uma lembrança prazerosa do nascimento do seu filho, mesmo que seja uma cesariana, se for necessário, e sintam respeitadas e seguras, para que possam ter um puerpério tranquilo.

Assim, Pena e Samaranch (2015, p. 02), ao discorrerem sobre a falta de atenção "materializada na clara invisibilidade" das mulheres presas no sistema carcerário pela ausência de políticas de igualdade aduzem que:

> As deficiências nos centros penitenciários continuam presentes na atualidade devido a persistência da superlotação, as poucas possibilidades de acesso às políticas específicas impossibilitam em fazer uma classificação adequada, um controle e segurança conciso. As mulheres presas continuam ocupando um lugar subsidiário no universo penitenciário e as decisões são destinadas ao cuidado das necessidades da maioria da população carcerária (masculina) (tradução nossa).

Sendo assim, ante o estado de falência do sistema prisional e uma demanda de existência de um sistema constitucional que propicie a concretização dessas políticas em sua máxima efetividade, são necessários que devam ser deferidos os pleitos voltados à observância do estado de coisas inconstitucional apontado e que os três Poderes, conjuntamente, incorporem as questões de gênero, nas suas discussões, garantindo a assistência de saúde sexual e reprodutiva livre de discriminação, de modo que todas as mulheres, principalmente, as presas, tenham sua dignidade preservada e com qualidade.

Conclusão

Ao levar em conta que o sistema prisional brasileiro está entregue a uma profunda falência, onde a omissão de direitos e garantias fundamentais dos presos está amplamente consagrada na prática social cotidiana, observa-se a necessidade de repensar as soluções atuais encontradas no sistema jurídico brasileiro no âmbito da efetividade de direitos fundamentais de mulheres que se encontram encarceradas.

Apesar ser um ambiente predominantemente masculino, o encarceramento feminino está em ascensão, e com isso, há um crescimento proporcionalmente maior das violações dos direitos fundamentais e omissões estatais devido às especificidades decorrentes da condição de gênero. Como a população carcerária feminina cresce muito mais rápido do que as estruturas estatais, as garantias e os próprios direitos inerentes à execução da pena privativa de liberdade passam a ser frontalmente violados.

Além de não apresentar as condições mínimas às mulheres presas para a concretização dos projetos de humanização da execução da pena com base na existência da dignidade humana previstos nas normas nacionais e internacionais, é completamente ineficaz quanto a tal objetivo, leia-se, apresenta uma atuação violadora e estigmatizante sobre as detentas.

Não é de grande esforço intelectual concluir sobre a ineficácia das possíveis medidas, até aqui utilizadas, para a resolução dos problemas existentes no sistema carcerário. Geralmente, essas medidas são vistas e midiaticamente denunciadas como regalias pela comunidade e pelo Estado devido à cultura punitiva e de desrespeito aos valores democráticos. Resultando assim, em raríssimas reivindicações, de políticos, por melhorias das políticas públicas voltadas ao oferecimento de condições de uma existência minimamente condigna para serem aplicadas aos presos. Posto isto, a presente pesquisa traz como reflexão, a indagação feita há quatro anos por França Júnior (2015, p. 92): "Que tipo de estrutura prisional poderia se enquadrar (se é que isso é possível) em 'modelo' de respeito à dignidade humana?". Afirmando assim, que esses questionamentos e cobranças por um sistema prisional mais humanizado não são tão atuais.

Ao se discutir sobre a problemática do encarceramento feminino, englobando a lógica da prisão enquanto espaço de confinamento de corpos para imputar-lhes uma pena e retirá-las do convívio social num sistema como um todo, foram explanados, também, outros inúmeros direitos que são igualmente violados, como a convivência familiar, direito à reprodução, direito à saúde e uma vida condigna, o não cumprimento da Lei de Execução Penal brasileira e da Constituição e tratados e normativos nacionais e internacionais que o Brasil é signatário, onde são expostas as regras mínimas para o tratamento das mulheres encarceradas, que sistematicamente podem combater a violência institucional (obstétrica) que dessa situação decorre, dispondo sobre diversas diretrizes, inclusivas, no tratamento conferido a presas grávidas.

A violência institucional, no sistema penal, é recriada através da desigualdade de gênero, onde as mulheres presas vivem, visivelmente, abaixo da linha de dignidade mínima humana, onde não lhes são garantidos os direitos de uma convivência saudável e uma efetivação de políticas públicas baseadas nas suas necessidades específicas.

As condições específicas que diminuem a vulnerabilidade das

mulheres presas que exigem atenção especial do Estado, de quem tem o dever de dar maior promoção e respeito a essas situações, lamentavelmente não estão sendo observadas. Só tipificar crimes ou aumentar penas não vai resolver nem acabar o problema da violência obstétrica (institucional). Recorrer ao Direito Penal buscando solução para esses tipos de conflitos tipificando a violência obstétrica seria um retrocesso à dignidade da pessoa humana. Claro que é preciso sim mudar. Parar de enxergar esta violência como um mero erro médico, pois para ser erro médico é preciso pressupor que exista uma conduta prescrita e o médico errou ao praticá-la. No caso de violência obstétrica é totalmente contrário, pois esta é a prática de uma conduta não prescrita, violando, assim, direitos humanos e fundamentais das mulheres em estado gravídico e parturiente.

Se o número de ocorrências de violência obstétrica está aumentando a cada momento em mulheres que não estão privadas de liberdade, imaginem a situação das encarceradas. Que já sofrem com a estigmatização por estarem presas, em um ambiente totalmente masculino, sem nenhum preparo através da capacitação de profissionais que tem contato direto com essas mulheres que buscam uma efetivação das políticas públicas específicas para sua condição. O que se sabe de determinadas unidades prisionais, é bem como Shimizu relatou em uma entrevista para a Revista Liberdades em 2017, que o juiz e o promotor, quando visitam, não entram nos pavilhões habitacionais, normalmente só conversam com o diretor, e conversam com os presos selecionados pelo próprio diretor, ou seja, o relatório sempre vem muito positivo (SHIMIZU, 2017).

Então, o caminho para a efetivação das políticas de igualdade, não pode ser visto, conforme aduz o Min. Fachin em seu voto no julgamento da ADPF 347, como um mero mecanismo "constituinte permanente, mas sim como um Poder que atua contramajoritariamente para guardar a Constituição e a proteção de direitos fundamentais que vem sendo sistematicamente violados pelos Poderes que lhes deveriam dar concretude", com isto, ante todas as exposições, a solução para garantir a efetividade dos direitos já existentes das políticas específicas no combate a violência obstétrica e ao estado de coisas inconstitucional presente no ambiente prisional feminino, deve-se envolver a atuação coordenada e mutuamente complementar dos três Poderes, Legislativo, Executivo e Judiciário, e não apenas de um único órgão ou entidade.

O fato é que, nos presídios, praticamente nenhuma das inúmeras leis produzidas pelo Estado, principalmente a Lei de Execução Penal e, inúmeros planos de políticas públicas conseguem passar pelas grades destas unidades. Não resta dúvida de que, conforme França Júnior (2015) já anunciou, nesses ambientes, não é propriamente o Estado quem dita a dinâmica de funcionamento, mas o poder interno. Onde o Estado tem pouca ou nenhuma ingerência e todos àqueles direitos e garantias prometidos pela Constituição tendem a se desaparecer.

Por isso, compreender as diferenças de gênero, no sistema carcerário, representa um importante passo para a construção de políticas públicas que atendam, especificamente, às necessidades das mulheres encarceradas e, com isso, o Estado Democrático de Direito brasileiro consiga efetivar condignamente seus fundamentos e objetivos.

Referências

ALIMENA, Carla Marrone. A tentativa do impossível: Feminismos e criminologias. Rio de Janeiro: Lumen Juris, 2010.

AGUIRRE, Carlos. Cárcere e sociedade na América Latina, 1800-1940. *In*: MAIA, Clarissa Nunes. et. al. (orgs.). História das prisões no Brasil. Rio de Janeiro: Rocco, 2009. V. 1. cap. 1, p. 35-70.

ANDRADE, Vera Regina Pereira de. Soberania patriarcal. *In*: Empório do Direito. Disponível em: http://emporiododireito.com.br/soberania-patriarcal/. Acesso em: 11 set. 2017.

ANDRADE, Vera Regina Pereira de. Violência sexual e sistema penal: proteção ou duplicação da vitimização feminina? *In*: DORA, Denise Dourado. (org.). Feminino Masculino: igualdade e diferença na justiça. Porto Alegre: Sulina, 1997, p. 105-130.

ANGELO, Stella Simões Lopes Machado. Mães Invisíveis: A questão de gênero e da maternidade no cárcere. Disponível em: http://www.oabbuzios.org.br/artigos/artigo-stella.pdf. Acesso em: 12 dez. 2017.

ANGOTTI, Bruna. Entre as Leis da Ciência, do Estado e de Deus: o surgimento dos presídios femininos no Brasil. São Paulo, USP, 2011. Dissertação (Mestrado em Antropologia Social). Faculdade de Filosofia, Letras e Ciências Humanas, São Paulo, 2011.

Disponível em: www.teses.usp.br/teses/.../2011_BrunaSoaresAngottiBatistaDe Andrade_VOrig.pdf. Acesso em: 29 abr. 2018.

ANGOTTI, Bruna. O encarceramento feminino como ampliação da violação de direitos. *In*: Le Monde Diplomatique Brasil. Disponível em: https://diplomatique.org.br/o-encarceramento-feminino-como-ampliacao-da-violacao-de-direitos/. Acesso em: 06 jan. 2018.

ARRUDA, Sande Nascimento de. Sistema Carcerário Brasileiro: A ineficiência, as mazelas e o descaso presentes nos presídios superlotados e esquecidos pelo poder público. *In*: Revista Jurídica. Disponível em: http://revistavisaojuridica.uol.com.br/advogados-leis-jurisprudencia/59/artigo213019-5.asp. Acesso em: 28 ago. 2015.

ARTUR, Ângela Teixeira. As origens do presídio de mulheres do Estado de São Paulo. São Paulo, USP, 2011. Dissertação. Departamento de História da Faculdade de Filosofia, Letrase Ciências, Universidade de São Paulo, São Paulo, 2011. Disponível em: http://www.teses.usp.br/teses/disponiveis/8/8138/tde-31052012-163121/pt-br.php. Acesso em: 29 abr. 2018.

BARATTA, Alessandro. O paradigma do gênero: Da questão criminal à questão humana. Trad. feita por Ana Paula Zomer Sica. *In*: CAMPOS, Carmen Hein de. (org.). Criminologia e Feminismo. Porto Alegre: Sulina, 1999. p. 19-80.

BARCELLOS, Ana Paula de. A eficácia jurídica dos princípios constitucionais: o princípio da dignidade da pessoa humana. Rio de Janeiro: Revan, 2002a.

BARCELLOS, Ana Paula de. O mínimo existencial e algumas fundamentações: John Rawls, Michael Walzer e Robert Alexy. *In*: TORRES, Ricardo Lobo. (org.). Legitimação dos direitos humanos. Rio de Janeiro/São Paulo: Renovar, 2002b. p. 11-49.

BARROSO, Luís Roberto. Da falta de efetividade à judicialização excessiva: direito à saúde, fornecimento gratuito de medicamentos e parâmetros para a atuação judicial. Revista Jurisprudência Mineira, Belo Horizonte, a. 60, n° 188, jan./mar. 2009, p. 29-60.

BOBBIO, Norberto. A era dos direitos. Rio de Janeiro: Elsevier, 2004.

BRASIL. Código Penal de 1940. Disponível em: http://www.planalto.gov.br/ccivil_03/decreto-lei/Del2848compilado.htm. Acesso em: 15 nov. 2015.

BRASIL. Lei n° 7.210, de 11 de julho de 1984. Institui a Lei de Execução Penal. Disponível em: http://www.planalto.gov.br/ccivil_03/LEIS/L7210.htm. Acesso em: 15 nov. 2015.

BRASIL. Constituição da República Federativa do Brasil de 1988. Disponível em: http://www.planalto.gov.br/ccivil_03/constituicao/Constituica oCompilado.htm. Acesso em: 15 nov. 2015.

BRASIL. Decreto n° 1.973, de 1° de agosto de 1996. Promulga a Convenção Interamericana para Prevenir, Punir e Erradicar a Violência contra a Mulher, concluída em Belém do Pará, em 9 de junho de 1994. Disponível em: http://www.planalto.gov.br/ccivil_03/decreto/1996/d1973.ht m. Acesso em: 28 nov. 2017.

BRASIL. Decreto n° 4.377, de 13 de setembro de 2002. Promulga a Convenção sobre a Eliminação de Todas as Formas de Discriminação contra a Mulher, de 1979, e revoga o Decreto no 89.460, de 20 de março de 1984. Disponível em: http://www.planalto.gov.br/ccivil_03/decreto/2002/d4377.ht m. Acesso em: 27 nov. 2017.

BRASIL. Ministério da Saúde. Plano Nacional de Saúde no Sistema Penitenciário / Ministério da Saúde, Secretaria de Atenção à Saúde, Departamento de Ações Programáticas Estratégicas. Brasília : Ministério da Saúde, 2003. Disponível em: bvsms.saude.gov.br/bvs/.../plano_nacional_saude_sistema_pe nitenciario_2ed.pdf. Acesso em: 23 abr. 2018.

BRASIL. Ministério da Saúde. Política nacional de atenção integral à saúde da mulher: princípios e diretrizes / Ministério da Saúde, Secretaria de Atenção à Saúde, Departamento de Ações Programáticas Estratégicas. Brasília: Ministério da Saúde, 2004. Disponível em: http://bvsms.saude.gov.br/bvs/publicacoes/politica_nac_aten

cao_mulher.pdf. Acesso em: 23 abr. 2018.

BRASIL. Ministério da Saúde. Portaria n° 1.459, de 24 de junho de 2011. Institui, no âmbito do Sistema Único de Saúde – SUS, a Rede Cegonha. Disponível em: http://bvsms.saude.gov.br/bvs/saudelegis/gm/2011/prt1459_24_06_2011.html. Acesso em: 12 maio 2018.

BRASIL. Conselho Nacional de Justiça. Cartilha da Mulher Presa. 2. ed. Departamento de Monitoramento e Fiscalização do Sistema Carcerário e do Sistema de Execução de Medidas Socioeducativas. Brasília: Conselho Nacional de Justiça, 2012a. Disponível em: http://www.cnj.jus.br/images/programas/comecar-de-novo/publicacoes/cartilha_da_mulher_presa_1_portugues_4.pdf. Acesso em: 12 maio 2018.

BRASIL. Senado Federal. Comissão Parlamentar Mista de Inquérito da Violência contra Mulher. Relatório com a finalidade de investigar a situação da violência contra a mulher no Brasil e apurar denúncias de omissão por parte do poder público com relação à aplicação de instrumentos instituídos em lei para proteger as mulheres em situação de violência. Jun/2012. Brasília: Senado Federal, 2012b. Disponível em: https://www12.senado.leg.br/institucional/omv/entenda-a-violencia/pdfs/relatorio-final-da-comissao-parlamentar-mista-de-inquerito-sobre-a-violencia-contra-as-mulheres. Acesso em: 11 ago. 2017.

BRASIL. Conselho Nacional de Política Criminal e Penitenciária. Resolução n°- 3, de 1° de junho de 2012c. Dispõe sobre a utilização de algemas na condução de presos e em sua permanência em unidades hospitalares. Disponível em: http://www.justica.gov.br/seus-direitos/politica-penal/cnpcp-1/resolucoes/resolucoes-arquivos-pdf-de-1980-a-2015/resolucao-no-3-de-1o-de-junho-de-2012.pdf. Acesso em: 28 jun. 2018.

BRASIL. Ministério da Saúde. Plano Nacional de Atenção Integral à Saúde das Pessoas Privativa de Liberdade no Sistema Prisional / Ministério da Saúde, Secretaria de Atenção à Saúde, Departamento de Ações Programáticas Estratégicas, Coordenação Nacional de Saúde no Sistema Prisional. Brasília:

Ministério da Saúde, 2014a. Disponível em: http://bvsms.saude.gov.br/bvs/folder/politica_nacional_saude _sistema_prisional.pdf. Acesso em: 23 abr. 2018.

BRASIL. Ministério da Justiça. Plano de Política Nacional de Atenção às Mulheres em Situação de Privação de Liberdade e Egressas do Sistema Prisional. Documento Basilar para a Elaboração da Portaria Interministerial MJ/SPM nº 210/2014b. Disponível em: http://www.justica.gov.br/seus-direitos/politica-penal/politicas-2/mulheres-1/anexos-projeto-mulheres/doc-basilar-politica-nacional-versao-final.pdf. Acesso em: 20 jun. 2018.

BRASIL. Ministério da Saúde. Inclusão das Mulheres Privadas de Liberdade na Rede Cegonha/Ministério da Saúde, Secretaria de Atenção à Saúde, Departamento de Ações Programáticas Estratégicas, Coordenação de Saúde no Sistema Prisional. Brasília: Ministério da Saúde, 2014c. Disponível em: http://dab.saude.gov.br/portaldab/biblioteca.php?conteudo=p ublicacoes/inclusao_mulheres_privacao_liberdade_rede_cegon ha. Acesso em: 23 abr. 2018.

BRASIL. Levantamento nacional de informações penitenciárias: INFOPEN Atualização – junho de 2016. Brasília: Ministério da Justiça e Segurança Pública. Departamento Penitenciário Nacional, 2016a.

BRASIL. Conselho Nacional de Justiça. Regras de Bangkok: Regras das Nações Unidas para o Tratamento de Mulheres Presas e Medidas Não Privativas de Liberdade para Mulheres Infratoras/ Conselho Nacional de Justiça, Departamento de Monitoramento e Fiscalização do Sistema Carcerário e do Sistema de Execução de Medidas Socioeducativas. Brasília: Conselho Nacional de Justiça, 2016b.

BRASIL. STF. SENTENÇA DE TUTELA ANTECIPADA Nº 175, Relator(a): Min. PRESIDENTE, Presidente Min. GILMAR MENDES, julgado em 18/09/2009, publicado em DJe-182 DIVULG 25/09/2009 PUBLIC 28/09/2009 RTJ VOL-00210-03 PP-01227 RDDP n. 81, 2009, p. 161-166.

BRASIL. STF. RECURSO EXTRAORDINÁRIO Nº 592.581 RS,

Relator: Min. RICARDO LEWANDOWSKI, julgado em 18/03/2010, publicado em DJe-059 DIVULG 05/04/2010 PUBLIC 06/04/2010. Disponível em: https://stf.jusbrasil.com.br/jurisprudencia/.../recurso-extraordinario-re-592581-rs-stf. Acesso em: 21 jun. 2018.

BRASIL. STF. RECURSO EXTRAORDINÁRIO Nº 641320 RS, Relator: Min. GILMAR MENDES, julgado em 27/03/2012, publicado em DJe-065 DIVULG 29/03/2012 PUBLIC 30/03/2012. Disponível em: https://stf.jusbrasil.com.br/jurisprudencia/.../recurso-extraordinario-re-641320-rs-stf. Acesso em: 21 jun. 2018.

BRASIL. STF. ADPF: 347 DF – DISTRITO FEDERAL 0003027-77.2015.1.00.0000, Relator: Min. MARCO AURÉLIO, Data de Julgamento: 17/11/2015, Data de Publicação: DJe-237 25/11/2015. Disponível em: https://stf.jusbrasil.com.br/jurisprudencia/310868871/arguicao-de-descumprimento-de-preceito-fundamental-adpf-347-df-distrito-federal-0003027-7720151000000. Acesso em: 21 jun. 2018.

BRASIL. STF. HC-coletivo: 143641/SP, Relator: Min. RICARDO LEWANDOWSKI, Data de Julgamento: 20/02/2018, Segunda Turma, Data de Publicação: DJe nº 33, divulgado em 22/02/2018. Disponível em: www.stf.jus.br/arquivo/cms/noticiaNoticiaStf/anexo/HC143641final3pdfVoto.pdf. Acesso em: 21 jun. 2018.

BRASIL. TJ-SP. HC: 0000875-14.2016.8.26.0000/SP. Relator: Borges Pereira. Data de Julgamento: 22/03/2016, 16ª Câmara de Direito Criminal, Data de Publicação: 28/03/2016. Disponível em: https://tjsp.jusbrasil.com.br/jurisprudencia/322938141/habeas-corpus-hc-8751420168260000-sp-0000875-1420168260000?ref=serp. Acesso em: 15 jun. 2018.

BREUS, Thiago Lima. Políticas Públicas no Estado Constitucional: a problemática da concretização dos Direitos Fundamentais Sociais pela Administração Pública brasileira contemporânea. Dissertação (mestrado) - Universidade Federal do Paraná, Setor de Ciências Jurídicas, Programa de Pós Graduação em Direito. Defesa: Curitiba, 2006. Disponível em:<www.egov.ufsc.br/portal/sites/default/files/anexos/3106 3-34052-1-PB.pdf>. Acesso em: 21 jun. 2018.

CÂMARA DE DEPUTADOS. Três projetos de lei sobre violência obstétrica tramitam em conjunto na Câmara. Disponível em: http://www2.camara.leg.br/camaranoticias/radio/materias/RA DIOAGENCIA/542432-TRES-PROJETOS-DE-LEI-SOBRE-VIOLENCIA-OBSTETRICA-TRAMITAM-EM-CONJUNTO-NA-CAMARA.html. Acesso em: 09 jul. 2018.

CARPINETTI, Alice Moras; ZAMPIERI, Thaís Muniz de Castro. Direito à saúde e acesso à saúde sexual e reprodutivo. *In*: SEVERI, Fabiana Cristina; ZACARIAS, Laysi da Silva. (orgs.). Relatório NAJURP: Direitos Humanos das Mulheres. Ribeirão Preto: FDRP, 2017, p. 146-152.

CERNEKA, Heid Ann. Homens que menstruam: Considerações acerca do sistema prisional às especificidades da Mulher. Belo Horizonte: Veredos do Direito, 2009. v.6.

CLÈVE, Clèmerson Merlin; RECK, Melina Breckenfeld. As ações afirmativas e a efetivação do princípio da igualdade. *In*: Revista de Direito Administrativo e Constitucional. A&C/ano 3/n° 11/jan.-mar. 2003. Belo Horizonte/Curitiba: Fórum/IPDA, 2003, p. 29-35.

COHN, Amélia. O estudo das políticas de saúde: implicações e fatos. *In*: CAMPOS, G. W. S et al. (Org.). Tratado de saúde coletiva. São Paulo: Hucitec, 2012, p. 219-246.

COMISSÃO INTERAMERICANA DE DIREITOS HUMANOS. Convenção interamericana para prevenir, punir e erradicar a violência contra a mulher, "Convenção de Belém do Pará". Disponível em: http://www.cidh.org/Basicos/Portugues/m.Belem.do.Para.ht m. Acesso em: 19 dez. 2017.

CORDEIRO, Suzann. De perto e de dentro: a relação entre o indivíduo-encarcerado e o espaço arquitetônico penitenciário através de lentes de aproximação. Maceió: Edufal, 2009.

CORDEIRO, Suzann. Até quando faremos relicários?: A função social do espaço penitenciário. 2 ed. Maceió: Edufal, 2010.

COSTA, Elaine Cristina Pimentel. Amor Bandido: As teias afetivas que envolvem a mulher no tráfico de drogas. Maceió: Edufal, 2007.

COSTA, Elaine Cristina Pimentel. Enfim, a liberdade: as mulheres e vivência pós-carcere. Recife: Edufal, 2011.

COSTA, Elaine Cristina Pimentel. O grande encarceramento por uma perspectiva de gênero. *In*: ALMEIDA, Luiz Sávio de; COUTINHO, Sérgio; FRANÇA JÚNIOR, Francisco de Assis de. (orgs.). Direito, Sociedade e violência: reflexão sobre Alagoas. Maceió: Edufal, 2015, v. 1. p. 107-130.

CRENSHAW, Kimberle. A Construção jurídica da igualdade e da diferença. *In*: DORA, Denise Dourado. (org.). Feminino Masculino: igualdade e diferença na justiça. Porto Alegre: Sulina, 1997, p. 17-26.

DEL PRIORE, Mary. A mulher na história do Brasil. 4 ed. São Paulo: Contexto, 1994.

DINIZ, Debora. Cadeia: Relato sobre mulheres. Rio de Janeiro: Civilização Brasileira, 2015.

FERRAJOLI, Luigui. Los fundamentos de los derechos fundamentales. Edición de Antonio de Cabo y Gerardo Pisarello. Madrid: Trotta, 2001, p. 19-20. Cópia PUCRS/Biblioteca Central.

FRANÇA JÚNIOR, Francisco de Assis de. Relatório Descritivo do Sistema Carcerário Alagoano: Relatório de Visitas ao Sistema Carcerário Alagoano. Publicado em 04 ago.2014. Disponível em: http://francajunioradv.blogspot.com.br/2014/08/relatorio-descritivo-do-sistema.html. Acesso em: 28 ago. 2015.

FRANÇA JÚNIOR, Francisco de Assis de. Prisões: espaços de desumanização. *In*: ALMEIDA, Luiz Sávio de; COUTINHO, Sérgio; FRANÇA JÚNIOR, Francisco de Assis de. (orgs.). Direito, Sociedade e violência: reflexão sobre Alagoas. Maceió: Edufal, 2015, v. 1. p. 77-105.

GRASER, Alexander. Políticas Orientadas para a Igualdade: um novo conceito em políticas públicas?. *In*: BONAVIDES, Paulo. (dir.). Revista Latino-Americana de estudos constitucionais. Ano 10/n° 12/ nov. 2011. Fortaleza: Demócrito Rocha, 2011, p. 13-46.

INSTITUTO INTERAMERICANO DE DERECHOS HUMANOS. Los derechos humanos de las mujeres: fortaleciendo su promoción y proteción internacional. San José, Costa Rica: Instituto Interamericano de Derechos Humanos, 2004. Disponível em: http://www.iidh.ed.cr/. Acesso em: 13 dez. 2017.

KRELL, Andreas Joachim. Controle judicial dos serviços públicos básicos na base dos Direitos Fundamentais sociais. *In*: SARLET, Ingo Wolfgang. (org.). A Constituição concretizada. Construindo pontes entre o público e o privado. Porto Alegre: Livraria do Advogado, 2000, p. 39-57.

LEAL, Maria do Carmo; AYRES, Barbara Vasques da Silva; ESTEVES-PEREIRA, Ana Paula; SÁNCHEZ, Alexandra Roma; LAROUZÉ, Bernard. Nascer na prisão: gestação e parto atrás das grades no Brasil. *In*: Ciência & Saúde Coletiva, vol. 21, núm. 7, julio, 2016, pp. 2061-2070 Associação Brasileira de Pós-Graduação em Saúde Coletiva Rio de Janeiro, Brasil. Disponível em: http://www.redalyc.org/articulo.oa?id=63046188002. Acesso em: 12 dez. 2017.

LEMGRUBER, Julita. Cemitério dos vivos: análise sociológica de uma prisão de mulheres. 2. ed., Rio de Janeiro: Forense, 1999.

LERMEN, Helena Salgueiro et al. Saúde no cárcere: análise das políticas sociais de saúde voltadas à população prisional brasileira. *In*: Physis Revista de Saúde Coletiva, Rio de Janeiro, 25 [3]: 905-924, 2015.

MENDES, Soraia da Rosa. Criminologia feminista: novos paradigmas. São Paulo: Saraiva, 2014.

OLIVEIRA, Magali Gláucia Fávaro de; SANTOS, André Filipe Pereira Reid dos. Desigualdade de gênero no sistema prisional: considerações acerca das barreiras à realização de visitas e visitas intimas às mulheres encarceradas. *In*: Caderno Espaço Feminino: Uberlândia, 2012. V. 25. Disponível em: http://www.seer.ufu.br/index.php/neguem/article/view/1509 5. Acesso em: 04 jan. 2015.

PENA, Ana Ballesteros; SAMARANCH, Elisabet Almeda. Políticas de igualdad en las cárceles del siglo XXI. Avances, retrocesos y retos en la práctica del encarcelamiento femenino. *In*: Praxis

Sociológica. e-ISSN: 2174-4734 X. ISSN: 1575-08-17. nº 19. 2015, p. 162-186. Revista electrónica del Área de Sociología de la Facultad de Ciencias Jurídicas y Sociales de Toledo, de la Universidad de Castilla-La Mancha. Espanha. Disponível em: www.praxissociologica.es. Acesso em: 12 dez. 2017.

PÉREZ LUÑO, Antonio-Enrique. Los derechos fundamentales. Madrid: Tecnos, 2011.

PIOVESAN, Flávia. Temas de direitos humanos. 3. ed. São Paulo: Saraiva, 2009.

QUEIROZ, Nana. Presos que menstruam: a brutal vida das mulheres tratadas como homens nas prisões brasileiras. Rio de Janeiro: Record, 2015.

RIO DE JANEIRO. LEI Nº 7193 DE 07 DE JANEIRO 2016. Proíbe o uso de algemas em presas ou internas parturientes, na forma que menciona. Disponível em: http://alerjln1.alerj.rj.gov.br/contlei.nsf/e9589b9aabd9cac8032 564fe0065abb4/86788acbde0cd48483257f3400583069?OpenD ocument. Acesso em: 28 nov. 2017.

SANTA RITA, Rosangela Peixoto. Mães e crianças atrás das grades: em questão o princípio da dignidade da pessoa humana. Dissertação de Mestrado Não- Publicada, Curso de Pós-Graduação em Política Social, Universidade de Brasília, Brasília, 2006. Disponível em: http://www.repositorio.unb.br/handle/10482/6377. Acesso em: 06 jan. 2018.

SARLET, Ingo Wolfgang. A eficácia dos direitos fundamentais. 8. ed. Porto Alegre: Livraria do Advogado, 2007.

SARLET, Ingo Wolfgang. Os direitos fundamentais sociais, o direito a uma vida digna (mínimo existencial) e o direito privado: apontamentos sobre a possível eficácia dos direitos sociais nas relações entre particulares. *In*: ALMEIDA FILHO, Agassiz; MELGARÉ, Plínio. (org.). Dignidade da pessoa humana: fundamentos e critérios interpretativos. São Paulo: Malheiros, 2010. cap. 16, p. 375-396.

SARLET, Ingo Wolfgang. Dignidade (da Pessoa) Humana e Direitos Fundamentais na Constituição de 1988. Porto Alegre: Livraria do

Advogado, 2015.

SARMENTO, George. Igualdade de oportunidades e política de cotas. Disponível em: https://georgesarmento.jusbrasil.com.br/artigos/121941977/igualdade-de-oportunidades-e-politica-de-cotas. Acesso em: 26 jun. 2018.

SHIMIZU, Bruno. A problemática dos Direitos Humanos no Sistema Prisional. In: Revista Liberdades. São Paulo, edição n° 24 julho/dezembro de 2017, p. 8-17. Entrevista concedida a Ivan Luís Marques. Publicação do Instituto Brasileiro de Ciências Criminais. Disponível em: http://www.revistaliberdades.org.br/_upload/pdf/29/RevistaLiberdades%2024_01_Entrevista1.pdf. Acesso em: 24 jan. 2018.

SILVA, Tatiane Aguiar Guimarães. O Preso e o Direito Fundamental à Saúde. *In*: Contéudo Jurídico, Brasília-DF: 25 de Janeiro de 2011. Disponível em: http://conteudojuridico.com.br/artigo%2co-preso-e-o-direito-fundamental-a-saude%2c31019.html. Acesso em: 28 ago. 2015.

SOUZA, Mirna Ludmila Lopes Castanha de. et al. O direito a visita íntima das reeducandas: análise sobre a sua concessão, efetividade e possíveis violações. Maceió, 2016, no prelo.

SPRICIGO, Priscila Wieczorek. Visita íntima e ressocialização do preso. Teresina, ano 18, n. 3583, 23 abr. 2013. Disponível em: https://jus.com.br/artigos/24246. Acesso em: 09 fev. 2016.

STRECK, Lênio Luiz. Criminologia e feminismo. *In*: CAMPOS, Carmen Hein de. (org.). Criminologia e Feminismo. Porto Alegre: Sulina, 1999. p. 81-104.

ZAFFARONI, Eugenio Raúl. A Mulher e o Poder Punitivo. *In*: Comitê Latino Americano e do Caribe em Defesa dos Direitos da Mulher (CLADEM). Mulheres: Vigiadas e Castigadas. São Paulo: CLADEM Brasil, 1995.

ZAGO, Lívia Maria Armentano Koenigstein. Violência obstétrica. Disponível em: http://www.migalhas.com.br/dePeso/16,MI269684,31047-Violencia+obstetrica. Acesso em: 28 nov. 2017.

O papel do Judiciário na concretização da política criminal: as audiências de custódia realizadas na 4ª Vara Criminal de Palmeira dos Índios/AL como política criminal de desencarceramento

ISABELLE DA SILVA MENDES[1]

Introdução

As Leis Penais brasileiras atuais existem desde a época imperial, sendo reformuladas na década de 40 e, desde então, permanecem com poucas alterações. De início, tal permanência no tempo poderia levar a crer que estas leis funcionam e são benéficas, por isso permanecem sem grandes alterações. No entanto, estas não apresentam grandes resultados, além de alimentar um sistema penitenciário falido que não recupera, não reeduca e muito menos ressocializa aqueles que, em algum momento, venha a infringir uma dessas leis.

Diante deste cenário de grande abandono e desinteresse do Estado para com aqueles que venham a cometer algum delito e, principalmente, com aqueles que já cometeram algum crime é fundamentalmente importante a criação, concretização e aplicação de uma política criminal que seja eficaz e que a médio ou longo prazo apresente resultados concretos e torne-se um legado para os que vierem posteriormente.

No Brasil, existem projetos do que viria a ser a política criminal, porém o que se questiona é a maneira que esta política seria concretizada no ordenamento jurídico.

É nesse contexto que os olhares se voltam para o judiciário, devendo ser ele o responsável pela concretização e aplicação de uma política criminal eficiente e que venha a favorecer o campo de atuação da Justiça, analisando, nesse sentido, a possibilidade de aplicação de penas alternativas. Não sendo estas possíveis, faz-se importante observar a constitucionalização das penas, o respeito à dignidade humana e uma eficaz política de execução penal, que, de

---

[1] Acadêmica no curso de Direito da Faculdade CESMAC do Sertão, em Palmeira dos Índios/AL. E-mail: mendesisabelle71@gmail.com

fato, consiga obter os resultados esperados após a condenação, todos esses pontos enquadram-se no perfil desejado para uma eficaz Política Criminal.

Nesse contexto, visando os resultados mais benéficos para a o indivíduo é necessário se voltar para as audiências de Custódia, estas que podem ser vistas com uma medida dentro de uma Política Criminal frutífera. Para isso, entenderemos o contexto em que se enquadra a atual Política Criminal brasileira e trazê-la para a realidade da comarca de Palmeira dos Índios. Da quarta Vara Criminal, mais especificamente.

Analisando os dados obtidos por meio de relatórios e colocando-os dentro de um projeto de Política criminal, que em médio prazo poderia ser implantada, a presente pesquisa busca demonstrar, de maneira prática, as vantagens de se utilizar meios alternativos como substitutivos penais, assim como busca questionar a já fixada estrutura do judiciário, propondo meios de adaptação deste para uma realidade atual que constantemente clama por medidas urgentes e eficazes pra se conter o caos que cresce dentro das penitenciárias. Local este, onde o atual sistema judiciário insiste em apontar como recinto de recuperação e ressocialização. No entanto, o atual sistema penitenciário funciona, na prática, como um local unicamente apropriado para a aplicação de castigos, cumprindo, de modo errôneo, apenas uma das funções da pena: a de retribuir o feito negativo.

Com base nessas idéias, buscamos em nossa pesquisa entender a estrutura do judiciário, os motivos que o fazem permanecer engessado em suas decisões e também compreender a utilidade de Políticas Criminais. As audiências de custódias realizadas na Comarca de Palmeira dos Índios são tidas, neste trabalho, como forma de Política Criminal de desencarceramento, uma vez que as decisões tomadas nestas audiências constituem meios alternativos de penas.

1 As consequências da ausência de uma política criminal

Um dos problemas resultante da inexistência de uma política criminal é o caos que se estabeleceu na sociedade. Não somente em termos de caos penitenciário (que, geralmente, é o mais citado), mas um caos social que aumenta significativamente o medo e a insegurança das pessoas.

A violência consome cerca de 10% do PIB nacional, segundo

informações do IPEA (Instituto de Pesquisa Econômica Avançada), investidos em: sistemas eletrônicos, câmeras, sensores, cercas elétricas, segurança, cães, carros blindados, condomínios fechados, isolamento da vizinhança, monitoramento por telefone e equipamentos de localização do tipo GPS (Sistema de Posicionamento Global).

Fatores como os acima mencionados são influenciados pela condição que o indivíduo que comete o delito se encontra na sociedade. Esta que, divide-se visivelmente. Estabelecendo espaços nobres e afastando para a área periférica a grande massa.

O ambiente criminológico dá-se por vários fatores (como descreve os estudos criminológicos) que atenuam as chances do indivíduo ter acesso ao mundo do crime e acabar se envolvendo em alguma situação juridicamente reprovável. Entre tais fatores deve ser levados em consideração: ocupação irregular das áreas periféricas, desemprego, carência cultural, esportiva e de lazer, tudo isso fruto de um descaso estatal para com os moradores dessas regiões.

A política criminal trabalha em cima de dados. Estuda, compreende e busca soluções práticas e eficazes para resolver os problemas. Seja diminuindo a freqüência com que os delitos acontecem, seja propondo meios para que crimes sejam evitados ou, em ultima instância, caberia a esse conjunto de estratégia, que é a política criminal, estudar e propor soluções que visem àqueles que já se encontram detidos. Sendo assim, essa política desempenha (ou deveria desempenhar com maior frequência) um papel fundamental na sociedade, pois ela percorre o antes, durante e depois de uma situação delituosa, seja evitando ou amenizando as penalidades e ofertando uma maior possibilidade de recuperação dos indivíduos envolvidos.

Nesse sentido, o que se questiona é como seria aplicada essa política. Para solucionar tal questionamento entra em cena o poder judiciário, sendo este o responsável, através de suas decisões, por estabelecer e colocar em prática a política criminal que mais se enquadrar na situação que se pretende punir.

2 O papel do judiciário na concretização da política criminal.

O Judiciário brasileiro possui como funções primordiais a aplicação e a concretização das normas constitucionais. A partir de suas decisões serão criadas sumulas e moldar-se-á a jurisprudência do Estado brasileiro. Diante disso, questionam-se os limites que devem ser impostos às decisões do judiciário e a liberdade de atuação que este deve ter para que suas decisões sejam eficazes, imparciais e que surtam efeitos concretos na sociedade.

Para isto é necessário estar atento às decisões tomadas, para que estas não contribuam para o aprofundamento das exclusões sociais e evitar situações propensas à tortura e ao tratamento desumano, além de ter como maior foco a redução da violência e da criminalidade, assegurando digno e igual tratamento para todos.

A aplicação com maior freqüência das penas alternativas em audiências de custódias é um dos meios que pode ser utilizado visando uma maior humanização da pena e evitando um maior número de indivíduos encarcerados. A substituição da pena privativa de liberdade por uma medida alternativa, assim como as decisões em relação às prisões em fragrante que possibilitam a concessão de liberdade, são resultados constatados nas audiências acompanhadas na 4ª Vara Criminal de Palmeira dos Índios. Nesta comarca, as audiências de custódia têm sido uma forma de Política Criminal que vêm produzindo resultados e impactos positivos.

São ações desse tipo que vão, em longo prazo, produzindo grandes efeitos e provocando grandes mudanças. Dessa maneira, visando à concretização da Política Criminal deve-se concentrar nas decisões judiciais, e nos resultados provocados por estas para justificar a eficácia de tal Política. Sendo comprovados os resultados positivos, deve, o judiciário, concretizar em suas decisões a adoção dessas medidas.

2.1 Ações alternativas que auxiliam no processo de concretização da política criminal.

Algumas ações poderiam ser adotadas pelo judiciário no momento em que está proferindo suas sentenças. Tais ações abririam caminhos para que, aos poucos, a Política Criminal fosse ganhando espaço no judiciário e tornando-se um meio inovador e "revolucionário" no processo de aplicação de penas no Brasil.

Os estudiosos na área criminal apontam que as penas alternativas é um meio que pode ser mais frequentemente adotado no ordenamento jurídico, atrelado-a a flexibilização da execução penal e ao respeito aos direitos humanos, dessa forma formar-se-á a base de uma Política Criminal que poderá auxiliar a atual situação do sistema carcerário e configurar relevantes mudanças no judiciário, principalmente no que diz respeito à aplicação das penas.

Neste ponto, o Supremo Tribunal Federal aparece como principal representante do sistema judiciário no que diz respeito às questões constitucionais de tais medidas. Na prática o que acontece é que inúmeras vezes o judiciário profere sentenças ou atua de maneira tão violenta que acaba por ferir os direitos individuais. Quando isso ocorre, o STF é movido a analisar a decisão ou a conduta apontada como inconstitucional e fica a critério deste órgão a reparação por possíveis danos.

Apesar de existir essa terceira instância de poder para que o indivíduo recorra de decisões equivocadas ou cercadas de excessos, na prática muitos processos param ainda em segunda instância. Ficando, dessa maneira, fixado o resultado proferido pelo juiz, dando-se início, em seguida, o cumprimento da pena.

É preciso analisar todo o contexto em que se dá o delito e propor as melhores alternativas de solucioná-no. Como aborda em seu livro SOUZA FILHO, Ademar Borges de. **O Controle de Constitucionalidade de Leis Penais no Brasil**, Belo Horizonte, Editora Fórum, 2019. (p.36):

> Não cabe somente à jurisdição Constitucional promover uma revolução institucional no direito penal brasileiro. Isso está além das capacidades dos juízes e Tribunais constitucionais. Mas incumbe à jurisdição constitucional impedir que o sistema de justiça criminal se desenvolva a margem da Constituição. Esse desafio, contudo, ainda não foi incorporado nem a teoria nem a prática do direito constitucional brasileiro.

Nesse contexto, na perspectiva dos Direitos Humanos trazida por Daniel Sarmento o drama carcerário é a mais grave questão de direitos humanos no Brasil contemporâneo, e o enfrentamento do inferno inconstitucional que é nosso sistema prisional constitui a tarefa mais importante e urgente do STF. Segundo o autor (SARMENTO, DANIEL, Professor Titular de Direito Constitucional da UERJ, apresentação do livro de SOUZA FILHO, Ademar Borges de. O Controle de Constitucionalidade de Leis Penais no Brasil, Belo Horizonte, Editora Fórum, 2019).

> Essa visão pode ser incorporada a outra proposta ainda mais evidente que é esse sistema prisional cruel e desumano que padece de múltiplas e profundas inconstitucionalidades e a superação desse estado de coisas depende, em grande medida, da ativação, pela jurisdição constitucional, de mecanismos de desbloqueio da inércia da falida política criminal praticada no Brasil.

Partindo desse ponto, chegamos à questão chave do presente

artigo: a concretização das políticas criminais pelo Judiciário brasileiro. No presente trabalho, usam-se os resultados de audiências de custódia realizadas na 4ª Vara Criminal de Palmeira dos Índios como proposta de Política Criminal para evitar o excesso punitivo e o encarceramento em massa.

2.2 A relação entre o Legislativo e o Judiciário no que diz respeito à política criminal.

A participação do judiciário na política criminal é diferente das demais formas de participação deste em outras políticas públicas. Para começar, são os juízes os principais executores da política criminal desenhada pelo legislador.

É a união entre as normas criadas pelo Legislativo e a concretização destas pelo Judiciário que determina a eficácia da política criminal que se pretende estabelecer para alcançar determinados objetivos. Essa união é de extrema importância, uma vez que a falta de concordância entre elas dificulta todo o processo de concretização normativa.

Um grande problema enfrentado hoje para se colocar em prática a política criminal é a atuação conservadora dos magistrados. Há uma grande resistência por parte dos juízes em adaptarem o que está previsto em Lei para uma realidade concreta, tomando como base fatos reais e podendo, com a utilização de uma eficaz política criminal, alcançar resultados mais satisfatórios do que os obtidos até então. Para isso, o magistrado deve atuar em constante consonância com o Legislativo, ao mesmo tempo em que possui liberdade hermenêutica para que, a partir de sua interpretação das leis e do que foi apresentado pelas partes, tome decisões independentes e não arbitrárias.

Portanto, vale ressaltar que a Política Criminal é, em grande medida, construída pela interpretação do judiciário. É nesta instância de poder que tanto a interpretação ao direito quanto o controle de constitucionalidade se dá. No primeiro caso (interpretação do direito) o judiciário deve observar e prescrever a lei responsável por reparar determinada conduta tida como errada, assim como se busca (ou deveria buscar) a melhor maneira de aplicar uma Sanção, respeitando sempre o princípio da dignidade da pessoa humana e da individualização da pena. Além disso, no que diz respeito ao controle de constitucionalidade, este também faz parte do rol de responsabilidades do judiciário, uma vez que este é o órgão responsável pela determinação das sanções, sendo, portanto, responsável por manter a estrita relação entre as normas previstas no ordenamento e seu teor constitucional.

A ineficiência da política criminal se dá quando os efeitos aguardados se mostram de maneira reversa. É o que acontece constantemente no Brasil. Os exemplos práticos desse fracasso são visíveis desde o início dos trâmites de um processo criminal. A atividade policial brasileira se baseia fundamentalmente na prisão em flagrante.

A partir de pesquisa realizada pelo IPEA (Instituto de Pesquisa Econômica Avançada) em parceria com o Ministério da Justiça entre os anos de 2011 a 2013, foi possível concluir que a atividade da política judiciária no Brasil se concentra na espera passiva da realização de prisões em flagrante, com baixa realização de atividades ligadas à inteligência policial, como demonstra a pesquisa:

> Depois de analisar a origem dos processos criminais- casos em que houve apresentação de denuncia pelo Ministério Público- em nove Estados da federação, o estudo mostrou que mais da metade (57,6%) dos inquéritos policiais instaurados se iniciaram a partir de prisões em flagrante. A quase totalidade desses inquéritos (89%) indiciou apenas uma pessoa, aquela presa em flagrante. Além disso, na imensa maioria dos casos (73,8%) a polícia não realizou qualquer outra diligência após a prisão em flagrante. A grande maioria das prisões no Brasil decorre de prisões em flagrante, que fazem instaurar inquéritos policiais que contam, em cerca de dois terços dos casos, com a palavra do policial que efetuou a prisão como única fonte de prova.

Além disso, no caso dos delitos envolvendo o tráfico de entorpecentes, 91% das prisões no Brasil são realizadas com a entrada dos policiais nas residências sem autorização judicial, ainda seguindo os dados emitidos pelo Instituto de Pesquisa Econômica Avançada. E mais: a confissão tem um papel central nas investigações policiais, o que está na base da institucionalização da tortura como usual técnica de investigação.

É nesse contexto de tortura que, mais uma vez, a política criminal brasileira falha de maneira grotesca e para solucionar problemas desse tipo, cabe ao judiciário em suas decisões fazer uso da Política Criminal e solucionar, de modo eficiente, a situação delituosa que a este órgão se apresente.

3 Dados colhidos nas audiências de custódia realizadas na 4ª

Vara Criminal da Comarca de Palmeira dos Índios/AL no período de 02 de maio a 21 de novembro

No período de 02 de maio a 21 de novembro de 2019 foram selecionados trinta e três resultados de audiências de custódia para se fazerem presentes neste artigo. Os casos tratam de prisões em flagrante que, após passarem pela audiência de custódia, obtiveram resultados variados. É com base nesses resultados que é feita a análise do impacto dessas audiências no que diz respeito ao número de prisões, assim como ao uso de medidas cautelares como política criminal de desencarceramento.

Vale ressaltar que a presente pesquisa se deu em torno das audiências de custódia que aconteceram na Comarca de Palmeira dos Índios, perante a Vara competente para tratar dessa matéria: a 4ª Vara Criminal, da qual, para além da cidade de Palmeira dos Índios, tem a cidade de Estrela de Alagoas como termo.

Gráfico 1 - Análise das prisões em flagrante realizadas na Comarca de Palmeira dos Índios no período de maio a novembro (exemplos analisados neste trabalho):

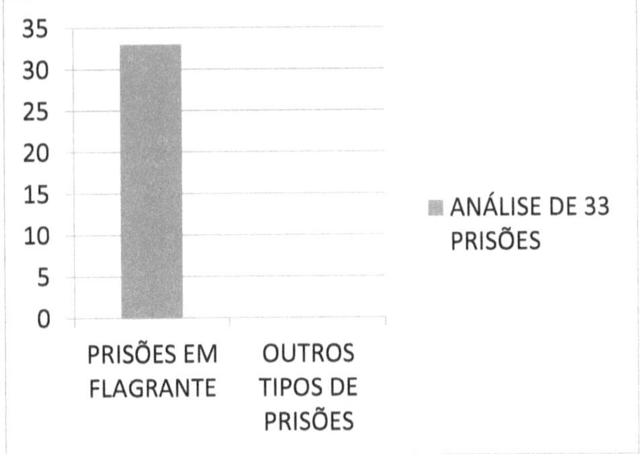

Foram analisadas trinta e três prisões realizadas pela Polícia Civil do Estado de Alagoas, destas (como se verifica no gráfico) houve uma unanimidade de prisões em flagrante, sendo algumas delas durante a audiência de custódia convertida em preventiva pelo Juízo.

Todas as prisões analisadas preencheram os requisitos legais e respeitaram as garantias constitucionais, razão pela qual foram devidamente homologadas. Em relação aos 33 (trinta e três) autos de prisão em flagrante, o juízo, com fundamento no Art. 310 do Código de Processo Penal, ao receber, tomou os seguintes entendimentos:

De início, imperioso ressaltar que o art. 310 do CPP reúne as medidas pelas quais o Magistrado pode seguir quando do recebimento do auto de prisão em flagrante. Em seu inciso I, trata do relaxamento da prisão, o que ocorre quando da existência de ilegalidade, ou seja, a prisão em flagrante desrespeitou os direitos e/ou garantias previamente dispostos em lei.

Já o inciso II dispõe acerca da conversão em prisão preventiva, cuja aplicação depende da presença do *periculum libertatis*, a partir da necessidade de garantia da ordem pública, ordem econômica, por conveniência da instrução criminal ou para assegurar a aplicação da lei penal. Além disso, precisa também estar presente o *fumus commissi delicti*, diante da existência de indícios suficientes de autoria e prova da materialidade (existência do crime), bem como haver fundamento quanto à inadequação ou insuficiência das medidas cautelares diversas da prisão, pois, caso contrário, não poderá optar pela prisão.

O inciso III, por fim, envolve a concessão de liberdade provisória, ou seja, entende-se pela soltura do autuado, o que poderá ser mediante pagamento de fiança ou não.

Dos trinta e três casos analisados entre os meses de maio a novembro foram obtidos os seguintes resultados:

Conversão da prisão em flagrante em preventiva:

Em 7 (sete) casos;

Concessão da liberdade provisória sem fiança:

Em 2 (dois) casos;

Concessão da liberdade provisória mediante o pagamento de fiança:

Em 1 (um) caso;

Revogação da prisão em flagrante:

Em 5 (cinco) casos a prisão foi revogada e medidas cautelares foram aplicadas;

Liberdades provisórias com aplicação de medida cautelar:

Em 9 (nove) casos a liberdade provisória foi concedida e medidas cautelares aplicadas.

Gráfico 2 - Análise das prisões realizadas na Comarca de Palmeira dos Índios após a realização de audiências de custódia na 4ª Vara Criminal desta cidade.

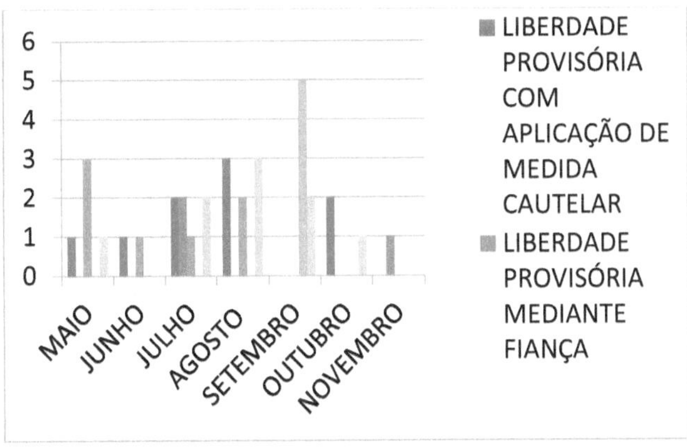

Repreende-se o resultado da aplicação de medidas adversas da prisão. Resultado este que impulsiona a idéia de que é possível, dentro dos parâmetros legais, substituir a pena privativa de liberdade por outras que possam punir o réu pelo delito cometido sem que se dê continuidade à idéia de que a superlotação de presídios é sinônima de justiça. Tal idéia, por mais medieval que pareça, ainda sobrevive dentro dos Tribunais.

Com base nessa idéia, questiona-se o papel do judiciário na concretização da Política Criminal, sendo este órgão o responsável pela aplicação das normas penais, estas que, uma vez aplicadas aos casos concretos, tendem a se perpetuarem em outras decisões. Desta maneira, se o judiciário se flexibilizar e passar a adotar medidas cautelares em suas decisões (respeitando os fundamentos legais) é possível que, em longo prazo, tal conduta seja adotada pelo ordenamento jurídico brasileiro e passe a vigorar com maior frequência.

Assim, sob o ponto de vista da Política Criminal, seria as medidas cautelares uma grande aposta para o desencarceramento em massa, uma vez que, como demonstrado na presente pesquisa, tal alternativa apresenta um bom número de liberdades provisórias o que constitui um resultado positivo frente ao número de prisões mantidas, estas que sob a ótica da Política Criminal não é o ideal para a sociedade.

Gráfico 3-Audiências de Custódia realizadas na Comarca de Palmeira dos Índios durante o período de maio a

novembro de 2019:

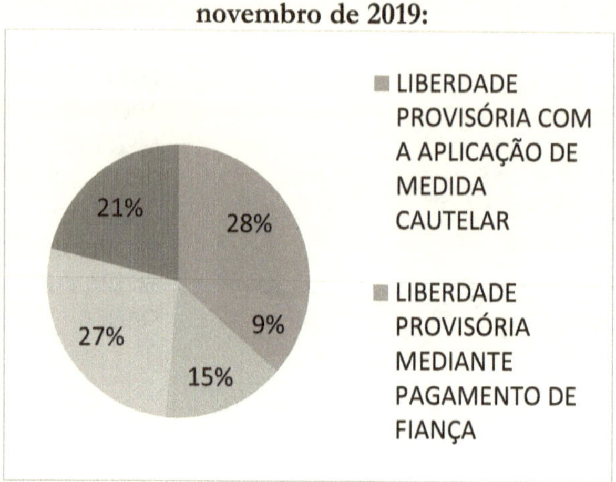

Sendo estes os resultados finais, no que diz respeito à liberdade provisória, observa-se que mais da metade das audiências trouxeram um resultado positivo para os réus, uma vez que estes tiveram a liberdade concedida. Sendo, na maioria dos casos analisados, aplicado medidas cautelares como substituto penal.

Como se pode constatar, mais da metade das prisões em flagrante, após a audiência de custódia, resultaram em liberdade provisória. Algumas destas mediante o pagamento de fiança e a maioria com a aplicação de medida cautelar.

4 Proposta de regularização das medidas cautelares pelo Legislativo e a aplicação pelo Judiciário como política criminal de desencarceramento.

Foi aprovada no plenário do Senado a Emenda Constitucional que visa regulamentar as audiências de custódia, uma vez que, estas não possuem uma regulamentação legal, sendo aplicadas a critério da Comarca em que o delito ocorra. Agora cabe à Câmara dos deputados votar a favor ou contra a emenda. Vale ressaltar que a proposta de Emenda à Constituição partiu do Senador Antônio Carlos Valadares do PSB/SE, assim formulou a Ementa:

> Altera o § 1º do art. 306 do Decreto-Lei nº 3.689, de 3 de outubro de 1941 (Código de Processo Penal), para determinar o prazo de vinte e quatro horas para a apresentação do preso à autoridade judicial, após efetivada sua prisão em flagrante.

A explicação para tanto se dá da seguinte maneira:

> Altera o §1º do artigo 306 do Decreto-Lei nº 3.689, de 3 de outubro de 1941 (Código de Processo Penal) para dispor que no prazo máximo de vinte e quatro horas após a realização da prisão, o preso deverá ser conduzido à presença do juiz competente, juntamente com o auto de prisão em flagrante, acompanhado das oitivas colhidas e, caso o autuado não informe o nome de seu advogado, cópia integral para a Defensoria Pública.

Dessa maneira, ao ser aprovada a Emenda organizaria as audiências de custódia, estas que passariam a ser obrigatórias, assegurando ao indivíduo os seus direitos fundamentais, assim como reforçaria o princípio do devido processo legal, este que, assim como aquele, têm sido inúmeras vezes violados.

A regulamentação poderá fazer com que os presos em flagrante tenham a legalidade de sua prisão analisada e a possibilidade da liberdade provisória. Segundo dados fornecidos pelo levantamento feito pelo DEPEN (Departamento Penitenciário Nacional) hoje a população carcerária brasileira está em torno de 726 mil presos, destes cerca de 40% ainda não tiveram sequer uma audiência com um juiz. Diante disso, fica evidente a urgência que se tem pela decisão do Legislativo em regularizar as audiências de custódia, sendo estas responsáveis por grande parte das liberdades provisória e pelo desencarceramento, este que se faz urgente no Brasil.

Assim, como mencionado no início deste artigo, cabe ao judiciário a concretização de Políticas Criminais. Sendo assim, uma vez que se torne concreta a idéia de que as audiências de custódia são uma espécie dessa Política (voltada ao desencarceramento), logo a concretização destas deve se dá através desse órgão.

Sendo aprovada a proposta de emenda a constituição, cabe ao Judiciário a aplicação desta, além disso, as decisões judiciais que, posteriormente, venham a fazer parte da jurisprudência servirão de norte para outras decisões semelhantes, pois, o entendimento jurídico é de grande importância não somente para o processo em que este se fez presente em dado momento, mas para os outros que tenham na jurisprudência uma de suas fontes de Fundamentação.

Segundo Ademar Borges no esteio de suas lições demonstra a íntima relação que existe entre o Legislativo e o Judiciário no que diz respeito à formulação e concretização da Política Criminal. Segundo o autor:

> O desenho institucional da política criminal é dado pelo legislador,

> a sua concretização pelos juízes não é tarefa de simples execução. O componente criativo presente no momento da interpretação e aplicação das normas penais é amplíssimo, fazendo do Judiciário uma engrenagem fundamental do próprio conteúdo da política criminal concretamente praticado no país. Essa coautoria do Judiciário na concretização da Política Criminal se torna especialmente relevante na medida em que se considera o dever imputado aos juízes de interpretar as normas penais conforme a Constituição. Esse esforço- em parte realizado pela doutrina e pela jurisprudência, ainda que insuficientemente- de adaptar o direito penal às exigências impostas pela Constituição de 1988 tem produzido significativo impacto no funcionamento real do sistema de justiça criminal (p.43, 2019)

Apesar de existir uma estreita relação entre o legislador e o juiz que aplicará a pena por esse pensada, o papel do juiz nesta aplicação é mais complexo do que se imagina. Ao interpretar uma lei o magistrado deve tomar o cuidado de não exceder o que a lei prevê ao mesmo tempo em que se deve tomar o cuidado de não aplicar a norma a margem da constituição. Dessa maneira também acontece com a aplicação da Política Criminal. Ainda que criada pelo legislador, cabe ao juiz concretizá-la e tal concretização não se dá de maneira simples.

Com o engessamento jurídico que perdura desde a criação do Código Penal, em 1940, dificilmente se vê propostas de alteração desse Código, ainda que recentemente a aprovação do conjunto de medidas do atual Ministro da Justiça, Sergio Moro, tenha acrescentando e alterado alguns pontos do Código Penal, pouco foi alterado durante os últimos anos. Dessa maneira, vale ressaltar que pouco se muda também das condutas judiciais, estas que, na grande maioria de suas decisões, firmam-se unicamente nas leis, deixando de lado alternativas que caberiam aos casos e que, se utilizadas, poderiam proporcionar grandes benefícios para os indivíduos que está respondendo a algum processo na esfera criminal.

A inspiração de usar a possibilidade de interpretar a lei em favor de uma Política Criminal eficiente é defendida por Ademar Borges quando este afirma que:

> "A participação do Judiciário na política criminal é substancialmente diversa daquela usualmente verificada nas políticas públicas em geral. Para começar, são os juízes os principais executores da política criminal desenhada pelo legislador. Essa circunstância não pode ser subdimensionada, na medida em que juízes são executores particularmente criativos: a interpretação das normas penais

contribui enormemente para a definição do próprio conteúdo da política criminal. Os juízes são, portanto, os principais atores da execução da política criminal." (p.40 e 41, 2019)

Como já mencionado em parágrafo anterior, são os magistrados os responsáveis pela concretização da Política Criminal, ainda que a criação desta dependa do legislativo, a aplicação e concretização estão diretamente relacionadas ao Judiciário, devendo este órgão empenhar-se para tanto.

Nesse sentido, as audiências de custódia aqui apresentadas como proposta de Política Criminal de desencarceramento mostram-se como um excelente exemplo nesse sentido. Pois, após a aprovação no Legislativo, cabe a Comarca adotar o uso de medidas alternativas em substituição a custódia cautelar, que inúmeras vezes sequer resulta em prisão após julgamento e sentença.

O que se nota após a análise das audiências de custódia realizada na Comarca de Palmeira dos Índios é que o número de prisões que deixam de acontecer (pois são desnecessárias) é considerável. Mais da metade das audiências realizadas (das que foram analisadas para o presente trabalho) resultaram em liberdade provisória, com ou sem fiança e medidas cautelares. Tal resultado segue um destino contrário ao aditamento da cultura do encarceramento, esta que vigora na sociedade brasileira e cria a falsa idéia de que tudo que apresenta algum risco ou que vá de encontro com os ideais sociais deva ser punido com a prisão daquele que praticou o ilícito. Segundo o autor anteriormente citado:

> "Se o Brasil hoje enfrenta uma grave crise de superpopulação carcerária é porque, de um lado, o legislador tem apostado em reformas que, em geral. Intensificam as sanções criminais, e, de outro, porque os juízes brasileiros têm aplicado a lei de modo a privilegiar a pena de prisão como sansão definitiva e a prisão preventiva como medida cautelar. Mesmo quando o legislador modifica a lei com o objetivo de reduzir a população carcerária- como ocorreu com a recente criação de medidas cautelares alternativas a prisão preventiva-, a resistência dos juízes em substituir a persistente cultura do encarceramento tem impedido a concretização dos objetivos que informaram a criação da política pública." (p.41e 42, 2019):

Como mencionado pelo autor e já constatado ao decorrer das pesquisas a questão da cultura do encarceramento é um sério problema enfrentado no Brasil. O índice de encarceramento insiste em crescer. No entanto, os resultados constatados nas Comarcas que adotaram as medidas cautelares durante as audiências de custódia são animadoras, pois o número de prisões após essas audiências diminuiu consideravelmente. Se a proporção permanecer assim, em longo prazo teremos um índice consideravelmente menor de indivíduos encarcerados.

Assim, pode-se apontar como medida contrária ao encarceramento as medidas cautelares aplicadas nas audiências de custódia, sendo, portanto, uma maneira eficaz de Política Criminal que, se legitimada e regularizada por meio de lei pelo Legislativo e efetivamente aplicada pelo judiciário, será uma das responsáveis pela diminuição na curva do encarceramento no Brasil, assim como uma forma de concretizar a justiça, esta que muitas vezes é a segunda opção do aplicador do direito, ficando atrás do conservadorismo que teima em prevalecer nas leis e na concretização destas pelo Judiciário brasileiro.

Considerações finais

Diante do que foi apresentado pelo presente estudo, registra-se a necessidade de adoção de medidas na área penal para conter a crescente cultura do encarceramento. Medidas estas que devem partir de uma integração entre o Legislativo e o Judiciário, estes que, respectivamente, criam e aplicam as Leis e medidas que tendem a solucionar o que se encontra em desacordo na sociedade.

Dessa maneira, ao analisar os resultados obtidos por meio das audiências de custódia que aconteceram na Comarca de Palmeira dos Índios surge uma tendência positiva em relação à aplicação dessa forma de substitutivo penal, uma vez que mais da metade dos resultados analisados são contrários a manutenção da custódia cautelar, optando pela liberdade provisória e a aplicação de medidas cautelares.

Assim, tendo as audiências de custódia como uma forma de Política Criminal de desencarceramento e de garantia dos direitos fundamentais dos indivíduos que cometem algum tipo de ilícito, é notória a necessidade de regularizar esse mecanismo de justiça e de concretizá-lo no ordenamento jurídico.

Afinal, enrijecer as normas, aumentar a quantidade de pena, lançar novas formas de punição só demonstram a insegurança social que existe quanto ao sistema de justiça. Para solucionar essa insegurança que cresce a cada dia é necessário entender as motivações para o medo social no que diz respeito à criminalidade, entender o que está por trás dos crimes que foram cometidos e trabalhar uma solução.

Isto é papel da criminologia. Enquanto Política criminal caberia assegurar que as normas já existentes sejam revista, avaliadas e visto se estas ainda atendem satisfatoriamente à demanda social, caso não, devem-se propor Projetos de Leis novas, não leis que sejam absurdamente rígidas, mas leis que sejam eficazes. Uma vez que, o problema da criminalidade no Brasil e da violência brasileira é de caráter social e está longe de ser resolvido apenas com medidas de caráter repressivo.

Referências

AGÊNCIA SENADO, Senado aprova regulamentação de audiência de custódia, consulta feita em 20/12/2019;

AGUIAR, Roberto. Cidadania e segurança. Superando o desafio, Brasília, Conselho Federal da OAB, 2000.

COSTA, Arthur Trindade Maranhão, JUNIOR, Almir de Oliveira, Novos padrões de investigação policial no Brasil, volume 31, Nº 1, Sociedade estado, Brasília, Janeiro 2016.

DEPEN (Departamento Penitenciário Nacional), dados presentes no Levantamento Nacional de Informações Penitenciárias feito em junho de 2016, disponível em http://depen.gov.br/DEPEN/noticias-1/noticias/infopen-levantamento-nacional-deinformacoes-penitenciarias-2016/relatorio_2016_22111.pdf, acesso em 15 de novembro de 2019, às 18:27.

IPEA, dados presentes no artigo de XAVIER, LAERCIO NORONHA disponível em https://diariodonordeste.verdesmares.com.br/editorias/2.804/politicas-publicas-deseguranca-urbana-1.466156, acesso em 27 de novembro de 2019, às 19:30.

Ministério da Justiça e Segurança Pública, Departamento Penitenciário Nacional, Levantamento Nacional de Informações Penitenciárias, Atualização Junho de 2016, Brasília/DF, 2017, acesso em 27 de novembro de 2019, às 19:20h.

SARMENTO, DANIEL, Professor Titular de Direito Constitucional da UERJ, apresentação do livro de SOUZA

FILHO, Ademar Borges de. O Controle de Constitucionalidade de Leis Penais no Brasil, Belo Horizonte, Editora Fórum, 2019.

SOUZA FILHO, Ademar Borges de. O Controle de Constitucionalidade de Leis Penais no Brasil, Belo Horizonte, Editora Fórum, 2019.

XAVIER, Laércio Noronha, Políticas Públicas de Segurança Urbana, 17 de Fevereiro de 2007, Artigo disponível em: Diário do Nordeste, Acesso em 16 de novembro de 2019.

Desconstruindo mitos: a polêmica 17ª Vara Criminal de Alagoas (ou muita fumaça para pouco fogo)

THIAGO MOTA DE MORAES[1]

1 Pequeno escorço do problema

Em princípio, apenas para ambientar nosso estudo, cumpre mencionar que desde fevereiro de 2014 (dois mil e quatorze), o Estado de Alagoas vem passando por um momento de intenso debate (jurídico e social) acerca de um projeto de Lei Estadual que tenciona reformatar uma vara com competência para "processar e julgar os crimes praticados por organização criminosa" (até aí, nada demais).

Nesta intelecção, resta trazer de logo à tona que a referida unidade jurisdicional existe desde 2007 (dois mil e sete), e foi regulamentada por outra Lei Estadual (6.806/07), objeto de uma Ação Direta de Inconstitucionalidade junto ao Supremo Tribunal Federal (ADI 4.414/AL).

Em síntese apertada, pois, objetivava o malfado diploma legal estadual, em observância a uma recomendação originalmente publicada pelo Conselho Nacional de Justiça (CNJ), criar, no Poder Judiciário Estadual de Alagoas, uma unidade jurisdicional coletiva (de 1º grau) para o julgamento de crimes (supostamente) praticados por organizações criminosas.

De original, pois, regulamentava a instituição de um juízo formado por 5 (cinco) magistrados, atuantes na instância de piso, que teria competência para julgar qualquer ilícito praticado em todo o território de Alagoas que versasse sobre crime organizado.

Ocorre que, em março de 2007 (dois mil e sete), quando a supramencionada lei (alagoana) entrou em vigor, os crimes praticados por organizações criminosas, no âmbito federal, eram apenas regulados pela Convenção de Palermo[2] e pela lei 9.034/95

---

[1] Mestre em Teoria e Dogmática do Direito pela Universidade Federal de Pernambuco (UFPE), Professor de Direito Penal e Processual Penal do Centro Universitário CESMAC. É Advogado Criminalista, associado ao Instituto Brasileiro de Direito Processual Penal (IBRASPP) e ao Instituto Brasileiro de Ciências Criminais (IBCCRIM). O presente artigo foi originalmente publicado em: https://emporiododireito.com.br/leitura/desconstruindo-mitos-a-polemica-17-vara-criminal-de-alagoas-ou-muita-fumaca-para-pouco-fogo

[2] Convenção das Nações Unidas contra o Crime Organizado Transnacional

"

que, com uma amplitude abissal, descreviam como grupo criminoso organizado aquele cuja estrutura fosse formada por "[...] três ou mais pessoas, existente há algum tempo e atuando concertadamente com o propósito de cometer uma ou mais infrações graves ou enunciadas [naquela] Convenção, com a intenção de obter, direta ou indiretamente, um benefício econômico ou outro benefício material".

Indubitavelmente, pois, tal regulamentação deprecava a edição de novo diploma legal, com um conceito mais restrito, mais inteligível, principalmente em decorrência do princípio da taxatividade penal (*nullum crimen, nulla poena sine lege certa*).

Alheios à essa discussão, o Poder Judiciário, a Assembleia Legislativa e o Governo do Estado de Alagoas (em 2007) fizeram aprovar (com uma celeridade nunca antes vista) uma Lei (de âmbito estadual), regulamentando tal unidade jurisdicional com a finalidade de processar e julgar crimes praticados pelas supostas "organizações criminosas".

Apenas para se ter uma ideia, defendia a respectiva lei a possibilidade daquela unidade jurisdicional: a) impor sigilo absoluto (como regra) a todas as demandas em curso naquela vara (independentemente de análise de conveniência/necessidade); b) delegar atos de instrução (ou execução) a outras unidades jurisdicionais de mesmo grau; c) decidir casos urgentes, impondo medidas inclusive segregativas, mesmo quando não fossem competentes para tal, remetendo, logo em seguida, ao juízo respectivo; d) avocar procedimentos já em curso em outras varas, prévios à regulamentação da referida lei; entre outros.

Mas nada era mais alegórico do que a definição, por meio de lei estadual, do que seria "crime organizado" (com conceito diverso do que exposto na legislação federal afeta à espécie), a mitigação da competência constitucional do Tribunal do Júri em favor da referida vara, e a designação aleatória dos magistrados que integrariam o referido juízo, por simples escolha (discricionária) pelo Presidente do Tribunal de Justiça, ouvido o Pleno (para mandatos bienais).

Enfim, o enredo que já era substancialmente esperado teve o resultado óbvio: o Supremo Tribunal Federal julgou procedente em parte a demanda presente na ADI 4.414/AL para, nas precisas palavras do Min. LUIZ FUX (relator), declarar a

---

(Decreto Federal nº 5.015, de 12 de março de 2004).

inconstitucionalidade de inúmeros dispositivos da referida lei, bem como a nulidade, com redução de texto, de alguns outros e conferir interpretação conforme à Constituição no que restou.

Por óbvio, a norma estadual atentara contra a Constituição, porque permitia (principalmente) a nomeação de magistrado para a titularidade de Vara por meio de simples indicação e nomeação, de forma política, pelo Presidente do Tribunal, com a aprovação do Pleno (afastando-se os critérios constitucionais e dando margem a um paulatino enfraquecimento da instituição). Esse desvio antijurídico foi devidamente combatido pelo Supremo Tribunal Federal, no exercício de sua função de guarda da Carta Magna, de nossa *Lex legum*.

Não há como se negar, pois, que para que se cumprisse o comando constitucional do juiz natural, inserto no art. 5°, LIII e XXXVII, seria necessário, nas precisas palavras de FERRAJOLI, cujos ensinamentos se invocam, excluir "qualquer escolha *post factum* do juiz ou colegiado a que as causas são confiadas", de modo a se afastar o "perigo de prejudiciais condicionamentos dos processos através da designação hierárquica dos magistrados competentes para apreciá-los".[3]

Mais a mais, na referida ADI (4.414/AL), o Supremo Tribunal Federal foi além, e tornou ainda mais claro o (que já era) evidente: por se tratar de questão procedimental, a fonte normativa legítima para a regulamentação de órgão jurisdicional colegiado (de primeiro grau) seria a União (art. 24, XI da CF), a quem se reservaria, nas matérias de <u>competência concorrente</u>, a edição de normas gerais, enquanto ao ente federativo estadual, portanto, só haveria disponibilidade para legislar, na hipótese de omissão ou para "suplementar" o édito federal (resguardas as peculiaridades regionais que fizessem necessárias normatividades complementares, mas não contrárias à legislação federal).

Por isso, conforme precedentes do próprio Pretório Excelso, "ao conceder-se aos entes federados o poder de regular o procedimento de uma matéria [competência concorrente], baseando-se em peculiaridades próprias, está a possibilitar-se que novas e exitosas experiências sejam formuladas. Os Estados passam a ser partícipes importantes no desenvolvimento do direito nacional e a atuar

---

[3] FERRAJOLI, Luigi. **Derecho y Razón**: Teoría del Garantismo Penal (Prólogo de Norberto Bobbio). Madrid: Editorial Trotta, 1995, p. 545.

ativamente na construção de possíveis experiências que poderão ser adotadas por outros entes ou em todo território federal"[4].

Entretanto, tal poder regulatório não é ilimitado; na lição do Ministro do Supremo Tribunal Federal, Gilmar Mendes[5], os Estados-membros e o Distrito Federal podem exercer, com relação às normas gerais, competência meramente suplementar, ou seja, para "preencher claros", "suprir lacunas".

Por isso, quão nítida a lição por ele ressalvada, de que "não há falar em preenchimento de lacuna, quando o que os Estados ou o Distrito Federal fazem é transgredir lei federal já existente [grifos nossos]"[6], afirmando ainda que, *in verbis*:

> Na falta completa da lei com normas gerais, o Estado pode legislar amplamente, suprindo a inexistência do diploma federal. [Nada obstante,] se a União vier a editar a norma geral faltante, fica suspensa a eficácia da lei estadual, no que contrariar o alvitre federal. Opera-se, então, um bloqueio de competência, uma vez que o Estado não mais poderá legislar sobre normas gerais, como lhe era dado até ali. Caberá ao Estado, depois disso, minudenciar a legislação expedida pelo Congresso Nacional [grifos nossos].

É o mesmo que afirma o mestre JOSÉ AFONSO DA SILVA[7], para quem a inexistência de lei federal em matéria de competência concorrente autorizaria os Estados a exercer a "competência legislativa plena, para atender a suas peculiaridades", mas a "superveniência de lei federal sobre normas gerais suspende a eficácia da lei estadual, no que lhe for contrário".

In claris cessat interpretatio.

Sem dúvida, até a data do julgamento daquela ação concentrada perante o Supremo, havia evidente lacuna na legislação federal. Por isso, pertinente a advertência do Ministro FUX, na fundamentação da ADI 4.414 de que, já que a União, que teria o "dever, imposto pela Constituição, de velar pela independência judicial, em matéria de organizações criminosas", deixou transcorrer *in albis* tal imperioso normativo, poderiam então os Estados, eventualmente,

---

[4] STF - ADI 2.922, rel. min. Gilmar Mendes, julgamento em 3-4-2014, Plenário, DJE de 30-10-2014.

[5] MENDES, Gilmar Ferreira; BRANCO, Paulo Gustavo Gonet. **Curso de Direito Constitucional**. 9. ed. rev. e atual. São Paulo: Saraiva, 2014.

[6] MENDES; BRANCO, **Curso de Direito Constitucional**, op. cit., p. 884.

[7] SILVA, José Afonso da. **Comentário Contextual à Constituição**. 9ª ed. São Paulo: Malheiros, 2014, p. 281.

suprir tal lacuna, já que a "a composição colegiada do órgão jurisdicional [seria] fator que desestimula e dificulta a ação de meliantes, dando conforto e segurança aos componentes do juízo para decidir de acordo com o direito".

Entretanto, apenas 54 (cinquenta e quatro) dias depois do julgamento da REFERIDA Ação Declaratória de Inconstitucionalidade, o Congresso Nacional fez editar (finalmente) a lei 12.694, isto em 24 (vinte e quatro) de julho do ano de 2012 (dois mil e doze). Tal diploma legal dispôs, de forma taxativa, "sobre o processo e o julgamento colegiado em primeiro grau de jurisdição de crimes praticados por organizações criminosa", fazendo cessar a anterior omissão mencionada na ADI 4.414/AL.

Isto é, o referido permissivo normativo que antes, autorizava o Estado de Alagoas, segundo decidiu o Supremo Tribunal Federal, a editar norma procedimental instituindo de forma primária, um órgão colegiado para os fins atinentes na lei, deixou de existir com a entrada em vigor da respectiva lei federal.

A partir daquela data, 24 (vinte e quatro) de julho de 2012[8], a Lei do Estado de Alagoas, de número 6.806/07, que apesar de inúmeras irregularidades tinha sido declarada constitucional (ADI 4.414/AL) exatamente no ponto em que disciplinava matéria concernente à competência concorrente (para formação de um juízo coletivo de primeiro grau), em razão do hiato de regulamentação pelo Congresso Nacional, obtivera, neste particular, sua eficácia suspensa, perdendo sua aplicabilidade[9], graças à superveniência do referido "bloqueio de competência".[10]

Curiosamente, e aqui reitero o receio que temos na bondade dos bons, ao contrário do que pareceria razoável, mesmo depois do julgamento da ADI 4.414/AL e da entrada em vigor da Lei 12.694/12, a 17ª Vara Criminal da Comarca da Capital de Alagoas (já mencionada) continuou em pleno "funcionamento"; foram recebidos novos processos, determinadas medidas cautelares segregativas e/ou cerceadoras de direitos fundamentais, bem como sentenças condenatórias foram impostas.

Mas não foi só, o Tribunal de Justiça do Estado de Alagoas, com

---

[8] Apesar de sua publicação ter sido no dia 24 (vinte e quatro) de julho de 2012, ela só entrou em vigor em 22 (vinte e dois) de outubro de 2012. Ainda assim, já servia de indicativo, de prisma a ser observado.

[9] SILVA, **Comentário Contextual à Constituição**, op. cit., p. 281.

[10] MENDES; BRANCO, **Curso de Direito Constitucional**, op. cit., p. 885.

fito de dar legitimidade ao contínuo das atividades da unidade jurisdicional referida, editou inclusive uma Portaria, isto em 13 julho de 2012 (dois mil e doze), ré-designando, frise-se, aleatoriamente, os mesmos cinco juízes até então responsáveis pela referida unidade jurisdicional, para atuar precariamente naquele juízo, até "[...] que os cargos de juízes titulares [...] fossem efetivamente criados", utilizando-se de uma construção jurídica neologística de "juízes substitutos temporários" (*apenas para informação, tal situação ainda perdura até hoje*).

Independentemente de qualquer discussão sobre a possibilidade jurídica do Colendo Tribunal Alagoano proceder daquela forma, a partir do fatídico 24 (vinte e quatro) de julho de 2012 (ou 22 de outubro[11]), sequer por meio de Lei poderia o Estado de Alagoas tratar da referida matéria transgredindo a Lei federal já existente (12.694/12); ocorre que tal situação jurídica peculiar curiosamente perenizou-se.

2 A nova lei estadual: síndrome do "eu continuo a mesma, mas os meus cabelos"

É daí que nossa problemática se "inicia": em fevereiro de 2014 (dois mil e quatorze), empós ter sido tornado público um *decisum* proferido pelo STF no Recurso Extraordinário de número 667442/AL, julgado em 20 (vinte) de junho de 2013 (dois mil e treze), que teve a Relatoria do Ministro RICARDO LEWANDOWSKI (hoje Presidente do STF), em que se decidiu, *in verbis*, que o referido juízo seria manifestamente incompetente (*ratione materiae*) e, declarados nulos, *incidenter tantum*, todos os atos decisórios emanados da referida vara coletiva[12], finalmente, encaminhou-se um anteprojeto de lei à Assembleia Legislativa Alagoana com fim de "resolver", de uma vez por todas, tal imbróglio.

No entanto, com o posterior conhecimento do conteúdo do referido projeto de diploma legal estadual, verificou-se que a respectiva "anomia" jurídica encontrar-se-ia longe (muito longe) de

---

[11] Ver nota de n. 42.

[12] Isto porque são "[...]vícios passíveis de nulidades absolutas as violações aos princípios fundamentais do processo penal, tais como o do juiz natural, o do contraditório e da ampla defesa, o da imparcialidade do juiz, a exigência de motivação das sentenças judiciais etc., implicando todos eles a nulidade de absoluta do processo [...]". OLIVEIRA, Eugênio Pacelli de. **Curso de Processo Penal**. 19. ed. rev. e atual. São Paulo: Atlas, 2015, p. 907.

qualquer resolução.

Como se sabe, a Lei Federal n. 12.694/12, ao disciplinar os "[...] processos ou procedimentos que tenham por objeto crimes praticados por organizações criminosas", estabeleceu que somente o juiz natural, originalmente competente, poderia, em cada caso, decidir "pela formação [ou não] de colegiado para a prática de qualquer ato processual"; ou seja, não existiria um órgão, previamente concebido de forma coletiva mas, quando presentes "motivos e as circunstâncias que [acarretassem] risco à [] integridade física" do magistrado competente, somente ele, poderia, "em decisão fundamentada, da qual [deveria ser] dado conhecimento ao órgão correcional", instaurar o respectivo colegiado.

Neste ponto, importa colecionar (desde já), que nos filiamos ao posicionamento de ALEXANDRE MORAIS DA ROSA e RICARDO CONOLLY[13], para quem tal dispositivo legal, da forma como previsto na Lei Federal, parece reconhecer no magistrado natural um "receio e talvez 'medo' em subscrever sozinho as decisões judiciais", e que tal disposição "[...] beira a covardia, até porque o exercício da função judicial na esfera penal pressupõe o enfrentamento de questões violentas". No entanto, esta não é a discussão que, nos estreitos limites deste estudo, ousa-se travar.

Por outro lado, com estrema clareza, a lei de regência ainda afirma, textual e cabalmente, que o respectivo colegiado deve ter apenas 3 (três) magistrados, sendo composto do titular, juiz natural do processo, e mais "2 (dois) outros juízes escolhidos por sorteio eletrônico dentre aqueles de competência criminal em exercício no primeiro grau de jurisdição"; isto, para tentar salvaguardar os mesmíssimos critérios elencados pelo Supremo Tribunal Federal, no julgamento da ADI 4.414/AL, quando se declarou inconstitucional eventual escolha arbitrária dos membros daquela unidade jurisdicional (ou seja, a impessoalidade e imparcialidade do juízo).

Preservar-se-ia, pois, desta forma, com dada objetividade, a necessária transparência (como método) na escolha dos magistrados que integrariam o colegiado para a realização dos atos indicados, bem como se evitariam escolhas políticas e discricionárias do órgão

---

[13] ROSA, Alexandre Morais da; CONOLLY, Ricardo. **Juiz sem Rosto e com Medo**: a questão da Lei no 12.694/2012. [S.I.]: Empório do Direito, 2015. Disponível em: <http://emporiododireito.com.br/juiz-sem-rosto-e-com-medo-a-questao-da-lei-no-12-6942012-por-alexandre-morais-da-rosa-e-ricardo-conolly/>. Acesso em: 5 de julho de 2015.

judicante, em desrespeito à Lei Orgânica da Magistratura, e à Constituição da República Federativa do Brasil.

Por óbvio, como já fora exaustivamente demonstrado acima, o permissivo legal que antes autorizava os Tribunais Estaduais, no âmbito de suas competências, a regulamentar a composição do referido colegiado não poderia nunca, sob pena de pecha de inconstitucionalidade, em razão do "bloqueio constitucional" operado, contrariar as normas gerais estabelecidas na Lei Federal de n. 12.694/12.

Ao que parece, entretanto, parafraseando a icônica frase do ator Clive Brook no filme "O retorno de Sherlock Holmes" de 1929, nem tudo era tão "elementar, meu caro Watson" e o anteprojeto de lei em questão muito distanciava-se do que se esperava dele; por óbvio, trataremos apenas das questões mais sediciosas.

3 O "microssistema" judicial alagoano de "combate" (judicial?!) à criminalidade (o anteprojeto de lei)

Pois bem, dizia-se que o juízo então "recriado" teria, automaticamente, "titularidade coletiva" e que seria composto de três juízes de direito que seriam alocados naquela unidade pelos critérios de remoção, promoção ou permuta previstos na *lex legum* (art. 93, incisos II e VIII-A da CF).

De plano, advirta-se, logo em seu primeiro artigo, contraria-se a disposição presente na Lei Federal 12.694/12, tencionando criar, em Alagoas, uma estrutura procedimental completamente dissociada da regulamentação geral presente no diploma em referência, em que o juízo coletivo em caso de crime organizado é regra (e não exceção).

Com dizia Geraldo Vandré, "pra não dizer que não falei das flores", basta lembrar, que o art. 1º, §3º da Lei 12.694/12, adverte, explícita e inequivocamente, que "a competência do colegiado limita-se ao ato para o qual foi convocado", ou seja, trata-se de uma construção jurídica excepcional, específica para a realização de "ato processual" e que se encerra com a realização do mesmo.

Não é só.

Em curiosa redação, dispôs-se que a competência da referida vara prevaleceria "sobre as demais varas especializadas" existentes, ressalvando-se apenas a competência constitucional "atribuída ao Juízo da Infância e da Juventude e do Tribunal de Júri"; que, ao olhar perfunctório, parece revogar em parte (implicitamente), por meio de Lei Estadual, o Código de Processo Penal, no que disciplina as regras da prevalência em matéria de competência (v.g. do art. 78 do CPP).

Estender-se-ia, pois, em virtude da respectiva proposição, por meio de Lei Estadual, um *status* de "jurisdição especial" para à Vara, inferior ao "Juízo de Infância e da Juventude e do Tribunal do Júri", mas superior "hierarquicamente" às demais unidades jurisdicionais de Alagoas.

Nesta peculiar estrutura, em casos de conexão ou continência entre processos em curso em diferentes unidades jurisdicionais, a competência da 17ª Vara preponderaria, por exemplo, mesmo que cominada pena mais grave (*in abstracto*) em ação com processamento em qualquer outra Vara do Estado de Alagoas (salvo o Júri e o Juízo da infância).

No entanto, calha afirmar, mesmo sendo óbvio, que tal dispositivo trata de matéria nitidamente processual (e não procedimental), cuja competência é privativa da União (art. 22, I da CF). Tal questão circunstancial, inclusive, fora devidamente abordada quando do julgamento da ADI 4.414/AL, advertindo-se *in verbis* que "o regramento da prevalência entre juízos a princípio igualmente competentes deve figurar em Lei Federal (*rectius*, nacional) [grifos nossos]".[14]

Vamos adiante.

Abordando o mecanismo para tornar públicas as decisões da vara, a Lei Estadual inova mais uma vez. Apesar de permitir um juízo coletivo como regra (o que *per si* é antijurídico), procede casuisticamente à construção de algumas mitigações a este paradigma.

Nesta intelecção, salienta-se que "despachos de mero expediente" e, de forma mais estarrecedora, as audiências de instrução, podem ser efetivadas por "um só dos magistrados", excetuando-se, como que garantindo o que não se pode excluir, a "prolação de sentenças e atos decisórios, quando, então, a participação dos demais [é] obrigatória"; nesta senda, difícil decidir por onde começar quando para objurgar tal instituto.

Preliminarmente, sabe-se, o art. 399 §2º do CPP, modificado em 2008 pela lei 11.719, trouxe para a legislação penal o princípio da identidade física do juiz (como sói citar de sua redação inalterada: "§2º O juiz que presidiu a instrução deverá proferir a sentença").

Ora, se o CPP dispõe que deve haver identidade entre o juiz que

---

[14] STF, ADI 4.414/AL.

presidiu a instrução e aquele que proferirá a sentença, como compatibilizar o permissivo trazido no referido projeto de que a audiência de instrução possa ser realizada com a presença de um único magistrado, se a sentença, deve, obrigatoriamente, ser proferida por todos?!

Tal idiossincrasia é intransponível.

Pior. Contrapondo-se o referido dispositivo com o regramento previsto na Lei Federal n. 12.694/12, erige-se indisfarçável antinomia. Explico.

Diz a lei que a formação do colegiado dá-se, exclusivamente, para a prática de "ato processual" e que, a competência do colegiado "limita-se ao ato para o qual foi convocado". Ora, se a realização do respectivo ato denotava a necessidade da constituição de um órgão colegiado, como então compreender-se a atuação isolada de apenas um deles. Mais a mais, o §6º do art. 1º da referida lei é claríssimo ao dispor que todas as decisões do colegiado serão "devidamente fundamentadas e firmadas, sem exceção, por todos os seus integrantes [...]".

Diante de tudo que fora visto (e do que ficou implícito), esperava-se do legislativo alagoano que tal anteprojeto de lei proposto pelo Tribunal de Justiça local fosse devidamente rejeitado; mas, o enleio supramencionado tomou proporções ainda mais acentuadas.

Em meio a uma grande discussão jurídica e social inflamada pelos veículos de comunicação locais, que erigiram a vara vergastada à condição de epítome do "combate à criminalidade" no Estado (ignorando, por completo, a natureza da judicatura como garante de direitos fundamentais na persecução criminal), a Assembleia Legislativa de Alagoas (ALE) aprovou o texto do anteprojeto de lei acima mencionado, mas com emendas, modificando o texto originalmente proposto pelo TJ/AL. Outra "novela" então se iniciou.

4 Considerações sobre um pseudo-impasse

Em resumo, pois, olvidando-se dos reais problemas jurídicos afetos àquela unidade jurisdicional, a ALE/AL resolveu então "restringir" a atuação da Vara, incluindo alguns parágrafos ao artigo que tratava da sua competência em razão da matéria (art. 2º) e modificando seu *caput*, para fazer referência ao suposto corte por eles firmado.

Pois bem, para os Deputados de Alagoas, a 17ª vara criminal

(unidade jurisdicional criada para lidar com organizações criminosas) não deveria ter competência ampla para o julgamento de crimes praticados por organizações criminosas e, por isso, criaram um rol de ilícitos penais (arts. 155, 157, 158, 159, 180 e 288-A do Código Penal e arts. 33 e 39 da Lei 11.343/06) nos quais seria lícita sua atuação.

Além da referida restrição de competência, a ALE também aprovou emenda no sentido de retirar uma suposta "competência exclusiva" da supramencionada vara para lidar com organizações criminosas em todo território alagoano, o que, na prática, não teria qualquer efeito (para além do fora alardeado na imprensa).

Ocorre que, independentemente da referida modificação de proposta legislativa oriunda do Tribunal de Justiça, o Governador do Estado de Alagoas sancionou o referido projeto de lei, mas com vetos, restabelecendo (em parte) o texto do anteprojeto de lei da forma como proposto pelo Judiciário.

Ao final do imbróglio político, o resultado foi a publicação de uma nova Lei Estadual (de n. 7.677/15), que continua disciplinando a existência de uma vara com titularidade coletiva (como regra), e que, no artigo que trata de sua competência, tem-se um hiato conceitual ao se fazer referência a um parágrafo outrora vetado. Ou seja, a competência da referida vara agora cinge-se, segundo o diploma legal referido, ao processamento e julgamento dos crimes definidos em um §3º que não existe, mas "praticados por organização criminosa".

Que fique claro. Não haveria qualquer oposição constitucional à criação, no Estado de Alagoas, de uma vara com competência para o processo e julgamento de crimes praticados por organizações criminosas. Isto porque, como cediço, trata-se de matéria inserida no âmbito de discricionariedade do legislador estadual para tratar de sua organização judiciaria (art. 125 da Constituição).

Desta forma, caberia à Assembleia Legislativa de Alagoas, mediante proposição do Poder Judiciário, julgar a conveniência (e oportunidade) da criação de uma unidade jurisdicional especializada para o julgamento de delitos cometidos por organizações criminosas

Entretanto, como ficou claro da redação da ADI 4.414/AL, que já tratou com proficiência da temática suso referida, não é lícito ao legislador estadual, a pretexto de definir a competência da Vara especializada, "imiscuir-se na esfera privativa da União para legislar sobre regras de prevalência entre juízos (arts. 78 e 79 do CPP), matéria de caráter processual (art. 22, I, CRFB)".

Mais a mais, quanto à composição do respectivo órgão jurisdicional, por se inserir na chamada competência legislativa concorrente para versar sobre procedimentos em matéria processual, havia, quando do julgamento da ADI 4.414/AL, lacuna que permitia aos Estados-membros, no exercício da competência estabelecida pelo art. 24, §3º da Constituição, dispor, mediante Lei acerca da matéria.

Nada obstante, com a entrada em vigor, ainda em 2012 (dois mil e doze), da Lei Federal de n. 12.694, operou-se o que se denominou de "bloqueio de competência", que suspenderia a eficácia de Lei Estadual que contrariasse o alvitre federal. Tal bloqueio impede o Estado de legislar transgredindo Lei Federal já existente.

Ora, se a respectiva lei impõe a existência de um juízo coletivo apenas quando, excepcionalmente, o juiz natural decidir pela sua formação, por meio de decisão fundamentada e para a realização de ato específico, nunca poderia uma Lei Estadual disciplinar, em matéria de competência concorrente, em clara transgressão à Lei Federal, a formação de um colegiado como regra.

Mas não só. Já que a independência dos juízes, nos casos relativos a organizações criminosas, "injunção constitucional, na forma do art. 5º, XXXVII e LIII" da CF, já se encontra adequadamente preservada pela legislação federal, caberia aos estados-membros apenas minudenciar o respectivo diploma, suprindo-lhe eventuais lacunas.

Neste ponto, vale lembrar, a Lei 12.694/12 é claríssima ao dispor que eventual colegiado deve ser formado pelo juiz do processo e por 2 (dois) outros juízes escolhidos por sorteio eletrônico dentre aqueles de competência criminal em exercício no primeiro grau de jurisdição. Tal previsão, por óbvio, permite a existência de vários colegiados diferentes, para a prática de atos que demandassem a convocação dos demais magistrados, quando comprovados motivos e circunstâncias (reais) que acarretassem risco à integridade física do juiz natural.

Entretanto, se já não bastassem todas as idiossincrasias já mencionadas, o Supremo Tribunal Federal decidiu, quando do julgamento da ADI 4.414/AL em maio de 2012, que todos "os processos pendentes sem prolação de sentenças", ainda em curso na referida vara, "[deveriam ser] assumidos por juízes [...] designados na forma da Constituição Federal, com observância dos critérios apriorísticos, objetivos e impessoais, e fixado o prazo de 90 (noventa) dias para provimento das vagas de juízes da 17ª Vara Criminal de Maceió/AL".

Assim, a partir da respectiva sessão de julgamento no Supremo, não cabia mais a 17ª Vara da Comarca de Maceió/AL realizar qualquer julgamento, visto que estaria em cabal e manifesta afronta à autoridade do Supremo Tribunal Federal.

Nada obstante, em inobediência ao supramencionado comando da Corte Maior de nosso país, não houve, por parte do judiciário alagoano, a remessa dos processos que ainda estavam em curso para outros juízos (nos moldes da *ratio essendi* presente no r. decisum proferido pelo STF), e pior, foram recebidos novos processos, e determinadas medidas cautelares segregativas e/ou cerceadoras de direitos fundamentais.

Mais a mais, é importante que se consigne que, desde a decisão supramencionada, sequer a composição (quinária) da referida vara foi alterada, permanecendo *in albis* o comando esculpido na declaração de inconstitucionalidade ventilada, e violentada a autoridade daquele Supremo Tribunal Federal. Pior, deu-se, em Alagoas, completamente ignorada, a entrada em vigor da Lei 12.694/12.

Em julho de 2015 (dois mil e quinze), pois, em Alagoas, há unidade jurisdicional que atua "no combate ao crime organizado", estruturada por 5 (cinco) juízes, escolhidos discricionariamente pelo Presidente do Tribunal de Justiça (ouvido o órgão plenário), exercendo função "substituta temporária" desde 2012 (dois mil e doze), decidindo a vida e impondo restrições a direitos fundamentais quase que "a granel".

Com isso, para além de defenestrada a independência da magistratura, definida por FERRAJOLI[15] como a exterioridade do juiz ao sistema político e em geral a todo sistema de poderes, que depende da existência de garantias orgânicas que escudem suas funções institucionais, contra ameaças externas ou internas de ingerência indevida, deteriora-se o princípio do juiz natural e o devido processo legal.

Neste processo de "celebrização" da legislação, em que o direito penal (e processual penal) dirige-se exclusivamente a determinado

---

[15] FERRAJOLI, **Derecho y Razón**: Teoría del Garantismo Penal (Prólogo de Norberto Bobbio), op. cit., p. 534.

quadro de expectativas sociais[16], olvida-se do caráter essencial e básico dos direitos fundamentais como limites e vínculos instransponíveis a todos os poderes.[17] É por isso que as garantias processuais constituem (ou deveriam constituir) limites destinados a circunscrever o alcance de todas as intervenções jurisdicionais[18], e não meros vetores, rechaçados a uma ordem secundária de valores.

Conclusão

Por fim, parafraseando BADARÓ, compreendemos que a atipicidade dos atos praticados em desrespeito ao modelo previsto em lei gera *per si* sua ineficácia, sob pena de "se admitir que o legislador estabeleceu [...] formalidade absolutamente inútil".[19] Neste caso, com a entrada em vigor da lei 12.694/12, todos os atos emanados do referido órgão jurisdicional, praticados em evidente violação de princípios constitucionais padecem de insanável nulidade e, o quanto antes, devem ser reconhecidos como tal, sob pena de se perenizarem a insegurança e a incerteza jurídica como método.

Independentemente de qualquer discussão acerca da conveniência do *modus* escolhido pelo Estado de Alagoas para disciplinar sua organização judiciária, é primordial que se minudencie a legislação expedida pelo Congresso Nacional e se respeite a distribuição das competências constitucionais, evitando-se assim, paradigmaticamente, que possam coexistir em nossa democracia, "ordens jurídicas" conflitantes e díspares.

Ainda mais relevante é impedir que, sob qualquer forma de manipulação discursiva, possa se legitimar, eventualmente, a escolha política, *ad hoc* e *post factum,* do juiz ou colegiado a quem se confia o poder jurisdicional. Respeitando-se o direito fundamental ao "juiz-pessoa", predeterminado na Lei, "que exige que a composição do órgão judicial venha determinada pelo direito positivo, calcada em parâmetros que assegurem sua independência e imparcialidade".[20]

---

[16] MARTINS, Rui Cunha. **A hora dos cadáveres adiados**: corrupção, expectativa e processo penal. São Paulo: Atlas, 2013, p. 32.

[17] FERRAJOLI, Luigi. **Derechos y garantías**. La ley del más débil. 1ª ed. Madrid: Trotta, 1999, p. 39.

[18] IBÁÑEZ, Perfecto Andrés. **Las Garantías del Imputado en el Proceso Penal**. Revista Mexicana de Justicia (Reforma Judicial), julio-diciembre, p. 111, 2005.

[19] BADARÓ, Gustavo Henrique. **Direito Processual Penal** (tomo II). Rio de Janeiro: Elsevier, 2007, p. 189 e 190.

[20] ADI 4.414/AL, STF.

A cultura da morte e violência nas redes sociais

José Marques de Vasconcelos Filho[1]

Com o avanço da tecnologia e da sua maior criação social, a Internet tornou-se um campo muito fértil para a construção de novos amigos, contatos profissionais e relacionados a gostos em comum com outras pessoas em qualquer parte do planeta. Porém, a mesma ferramenta que tem como escopo a interação social e disseminação de informações em tempo real, abriga, em seu submundo, os criminosos digitais, que crescem sob a "proteção" do anonimato, fator já superado em muitos casos.

Existe uma nova moda nas redes sociais, que está cada vez mais chamando a atenção e despertando a indignação de muitos usuários nesse multiverso. Larissa Adler Lomnitz em seu livro Redes sociais, cultura e poder, diz que "cada pessoa é o centro de uma rede social e, ao mesmo tempo, é parte de outras redes". Assim as redes sociais movimentam milhares de milhares de grupos e pessoas interconectados em todo mundo, complementando e transformando as relações e interesses.

As redes sociais formam uma grande teia de relacionamentos na Internet, onde nascem as novas comunidades, agora virtuais, com o intuito de unir pessoas com afinidades por motivos diversos e, ainda, pelos mesmos desejos.

O que no mundo real faz você conviver com diferentes (o que há de mais belo no mundo é a sua pluralidade), na grande rede a possibilidade de iguais, em vontades, gostos e outros, é bem mais amplo.

Wagner Carvalho de Lacerda em seu livro Responsabilização criminal frente às redes sociais diz que "as redes sociais hodiernamente são normalmente utilizadas por afinidades de determinados grupos, região, classe, amigos de infância e de estudos, dentre outros. São também empregadas por profissionais do ramo do marketing para promoverem seus produtos e para divulgarem seus eventos. (...) Mas, infelizmente, as redes sociais têm sido meios

---

[1] Advogado e Professor Universitário. Presidente da Comissão de Estudos Constitucionais da OAB Alagoas.

de práticas de diversas espécies de crimes, onde pessoas escondidas pelo mundo digital se reúnem, marcam encontro e executam atividades criminosas."

Com as suas infinitas possibilidades oferecidas, entre elas a troca rápida e direta de mensagens entre pessoas, compartilhamento e difusão de ideias, metas e ideologias, as redes sociais se tornaram um enorme sucesso entre os brasileiros conectados.

Com essa transformação na facilidade de comunicação e a troca constante de arquivos muita coisa começou a ganhar força e modas fugazes foram lançadas, como por exemplo o compartilhamento de incontáveis vídeos cômicos e reflexivos, os famigerados memes, mensagens que violam os direitos humanos, incitam o ódio e a violência, fotos e vídeos pornográficos e fotos e vídeos de pessoas mortas drasticamente ou não, pessoas sendo executadas por extremistas do oriente ou por extremistas portadores da decisão suprema de quem vive e de quem morre aqui no Brasil, os já conhecidos justiceiros.

Todos os dias, repito TODOS OS DIAS, vejo nas redes sociais que faço parte o compartilhamento de fotos, matérias e vídeos de pessoas que morreram em acidente de carro, em confronto com a polícia ou qualquer outro tipo. Não há preferência, as imagens são de famosos até populares desconhecidos.

No mesmo instante que percebo esses arquivos, faço questão de imediatamente deletá-las da minha visualização nas redes. Não gosto de ver e não compartilho, permaneço com a conexão pelo bom relacionamento e por gostar das pessoas que ali estão, porém me questiono sempre o que faz uma pessoa gostar (ter prazer!) em compartilhar e ter fotos de pessoas mutiladas, mortas, literalmente destruídas por algum acidente ou qualquer outro motivo?

Certa vez perguntei isso num grupo que faço parte num aplicativo de mensagens instantâneas, alguém respondeu dizendo que gostava de ver aquelas fotos para ficar pensando como o ser humano é frágil diante de um acidente. Penso que para se ter a certeza de como somos frágeis basta lembrarmos quando adoecemos e ficamos impotentes numa cama nos recuperando de alguma febre.

Outros não negam, dizem que gostam por simplesmente gostar. Não sei se esses têm o dom escondido para alguma área da saúde que estuda profundamente o corpo humano e sua anatomia. Com as fotos, os diversos "anatomistas", analisam cirurgicamente as imagens e concluem até a vida íntima de cada vítima ali exposta aos olhos famintos e sedentos por sangue e carnificina.

Gostaria muito de saber o que esses admiradores de corpos esquartejados admirariam se no lugar de pessoas desconhecidas fossem parentes próximos como pai e mãe, ou filho ou uma irmã?

Encontramos ainda nesse meio fértil a propagação de mensagens que incitam o ódio e a violência, maculando sempre os direitos humanos que a todos nós pertence. Xenofobia, racismo, intolerância religiosa, apologia ao crime, pedofilia, homofobia e outros ataques a pessoa humana estão cada vez mais frequentes nas redes sociais, mostrando que o filtro da razoabilidade social precisa ser trocado urgentemente.

Um bom exemplo disso são as eleições brasileiras onde alguns insistem em promover ódio e a xenofobia (quando nacional) através de suas mensagens em 140 caracteres ou nos seus longos textos reflexivos em busca de compartilhamento e curtidas daqueles que comungam do mesmo ideal excludente e repugnante.

Muitos grupos criminosos usam do anonimato que a Internet aparenta oferecer para cometer seus delitos, aproveitando a grande plataforma para exibir seus pensamentos e doutrinas preconceituosas. Encontramos muitos deles nas redes sociais, *blogs* e *sites* espalhando a intolerância para milhões de usuários da rede.

No ano de 2010, o Brasil acompanhou as eleições presidenciais, onde os principais nomes da disputa eram o então candidato José Serra (PSDB-SP) e a hoje presidente da República Federativa do Brasil, a candidata Dilma Rousseff (PT-RS), nessa ocasião, quando foi declarada a vitória da candidata Dilma, muitas manifestações favoráveis e contrárias foram feitas nas redes sociais, porém uma delas chamou a atenção de todo país, quando uma jovem paulistana, acadêmica de direito, disse em seu *Twitter* que "Nordestino não é gente. Faça um favor a SP: mate um nordestino afogado!".

Não foi diferente do que aconteceu com as eleições presidenciais em 2014, quando os nordestinos foram novamente vítimas de preconceito com a reeleição da então presidente Dilma Rousseff para mais quatro anos de mandato. Alguns dos que não concordaram com a vitória da presidente sobre o candidato Aécio Neves (PSDB-MG) culparam o Nordeste pela manutenção do governo atual, alegando que o voto vindo daqui era burro, pobre e faminto.

A repercussão das ofensas foi muito grande nos dois exemplos, de imediato, milhares de manifestações contrárias e favoráveis aos comentários xenofóbicos foram surgindo e dando mais visibilidade aos casos. O efeito "bola de neve" foi gerado e as ofensas surgiam de todos os lados em forma de defesa e ataque, devido à incitação explícita das postagens.

Um outro caso chamou a atenção por ser a materialização da propagação da cultura da violência e da morte nas redes sociais. O caso da dona de casa Fabiane Maria de Jesus, de apenas 33 anos, que foi brutalmente espancada por um grupo de moradores da cidade litorânea do Guarujá, em São Paulo, e acabou morrendo devido à gravidade do espancamento.

Fabiane Maria de Jesus foi amarrada e agredida depois de ser confundida com uma suposta sequestradora de crianças que praticava seus crimes na periferia da cidade e tinha sido divulgado um retrato falado pelas redes sociais.

Este é um dos muitos casos de justiçamento que acontece no Brasil, onde pessoas são mortas por aqueles que se julgam detentores da verdade plena e absoluta. Compartilham com discurso de justiça as imagens de espancamentos coletivos e barbárie com a intenção de fomentar naqueles que estão esperando a oportunidade de sacrificarem sua humanidade por momentos de êxtase na condução do ceifamento de uma vida.

Buscam a justificativa do compartilhamento de ódio e morte na história da sua vítima, alegando inúmeros fatores para que assim a sociedade conectada ou não, veja com bons olhos a atitude desumana praticada. Um erro não justifica outro. Como mudaremos o mundo para melhor multiplicando e fomentando a violência?

Recentemente o Relator Especial da ONU sobre Racismo, Mutuma Ruteere, afirmou à Assembleia Geral das Nações Unidas, em Nova York, enquanto apresentava o seu relatório sobre o racismo na Internet, que o crescimento do uso das mídias sociais e sites com conteúdo de incentivo ao ódio e a violência racial vem aumentando cada vez mais. "O aumento extremista de sites de ódio, o uso da internet e das mídias sociais por grupos extremistas e indivíduos para propagar o ódio e incitar a violência racial, e o aumento do número de casos de violência e crimes racistas oriundos do conteúdo racista na Internet continuam a ser abordados, apesar da adoção de medidas positivas", afirmou Mutuma Ruteere

Os ataques diretos contra o princípio da Dignidade Humana são constantes no âmbito digital e o crescimento está em constante continuação, preocupando os juristas e defensores dos Direitos

Humanos de todo mundo, que defendem os princípios fundamentais inerentes ao homem.

Ser discriminado no âmbito digital deve ser equiparado com o mundo real, pois essa distinção não mais cabe, quando passamos a ter nossa vida associada com a Internet, onde pagamos contas de banco, compramos o que queremos, relacionamo-nos profissional e afetivamente, prestamos e contratamos serviços variados, ou seja, a nossa vida é tão digital quanto real.

Ao fazer e propagar o bom combate na conscientização contra as diversas violências praticadas e preconceitos contra direitos e pessoas, divulgamos ainda mais a importância do conhecimento de todos para com a dignidade que lhes são inerentes. Como diria Carmen Lúcia Antunes Rocha, a "dignidade é o pressuposto da ideia de justiça humana, porque ela é que dita a condição superior do homem como ser de razão e sentimento. Por isso que a dignidade humana independe de merecimento pessoal ou social. Não se há de ser mister ter de fazer por merecê-la, pois ela é inerente a vida e, nessa contingência, é um direito pré-estatal."

Em seu artigo 1º, III, a Constituição Federal, deixa claro, quando nomina a dignidade da pessoa humana como um dos princípios fundamentais da República Federativa do Brasil.

O professor Jair Teixeira dos Reis, ensina em sua obra sobre Direitos Humanos que "está prevista como um dos fundamentos da República Federativa do Brasil a dignidade da pessoa humana, valor espiritual e moral inerente à pessoa, devendo ser esta, respeitada por todos e pelo Estado. A dignidade da pessoa humana compreende a aptidão de adquirir obrigações e a prerrogativa de qualquer pessoa em não ser prejudicada física ou moralmente em sua existência."

A dignidade da pessoa humana é afetada, pois sendo ela um valor pessoal, aquilo que o ser humano é em essência, é totalmente maculado pelos crimes cometidos nas redes sociais. O ideal de justiça e de direitos advindos da dignidade é que precisamos defender com força, inteligência e mansidão.

Para defesa e a vinculação desse ideal precisa existir um trabalho feito junto aos governos e sociedade onde será gerado um grande mutirão em prol da igualdade entre todos, não somente na Internet, mas em todos os âmbitos da vida em sociedade.

O combate as violações nas redes sociais é um trabalho de garantia ao direito à igualdade, que sempre é violado quando um crime for cometido e ampliado quando é compartilhado e curtido.

Flávia Piovesan diz com muita sabedoria que "se o combate à discriminação é medida emergencial à implementação do direito à igualdade, todavia, por si só, é medida insuficiente. Faz-se necessário combinar a proibição da discriminação com políticas compensatórias que acelerem a igualdade enquanto processo."

As medidas adotadas precisam dessa troca de ações em parceria com a sociedade, pois medidas tomadas somente para repreensão, não levará o caso ao esgotamento, pelo contrário, já que quando falamos em Internet e vemos como seu efeito é acelerado, a prevenção é fundamental para eficácia da norma.

Prevenção é a palavra chave nesse processo de transformação de ação, já que a cultura do agir só depois do ocorrido seria superada para ações a curto, médio e longo prazos, onde possamos ter uma internet livre, com liberdade de expressão e direitos resguardados.

Para o direito o grande desafio é acompanhar a velocidade que a sociedade avança seja pelo lado positivo ou pelo negativo, e no multiverso digital/real. O direito precisa exercer a sua função reguladora de conflitos e de relações entre pares. O fenômeno que o mundo virtual apresenta é curioso, pois, algo que aparece na rede hoje e se torna um grande sucesso, pode não chegar ao fim da semana como sucesso, mas como ultrapassado, pois já surgira algo novo. Precisamos estar preparados para isso, em muitos pontos já estamos atrasados, bem atrasados. O jurista Silvio de Salvo Venosa aponta que "exigem-se respostas imediatas porque imediatos são os contatos do mundo virtual que se entrecruzam permanentemente. No acionar de uma tecla, o Homem deste século tem a informação universal da rede internacional diante de si e de todo um inacreditável comércio virtual."

Criar mecanismos que o façam acompanhar o tempo dos fatos, para assim dar uma resposta razoável o mais rápido possível, incentivar a conciliação entre as partes, antes que a coisa se torne litigiosa, é uma saída para solução mais rápida do processo, pois além de rápida, onera menos o Poder Judiciário e a eficácia é maior, pois os acordos quase sempre são cumpridos pelas partes voluntariamente.

O caminho não é fácil para o direito no Brasil, pois encontramos velhas práticas criminosas como apresentado com uma nova roupagem desafiando a justiça e a sociedade com suas artimanhas a ser mais célere e dinâmica.

Vivemos tempos em que valores são pisoteados, direitos

vilipendiados e pessoas desvalorizadas. Memórias e histórias são anuladas para dar lugar ao prazer de alguns de construírem em suas mentes (sádicas?) uma nova memória, desrespeitando assim, tudo aquilo e aquele que a pessoa foi e deixou marcado nos corações de muitos familiares e amigos.

Pessoas são excluídas, discriminadas e segregadas por serem simplesmente diferentes e pensarem diferente, pessoas são assassinadas brutalmente por uma ignorância generalizada embutida nos compartilhamentos e curtidas das ideologias da barbárie e da desumanização. Não se busca uma valorização do ser humano plural, mas sim a sua plena extinção para o surgimento de um povo sem cor, sem sentimento, sem particularidades, sem graça, sem vida.

Não sou pessimista, pelo contrário, acredito muito na constante transformação do ser humano para o bem, isso não é uma quimera, mas uma realidade possível e real. Vemos isso nas redes sociais, quando pessoas se amalgamam e lutam por melhorias da sociedade em que vivem, mesmo muitas das vezes, sendo reprimidas por aqueles que preferem o deixar as coisas como estão.

Vimos isso pelo mundo, Tunísia, Islândia, Egito, no mundo Árabe, Espanha, Estado Unidos e Brasil. Em alguns desses Estados muita coisa mudou, ditadores foram derrubados, democracia instalada e dignidade restaurada, noutros muito pouco ou quase nada mudou, mas mostrou para todos que a semente revolucionária e transformadora está presente em cada um de nós.

Manuel Castells diz que "o legado dos movimentos sociais em rede terá sido afirmar a possibilidade de reaprender a conviver", e que "consiste na mudança cultural." Estamos vivendo essa mudança em nossa sociedade, principalmente com o uso diferenciado das redes sociais e suas possibilidades ofertadas.

O ministro Luís Roberto Barroso num discurso para formandos em Direitos do Rio de Janeiro proferiu as seguintes palavras: "creio na tolerância. Na capacidade de compreender e respeitar o outro, aquele que é diferente da gente. O mundo contemporâneo é feito de pluralismo e diversidade. Há muitos projetos de vida legítimos. Há múltiplas raças, religiões, ideologias. É preciso escolher os próprios valores e conviver em harmonia com as escolhas alheias. Não falo de um relativismo moral, que não tenha uma idEia do que é bom, certo e justo. Não estejam ao sabor dos ventos ou à mercê de aventureiros. Falo da rejeição ao perfeccionismo moral, que acha que deve universalizar e impor os próprios valores, os seus projetos de vida, como se fossem os únicos. Não creio em verdades absolutas, em dogmas que não podem ser questionados. Creio na razão, na capacidade de compreender e justificar fenômenos e ações. E creio na fé, na capacidade de acreditar no que não pode ser visto ou tocado. Cada um com a sua."

Acredito que seguindo esses passos possamos de verdade vivermos tempos em que a intolerância e a violação dos Direitos Humanos serão uma pequena exceção à regra. É candente a reflexão sobre o tema para começarmos a deixar de lado essa cultura de morte e violência, valorizando mais a vida e tudo que ela pode nos oferecer de bom. Refletir sobre a história de cada um, nos colocando no lugar do outro, sabendo assim, que cada ser humano tem suas memórias, fatos e histórias, o que nos diferencia, mas que em dignidade nos une e nos fortalece.

Imputação do crime de calúnia em face do compartilhamento de notícias falsas no ambiente virtual: uma análise crítica das redes sociais

WILLAMYS DIEGO DE A. SILVA[1]
FRANCISCO DE ASSIS DE FRANÇA JÚNIOR[2]

Introdução

A criação da internet, nos anos de 1960, no Estados Unidos, por profissionais em tecnologia da Agência de Projetos de Pesquisa Avançada do Departamento de Defesa, estabelecendo-se uma estrutura em rede, integrada por diversos computadores, possibilitou uma fácil comunicação com milhares de pessoas em apenas alguns cliques (CASTELLS, 2016). Ocorre que, com a popularização das redes sociais (como *facebook, instagram, whatsapp*, etc.) nesse ambiente virtualizado, essa facilidade atingiu níveis incalculáveis, trazendo consigo uma série de consequências que podem ser encaradas como negativas. É, por exemplo, o caso da disseminação de notícias falsas, o que compromete a honra e (até) a vida dos envolvidos.

Esse tipo de fenômeno (pós)moderno, além de comprometer os destinatários das notícias falsas, tem o condão de alcançar também, sobretudo em termos jurídico-criminais, aqueles que as compartilham. Esses, ao menos em tese, estarão sujeitos à responsabilidade pelo crime de calúnia, com prescrição no art. 138 do código penal brasileiro. Ocorre que, em determinados casos, as pessoas acreditam (ingenuamente) na veracidade das informações, o que pode desconstituir a intenção caluniosa. Entretanto, essa fronteira, entre a configuração do crime e o fato atípico, nem sempre é muito clara. Nessa ordem de ideias, importa-nos investigar, se, e em quais circunstâncias, o compartilhamento de determinadas notícias falsas em redes sociais pode levar a pessoa a ser enquadrada nos termos da calúnia. Como, portanto, isso seria viável?

Desse modo, como uma de nossas principais hipóteses, sustentamos a ideia de que o ambiente virtual, para muito além de

---

[1] Graduado em Direito pelo Centro Universitário CESMAC (Maceió/AL)
[2] Doutorando e Mestre em Direito pela Universidade de Coimbra (PT); Professor no Centro Universitário CESMAC (Maceió/AL); Coordenador do IBCCRIM em Alagoas; Advogado de defesa.

democratizar o conhecimento, possibilitando a disseminação de diversas informações úteis, deixa também, paradoxalmente, as pessoas mais suscetíveis à desinformação, ou seja, diante da infinidade de notícias as quais se têm acesso diariamente, a preocupação muitas vezes é a de apenas compartilhar, e não a de avaliar a veracidade do conteúdo, motivo pelo qual deve o próprio Estado, mais do que criminalizações, promover, com campanhas educativas, a conscientização, incentivando os usuários das redes sociais, nesse ambiente virtual, a checarem as informações que recebem antes de compartilhá-las.

Assim, como objetivo geral, nossa pretensão é analisar criticamente determinados casos de notícias falsas que são compartilhadas por diversas pessoas, das mais variadas classes sociais, nas redes sociais, e quais as implicações jurídicas em matéria criminal. Como objetivos específicos, pretendemos: a) enumerar alguns casos concretos emblemáticos, avaliando se a pessoa que eventualmente compartilhou estaria incursa no crime de calúnia; b) refletir sobre quais as principais consequências sofridas por uma pessoa que é vítima dos compartilhamentos dessas notícias falsas; e c) avaliar o que será preciso fazer, inclusive como política pública, para que haja uma diminuição desses comportamentos nocivos no ambiente virtual.

Como nosso principal referencial teórico, para alcançarmos os mencionados objetivos, utilizamos o artigo "fake news nas redes sociais online: propagação e reações à desinformação em busca de cliques", de autoria de Caroline Delmazo e Jonas C. L. Valente, publicado na revista Media & Jornalismo, vol. 18, haja vista conter uma abordagem que, da nossa perspectiva, é criteriosa e aprofundada. Não obstante, é nosso dever alertar para o fato de que, de maneira física, não nos foi possível encontrar um material vasto a respeito do tema enfocado, razão pela qual, será a própria internet nossa principal fonte. Também dela nos valemos para encontrar notícias potencialmente caluniosas, tomando-se o cuidado para que nos utilizássemos apenas daquelas informações consideradas como minimamente confiáveis.

Por fim, a presente investigação utiliza como método de pesquisa a abordagem hipotético-dedutiva, tendo base uma pontual revisão bibliográfica, dividindo-se em três partes fundamentais. Na primeira, será feita uma abordagem sucinta sobre os crimes contra a honra, em especial a calúnia (art. 138 do código penal). Na segunda, será enfocada a dinâmica de compartilhamento de notícias falsas nas redes sociais. Já na terceira e última parte, analisaremos a possibilidade da imputação do crime de calúnia cometida através de tais compartilhamentos.

1 Os crimes contra a honra, em especial a calúnia: brevíssimas considerações sobre suas características jurídicas

Comecemos pelo que se constitui no bem/valor que pretendeu o legislador penal proteger com a inserção dos já mencionados tipos em nosso ordenamento. A honra, portanto, dito resumidamente, é o que se concebe por reputação, ou seja, o conjunto de valores morais que uma pessoa possui em determinada sociedade (JESUS, 2015). É, assim, basicamente construída durante as interações sociais, sendo ainda um dos atributos humanos decorrentes dos direitos da personalidade, cuja legislação não permite transmissão ou renúncia (art. 11 do código civil). Apesar de aparentemente simples, as concepções sobre o bem/valor jurídico são bastante discutíveis tanto na doutrina criminal quanto na civil (TAVARES, 2012), mas sobre elas não nos debruçaremos, por fugir ao propósito de nossa investigação.

Desse modo, quando a reputação, de alguma forma, vem a ser maculada/ofendida/atacada, o que se pressupõe é que há um prejuízo para quem a ostenta, sobretudo porque, não raramente, uma vez maculada/ofendida/atacada, muito dificilmente a pessoa terá uma completa restauração. Não é, portanto, por acaso, que o legislador protegeu a honra, colocando-a como do direito constitucional (art. 5, inciso X) e como bem protegido no código penal, sendo assim consideradas a calúnia (art. 138), a difamação (art. 139) e a injúria (art. 140). Dessa maneira:

> A proteção da honra, como bem jurídico autônomo, não constitui interesse exclusivo do indivíduo, mas da própria coletividade, que tem interesse na preservação da honra, da incolumidade moral e da intimidade, além de outros bens jurídicos indispensáveis para a harmonia social. Quando determinadas ofensas ultrapassam esses limites toleráveis justifica-se a sua punição, que, na disciplina do Código Penal vigente, pode assumir a forma de calúnia, difamação e injúria (BITENCOURT, 2019, p. 421).

É justamente nesse contexto jurídico-penal que se observam mais claramente duas modalidades de honra, com as quais nos deparamos a partir da perspectiva doutrinária. São elas: a honra subjetiva e a honra objetiva. Sobre a primeira, diz-se que se tem a representação da visão que cada pessoa tem de si mesma. Já a segunda tem relação com a imagem que os demais têm de uma determinada pessoa (MAZZILLI, 2012, p. 66-67). Em resumo, na honra subjetiva o importante é avaliar o que a vítima pensa sobre si, como foi abalada, por exemplo, a sua autoestima, enquanto na honra objetiva o importante é saber o que as pessoas pensam sobre a vítima, que imagem social dela se tem. Assim, essa diferenciação pode vir a ter importância diante do caso concreto, haja vista a necessidade de avaliar as possibilidades de consumação.

Mesmo diante dessas prescrições, é necessário destacar que o legislador constituinte também resolveu conceder certas imunidades a algumas categorias de pessoas, isso por conta da importância do exercício de suas funções, como no caso dos integrantes do legislativo. No art. 53 da Constituição Federal, por exemplo, tem-se que "os Deputados e Senadores são invioláveis, civil e penalmente, por quaisquer de suas opiniões, palavras e votos." (BRASIL, 1998, [s.p.]). Logo, em regra, parlamentares não podem responder criminalmente por expressar opinião sobre determinado assunto, ainda que isso importe na depreciação da imagem de alguém, desde que exista vinculação com o exercício regular de sua função. Tais agentes políticos podem, entretanto, serão responsabilizados apenas quando o que disseram atingir a honra das pessoas em contexto que não seja em razão do exercício do seu mandato.[3]

Assim também se apresenta a legislação quanto à figura do Presidente da República. Conforme determina o art. 86, §4º da Constituição Federal, O Presidente da República, "na vigência de seu mandato, não pode ser responsabilizado por atos estranhos ao exercício de suas funções". Conquanto se constate tal proteção, da perspectiva de Juarez Tavares (2012, p. 110), "a circunstância de o Presidente da República não pode ser processado, durante o mandato, por fatos comuns ou praticados anteriormente, não pode impedir o exercício da ampla defesa e do contraditório, como direitos fundamentais do cidadão". O autor exemplifica a situação da seguinte maneira: "Imagine-se que alguém tenha presenciado um estupro praticado pelo Presidente da República e o divulgue. Para se eximir da acusação, pode opor a prova da verdade e comprovar o fato [art. 138, §3º]. A comprovação do fato irá excluir a imputação

---

3 STF – AO n. 2.002/DF. Rel. Min. Gilmar Mendes; Data do julgamento 02/02/2016, Segunda Turma, *DJE* 26/02/2016.

pelo crime de calúnia, embora não possa desencadear contra o Presidente da República qualquer ação penal, salvo depois de este haver deixado o cargo".

Diante desse arcabouço jurídico interessado na proteção da honra e na confrontação/relativização dela diante de outros bens/valores importantes, como um importante direito da personalidade, importa-nos justificar que nossa abordagem se voltará especificamente ao crime de calúnia, vez que se constitui no crime cuja sanção é a mais gravosa dentre os demais crimes contra a honra com previsão no código penal e a sua disseminação no ambiente virtual tem provocado, como veremos adiante, até mesmo a morte das vítimas. O que se estabelece no art. 138 como calúnia é, portanto, que será responsabilizado aquele que "caluniar alguém, imputando-lhe falsamente fato definido como crime". A pena privativa de liberdade prescrita é a de "detenção, de seis meses a dois anos, e multa" (BRASIL, 1940, Art. § 138 [s.p.]).

Daí porque se reproduz na doutrina e na jurisprudência que caluniar é atribuir a alguém fato sabidamente falso definido como crime por nossa legislação, o que serve como o suficiente para atingir a honra objetiva da vítima. Nas palavras de Rogério Sanchez Cunha (2017, p. 183), "haverá calúnia quando o fato imputado jamais ocorreu (falsidade que recai sobre fato) ou, quando real o acontecimento, não foi a pessoa apontada ser o autor (falsidade que recai sobre a autoria do fato)". Logo, segundo a perspectiva de Damásio Evangelista de Jesus (2015, p. 225), o crime em tela, pode acontecer nas seguintes formas:

> 1.º) inequívoca ou explícita, ex.: "fulano de tal é o sujeito que a polícia está procurando pela prática de vários estupros"; 2.º) equívoca ou implícita, ex.: "não fui eu que, durante muitos anos, me agasalhei nos cofres públicos"; 3.º) reflexa, ex.: dizer que um Promotor Público deixou de denunciar um indiciado porque foi subornado. No caso, o indiciado também é vítima de calúnia.

Nessa ordem de ideias, diante das características apresentadas, seria rapidamente possível sabermos quando a calúnia se realizará. Mas, na realidade, quando os casos se apresentam na prática, as circunstâncias podem não nos permitir chegar a uma conclusão de maneira tão célere quanto gostaríamos, especialmente porque será preciso nos debruçarmos sobre questões subjetivas, vinculadas ao dolo que serviu para direcionar o comportamento do sujeito.

Não obstante as dificuldades existentes na articulação entre a previsão legal e a realidade, o que nos é permitido constatar inicialmente no âmbito doutrinário é que para que exista a consumação da calúnia, é necessário que o fato tido como crime não tenha ocorrido, ou, tendo ocorrido, a vítima da calúnia não tenha sido a autora do delito apontado. Dito de outra forma, com Damásio Evangelista de Jesus:

> A descrição típica do crime de calúnia exige um elemento normativo, contido na expressão "falsamente". Diante disso, é necessário que seja falsa a imputação formulada pelo sujeito. Se atribui a terceiro a prática de crime que realmente ocorreu, inexiste a calúnia (JESUS, 2015, p. 254).

Também não tem sido encarado como calúnia quando o fato narrado for considerado vago, devendo, portanto, ser determinado, para que se configure o crime. (GRECO, 2017). Se, por acaso, daquilo que foi dito, de referências, alusões ou frases, se inferir calúnia, pode a pessoa que se sentiu ofendida pedir explicações em juízo (art. 144 do código penal). Além disso, o crime de calúnia estará configurado no momento que uma terceira pessoa toma conhecimento da imputação falsa (TAVARES, 2012, p. 111). Nessa mesma linha, leciona Cezar Roberto Bitencourt (2019, p. 433):

> Consuma-se o crime de calúnia, a exemplo do que ocorre com o crime de difamação, quando o conhecimento da imputação falsa chega a uma terceira pessoa, ou seja, quando se cria a condição necessária para lesar a reputação da vítima. Ao contrário da injúria, esses crimes não se consumam quando somente o ofendido toma conhecimento da imputação ilícita, pois não é o aspecto interno da honra que é lesado pelo crime. Nesse sentido, deve haver publicidade, caso contrário não existirá ofensa à "honra objetiva", à reputação do indivíduo.

Ademais, a calúnia é classificada como um crime de forma livre, ou seja, pode ser praticada tanto através da forma verbal quanto da forma escrita, ambas abarcadas também pela modalidade audiovisual, sendo que, naquela primeira forma, não tem a doutrina admitido a tentativa, diferentemente da calúnia escrita, haja vista que ela pode vir a ser impedida por questões alheias à vontade do agente (JESUS, 2015). Segundo Bittencourt (2019, p. 433):

> Como regra, o crime de calúnia não admite a tentativa, embora, em tese, ela seja possível, dependendo do meio utilizado, através de escrito, por exemplo, quando já não se tratará de crime unissubsistente, existindo um iter criminis que pode ser fracionado. Através de telegrama e fonograma, apesar de serem meios escritos,

a tentativa será impossível, pois os funcionários inevitavelmente tomarão conheci- mento do conteúdo, embora sejam obrigados a manter sigilo.

Por fim, não será preciso uma qualidade especial para figurar como sujeito ativo do crime. Entretanto, embora discutível,[4] conforme assegura Cezar Roberto Bitencourt (2019, p. 423), "a pessoa jurídica, por faltar-lhe a capacidade penal, não pode ser sujeito ativo dos crimes contra a honra". Também no polo passivo não se exige uma qualidade diferenciada, podendo figurar como vítima qualquer pessoa, inclusive a pessoa jurídica (no caso de crimes ambientais) e os inimputáveis (CUNHA, 2017). Da mesma maneira, podem as pessoas mortas figurar como caluniadas (art. 138, §2º, do código penal). Embora a honra seja um atributo das pessoas vivas e o morto não figure no polo passivo da ação, caberá a um de seus parentes ingressar figurando no polo ativo (art. 31 do código de processo penal c/c art. 100, § 4º, do código penal).

O código penal, nos moldes parecidos da calúnia (art. 138), ainda prescreve a denunciação caluniosa (art. 339) que, segundo Juarez Tavares (2012, p. 109), "é perfeitamente compreensível o fato de o legislador haver diferenciado" ambos, sobretudo porque o primeiro diz respeito à honra pessoal, enquanto o segundo à credibilidade da administração pública. Logo, para o autor, "ainda que ambos se estruturem sobre a falsidade da imputação acerca de um fato criminoso", ostentam "distintos bens" passíveis de lesão. Nessa mesma linha pode ser perspectivada a autoacusação falsa de crime, prescrita no art. 341 do código penal.

Não obstante termos enumerado as características mais destacadas do crime de calúnia, cuja intenção é proteger a honra em seu aspecto objetivo, como já explicamos, é ainda necessária uma última observação. É evidente que o sistema jurídico é construído a partir de uma série de bens/valores albergados nos mais variados instrumentos normativos (leis, decretos, resoluções, etc.). A honra, portanto, figura como um desses bens/valores, podendo vir a ser confrontada, em determinadas circunstâncias, com a liberdade de expressão, por exemplo. O direito de criticar governantes, por

---

[4] Nesse sentido, recomenda-se a leitura de: NUCCI, Guilherme. **Se PJ é responsável por crimes ambientais, também o é por outros delitos**. Consultor Jurídico, 24 jun. 2017. Disponível em: https://www.conjur.com.br/2017-jul-24/guilherme-nuccipj-responde-crimes-ambientais-outros-delitos. Acesso em 19 out. 2019.

exemplo, é imprescindível em uma democracia.[5] O fato é que ambas possuem *status* de direito fundamental e, não raramente, são confrontadas, razão pela qual a judicialização estará sempre interessada no que há de prevalecer naquele caso específico.[6]

2 Notícias falsas no ambiente virtual: uma circularidade viciosa

Com o crescimento econômico e o acesso facilitado ao crédito, as pessoas passaram a adquirir com mais facilidade equipamentos eletrônicos, como computadores, *tablets* e *smartphones*, tornou cada vez mais comum presenciar crianças, adolescentes, adultos e idosos conectados no mundo virtual. As mais diversas finalidades são atendidas a partir daí. Do trabalho ao lazer o mundo virtual parece ser um lugar comum para pessoas (físicas e jurídicas) de todas as classes sociais. Segundo matéria divulgada pela Revista *Exame*, publicada em 13 de março de 2018, as empresas estão buscando cada vez mais participar das redes sociais, haja vista a possibilidade de um maior alcance nas divulgações dos seus produtos (EXAME, 2018).

Esse fenômeno favoreceu a disseminação das redes sociais (como o *facebook*, o *instragam*, o *whatsapp*, o *youtube*, entre outras), justamente porque permitem que milhões de pessoas com acesso à internet se comuniquem em tempo real, onde quer que estejam no globo, com apenas alguns cliques. Nesse universo virtual surgiram blogs e plataformas com as mais variadas temáticas, e que possuem um altíssimo número de seguidores, que servem para compartilhar notícias. O problema é que, nem sempre, as informações repassadas condizem com a realidade.

Segundo Caroline Delmazo e Jonas C. L. Valente (2018, p. 159) o crescimento do consumo das notícias "[...]por sites de redes sociais também fomenta um novo tipo de concorrência com os media tradicionais. As *fake news* se assentam, também, na crise de confiança dos leitores nos veículos tradicionais." Com isso, tornou-se comum encontrar pessoas criando e compartilhando notícias falsas em tal

---

[5] Sobre o tema, de maneira mais detida, recomenda-se: PEZZOTTI, Olavo Evangelista. Calúnia em desfavor do Presidente da República: crime ou exercício democrático da livre manifestação do pensamento? **Boletim do IBCCRIM**, n. 273, ago., São Paulo, 2015.

[6] Para aprofundar recomenda-se: CARO JOHN, José Antonio. A ponderação entre o direito à honra e o direito à liberdade de expressão. SAAD-DINIZ, Eduardo; POLAINO-ORTS, Miguel. **TEORIA da pena, bem jurídico e imputação**. São Paulo: LiberArs, 2012.

ambiente. No entanto, o que para muitos pode ser um momento de descontração, para outros pode gerar consequências negativas. Apesar da divulgação de notícias falsas não ser um fenômeno novo, vez que sempre existiu o chamado *boca a boca* (a fofoca maldosa), com as redes sociais essas informações atingem um novo patamar.

A matéria divulgada pelo site *Estadão*, em 08 de março de 2018, noticiou que estudos realizados por cientistas do Instituto de Tecnologia de Massachusetts, nos Estado Unidos, mostram que as notícias falsas, que são publicadas nas redes sociais do ambiente virtual, espalham-se 70% a mais que uma notícia verídica (CASTRO, 2018). Quando as pessoas clicam no conteúdo falso, muitas delas não leem mais do que o primeiro parágrafo, compartilhando todo o seu conteúdo, o que acaba por contribuir com a disseminação (DELMAZO; VALENTE, 2018).

No Brasil, por exemplo, uma semana antes da votação que abriu o processo de *Impeachment* de Dilma Rousseff, então Presidente do Brasil, de cada cinco notícias compartilhadas no *facebook*, três eram falsas, conforme o Grupo de Pesquisa em Políticas Públicas de Acesso à Informação da Universidade de São Paulo (USP) (DELMAZO; VALENTE, 2018).

Em rápida pesquisa pela *internet* qualquer pessoa pode encontrar diversas reportagens relatando casos de pessoas que foram vítimas de notícias falsas, tendo sido disseminadas através das redes sociais. Esse cenário, por óbvio, potencializa também a possibilidade de qualquer pessoa vir a ser vítima e a cometer crimes através do uso dessas novas ferramentas. São vários os fatos atribuídos a determinadas pessoas como se elas fossem criminosas, estimulando atos de violência (física e simbólica), vez que não são raros os casos de divulgação de casos falsos de estupro, rapto de crianças, tráfico de órgãos humano, enfim, o que gera certa indignação social. Populares, que muitas vezes acreditam na falsa informação, acabam tentando fazer "justiça" com as próprias mãos, atentando contra a pessoa que é, na realidade, vítima da falsa notícia.

É nesse contexto que a divulgação da notícia falsa pode provocar a morte de alguém. E não se trata aqui de mera figura de linguagem, mas de constatação da nossa realidade. Em 18 de agosto de 2018, por exemplo, no Guarujá, em São Paulo, de acordo com o site *Uol*, um caso mobilizou moradores. Uma dona de casa foi espancada até a morte por dezenas de pessoas. O motivo? Uma página do *facebook*, com milhares de seguidores, divulgou um aviso, com a foto de uma mulher, afirmando que ela sequestrava crianças para praticar rituais de magia negra. A dona de casa foi confundida com a pessoa que teve a sua imagem divulgada na reportagem. Com a investigação, a polícia anunciou que, até ali, não tinha sido registrado nenhum caso de sequestro de crianças no Guarujá. Tudo não passava de uma notícia falsa. (CARPANEZ, 2018).

Já no município de Araruama, no Rio de Janeiro, uma multidão tentou linchar um casal, vítima de notícia falsa disseminada pelo *whatsapp*. A (des)informação dava conta de que o casal também sequestrava crianças. A partir daí, um grupo de pessoas atacou um veículo considerado como "suspeito". O senhor que o ocupava tentou se explicar, argumentado que era autônomo e que estava ali para vender queijo, iogurte e linguiças. No entanto, populares não acreditaram e começaram a ofender o casal presente, até o ponto de atearem fogo no veículo em que estavam. As agressões só pararam após a interferência da policial. Segundo as informações, eram 200 pessoas no episódio (CARDOSO, Paulo Henrique; MARQUES, Ariane, 2017).

E mais ainda: em outra reportagem, agora no *site* da *BBC News*, publicada em 19 de novembro de 2018, é noticiado o caso de uma técnica de enfermagem, residente no bairro Granja Esperança, em Cachoeirinha/ES, também vítima de notícia falsa disseminada através do ambiente virtual. Nesse caso, a vítima foi acusada de ser traficante de órgãos, tendo sido compartilhada uma foto do seu veículo e de sua casa. A técnica ficou abalada ao ficar ciente da notícia, compareceu à delegacia de polícia para registrar a ocorrência e buscou refúgio na casa de familiares, em um município vizinho. Um dia após viajar, ela voltou em casa para pegar roupas, momento em que, ao chegar no local, percebeu que pedras haviam sido arremessadas, tendo retornado, sem ao menos ter conseguido entrar em casa (ARAUJO, 2018).

Os exemplos se multiplicam se prosseguirmos na procura, mas não é nossa intenção cansar a leitura com a enumeração de múltiplos casos como os que apresentamos. O que nos interessa, a essa altura da pesquisa, pode ser resumido com a seguinte pergunta: o que todos esses casos têm em comum? Além do óbvio, de que são fruto da disseminação de notícias falsas, são também, as pessoas que compartilharam tais notícias, passíveis de reponsabilização pelo crime de calúnia por terem atribuído falso fato criminoso às vítimas. Com isso, vemos mais do que justificada nossa opção pela análise mais específica desses casos envolvendo a calúnia.

Diante desse cenário, o Ministério Público do Maranhão, preocupado com a utilização das redes sociais, divulgou em seu site, no dia 28 de agosto de 2018, uma campanha educativa para conscientizar a sociedade para um uso adequado desses mecanismos virtuais. O objetivo era o de tentar diminuir o cometimento desses crimes (CCOM-MPMA, 2018). Essa, aliás, é uma providência que deve ser replicada, daí porque consiste em uma das nossas principais hipóteses. É importante que os agentes públicos e a sociedade em geral promovam campanhas educativas, como as de trânsito, conscientizando os usuários das redes sociais para que avaliem as informações antes de compartilhá-las. É imprescindível estimular o debate e informar as pessoas das consequências, inclusive jurídico-penais, do compartilhamento de notícias falsas.

Nesse passo, a partir do momento que um usuário compartilha uma informação falsa, pode, ao menos em tese, ser imputado a ele um dos crimes contra a honra, elencados nos artigos 138 (calúnia), 139 (difamação) e 140 (injúria) do código penal, o que muitas vezes é desconhecido. Devido ao impacto causado pelas notícias falsas que são divulgadas na *internet*, já se propôs inclusive um projeto de lei de n. 3.857/2019, tramitando no Congresso Nacional, que acrescenta o art. 140-A, no código penal, e pune com reclusão de um a três anos e multa, quem criar ou compartilhar notícias falsas no ambiente virtual. Também será acrescentada uma agravante no art. 141, visando aumentar a pena de quem comete crimes contra a honra na modalidade virtual.

E não se diga que, com isso, queremos atribuir à legislação criminal a resposta ao complexo problema enfocado. Muito ao contrário. De nossa parte há somente uma constatação de que existem esses mecanismos. Como já dissemos, da nossa perspectiva, campanhas educativas e de conscientização parecem-nos muito mais adequadas e eficientes, a exemplo do que já foi feito para o consumo de álcool e de cigarros, por exemplo, em que muito dificilmente veremos pessoas cobrando a criminalização dessas específicas (e nocivas) drogas no meio social.[7] Somente assim, com um processo de mudança cultural, acreditamos ser possível romper com esse ciclo vicioso de criação e compartilhamento de notícias falsas no ambiente

---

[7] Recomenda-se, para aprofundamento, a obra: FRANÇA JÚNIOR, Francisco de Assis de. **Consumo de drogas**: uma análise crítica da política luso-brasileira. Lumen Juris: Rio de Janeiro, 2016.

virtual.

3 Possibilidade de imputação do crime de calúnia através de compartilhamento de notícias falsas nas redes sociais: uma visão do Judiciário brasileiro

Como dissemos, o compartilhamento de uma notícia falsa nas redes sociais, sobretudo quando se imputa falso fato definido como crime a alguém, deixa o sujeito suscetível à responsabilidade pelo crime de calúnia. O que se conclui, portanto, é que, para não correr o risco, será preciso que a pessoa realize uma checagem antes de passar adiante a informação recebida, devendo abster-se do compartilhamento quando duvidar de sua veracidade, vez que "se tiver dúvida sobre a falsidade, deverá abster-se da ação de imputar o fato ao sujeito passivo, caso contrário responderá pelo crime, por dolo eventual" (BITENCOURT, 2019, p. 430).

No entanto, essa linha divisória entre o crime e o fato atípico nem sempre é tão cristalina como pode parecer. O compartilhamento da notícia falsa só consiste em responsabilidade criminal se existir dolo por parte do sujeito. Desse modo, também será preciso ver se, na esfera cível, uma reparação por danos (morais, materiais ou estéticos) não será devida pelo compartilhamento indevido. É nesse contexto que olhar para as decisões judiciais pareceu-nos providência da mais alta relevância. Vejamos, então, sucintamente, como tem se posicionado a jurisprudência do Superior Tribunal de Justiça sobre o tema enfocado (todos grifos são nossos):

> AÇÃO PENAL PRIVADA. DIREITO PENAL E PROCESSUAL PENAL. PROCURADORA DA REPÚBLICA. CRIMES CONTRA A HONRA. CALÚNIA, DIFAMAÇÃO E INJÚRIA CONTRA JUIZ FEDERAL. INÉPCIA E RENÚNCIA TÁCITA. INDIVISIBILIDADE DA AÇÃO PENAL PRIVADA. PRELIMINARES REJEITADAS. INJÚRIA. PRESCRIÇÃO DA PRETENSÃO PUNITIVA. DIFAMAÇÃO. ATIPICIDADE. CALÚNIA. PROVA DA MATERIALIDADE E DA AUTORIA. DOLO EVENTUAL. PROCEDÊNCIA DA QUEIXA-CRIME. PENA-BASE NO MÍNIMO LEGAL. CAUSAS DE AUMENTO DE PENA. REGIME ABERTO E PENA ALTERNATIVA. SUFICIÊNCIA E CABIMENTO.
>
> [...] 5. O ato de atribuir o cometimento de um crime a alguém tem de estar marcado pela seriedade, com aparelhamento probatório, sob pena de incorrer em dolo eventual. É inaceitável que alguém alegue estar de boa-fé quando não se abstém de formular contra outrem uma grave acusação à vista de circunstâncias equívocas. O

menor indício de dúvida não autoriza uma pessoa a lançar comentários ofensivos contra outra, em especial quando se atribui prática de crimes. Para tal, existem órgãos de investigação e persecução, os quais devem ser provocados. A presunção de inocência não pode virar "letra morta" no nosso sistema. E é papel do Judiciário preservar essa garantia individual. 6. Embora a querelada, em interrogatório, tenha negado que havia a intenção de denegrir a reputação do querelante, tal afirmação não se sustenta quando se observam o teor da publicação e as circunstâncias que rodearam os fatos. 7. Queixa-Crime parcialmente procedente, com a condenação da ré, pela prática do delito tipificado no art. 138, caput, c/c o art. 141, II e III, todos do Código Penal pátrio. 8. Substituição da pena privativa de liberdade por restritiva de direitos. (STJ - APn 613/SP. AÇÃO PENAL 2009/0233430-2, Relator: Ministro OG FERNANDES, Data do julgamento 20/05/2015. Dje 28/10/2015).

CRIMINAL. HC. TRANCAMENTO DA AÇÃO PENAL. CALÚNIA. INEXISTÊNCIA DE ELEMENTO SUBJETIVO A RESPEITO DA FALSIDADE DAS AFIRMAÇÕES. DIFAMAÇÃO. ATRIBUIÇÃO DE FATOS GENÉRICOS E INDETERMINADOS. ATIPICIDADE DAS CONDUTAS. ORDEM CONCEDIDA.

Para a caracterização do delito de calúnia é necessária a configuração do elemento subjetivo, qual seja, a vontade livre e consciente de estar imputando, falsamente, a outrem, fato definido como crime. Se evidenciado, nos autos, que o paciente não tinha condições de avaliar a veracidade das afirmações veiculadas no Jornal do qual era radialista, pois somente teria repassado notícias obtidas pela repórter, não há que se falar em crime de calúnia. Se o paciente limitou-se a proferir, de forma genérica, expressões desrespeitosas em relação à vítima, sem, contudo, especificar as imputações, não se configura o delito de difamação, pois, para tanto, é necessário que o fato ofensivo seja preciso, concreto e determinado. Ordem concedida para, cassando-se o acórdão recorrido, determinar-se o trancamento da ação penal instaurada contra o paciente. (STJ-HC16634/SP HABEAS CORPUS 2001/0052632-2, Relator: Ministro Gilson Dipp. Data do julgamento: 19.02.2002. Dj 22/04/2002 p. 220).

PENAL. AGRAVO REGIMENTAL EM HABEAS CORPUS. CALÚNIA. PRETENSÃO DE TRANCAMENTO DA AÇÃO PENAL. AUSÊNCIA DO ANIMUS CALUNIANDI. ELEMENTO INCONTROVERSO NOS AUTOS. AUSÊNCIA DE JUSTA CAUSA RECONHECIDA. DECISÃO MONOCRÁTICA QUE DEVE SER MANTIDA.

[...] 3. Da "Ata da Assembleia Extraordinária com os Empregados do Edifício Condomínio Palácio do Congresso", não se observa terem tido os agravados o dolo específico de imputar a prática de crime à suposta vítima, situação que afasta por completo a tipicidade da conduta. 4. Agravo regimental improvido. (STJ- AgRg no HC 395714/CE AGRAVO REGIMENTAL NO HABEAS CORPUS 2017/0081976-0, Relator: Ministro. Sebastião Reis Júnior. Data do julgamento: 02/04/2019. Dje 11/04/2019).

Como resta evidente, a observância do dolo é providência primária para que exista uma responsabilização criminal por um crime contra a honra. Não há, portanto, previsão de culpa (negligência, imprudência ou imperícia) nesse particular. As discussões nos tribunais, quase que na integralidade, estão voltadas para essa questão dadas as dificuldades na identificação, vez que é elemento de caráter interno, psicológico, subjetivo. Juarez Tavares (2012, p. 112), por exemplo, aduz que, nesses casos, só haverá dolo "se o agente tiver consciência não apenas de que o fato imputado é desonroso, ou que a expressão é injuriosa, ou que a imputação do fato criminoso é falsa, como também se o agente incluir essa ofensa no âmbito de sua resolução".

No caso do dolo eventual (em que se pressupõe a assunção do risco) – certamente o mais difícil de ser identificado pela linha tênue que o separa da culpa consciente (que pressupõe uma contrariedade sincera com relação à concretização do dano) –, ocorrerá calúnia quando a pessoa, na incerteza da veracidade da informação, a compartilha em suas redes sociais. Mas essa é uma situação que não pode ser pura e simplesmente pressuposta. Haverá, portanto, de ser provada. Logo, nem todas as pessoas que compartilham uma notícia falsa cometem calúnia. Constate-se que, conforme Cezar Roberto Bitencourt (2019, p. 427):

> Para que o fato imputado possa constituir calúnia, precisam estar presentes, simultaneamente, todos os requisitos do crime: a) imputação de fato determinado qualificado como crime; b) falsidade da imputação; c) elemento subjetivo — "animus caluniandi". A ausência de qualquer desses elementos impede que se possa falar em fato definido como crime de calúnia.

Logo, é lugar comum na doutrina e na jurisprudência a ideia de que o *animus caluniandi* precisa ser identificado para a configuração da calúnia. Na mesma linha argumentativa, Victor Eduardo Rios Gonçalves (2018, p. 207) corrobora que "o propósito de atingir a honra alheia (*animus injuriandi vel diffamandi*) é indissociável do crime de calúnia, sendo sempre necessária a demonstração da intenção de denegrir a reputação da vítima [...]". Conquanto, caso a pessoa, por algum motivo crível, acredita que a informação é verdadeira e a compartilha sem a intenção de macular/ofender/atacar outra, mas o faz como mero repasse de informação para os seus contatos, dificilmente será punida, vez que não haverá dolo. Da mesma maneira, ao menos por regra, se for observado que a pessoa se ateve a narrar acontecimentos que constam, por exemplo, dos autos de um processo crime em curso (TAVARES, 2012, p. 115).

Fica, portanto, ainda que a traço grosso, demonstrada a preocupação que tem movido o judiciário brasileiro com a temática proposta. Mas, se ainda assim restar alguma dúvida, basta que olhemos, uma vez mais, para o Superior Tribunal de Justiça, que, em 2015, "disponibilizou em seu site um estudo inédito que reúne 65 julgamentos sobre crimes virtuais contra a honra". O levantamento intencionava "inibir e evitar tais abusos na web", além de se constituir numa referência importante para todo o judiciário espalhado pelo país. A pesquisa poderá ser acessada no site tribunal, onde, no menu lateral, permite-se o acesso da jurisprudência na modalidade "Pesquisa Pronta" (CONJUR, 2015).

Nessa ordem de ideias, não se perca de vista que quem divulga acreditando na informação, e, dessa maneira, sem o objetivo de denigrir a imagem de outra pessoa, não comete crime algum, sobretudo porque será possível argumentar ainda a figura do erro de tipo (art. 20 do código penal), o que exclui o dolo, tornando o fato atípico, uma vez que não há previsão culposa para os crimes contra a honra. Para Cezar Roberto Bitencourt (2019, p. 429/430):

> Se o agente está convencido de que a imputação é verdadeira, não responde pelo crime, pois incorre em erro de tipo, por ignorar uma elementar do tipo - falsamente -, ou seja, não sabe o que faz. A certeza do agente, embora errônea, de que a imputação é verdadeira impede a configuração do dolo. Se tiver dúvida sobre a falsidade, deverá abster-se da ação de imputar o fato ao sujeito passivo, caso contrário responderá pelo crime, por dolo eventual, na modalidade do caput.

Na mesma linha de entendimento vai o argumento de Rogério Sanches Cunha (2017, p. 232):

> o erro do tipo essencial recai sobre elementares, circunstâncias ou quaisquer dados que se agregam a determinada figura típica. Sua disciplina se encontra no art. 20, caput, do Código Penal, que dispõe: *"o erro sobre o elemento constitutivo do tipo legal de crime exclui o dolo, mas*

permite a punição por crime culposo, se previsto em lei"

Assim, para saber se alguém cometeu o delito de calúnia nas redes sociais, é imprescindível uma análise do caso concreto. O fato de identificarmos tais características na doutrina não significa que as mesmas estarão tão facilmente dispostas na realidade prática. Isso, aliás, tem nos mostrado a jurisprudência. Utilizar todo esse instrumental dogmático na prática é sempre muito difícil e complexo, porque assim é a realidade. A atividade interpretativa demanda um esforço cuja coerência está diretamente vinculada à bagagem teórica acumulada pelo intérprete. Não é por acaso que para J. J. Gomes Canotilho (2003. p. 18.) tem sustentado que a resolução de muitos problemas "carece de um *background* explicativo e justificativo que só pode ser fornecido por uma reflexão teórica".

Conclusão

Tanto a Constituição Federal quanto a legislação penal ordinária nutrem o objetivo de proteger a honra em seus mais variados aspectos. Como também o fazem diante de diversos outros bens/valores, sendo quase sempre necessária uma confrontação para decidir sobre o que prevalece na prática. Espartilhados por essas vertentes interpretativas fizemos uma análise sucinta sobre a disseminação de notícias falsas no ambiente virtual cuja repercussão tem potencial de resvalar na responsabilidade criminal (art. 138, 139 e 140, todos do código penal).

O percurso trilhado procurou mostrar o mais claramente possível as consequências sofridas por quem tem sido vítima de tais notícias nas redes sociais. Com a utilização de casos concretos, refletimos criticamente sobre a situação de pessoas que foram vítimas da calúnia virtualmente. Segundo perspectivamos como hipótese, tanto o governo quanto a sociedade têm responsabilidade de manter canais de conscientização, incentivando os usuários das redes sociais a checar as informações antes de compartilhá-las. Mais do que criminalizando, entendemos que é por essa via haverá uma real possibilidade de mudarmos esse ciclo vicioso, diminuição de maneira consistente o cometimento desse tipo de crime.

Com isso, constata-se que as pessoas estão sujeitas ao risco de ser tanto vítima de uma calúnia quanto de responderem pelo crime, sobretudo por conta do compartilhamento de notícias falsas no ambiente virtual. Temos todos nós, usuários e usuárias, a obrigação de checar as informações antes de compartilhá-las. Na dúvida sobre a procedência do conteúdo, a abstenção é um dever de autopreservação e, sobretudo, cívico. Porém, é ainda possível encontrar quem dissemina tais notícias falsas sem o *"animus caluniendi"*, ou seja, sem a intenção de cometer calúnia, o que não caracteriza o crime, pois, como vimos, ausente o dolo necessário.

Conclui-se, portanto, que, somente diante de um caso concreto é que será possível saber se o usuário cometeu a calúnia, vez que será preciso analisar a os requisitos objetivos e subjetivos do crime em comento. Seja como for, não nos parece existir saída mais consistente do que a conscientização da população usuária, pois, em muitos casos, o compartilhamento é quase que mecânico porque as pessoas não param para refletir no prejuízo que uma calúnia pode provocar nas vidas das pessoas que são vítimas de um crime como esse.

O que na realidade acontece é que, se fossemos perspectivar o problema a partir dos saberes *psi*, em especial da psicanálise – o que certamente renderia uma outra investigação – as pessoas têm compartilhado as notícias não porque lhes pareça ser algo real, mas porque, para elas, aquilo deveria ser real. É o que elas desejam, ou seja, o compartilhamento de determinadas notícias falsas, de tão bizarras que são, mais representa uma espécie de vontade reprimida, de que aquilo deveria ser real, de que o sujeito gostaria que aquilo fosse verdadeiro, ou seja, o que se expressa com o compartilhamento é o próprio desejo contido, mas não o (ingênuo) acreditar na notícia. Assim, o sentimento de frustração, de há muito sufocado, faz com que se abra uma válvula de escape, em que se permita um ponto de extravasamento, do contrário o sujeito explode (ou ,se quisermos, desenvolve algumas patologias ou transtornos da personalidade) daí porque as redes socias parece-nos ter se constituído num verdadeiro divã virtual.

Referências

ARAUJO, Luiz Antônio. Como acusação falsa no Whatsapp abalou a vida de uma técnica de enfermagem gaúcha. Disponível em: htttps://www.bbc.com/portuguese/brasil-46226327. Acesso em: 02 out. 2019.

BITENCOURT, Cezar Roberto. Tratado de direito penal: parte especial 2: crimes contra a pessoa. 19ª ed. São Paulo: Saraiva, 2019.

BRASIL. Código Penal. Decreto-lei nº 2.848, de 7 de dezembro de
1940. Disponível em:
http://www.planalto.gov.br/ccivil_03/decreto-
lei/del2848compilado.htm. Acesso em: 06 de junh. de 2019.

BRASIL. Câmara Federal. Projeto de Lei 3.857/2019. Altera
Decreto-lei no 2.848, de 7 de dezembro de 1940. Disponível em:
https://www.camara.leg.br/proposicoesWeb/prop_mostrarinte
gra;jsessionid=8F21DAFFFDCB22933CD6E2F43F0F0C01.pr
oposicoesWebExterno2?codteor=1773419&filename=Tramitac
ao-PL+3857/2019. Acesso em 17 out. 2019.

BRASIL. [Constituição (1988)]. Constituição da República
Federativa do Brasil de 1988. Promulgada em 05 de outubro de
1988. Disponível em:
http://www.planalto.gov.br/ccivil_03/constituicao/constituica
o.htm. Acesso em: 14 out. 2019.

BRASIL. Supremo Tribunal Federal (2. Turma). Ação Originária
2.002/DF. Relator: Min. Gilmar Mendes, 02 de fevereiro de
2016. Disponível em:
http://redir.stf.jus.br/paginadorpub/paginador.jsp?docTP=TP
&docID=10349824. Acesso em 11 out. 2019.

BRASIL. Superior Tribunal de Justiça. Ação Penal 613/SP. Relator:
Min. OG Fernandes, 20 de maio de 2015. Disponível em:
https://ww2.stj.jus.br/processo/revista/documento/mediado/
?componente=ITA&sequencial=1409336&num_registro=2009
02334302&data=20151028&formato=PDF. Acesso em 11 out.
2019.

BRASIL. Superior Tribunal de Justiça (6. Turma). Agravo
Regimental no Habeas Corpus 395.714 /CE. Relator: Min.
Sebastião Reis Júnior, 02 de abril de 2019. Disponível em:
https://ww2.stj.jus.br/processo/revista/documento/mediado/
?componente=ITA&sequencial=1811453&num_registro=2017
00819760&data=20190411&formato=PDF. Acesso em 14 out.
2019.

BRASIL. Superior Tribunal de Justiça (5. Turma). Habeas Corpus
16.634/SP. Relator: Min. Gilson Dipp, 19 de março de 2002.
Disponível em:
https://ww2.stj.jus.br/processo/revista/documento/mediado/

?componente=IMG&sequencial=17933&num_registro=20010 0526322&data=20020422&formato=PDF. Acesso em: 14 out. 2019.

GOMES CANOTILHO, José Joaquim. Direito Constitucional e teoria da constituição. 7. ed. Coimbra: Almedina, 2003.

CARDOSO, Paulo Henrique; MARQUES, Ariane. Multidão tenta linchar casal após boato de sequestro em WhatsApp. Disponível em: http://g1.globo.com/rj/regiao-dos-lagos/noticia/2017/04/multidao-cerca-carro-e-tenta-linchar-casal-suspeito-de-sequestrar-crianca.html. Acesso em: 14 out. 2019.

CARO JOHN, José Antonio. A ponderação entre o direito à honra e o direito à liberdade de expressão. SAAD-DINIZ, Eduardo, POLAINO-ORTS, Miguel. Teoria da pena, bem jurídico e imputação. São Paulo: LiberArs, 2012.

CASTELLS, Manuel. A sociedade em rede. 17ª ed. São Paulo: Paz e Terra, 2016.

CASTRO, de Fábio. "Fake news" têm 70% mais chance de viralizar que as notícias verdadeiras, segundo novo estudo. Disponível em: https://ciencia.estadao.com.br/noticias/geral,fake-news-se-espalham-70-mais-rapido-que-as-noticias-verdadeiras-diz-novo-estudo,70002219357. Acesso em: 09 out de 2019.

CCOM-MPPA. ESTREITO – Campanha sobre o uso responsável das redes sociais é lançada no município. Disponível em: https://mpma.mp.br/index.php/lista-de-noticias-gerais/14796-estreito-campanha sobre-uso-responsavel-das-redes-sociais-e-lancada-no-municipio. Acesso em: 06 junh. 2019

CAPANEZ, Juliana. Mentira que mata. O passo do 1º caso no Brasil em que notícias fraudulentas levaram a uma tragédia. Disponível em https://www.uol/noticias/especiais/das-fake-news-ao-linchamento-como-uma-mentira-levou-a-morte-de-uma-inocente.htm. Acesso em: 02 out. 2019.

CONJUR. STJ lança estudo que reúne 65 julgamentos de crimes virtuais contra a honra. Disponível em: https://www.conjur.com.br/2015-out-07/stj-lanca-estudo-reune-65-julgamentos-crimes-internet. Acesso em 19 out. 2019.

CUNHA, Rogério Sanchez. Manual de direito penal: parte especial (arts. 121 ao 361). 9ª ed. Salvador: Juspodivm, 2017.

DELMAZO, Caroline; VALENTE, Jonas C. L. Fake news nas redes sociais online: propagação e reações à desinformação em busca de cliques. Media & Jornalismo, Coimbra, vol. 32. n. 1, p. 155-169, 2018.

EXAME. 77% dos brasileiros são influenciados pelo Marketing Digital nas redes sociais, segundo pesquisa. Disponível em: https://exame.abril.com.br/negocios/dino/77-dos-brasileiros-sao-influenciados-pelo-marketing-digital-nas-redes-sociais-segundo-pesquisa/. Acesso em 04 jun. 2019.

FRANÇA JÚNIOR, Francisco de Assis de. Consumo de drogas: uma análise crítica da política luso-brasileira. Lumen Juris: Rio de Janeiro, 2016.

GRECO, Rogério. Curso de direito penal: parte especial, vol II. 14ª ed. Niterói: Impetus, 2017.

GONÇALVES, Victor Eduardo Rios. Curso de direito penal: parte especial (arts. 121 a 183) - volume 2. 2ºed. São Paulo: Saraiva, 2018.

JESUS, Damásio E. de. Direito penal: dos crimes contra a pessoa e dos crimes contra o patrimônio. 35ª ed. São Paulo: Saraiva, 2015.

MAZZILLI, Eduardo Rodrigues Alves. Crimes contra a honra no código penal brasileiro. Revista Síntese de direito penal e processual penal, Porto Alegre, v. 11, n. 71, p. 60-88., dez./jan. 2012.

NUCCI, Guilherme. Se PJ é responsável por crimes ambientais, também o é por outros delitos. Consultor Jurídico, 24 jun. 2017. Disponível em: https://www.conjur.com.br/2017-jul-24/guilherme-nuccipj-responde-crimes-ambientais-outros-delitos. Acesso em 19 out. 2019.

TAVARES, Juarez. Anotações aos crimes contra a honra. Revista Brasileira de Ciências Criminais, São Paulo, v. 20, n. 94, p. 89-132., jan./fev. 2012.

A precariedade do sistema penitenciário no Estado de Alagoas e a possibilidade de privatização: notas sobre os desafios na efetividade da Lei de Execução Penal (7.210/1984)

ALLÍCIA MANUELLA MORAIS DE ANDRADE[1]
FRANCISCO DE ASSIS DE FRANÇA JÚNIOR[2]

Introdução

É importante que se diga, desde logo, que, evidentemente, não desejamos que, no Estado de Alagoas, venham a se repetir eventos trágicos como o Carandiru, em São Paulo, ou Pedrinhas, no Maranhão. Situações absolutamente afastadas dos valores democráticos. Tampouco é de se cogitar a pena capital como instrumento de solução da questão penitenciaria, ou mesmo da violência urbana, vez que isso contraria o curso da história dos povos (pós)modernos, atribuindo-se ao Estado uma sinistra força que, na verdade, nenhuma sociedade democrática poderia ter: a de matar em grande número, em época de paz, em nome da "justiça".

Dito isso, o que se apresenta como nosso principal problema a ser enfrentado é o fato de identificarmos que o sistema penitenciário não tem ostentado as condições necessárias para cumprir o que promete em termos de reintegração social da pessoa submetida à prisão. Assim, importante refletirmos sobre quais seriam os principais desafios para uma substancial modificação nessa dinâmica? Mais ainda: estaria o Estado de Alagoas apto a manter algum espaço de respeito à dignidade humana no sistema que alimenta? Justifica-se a falência deste sistema de forças oficialmente instituído cujos males tanto nos angustiam?

Nesse passo, observa-se claramente uma precariedade em termos de reintegração social, seja diante da pessoa efetivamente presa, que não têm as oportunidades necessárias para se preparar para a vida

---

[1] Graduada no Curso de Direito do Centro Universitário CESMAC (Maceió/AL)
[2] Doutorando e Mestre em Direito pela Universidade de Coimbra (PT); Professor no Centro Universitário CESMAC (Maceió/AL); Coordenador do IBCCRIM em Alagoas; Advogado de defesa.

em liberdade, seja diante do egresso, cuja Lei de Execução Penal (7.210/1984) determina assistência por um período (art. 26). Muitos dos problemas, devem-se, portanto, à falta de estrutura física (a precariedade nos estabelecimentos) e de pessoal (o contingente escasso e, muitas vezes, o próprio despreparo). É inegável que tais circunstâncias influenciam nesse processo. Sem uma administração penitenciária profissionalizada, em todos os sentidos, as previsões legais continuarão como tradicionalmente se apresentam: como meras promessas. Daí porque a possibilidade de parceria (privatização) com empresas privadas deve ser seriamente discutida. Em Alagoas, por exemplo, observa-se uma unidade penitenciária que funciona em sistema de congestão, o que deve ser refletido. Essas são, portanto, as hipóteses.

Nossa investigação tem como objetivo principal analisar criticamente a precariedade estrutural do sistema enfocado, muito especialmente no Estado de Alagoas, por ser este o espaço com o qual dialogamos cotidianamente. Pretendemos revelar a existência das incoerências entre o ordenamento jurídico brasileiro e a prática penitenciária alagoana. Deixar, portanto, claro que os obstáculos para uma reintegração social provêm da falta de políticas públicas mais ousadas, de investimentos e até de interesse político, o que nos permitiria romper consistemente com o ciclo vicioso (prisão-violência-prisão) ora vigente.

Por fim, tendo como principal referencial teórico obras da literatura penitenciária, bem como o relatório de vistorias realizadas por nosso orientador, enquanto representante da Ordem dos Advogados do Brasil na época (2014), utilizamos o método hipotético-dedutivo, com o auxílio de uma pontual revisão bibliográfica. Assim, a estrutura de nossa investigação está dividida em três capítulos: no primeiro capítulo traremos uma breve noção do direito penitenciário, que em uma democracia, trata não só de punição, mas sobretudo do reconhecimento de direitos da pessoa presa; no segundo capítulo propomos a discussão a respeito da estrutura das penitenciárias, que negligenciam aspectos importantes da Lei de Execução Penal 7.210/1984; já no terceiro capítulo, reflete-se a viabilidade das parcerias público-privada.

1 Uma breve noção do direito penitenciário em ambiente que se pretende democrático: uma leitura do descompasso entre o ordenamento jurídico e a realidade brasileira

A elaboração de um primeiro Conjunto de Regras para o Tratamento dos Presos, devido à iniciativa de Maurice Walter, então Presidente do Conselho de Direção das Prisões da Inglaterra e Gales (década de 1920), refletia preocupações relativamente inovadoras em relação às pessoas presas, condenadas ou não; aquelas pessoas já não poderiam ser consideradas como meros objetos sujeitos da punição, mas também como titulares de determinados direitos não afetados diretamente pela prisão (BERGAMINI, 1992, p. 16). O respeito à integridade física e moral, à dignidade de uma maneira geral, ingressa definitivamente no debate penitenciário.

Dito muito resumidamente, o Direito Penitenciário, que possui caráter misto, com regras de natureza administrativa e jurisdicional, tem a função de disciplinar a execução da medida de prisão ou a internação. Não seria qualquer absurdo apontar sua origem para o momento em que vemos surgir o século das luzes, sobretudo a partir dos escritos de Beccaria (1764), mas é no fim do século XIX e começo do século XX que sua estrutura se densifica. É, portanto, sob a influência do positivismo criminológico que o Direito Penitenciário se desenvolve, tal como um instrumento para se estabelecer a "cura" para a criminalidade (MIOTTO, 1992, p. 1819).

Na perspectiva de Augusto Thompson (2002, p. 3), "enquanto anteriormente, a tônica do confinamento carcerário recaía sobre o alvo *escarmento*, já a partir do século passado, pelo menos, passou a merecer ênfase especial a meta reabilitação". Para o autor, encarado sob a lente da "terapêutica, cura, recuperação, regeneração, readaptação, ressocialização, reeducação e outras correlatas", o processo de punição, não só no Brasil, era visto "como semelhante à finalidade do hospital ora como à da escola". Ou seja, também esse ramo do conhecimento jurídico tem contribuições significativas na construção do que Michel Foucault (2007) denunciou como uma aparelhagem destinada ao controle de corpos indesejados na dinâmica social.

No entanto, a partir das últimas décadas do século passado, o discurso sobre a pena, e, por consequência, as penitenciárias, tem passado por, pelo menos, duas importantes releituras. A primeira remete ao declínio das funções instrumentais da pena, contraposto ao crescente interesse nas funções simbólicas de reforço da norma e dos valores sociais. E a segunda advém de um descrédito de todas as funções preventivas da pena e da ascensão do discurso retributivo, deixando como fim único e inconteste da punição o castigo, na forma da neutralização do preso. (LEAL, 1998, 116). É certo que outras leituras sobre esse tema também existem, tais como teorias agnósticas (FERRAZ, 2018) e abolucionistas (FRANÇA JÚNIOR, 2019), mas, discuti-las aqui, foge demasiadamente do objetivo de nossa investigação.

No que toca à previsão legal ora vigente, mais especificamente na Lei de Execução Penal (7.210/84), é fora de dúvida que foram destacados os fins da punição e da reintegração da pessoa presa ao convício social, nesse último caso, prevaleceu, portanto, a obrigação estatal no fornecimento de diversas formas de assistência (à saúde, à educação, à religiosidade, etc.).[3] Conforme a previsão de seu art. 1º, o sistema deve se mover com o objetivo de "efetivar as disposições de sentença ou decisão criminal e proporcionar condições para a harmônica integração social do condenado e do internado". Enquanto no art. 10, cristaliza-se a firme ideia de que a "assistência ao preso e ao internado é dever do Estado, objetivando prevenir o crime e orientar o retorno à convivência em sociedade".

Não obstante o discurso legal, reconhecendo direitos e formas de punição menos selvagens do que aquelas observadas na história das penas ao redor do mundo – não por acaso Luigi Ferrajoli (2014, p. 345) destaca que essa é certamente uma história "mais horrenda e infamante para a humanidade do que a própria história dos delitos" –, tudo isso não tem servido para conter certos tipos de violência ainda em curso. A brutalidade da penitenciária, na prática, do sistema de controle e de punição de uma maneira geral, talvez não seja percebida pela população que se considera "mais livre" quando recebe a notícia de que uma pessoa é presa, entretanto, para quem olha a partir de dentro, a perspectiva tende a ser completamente diferente.

O que se mostra, na realidade, são penitenciárias superlotadas, com pessoas (presas e até funcionários do estabelecimento) em situação degradante, sem que as assistências devidas sejam prestadas. Para Cesar Barroso Leal (1998, p. 70-71) vê-se que é grande a

---

[3] Também a Constituição Federal brasileira estabelece inúmeras obrigações aos agentes públicos quando prendem pessoas, senão vejamos: Art. 5º [...] XLIX - é assegurado aos presos o respeito à integridade física e moral; LXIII - o preso será informado de seus direitos, entre os quais o de permanecer calado, sendo-lhe assegurada a assistência da família e de advogado; LXIV - o preso tem direito à identificação dos responsáveis por sua prisão ou por seu interrogatório policial; LXXV - o Estado indenizará o condenado por erro judiciário, assim como o que ficar preso além do tempo fixado na sentença;

distância entre o discurso e a ação. O autor menciona que Sergio Adorno, no Núcleo de Estudos da Violência da USP, após exame minucioso das fichas dos detentos de penitenciárias do Estado de São Paulo, no período de 1974 a 1985, constatou que a taxa de reincidência tinha estreita relação com o tratamento que a pessoa recebia, pois que o índice mais elevado de retorno à penitenciária era exatamente dos que haviam sofrido o maior número de punições como o isolamento.

Na mesma linha argumentativa, Damásio Evangelista de Jesus (1997, p. 28) assegura que "boa parte das mazelas sofridas pela pessoa presa, além de não fazer com que essa implemente suas finalidades, são expressamente ilegais, pelo fato de incidirem em desvio ou excesso de execução, conforme disposição da própria Lei de Execução Penal". Segundo o autor, isso tem produzido "um descompasso entre o disposto na sentença penal condenatória e ao que efetivamente o recluso é submetido durante o encarceramento, ferindo, desse modo, o princípio da legalidade, o qual deveria nortear todo o procedimento executivo penal".

A situação é tão preocupante (e deprimente), de tal forma já inscrita no nosso padrão cultural, que, para Augusto Thompsom (2002, p. 23), a reentrada de uma pessoa na penitenciária parece não ser mais notícia que choca a população. Pelo contrário, segundo argumenta o autor, é um tipo de fenômeno assimilado de maneira bastante tranquila, não chegando, sequer, a arranhar a sensibilidade social. A propósito, o que parece despertar a interessada preocupação social, com vigorosos protestos, muitas vezes atingindo proporções de escândalos públicos, movimentando os meios de comunicação de massa, gerando demissões de autoridades, cobrando severas punições, são situações que, muitas vezes, a própria legislação garante (art. 56, inciso II, da Lei de Execução Penal), como, por exemplo, o acesso a visitas íntimas e a determinados aparelhos de uso domésticos (televisão, fogão, geladeira, máquinas para o exercício físico, etc.).

O fato é que a questão penitenciária tem sido deturpada, além de não ser considerada como prioridade na elaboração de políticas públicas. Tradicionalmente, o político brasileiro, focado em sua reeleição – o que exige resultados imediatos –, pensa o sistema penitenciário como um gasto desnecessário (a pessoa presa não vota, nem não financia campanhas), como um problema impopular (vez que seria visto como alguém que estaria beneficiando criminosos), e não como um investimento, como um problema que precisa ser enfrentado para que o clico vicioso (prisão-violência-prisão) seja rompido consistentemente. No entanto, antes que sejam tiradas daqui conclusões precipitadas, deixemos claro que tal não é um problema exclusivo do Brasil. Mesmo nos Estados Unidos, país apontado por muitos como uma das grandes referências em termos de democracia no mundo, esse é um problema presente (WACQUANT, 2003).

Os índices da criminalidade, todos eles, depõem contra os defensores do atual sistema penitenciário, sobretudo aqui no Brasil. Temos, claramente, uma verdadeira *revolta dos fatos contra o ordenamento* (GASTON, 1945). A legislação, que intencionava espartilhar a realidade, readequando-a, está sendo por esta esmagada. Dessa maneira, é fundamental que repensemos um novo cenário para o sistema penitenciário, sobretudo porque o modelo atual já mostrou ao que veio. Os resultados, pífios, por sinal, são bastante reveladores. Em boa parte dos estados assistimos à multiplicação de fugas, motins, rebeliões, mortes e depredações do patrimônio público, o que desnuda quem verdadeiramente manda no sistema penitenciário brasileiro.

Se nos fosse permitido observar o cumprimento da Lei de Execução Penal (7.210/1984), certamente o cenário tenderia a ser outro. Entretanto, as práticas são outras. O ideal de reintegração social da pessoa submetida à prisão seria mesmo palpável se tivéssemos, de fato, políticas públicas mais condizentes com a opção que o legislador constituinte fez pelos valores democráticos. Mas isso ainda nos parece ser o que se costuma denominar por utopia.

2 A precariedade das penitenciárias no Estado de Alagoas

Feita a contextualização que reputamos como necessária, antes de mergulharmos nas características do sistema penitenciário alagoano, parece-nos importante observar, na esteira da literatura criminológica a respeito, que o encarceramento não tem uma relação direta com o aumento (ou a diminuição) da criminalidade (FRANÇA JÚNIOR, 2014). A massa de pessoas presas, geralmente excluídas do trabalho e da educação, e, consequentemente, do consumo, é submetida a um gigantesco sistema de forças que, na prática, recebe a incumbência de conte-la, custe o que custar. Não é por acaso que mortes são muito comuns nesse tipo de ambiente, mesmo quando a segurança é máxima. E Alagoas não foge dessa regra (MOURA;

FERREIRA, 2017).

De acordo com o mapa da população carcerária, atualmente, conforme apresentado no portal da Secretaria de Estado de Ressocialização e Inclusão Social – SERIS do governo do Estado de Alagoas, relativo às movimentações do plantão de 16.10.2019, são 9.026 pessoas presas, computando-se aquelas que estão em regime fechado, aberto e semiaberto, em prisões provisórias, medidas de segurança e as recolhidas nas unidades federais. Efetivamente nas unidades prisionais, a população atual é de 4.701, sendo que 3.721 estão na capital, Maceió, cuja capacidade é de 2.761, com um excedente de 980 vagas. No interior, mais especificamente no presídio do Agreste, são 960 vagas, com um excedente de 20 pessoas presas. (SERIS, 2019).

Segundo os dados fornecidos pela secretaria responsável, em atividade, são oito as unidades que compõem a o sistema alagoano: a penitenciária masculina Baldomero Cavalcante de Oliveira (PMBCO); presídio de segurança média professor Cyridião Durval e Silva (PSMPCDS); o Presídio do Agreste (PA), localizado no interior alagoano; o Núcleo Ressocializador da Capital (NRC); a penitenciária de Segurança Máxima (PENSM); a casa de custódia da capital (CCC); o estabelecimento prisional feminino Santa Luzia (EPFSL); centro psiquiátrico judiciário Pedro Marinho Suruagy (CPJ); e o presidio de segurança máxima (PSM). (SERIS, 2019)

A evidente precariedade da estrutura é ainda aliada à insuficiência de servidores para fazer funcionar regularmente o sistema superlotado, o que fragiliza, ainda mais, a segurança dos servidores e das pessoas presas, que ficam submetidas a uma dinâmica própria das regras informais sempre presentes nesse ambiente totalizante. Se fosse uma cidade, o sistema penitenciário alagoano, na prática, seria uma espécie de 'metrópole' autorregulada. Esse encarceramento, como já deixamos antever, reflete uma estrutura de dominação contemporânea que mascara uma exclusão social perversa (WACQUANT, 2003), com a neutralização de pessoas marginalizadas em praticamente todas as prisões alagoanas.

Se nos debruçarmos sobre o relatório de vistorias no sistema carcerário alagoano da Coordenação Nacional de Acompanhamento do Sistema Carcerário Brasileiro – COASC, órgão então vinculado ao Conselho Federal da Ordem dos Advogados do Brasil, veremos que inúmeras falhas foram identificadas, seja no controle do fluxo de entrada e de saída das pessoas no sistema, seja na dinâmica interna de funcionamento. Segundo o relatório, apenas para que tenhamos uma ligeira ideia, constatou-se que aquele controle de acesso "de pessoas nas unidades é precário e ainda calcado basicamente na anotação em papel dos dados das pessoas que lá comparecem durante a semana". Além disso, ainda são encontradas pessoas nas carceragens das delegacias, o que compromete a própria contagem de pessoas presas, vez que as delegacias estão submetidas à secretaria de segurança. (FRANÇA JÚNIOR, 2014).

No caso do presídio Baldomero Cavalcanti, por exemplo, o de maior capacidade na capital, ainda segundo o relatório mencionado, a classificação determinada pela Lei de Execução Penal (7.210/1984), no art. 5 e seguintes, tem forte participação das pessoas presas, ou seja, "durante um período, cerca de dez dias, o preso novato fica na triagem, onde será 'avaliado' pelos demais, não havendo objeção, ele passa a integrar o módulo". Nisso também as facções influenciam, visto que elas são "encontradas na unidade", tais como o Primeiro Comando da Capital – PCC, a Firma e o Comando Vermelho", embora os "servidores procuram não levar isso em conta no trato com os presos para que não se fomente um 'status'" entre as pessoas presas.

A estrutura, portanto, é precária, sem condições de oferecer as assistências determinadas legalmente. Veja-se que a Resolução n. 25/2016 do Conselho Nacional de Política Criminal Penitenciária - CNPCP, órgão da execução penal (art. 61 da Lei de Execução Penal), estabelece o número de cinco presos para cada agente penitenciário. No relatório que nos serve de parâmetro, constata-se que "há deficiência ainda pela falta de servidores, especialmente agentes, havendo dias de apenas quatro agentes trabalharem no local". Não é de hoje que as associações dos agentes penitenciários reclamam das condições precárias de trabalho. Basta uma pesquisa simples na rede mundial de computadores que as notícias se multiplicam nesse sentido.

É bastante representativo desse quadro de precariedade no sistema alagoano, o fato de, na vistoria realizada pelo representante da Ordem dos Advogados do Brasil, segundo aponta o relatório mencionado, ter-se encontrado, na unidade (que deveria ser) de segurança máxima, situada na capital, "o raio-X quebrado, encontrando-se nas mesmas condições os portais detectores de metal, câmeras de vigilância e bloqueadores de celular". Para nós, as ocorrências trazem à baila o descaso e a falta de vontade política com a reintegração da pessoa presa. Equipamentos básicos, que poderiam evitar que continuassem as aviltantes revistas manuais, inclusive em crianças, que afastam os familiares do sistema. Esse contato familiar, aliás, conforme argumenta Miguel Reale Jr. (2014), é ingrediente extremamente importante para que se estimule que a pessoa presa não aprofunde seus laços de pertencimento com as facções.

Os meios de comunicação têm mostrado que em todas as rebeliões e motins existem reclamações absolutamente iguais. A carta divulgada nesses casos contém sempre as mesmas exigências: melhorias nas condições da penitenciária, com alojamentos e refeições minimamente condizentes com a dignidade humana, com a qual, aliás, tem compromisso irrenunciável a Constituição Federal (art. 1, inciso III). Eventos dramáticos como os do Carandiru, em São Paulo, e Pedrinhas, no Maranhão, que dispensam maiores comentários porque bastante presentes no noticiário contemporâneo e na literatura a respeito, têm sido determinados pela deliberada omissão estatal no cumprimento das promessas que faz. Seria irônico, não fosse trágico, ver que, na realidade, rebeliões e os motins ocorrem como o único recurso que as pessoas presas possuem para forçar o cumprimento do responsabilidade estatal.

No sistema alagoano a situação é, de certa maneira, calamitosa, embora ainda não tenhamos experimentado, felizmente, eventos como aqueles citados em São Paulo ou no Maranhão. Tanto é assim que, o relatório da Ordem dos Advogados do Brasil, que utilizamos como principal referência na investigação ora em curso, já apontava para o fato de que "tais conflitos, que podem inclusive desaguar em rebeliões, infelizmente, diante do cenário, não são mais permitidos ao Estado evitar". Nesse sentido, prossegue, "aos presos, a deflagração de rebeliões, aqui em Alagoas ou em qualquer outra unidade da federação, na imensa maioria das unidades prisionais, não é mais uma questão de oportunidade, mas de conveniência".

Esse preocupante cenário, sem perspectiva de resolução em curto prazo, com a prisão, especialmente a cautelar, banalizada no ideário popular como forma eficiente de resolução de problemas sociais extremamente complexos, é também variável que contribui decisivamente para o aumento da sensação de insegurança e da própria criminalidade, uma vez que essa precariedade refletirá na sociedade na medida em que essas pessoas forem alcançando sua liberdade. O sistema, portanto, alimenta um ciclo vicioso (prisão-violência-prisão) que precisa ser revertido. E, como já deixamos antever, não é a pena capital, uma solução possível, visto que, dentre outras coisas, é vedado constitucionalmente (art. 5, inciso XLVII, alínea *a*).

A construção de novas penitenciárias talvez sirva para desafogar momentaneamente o sistema, mas, segundo perspectivamos, não tem o condão de produzir efeitos mais consistentes e duradouros, tendo em vista que há uma cultura encarceradora, para a qual uma vaga preenchida é sinônimo de lucro, especialmente com o advento do modelo de cogestão ou parceria (privatização) (FELETTI, 2014), sobre o que desenvolveremos no capítulo seguinte. Uma mudança de mentalidade, como é de se supor, não comporta alternativas simples, do tipo *da noite para o dia*, que produzem resultados imediatamente, e certamente por isso a resistência das instâncias políticas (aquelas que decidem) em tomar decisões sem essas características. Afinal, será preciso angariar votos a cada dois anos. Portanto, não há tempo a "perder".

Dessa maneira, não há solução fácil. Segundo ressalta Bernardo M. Varjão de Azevedo (2010, p. 56-62) "existem fatores que necessitam ser avaliados de forma clara quando se reflete sobre a superlotação, contudo tal análise é negada pela maior parte da doutrina que se debruça a estudar a execução penal". O autor argumenta que "o motivo que enseja essa negação parece ser a circunstância de que uma análise para além dos limites dogmáticos da Lei n.º 7.210/2004, traz dificuldades aos setores mais conservadores da doutrina e da jurisprudência". Para ele, é comum esbarrarmos na "acomodação de determinados segmentos da doutrina, ou, ainda, a difusão de uma dada ideologia de índole predominantemente repressora".

3 As cogestões e as parcerias público-privadas: seria a privatização uma alternativa rumo à reintegração social da pessoa presa?

Primeiro, convém deixar claro que o Conselho Nacional de Política Criminal e Penitenciária - CNPCP, já emitiu a Resolução n. 08/02, recomendando "a rejeição de quaisquer propostas tendentes à privatização do Sistema Penitenciário Brasileiro" (art. 1). Entretanto, na mesma normatização considerou-se como "admissível que os serviços penitenciários não relacionados à segurança, à administração e ao gerenciamento de unidades, bem como à disciplina, ao efetivo acompanhamento e à avaliação da individualização da execução penal, possam ser executados por empresa privada". As cogestões ou parcerias público-privadas – aqui compreendidas como formas de privatização, de maneira genérica – , são, portanto, segundo a normatização mencionada, uma possibilidade desde que dentro das limitações impostas.

Como visto, não podemos ignorar que, da forma que se encontra, a prisão não cumpre as promessas que faz e, o que é pior, não obsta as violações sistemáticas da dignidade das pessoas submetidas a ela. Com a finalidade de tentar amainar o problema, agravado pela superlotação e a alegação de escassez de recursos, uma questão é colocada na pauta dos debates sobre o sistema penitenciário: a cogestão e a parceria público-privada seriam uma alternativa viável do ponto de vista prático? O que se sabe é que esse tipo de providência, em termos históricos, não é propriamente uma novidade no mundo ocidental, em especial nos Estados Unidos, onde as empresas se multiplicam nesse setor (WACQUANT, 2003).

O desafio é sabermos se, dentro de nosso contexto político-econômico, esse seria um modelo que nos permitiria a diminuição do fosso hoje existente entre o que se prescreve na legislação e o que acontece na prática penitenciária. De toda forma, deixemos logo consignado que, na nossa perspectiva, ainda que colocada em prática, essa é uma providência que não vai solucionar os problemas sociais vinculados à violência. A penitenciária, seja ela pública ou particular, será sempre uma medida paliativa, como, aliás, tem nos mostrado a história humana. Não há, portanto, um "antídoto infalível". Mas essa é sim uma providência que pode, segundo nos parece, despontar como um instrumento que, dentro de determinados limites, possa vir a apresentar condições menos indignas do que aquelas hoje encontradas.

Não há dúvida de que as empresas privadas podem estabelecer parcerias com a gestão do o sistema penitenciário. Isso está expressamente permitido na Lei de Execução Penal (7.210/1984), quando, por exemplo, a pessoa presa realizar o trabalho externo. Pela prescrição do art. 36 do mesmo diploma, "o trabalho externo será admissível para os presos em regime fechado somente em serviço ou obras públicas realizadas por órgãos da Administração Direta ou Indireta, ou entidades privadas, desde que tomadas as cautelas contra a fuga e em favor da disciplina". Nada impede, portanto, que esse trabalho se estabeleça no sistema de parceria público-privada. Mas não é disso que se trata. O debate gira em torno da possibilidade da própria empresa privada gerenciar mais intensamente o funcionamento do sistema.

Perceba-se que não há vedação legal para que tal aconteça, mas, como sabemos, ao poder público só é dado fazer aquilo que está expressamente prescrito na legislação (art. 37 da Constituição Federal). Com o advento da Lei n. 11.079/2004, que trata das "normas gerais para licitação e contratação de parceria público-privada no âmbito da administração pública", o interesse ficou ainda mais latente, não só para a gestão, mas sobretudo para a construção de penitenciárias, o que fomentou o estreitamento das relações entre o sistema em questão e a iniciativa privada. Não à toa, "numa tentativa de modernizar os processos licitatórios, desburocratizando-se a contratação com o setor privado, os congressistas brasileiros levaram à aprovação o Regime Diferenciado de Contratação", o que, com a Lei n. 12.462/11, acabou por promover "modificações importantes no processo licitatório" (CORDEIRO; FRANÇA JÚNIOR, 2017).

O problema é que, "utilizando-se também da lógica de modernização, sob forte pressão política, a entrada em vigência da Lei n. 13.190/15 ampliou a possibilidade de utilização do RDC para a construção, ampliação e reforma de estabelecimentos penais". Entretanto, "a lei necessitava de regulamentação, vez que trazia parâmetros gerais, quando em 05 de maio do mesmo ano, fez-se publicar a Instrução Normativa n. 1/16, do Departamento Penitenciário Nacional" que continha "regras, discutíveis e contrapostas ao que até então se estabelecia, para os entes interessados na contratação das obras junto ao setor privado" (CORDEIRO; FRANÇA JÚNIOR, 2017).

Não bastasse isso, com a possibilidade de construção de penitenciárias submetidas a regras que seguem normalmente a lógica do custo-benefício, que é normalmente a regra do mercado, o que nos leva a um cenário em que a manutenção de espaços de convivência e de assistência à saúde e à educação podem ser vistos como fatores que encarecem a obra, a entrega da gestão do funcionamento (total ou parcial) às empresas privadas também precisa ser vista com todas as ressalvas possíveis. Será possível vermos como tem funcionado o modelo de gestão total, desde a década de 1980, nos Estados Unidos, cujo modelo, em diversos estados, é assumido por empresas privadas com a responsabilidade absoluta pela administração (LEAL, 2005, p. 15).

Dessa maneira, as empresas oferecem serviços de saúde, educação, recreação, e alimentação, além de segurança, assistência jurídica e social, incumbindo-lhes fornecer informações periódicas à justiça. Dentro das penitenciárias, existem trabalhos em laboratórios de informática e opções de emprego depois do cumprimento da pena, enquanto o governo paga o valor de 25 dólares ao dia. (LEAL, 2005, p. 15). Para Cesar Barros Leal (2005, p. 14-15),

> a privatização no país tomou um impulso muito grande na era de Reagan, Bush e sobretudo Clinton. Através da Súmula 1981, a Suprema Corte se pronunciou acerca da privatização: Não há obstáculo constitucional para impedir a implantação de prisões privadas, cabendo a cada Estado avaliar as vantagens advindas dessas experiências, em termos de qualidade e segurança, nos domínios da execução penal.

Diferentemente do modelo norte-americano (o total, em que empresa privada, além da construção, direção, gerência e administração da penitenciária, assume os serviços de segurança), na França tem-se um sistema denominado de dupla gestão (ou gestão parcial, ou cogestão, ou de parceria), posto que os agentes estatais e a empresa privada, em conjunto, incumbem-se, contratualmente, de administrar os estabelecimentos. Nas palavras de Cesar Barros Leal (2004) o modelo no território francês se orienta pelos seguintes princípios:

> gestão mista: setor público e iniciativa privada gerenciam e administram, conjuntamente, o estabelecimento construído pela empresa privada;
>
> cabe a empresa privada a tarefa de promover o trabalho, a educação, o transporte, a alimentação e o lazer, bem como a assistência social, jurídica, espiritual e a saúde física e mental do preso;
>
> o diretor-geral do estabelecimento pertence ao serviço público;
>
> a guarda dos presos é responsabilidade da empresa privada;
>
> segurança interna a cargo da empresa privada;
>
> segurança externa a cargo da polícia do Estado;
>
> pela administração das atividades e serviços, o Estado para por preso, por dia, à empresa privada, 150 francos (cerca de 25 dólares);
>
> o contrato de gestão da empresa privada tem duração de dez anos, podendo ser renovado;
>
> o Estado pode vetar a admissão de um servidor selecionado pela instituição privada para participar da regência administrativa da penitenciária.

Ainda na linha de argumento do mencionado autor, nessas penitenciárias, os condenados a penas mínimas e médias, exercem diferentes atividades laborativas (eletrônica, computação, pintura, etc.), tem espaço para a recreação e recebem atendimento médico, jurídico e social. Há campo de futebol, quadra de tênis, sala de jogos, ambulatório, etc.. Assim como também existem setores para diversos tipos de assistência e uma loja onde os presos podem comprar alimentos, aparelhos eletrônicos e outros bens, utilizando-se para isso do dinheiro que recebem pelo trabalho, pago intramuros por um serviço bancário.

Esses são, portanto, os modelos mais comumente estudados e encontrados ao redor do mundo ocidental. Evidentemente que, as informações são muitas vezes obtidas a partir do que essas empresas transmitem ao público e os estados (parceiros) corroboram. Ambos têm interesses nelas. A realidade nas penitenciárias, como sabemos, apesar dos "benefícios" eventualmente advindos das parcerias estabelecidas com essas empresas privadas, é dura e, não raramente, indigna. Eugenio Raúl Zaffaroni (2001, p. 136), por exemplo, assevera que "o efeito da prisão, que se denomina prisionização, sem dúvida é deteriorante e submerge a pessoa numa 'cultura de cadeia' distinta da vida do adulto em liberdade".

Se tem sido assim, bastante criticável, mesmo nos Estados Unidos (WACQUANT, 2003), apresentado para o mundo como "modelo" de democracia, esse tipo de gestão, imaginemos então em países periféricos, como é o caso do Brasil. Pior ainda com empresas que visam, sobretudo, o lucro, vez que nenhum empresário assumirá esse tipo de incumbência para ter prejuízo financeiro. Essa, portanto, é uma das preocupações que devem estar presentes nesse debate. Embora existam as ressalvas já explicitadas a respeito do assunto, diversos estados brasileiros já aderiram ao modelo de parceria/cogestão/gestão parcial/francês. O Estado de Alagoas, como deixamos antever no início da investigação, é um deles.

De acordo com a vistoria realizada pela Coordenação Nacional de Acompanhamento do Sistema Carcerário Brasileiro - COASC, então ligado ao Conselho Federal da Ordem dos Advogados do Brasil, o governo de Alagoas mantém, no interior (Girau do Ponciano), uma penitenciária que funciona no modelo de cogestão. , Inaugurada em 2013, a unidade tem capacidade para 789 pessoas presas, funcionando atualmente no seu limite, sendo que, segundo o relatório, os agentes estatais atuam apenas na escolha das pessoas presas que vão para lá, no transporte para audiências, quando isso é necessário, e na guarda externa. Logo, "as demais atividades são de responsabilidade de funcionários contratados pela empresa Reviver". E ainda:

> Segundo os funcionários da empresa, a mesma mantém no Estado 292 funcionários (entre eles, advogados e diversos profissionais da área da saúde), tem experiência na gestão de unidades prisionais, sendo certificada pela ISO 9001 de qualidade, estando presente em mais de cinco estados da federação.

A leitura do relatório mencionado nos faz perceber que o modelo de cogestão tem certas "vantagens" frente aquele gerido integralmente pelos agentes estatais, que funcionam com aguda precariedade. Funcionários contratados em número suficiente ao de pessoas presas, mas sem as garantias de um servidor público, demitidos, portanto, a qualquer tempo, um sistema informatizado, organizado e integrado com o serviço público, além de um investimento vultuoso que independe da quantidade de pessoas presas. Por isso se discute atualmente a possibilidade de ampliação desse modelo não só em Alagoas, mas em todo o Brasil. Mas, esse mesmo investimento não poderia ser feito junto aos serviços públicos? Por certo que sim.

Além disso, a unidade possui 125 câmeras de monitoramento instaladas em locais estratégicos, cujas imagens estão, segundo o relatório, à disposição das autoridades durante 30 dias, tendo como objetivo esclarecer comportamentos das pessoas presas e dos funcionários. Mas isso não tem inibido a morte de pessoas, por exemplo.

No caso dos presídios alagoanos, inclusive nesse em cogestão, mortes tem acontecido com certa frequência. Sefundo o levantamento de Roberto Barbosa Moura e Amanda Assis Ferreira (2017, p. 3 *ss*), foram "55 (cinquenta e cinco) óbitos que ocorreram dentro das prisões entre os anos de 2012 e 2015". Para os autores, "em 6 (seis) dos 55 (cinquenta e cinco) casos analisados, o IML ignorou o pedido formal feito pelo Judiciário do estado, que necessitava dos dados para concluir o processo". E ainda: "um dos aspectos percebidos no ínterim da pesquisa foi à ausência de envio dos laudos cadavéricos ao juízo quando este requisitou ao Instituto Médico Legal – IML, ao total foram 6 (seis) casos percebidos".

Na rede mundial de computadores, se colocarmos "mortos presidio do agreste em alagoas", as notícias se multiplicam, o que mostra que, mesmo com investimentos, esse modelo tem problemas graves. Essa, aliás, é a conclusão a que chega José Adaumir Arruda da Silva (2015, p. 7), segundo o qual "a privatização é incompatível com o Estado Democrático de Direito, porquanto viola a dignidade da pessoa humana e o princípio da isonomia; delega a particular atividade típica do Estado; induz ao trabalho semiescravo; favorece o lucro de empresas com exploração do mercado das prisões", dentre outros argumentos. No mesmo sentido vai o argumento do Poder Judiciário no Estado de Minas Gerais, tendo sido provocado pelo Ministério Público, em cuja conclusão na decisão destaca-se:

> "Portanto, declaro a nulidade da intermediação de mão de obra realizada pela PPP, tornando nulas as contratações dos empregados admitidos irregularmente, determinando a substituição dos mesmos por servidores públicos, mediante a realização de concurso público, no prazo de 365 dias, sob pena de multa diária no importe de R$ 10.000,00, a ser aplicada ao primeiro e segundo réus, multa esta a ser revertida ao FAT. O Estado deverá se abster de realizar novos contratos ou aditivos contratuais com pessoa física ou jurídica para atuar na administração das unidades prisionais, sob pena de multa diária no valor de R$ 500.000,00, por contrato celebrado ou aditivo contratual, valor este também reversível ao FAT". 31ª Vara do Trabalho de Belo Horizonte/MG. Processo n° 000750-71.2011.503.0110. Autor: MINISTÉRIO PÚBLICO DO TRABALHO. Réus: ESTADO DE MINAS GERAIS e GPA GESTORES PRISIONAIS ASSOCIADOS S/A. Publicação: 19/03/2014 às 17:21 h.

Dessa maneira, eventuais argumentos de que a privatização reduziria significativamente os gastos estatais, com a possibilidade de investir os recursos economizados em outras áreas, como saneamento básico, saúde, educação e geração de vagas no sistema penitenciário é bastante discutível, para dizermos o mínimo. Entretanto, como exemplo positivo, e que merece destaque, é sistema APAC – Associação de Proteção e Assistência aos Condenados, cujos resultados já são comemorados por quem acompanha seu funcionamento. Nas cidades de Itaúma e Nova Lima, no Estado de Minas Gerais, o sistema tem funcionado com o apoio e o reconhecimento do Tribunal de Justiça. Segundo César Barros Leal (2005, p. 59-60), esse modelo:

> dispondo de recursos modestos, lutando pela descentralização da execução penal e sua municipalização, consegue transformar os criminosos em cidadão. Como o Dr. Mário Ottoboni, estamos convencidos de que 'nenhum homem é irrecuperável', cumprindo

sua pena em estabelecimento mantidos pela APAC e voltado para os valores éticos, morais e religiosos. A participação da comunidade, através do trabalho voluntariado, é essencial ao êxito do empreendimento.

A sinceridade, a solidariedade, o amor à justiça e uma conduta irrepreensível são armas usadas para 'mudar a cabeça do preso', reciclando seus valores e potencializando suas qualidades. – Desembargador Joaquim Alves de Andrade, Coordenador do Projeto Novos Rumos na Execução Penal.

Aqui é muito mais difícil cumprir pena em função das regras. Em qualquer outro presídio, o condenado só tem a obrigação de comer, beber e dormir. Aqui é diferente e, por isso, temos a possibilidade de nos recuperarmos. A APAC veio mostrar que todo ser humano tem concerto, mas precisa ter uma chance. Somos uma família e ganhamos a oportunidade de encontrar a Deus. – Dirceu Seixas, recuperando da APAC de Nova Lima.

Luiz Flávio Borges D'urso (1996, p. 57), pondera ainda que no modelo de transferência parcial da responsabilidade:

> Não se está transferindo a função jurisdicional do Estado para o empreendedor privado, que cuidará exclusivamente da função material da execução penal, vale dizer, o administrador particular será responsável pela comida, pela limpeza, pelas roupas, pela chamada hotelaria, enfim, por serviços que são indispensáveis num presídio.

Para César Barros Leal (2004, p. 34-35), ditas parcerias são um instrumento capaz de atrair investimentos para o sistema penitenciário, mas isso precisa ser avaliado com muita cautela para que os problemas já identificados, mesmo nos Estado Unidos, não se repitam aqui no Brasil. Assim, não repelimos, por completo, a possibilidade de se utilizar o modelo da cogestão/parceria, vez que nos parece argumento meramente teorético afirmar que não se pode transferir a responsabilidade do Estado para os indivíduos que, aliás, são a razão de existir do Estado. Afinal, o Estado é só constituído pelos indivíduos, logo, não existe Estado sem esses. É deles, portanto, que estamos falando.

Seria preciso, conquanto, observa como tudo isso poderia ser feito, garantindo tudo quanto estabelece a Constituição Federal e os instrumentos de proteção dos direitos humanos, na lida com pessoas submetidas à prisão.

Conclusão

A presente pesquisa teve como objetivo principal refletir criticamente sobre a precariedade estrutural do sistema carcerário alagoano, que, como demonstrado, não possui condições de cumprir o que promete em termos de reintegração social. O sistema alagoano, como o brasileiro de uma maneira geral, necessita de uma substancial modificação, para que se permita respeitar a dignidade humana, razão de existir de um Estado Democrático de Direito.

No primeiro momento, abordamos a estruturação do direito penitenciário, como esse ramo do conhecimento se consolidou garantindo às pessoas presas direitos e obrigações durante o período da prisão. Entretanto, a partir desse aspecto, pontuamos a existência das inúmeras incoerências entre o ordenamento jurídico e a prática penitenciária no Brasil, além de alertarmos para a necessidade de diminuição desse fosso que desconstitui os valores democráticos.

Na sequência, estabelecemos as características do sistema penitenciário no Estado de Alagoas, enumerando as unidades em atividade, o número de pessoas presas e algumas das suas principais deficiências. Deixamos em evidência, portanto, a partir de relatório de vistorias realizado por órgão ligado à Ordem dos Advogados do Brasil, a nossa hipótese de que a precariedade do sistema inviabiliza significativamente, em termos práticos, o ideal de reintegração social.

Por fim, com o quadro de superlotação e precariedade estrutural, mostramos que são apresentados como alternativas alguns modelos de parceria do poder público junto à iniciativa privada. Não sendo, ao menos em tese, possível a transferência da gestão total, como se observa nos Estados Unidos, o Brasil já tem obtido experiências a partir do modelo de cogestão, no qual se inspira o Presídio do Agreste, situado no interior de Alagoas.

Desse modo, concluímos ser sim possível o estabelecimento de uma parceria pública com a iniciativa privada na gestão de penitenciárias, sobretudo em Alagoas, desde que sejam criados mecanismos que garantam o respeito aos direitos não afetados diretamente pela submissão da pessoa à prisão. As experiências em curso no Brasil e no mundo nos servem para aprimorar o modelo e identificar os principais problemas, inclusive mortes de pessoas no sistema, para que procuremos evitar que se repitam e acabem desnaturando os valores democráticos.

Seja qual for o modelo, dentro dos limites que nos permitem a Constituição Federal, como ainda não nos é possível prescindir da pena de prisão, dar a essas pessoas condições de se capacitarem e de se reintegrarem socialmente é acreditar no respeito que deve existir nos direitos humanos. O respeito à dignidade humana, portanto, permite-nos criar condições para reformular nossa visão de sociedade, trazendo ao submetido à prisão a esperança de melhorar sua vida.

Referências

AMARAL, Cláudio do Prado. A inspeção das prisões pelo juiz da execução penal. Revistas de Estudos Criminais. Sapucaia do Sul, RS: Notadez, vl. XV, n° 61 – 2016.

ANDRADE, Danúbia F. Silva de. A finalidade da pena no direito penal brasileiro. Revista ESMAPE, v. 09, n.° 20, jul./dez., 2004.

ASSIS, Rafael Damasceno de. A realidade atual do sistema penitenciário brasileiro. Revista de Direito Processual Penal. Editora: Revista CEJ. Brasília, ano XI, n.° 39, p. 74-78, out./ dez. 2007.

AZEVEDO, Bernardo M. Varjão de. Superlotação do cárcere: um problema para o Estado? Revista Magister de Direito Penal e Processual Penal. Porto Alegre: Magister, v. 07, n.° 37, ago./ set., p. 56-62, 2010.

D'URSO, Luiz Flávio. Uma reflexão sobre a privatização dos presídios. In Revista do Conselho Nacional de Politica Criminal e Penitenciaria. Brasília: CNPCP, v. 01, n.° 07, 1996, p. 57.

FELETTI, Vanessa Maria. Vende-se segurança. Revan: Rio de Janeiro, 2014.

FERNANDES, Aline dos Santos. A realidade do sistema penitenciário brasileiro.

Revista Ambiente Academico. Disponivel em: <https://multivix.edu.br/wpcontent/uploads/2018/08/revista-ambiente-academico-v03n02-artigo-05.pdf>. Consultado em: 03/03/2019.

FERRAJOLI, Luigi. Direito e razão – teoria do garantismo penal. 4ª ed. Trad. Luiz Flávio Gomes. São Paulo: Editora Revista dos Tribunais, 2014, p. 355.

FERRAZ, Hamilton Gonçalves. Direito penal sem pena? uma

introdução à teoria agnóstica da pena. Revista Brasileira de Ciências Criminais, São Paulo, v. 26, n. 148, p. 55-96., out. 2018.

FERREIRA, Alessandra. et. al. O sistema prisional: um debate necessário. Revista Brasileira de Ciências Criminais. São Paulo: Editora Revista dos Tribunais, v. 15, nº 67, jul./ago., 2007.

FOUCAULT, Michel. Vigiar e Punir: História da violência nas Prisões. 34 ed. Petrópolis, RJ: Vozes, 2007

FRANÇA JÚNIOR, Francisco de Assis de. No rastro das penas perdidas. Revan: Rio de Janeiro, 2019.

FRANÇA JÚNIOR, Francisco de Assis de; CORDEIRO, Suzann. Arquitetura, humanização e segurança: breve contributo crítico ao processo de contratação para a construção de estabelecimentos penais no Brasil. Revista Brasileira de Direitos Humanos, Porto Alegre-RS, ano VI, n. 22, jul.-set., p. 54-60, 2017.

FRANÇA JÚNIOR, Francisco de Assis de. Cadáveres indiscretos. Maceió: Viva, 2014.

FRANÇA JÚNIOR, Francisco de Assis de. COASC – Coordenação Nacional de Acompanhamento do Sistema Carcerário Brasileiro (Relatório de Visitas ao Sistema Carcerário Alagoano) – Visita técnica dia 12 de março de 2014. Disponível em: http://francajunioradv.blogspot.com/2014/08/relatorio-descritivo-do-sistema.html. Acesso em 22 out. 2019.

MORAND, Gaston. La révolte du droit contre le code: la révision nécessaire des concepts juridiques (contrat, responsabilité, propriété). Paris: Recueil Sirey, 1945.

HANSSEMER, Winfried apud SHECAIRA, S. S.; CORREA JUNIOR, A. Pena e Constituição: aspectos relevantes para sua aplicação e execução. São Paulo: Revista dos Tribunais, 1995.

JESUS, Damásio E. de. Sistema penal brasileiro: execução das penas no Brasil.

Revista Consulex. Ano I, n. 1, p. 24-28, Jan. 1997.

LEAL, César Barros. A privatização das prisões. Revista Magister de Direito Penal e Processual Penal. Porto Alegre: Magister, v. 01, n.º 04, 2005.

LEAL, João José. Algumas Questões Polêmicas Acerca da Remição Penal. Revista dos Tribunais, V. 822, p. 459, abril de 2004.

MOURA, Roberto Barbosa de. FERREIRA, Amanda Assis. Mortos nos cárceres de alagoas entre 2012 e 2015: a relação do sistema penitenciário, tribunal de justiça de alagoas e o instituto médico legal – iml na morte dos encarcerados. II ENPEJUD: Decisão judicial: processo decisório e precedentes, Maceió, 2017. Disponível em: http://enpejud.tjal.jus.br/index.php/exmpteste01/article/view/308. Acesso em 22 out. 2019.

SECRETARIA DE ESTADO DE RESSOCIALIZAÇÃO E INCLUSÃO SOCIAL – SERIS. Governo do Estado de Alagoas. Mapa carcerário. Disponível em: http://www.seris.al.gov.br/populacao-carceraria. Acesso em 22 out. 2019.

REALE JR., Miguel. Palestra de posse da Coordenação de Acompanhamento do Sistema Carcerário, instituída pelo Conselho Federal da Ordem dos Advogados do Brasil em 04 de fevereiro de 2014. Conselho Federal da OAB, Brasília/DF, 2014. Disponível em: http://www.youtube.com/watch?v=McfUSHIEWQc. Acesso em 04 abr. 2018.

ROCHA, Alexandre Pereira da. O Estado e o Direito de punir: A superlotação no sistema penitenciário brasileiro. O caso do Distrito Federal. Brasília, 2006. Dissertação de Mestrado em Ciência Política – Instituto de Ciência Política, Universidade de Brasília. Disponível em: <http://repositorio.bce.unb.br/bitstream/10482/2217/1/Alexandre%20Pereira%20da %20Rocha.pdf>. Consultado em: 03/03/ 2019.

RUSCHE, Georg; KIRCHEIMER, Otto. Punição e Estrutura Social. Tradução, revisão técnica e nota introdutória de Gizlene Neder. Rio de Janeiro: Freitas Bastos, Coleção Pensamento Criminológico, 1999.

SANTOS, Juarez Cirino dos. Criminologia radical. Rio de Janeiro: Lúmen Júris, 2006.

SHECAIRA, S. Salomão; CORREA JUNIOR, Alceu. Pena e

Constituição: Aspectos relevantes para sua aplicação e execução. São Paulo: Revista dos Tribunais, 1995.

SILVA, José Adaumir Arruda da. A privatização de presídios e sua (in)compatibilidade com o Estado Democrático de Direito. Dissertação de mestrado apresentada ao Programa de Pós-graduação em Direito da Universidade Federal do Pará. 2015. Disponível em http://repositorio.ufpa.br/jspui/bitstream/2011/7555/1/Disse rtacao_PrivatizacaoPresidiosIncompatibilidade.pdf. Acesso em 23 out. 2019.

SILVA, Haroldo Caetano da. Manual de Execução Penal, 2 ed. Campinas: Bookseller, 2002, p.178.

THOMPSON, Augusto. A questão penitenciaria. Petrópolis: Vozes, 1976, p. 42. USP.

VASCONCELOS, Karine Nogueira. O modelo punitivo carcerário. Revista Brasileira de Ciências Criminais. São Paulo: Editora Revista dos Tribunais, v. 17, n.º 78, p. 371, 2009.

WACQUANT, Loïc. Punir os pobres – a nova gestão da miséria nos Estados Unidos. Trad. Sérgio Lamarão. Rio de Janeiro: Revan, 2003.

ZAFFARONI, Eugenio Raúl. Em busca das penas perdidas. Revan: Rio de Janeiro, 2001.

A contribuição da educação no sistema prisional alagoano para a reintegração social da pessoa presa: reflexões críticas sobre como prevenir a criminalidade com a escolaridade

Luciano Rodrigues dos Santos[1]

Introdução

No ordenamento jurídico brasileiro, como regra, a pena pode ser privativa de liberdade, restritiva de direitos ou pecuniária. O foco aqui será aquela primeira. Tem-se que a partir do momento em que o Estado priva a liberdade de um indivíduo, nasce também o seu dever de assistência, que deverá ser prestada em diversos aspectos, sendo um deles a de prestar educação. Essa assistência tem o fito de promover a reinserção da pessoa presa ao convívio social, bem como de prevenir o cometimento de novos crimes, como inclusive prevê a Lei de Execuções Penais[2].

Nesse cenário, surge o questionamento de qual é o impacto que a educação pode ter na vida dessas pessoas. Trazer para o centro das discussões o papel da educação mais especificamente para a pessoa presa é um passo importante para que os agentes públicos possam trabalhar no sentido de buscar a efetividade das anunciadas funções da pena, através de melhores políticas públicas nessa área. Assim, buscaremos responder, com ênfase no Estado de Alagoas, aos seguintes questionamentos: a precariedade na assistência educacional nos presídios prejudica em que medida a reintegração social da pessoa presa? Será possível mensurar o impacto negativo de políticas educacionais deficientes nesse ambiente?

Acerca de tais problemas, a principal hipótese que sustentamos é a de que a educação tem papel relevante na recuperação da pessoa presa na medida em que a possibilita ter uma maior capacidade para competir no mercado de trabalho e, portanto, melhores

---

[1] Graduado em Direito pelo Centro Universitário CESMAC (Maceió/AL)

[2] Art. 1º A execução penal tem por objetivo efetivar as disposições de sentença ou decisão criminal e proporcionar condições para a harmônica integração social do condenado e do internado.

Art. 10. A assistência ao preso e ao internado é dever do Estado, objetivando prevenir o crime e orientar o retorno à convivência em sociedade [...].

oportunidades quando fora do cárcere, principalmente no que diz respeito à empregabilidade. Outra hipótese é a de que a pessoa presa, ao receber assistência educacional, terá mais chances de mudar sua visão de mundo, ou seja, a educação tem o condão de reestruturar esse indivíduo em sua subjetividade, trazendo-lhe uma perspectiva de vida para fora da criminalidade.

Com o fito de enfrentar de forma adequada o assunto, nosso o objetivo geral consiste em abordar teórica e estatisticamente a contribuição da educação oferecida no sistema prisional para a reintegração social das pessoas presas. Já como objetivos específicos, teremos que avaliar qual a qualidade da prestação desse tipo de assistência em Alagoas, ou seja, se está sendo oferecida de forma adequada, cumprindo o que determina a legislação de execução penal e também analisar de que forma ela pode contribuir para efetivar o caráter reintegrador da pena.

Para tanto, nosso referencial teórico consistirá em obras de penalistas, como Cezar Roberto Bitencourt e Luiz Regis Prado, bem como de doutrinadores da execução penal, a exemplo de Eugênio Pacelli, Rodrigo Duque Estrada Roig e Renato Marcão, com o intuito de refletir sobre as problemáticas enfocadas. Serão ainda utilizados autores com abordagem no campo da sociologia sobre as questões aqui tratadas.

Por fim, cumpre-nos ressaltar que a método utilizado nesse percurso será o hipotético-dedutivo, ou seja, a partir da observação de um problema, buscar-se-á refletir sobre ele partindo-se das hipóteses apresentadas, a fim de comprová-las ou não. Para isso, tomar-se-á como base uma pontual revisão bibliográfica, utilizando-se da doutrina jurídica atual e da legislação vigente. Buscar-se-á também analisar dados estatísticos acerca da assistência educacional nos estabelecimentos prisionais em funcionamento especialmente no Estado de Alagoas.

1 Aspectos gerais da pena privativa de liberdade: um enfoque crítico e breve sobre as suas funções

A aplicação da pena se justifica, de modo geral, pela necessidade de se manter a convivência encarada como saudável entre os indivíduos de uma sociedade, com o intuito de se preservar os bens jurídicos mais caros a esses indivíduos. Cezar Roberto Bitencourt, por exemplo, sobre a noção do que é o direito penal e de como seu conceito está ligado aos efeitos que deve produzir aduz que:

Atualmente podemos afirmar que a concepção do direito penal está intimamente relacionada com os efeitos que ele deve produzir, tanto sobre o indivíduo que é objeto da persecução estatal, como sobre a sociedade na qual atua. Além disso, é quase unânime, no mundo da ciência do Direito Penal, a afirmação de que a pena justifica-se por sua necessidade (2019, p. 143).

A partir disso, depreende-se que, para compreender adequadamente o que é a pena e o porquê de ela ser apresentada como necessária, é preciso entender também quais são suas finalidades, ou seja, suas funções, da mesma forma que o é com o direito penal, como mencionado acima. Isso porque a pena é o modo mais importante de intervenção do Direito Penal (BITENCOURT, 2019, p. 143).

Nesse contexto, com o mencionado autor, temos que as finalidades atribuídas à sanção são: retribuir ao criminoso o mal por ele causado à vítima; possibilitar a recuperação do delinquente e sua reinserção na sociedade; e prevenir o cometimento de outros crimes, através de uma intimidação dirigida ainda a toda a coletividade; sempre com o intuito de proteger os bens essências à vida.

Cumpre ressaltar que, embora seja importante entender as funções da pena para que se compreenda o seu próprio conceito, é preciso ter em mente que não é apenas isso que se deve levar em conta para que se legitime, ao menos em tese, o direito penal. Devem-se compreender também as questões sobre a tutela pretendida pelo direito penal e a exigência de responsabilidade. Assim, aduz Luiz Régis Prado:

> [...] as concepções normativas funcionais buscam, em geral, fundamentar e legitimar o direito penal exclusivamente a partir dos fins da pena, o que significa consagrar uma inaceitável postura de caráter unilateral e absolutizador. Aliás, essa idéia é claramente desconfirmada pela essencial e inafastável importância da teoria jurídica do delito e dos princípios penais fundamentais. Não é outro o dizer do bem lançado asserto de que "estabelecer toda a fundamentação do direito penal em torno da justificação dos fins da pena supõe, em primeiro lugar, uma drástica diminuição de seus conteúdos legitimadores e de suas racionalidades ética e teleológica em particular: as decisivas questões sobre os conteúdos de tutela, as estruturas básicas de exigências de responsabilidade ou inclusive o sistema de penas ficam colocadas em um segundo plano diante da omnipresente questão sobre que espécie de efeitos é legítimo obter com a sanção" (PRADO, 2004, p. 1).

A partir disso, vê-se que para se legitimar de modo adequado o direito penal, e, portanto, o uso da pena, é necessário que se faça uma associação criteriosa e ponderada entre alguns dos fins da pena, com um adequado embasamento lógico-científico, referenciado em valores culturais (PRADO, 2004, p. 1).

Dito isso, passaremos vale fazermos uma análise muito sucinta das principais teorias acerca das funções da pena defendidas pela doutrina. O que vai nos possibilitar, ao final, buscar fazer essa conjugação entre elas. Desse modo, a primeira é a teoria absolutista, que defende o modelo retributivo, pois considera que a função da pena se esgota na retribuição do mal causado pelo autor do delito, sem que tenha nenhum outro objetivo fora disso. Salo de Carvalho explica que:

> As teorias absolutas da pena (ou teorias retributivistas) sustentam-se, fundamentalmente, no modelo iluminista do contrato social, no qual o delito é percebido como uma ruptura com a obrigação contratual, configurando a pena uma indenização pelo mal praticado. a relação entre crime e pena se estabelece a partir de uma noção de divida, e a lógica obrigacional fixa a necessidade da reparação do dano em razão do inadimplemento (descumprimento das regras sociais) (2015, p. 57).

Nessa ordem de ideias, para esta teoria, a pena serve apenas como forma de retribuição pela conduta reprovável cometida pelo sujeito, sem haver fora disso nenhum efeito social para a pena. Fundamenta-se apenas no delito praticado e "é decorrente de uma exigência de justiça, seja como compensação da culpabilidade, punição pela transgressão do direito (teoria da retribuição), seja como expiação do agente (teoria da expiação)" (PRADO, 2004, p. 2).

Já as teorias relativas consideram que a pena tem funções extrínsecas a ela própria, ou seja, têm efeitos para fora de sua aplicação ao delinquente; atribuem à sanção penal à capacidade e à função de prevenir futuros delitos, pelo que também são chamadas de preventivas (PACELLI, CALLEGARI, 2018, p. 42). A crítica dirigida a esta teoria é a de que, ao aplicar as penas a seres humanos de forma utilitária, a fim de se obter efeitos no contexto social, aqueles seriam encarados como objetos, violando, dessa forma, sua dignidade humana. Para Larissa Maria da Trindade:

> Kant nega a instrumentalização do homem, ou seja, a pessoa do delinquente deve ser tratada como um fim em si mesmo, e não como um objeto para atingir outro fim. O filósofo também nega a aplicação penal para "domar" a sociedade, já que, defende uma

sanção penal que não deve prevenir delitos e, sim, existir somente em função destes (2014).

Essas teorias relativas se dividem ainda em teoria da prevenção geral e teoria de prevenção especial. A primeira diz respeito aos cidadãos, informa que a ameaça da aplicação de uma pena tem a função tanto de intimidar potenciais infratores das leis penais (teoria da prevenção geral negativa ou teoria dissuasória), quanto de reforçar a consciência jurídica dos cidadãos e sua confiança no Direito (teoria da prevenção geral positiva ou teoria reforçadora) (PACELLI, CALLEGARI, 2018, p. 43).

Já no caso da teoria preventiva especial, há um direcionamento da função da pena a pessoa que está sendo punida no caso concreto, ou seja, traz a ideia de a pena se presta como prevenção sobre o próprio delinquente, a fim de evitar que volte a cometer novos crimes. Dessa forma não se dirige a coletividade, mas a um indivíduo específico (PACELLI, CALLEGARI, 2018, p. 43).

Esta teoria também defende duas formas da atuação preventiva da pena. A primeira é a de ressocializar o infrator, incidindo em sua personalidade, com o fito de evitar sua reincidência (teoria preventiva especial positiva ou ressocializadora) (PACELLI, CALLEGARI, 2018, p. 44). A outra forma de atuação preventiva da pena seria a de intimidar o apenado, através da possibilidade de este sofrer nova privação de liberdade e, ainda, de neutralizar sua atuação na sociedade enquanto este estiver preso, impedindo, através de seu isolamento que este cometa outros delitos (teoria preventiva especial negativa) (PACELLI, CALLEGARI, 2018, p. 44).

Por fim, há também as teorias mistas ou unificadoras, que buscam unir conceitos diversos das teorias absolutistas e relativas, sob o argumento de que as soluções monistas são incapazes de abranger as complexidades dos fenômenos sociais tratados pela doutrina penal. A partir disso, buscam demonstrar a necessidade de se estabelecer uma teoria que abranja a multifuncionalidade da pena, estabelecendo a diferença entre o fundamento e o fim da pena (BITENCOURT, 2019, p. 167).

Para essas teorias, assim como para as absolutistas, o fundamento da pena é puramente o fato delituoso em si, fazendo uma marcante diferenciação entre fundamento da pena e fim da pena. Assim, buscam, diferentemente das teorias preventivas, apresentar uma justificação também interna para a pena, ou seja, quando se pune, antes de buscar uma justificação interna (por que se pune)

(BITENCOURT, 2019, p. 167). Dessa forma, centralizam o fim do Direito Penal na prevenção do delito, e aceitam o caráter retributivo da pena com um limitador de sua aplicação, de forma que a pena não pode ir além da responsabilidade decorrente do fato praticado.

Cezar Bitencourt discorre também sobre as teorias modernas de justificação da pena, mais especificamente, a teoria da prevenção geral positiva limitadora, as quais surgiram a partir de uma projeção de teorias sociológicas. Essas teorias afirmam que a prevenção geral é o elemento limitador da aplicação da pena e não o seu fundamento. Nas palavras do autor:

> A defesa dessa orientação baseia-se, fundamentalmente, em que a prevenção geral deve expressar-se com sentido limitador do poder punitivo do Estado, isto é, como uma afirmação razoável do direito em um Estado constitucional e democrático de Direito (2019, p. 172).

Para estas teorias, o Direito Penal é mais um meio de controle social, em que o Estado deve exercer seu poder de punir de forma limitada por princípios e garantias democráticas. Têm, portanto, um viés preventivo, mas que carrega a concepção da "retribuição pela culpabilidade como pressuposto lógico da finalidade preventiva de delitos" (BITENCOURT, 2019, p. 172). No mesmo sentido é o ensinamento de Prado:

> Na atualidade, a ideia de retribuição jurídica significa que a pena deve ser proporcional ao injusto culpável, de acordo com o princípio de justiça distributiva. Logo, essa concepção moderna não corresponde a um sentimento de vingança social, mas antes equivale a um princípio limitativo, segundo o qual o delito perpetrado deve operar como fundamento e limite da pena, que deve ser proporcional à magnitude do injusto e da culpabilidade (PRADO, 2004, p. 2).

A ideia de ressocialização e a ideia de retribuição pelo fato traduzem-se em instrumentos para atingir o fim da pena, a qual encontra limite nos direitos fundamentais da pessoa presa. Dessa forma, a pena se presta a uma prevenção geral positiva no sentido limitador, sem deixar de buscar a prevenção especial, ou seja, a ressocialização do delinquente. Assim, o conteúdo da ressocialização seria não a reeducação imposta coercitivamente, mas uma não dessocialização (BITENCOURT, 2019, p. 173).

2 A necessidade da assistência educacional para pessoas presas

A Lei de Execuções Penais – LEP (7.210/1984) determina, em seu art. 10, que é dever do Estado prestar assistência ao preso e ao internado, com vistas a prevenir o crime e ressocializá-los, além de estender essa determinação também aos egressos. Os tipos de assistência estão elencados em seu art. 11, quais sejam: assistência material; à saúde; jurídica; educacional; social; e religiosa. Além disso, a lei prevê as condições mínimas de estrutura dessas unidades prisionais, com vistas a assegurar a dignidade da pessoa humana dos detentos e assim garantir também a efetividade do caráter recuperador da pena.

Tratando especificamente da assistência educacional, é preciso primeiramente que se tenha em mente que esta não pode ser considerada como uma simples regalia concedida pela administração penitenciária aos apenados. Pelo contrário, além de um direito, é preciso que seja encarada como um fator relevante para a reintegração social da pessoa presa, pois que capaz de possibilitar que estes tenham uma maior capacidade para competir no mercado de trabalho e, portanto, melhores oportunidades quando fora do cárcere. Por outro turno, é também de grande valia para um melhor aproveitamento do tempo do preso no cárcere, de forma a contribuir para uma recuperação no interior do apenado, amoldando o seu caráter. É nesse sentido que aduzem Thomaz e Oliveira:

> A educação voltada para a cidadania propicia uma formação que promove a compreensão, a tolerância, à solidariedade e o respeito à diversidade social e cultural, assim como, a participação nos destinos do meio em que vive (2009, p. 11).
>
> [...]
>
> Neste sentido, o aluno deve ser formado não só para uma autonomia intelectual, mas principalmente, para ter uma visão crítica da vida, para que possa formular seus próprios juízos de valor, discernimento e de ação perante as diferentes circunstâncias da vida, de forma que possa agir como pessoa responsável e justa (2009, p. 12).

Antes de seguir o estudo sobre a assistência educacional é importante ressaltar que o art. 3° da LEP prevê que todos os direitos não atingidos pela sentença e pela lei serão assegurados aos condenados e aos internados, ou seja, todos os presos, provisórios ou em cumprimento de pena, mantêm todos os direitos dos demais cidadãos, com exceção daqueles atingidos pela sentença ou pela lei. Assim também aduz Rodrigo Duque Estrada Roig:

> Note-se ainda que um dos direitos das pessoas presas é o da

> igualdade de tratamento, salvo quanto às exigências da individualização da pena (art. 41, XII), norma esta que deve ser interpretada de modo a abranger não somente a isonomia entre presos (e internados), mas também entre estes e as pessoas livres, tendo em vista que a Lei de Execução Penal menciona genericamente a "igualdade de tratamento", não fazendo qualquer distinção (2018, p 28).

Pode-se ver então que é de suma importância que os direitos humanos sejam assegurados aos indivíduos que estão em cumprimento de penas, de medidas de segurança ou medidas cautelares. Isso porque todo ser humano deve ter asseguradas as condições mínimas para uma sobrevivência digna, e com as pessoas presas não pode ser diferente.

Entretanto, ressalte-se que direitos humanos não se limitam a um conjunto de princípios morais que devem informar a organização da sociedade e a criação do direito. Eles estão elencados em diversos tratados internacionais, compõem-se de uma série de normas jurídicas, que têm o fito de proteger os interesses mais fundamentais da pessoa humana. Além do que, são normas cogentes ou programáticas, que obrigam os Estados nos planos interno e externo, estabelecendo obrigações jurídicas concretas. Assim, leciona José Afonso da Silva (2017, p. 191) acerca das garantias constitucionais especiais:

> São concedidas pelas normas jurídicas constitucionais aos particulares para exigir o respeito, a observância, o cumprimento dos direitos fundamentais em concreto, importando, aí sim, imposições do Poder Público de atuações ou vedações destinadas a fazer valer os direitos garantidos.

Como assevera José Afonso da Silva (2017, p. 316), a educação é elevada ao nível dos direitos fundamentais do homem na Constituição Brasileira de 1988, quando se conjuga o que está previsto no art. 205 com o art. 6º, inserido no Capítulo dos Direitos Sociais, de forma que a própria Constituição trata a educação com um dos direitos básicos do cidadão, *in verbis*:

> Art. 6º São direitos sociais a educação, a saúde, a alimentação, o trabalho, a moradia, o transporte, o lazer, a segurança, a previdência social, a proteção à maternidade e à infância, a assistência aos desamparados, na forma desta Constituição.
>
> Art. 205. A educação, direito de todos e dever do Estado e da família, será promovida e incentivada com a colaboração da sociedade, visando ao pleno desenvolvimento da pessoa, seu

preparo para o exercício da cidadania e sua qualificação para o trabalho.

O autor ainda destaca que a educação é um "processo de reconstrução da experiência" e, portanto, um atributo da pessoa humana, devendo ser comum a todos (SILVA, 2017, p. 853). Da mesma forma prevê a Declaração Universal de Direitos Humanos, quando diz que toda pessoa tem direito à educação e que o ensino elementar fundamental é obrigatório e deve ser gratuito. Dessa forma, a educação se inclui entre os direitos humanos na ordem internacional e está também entre os direitos de segunda geração, que são aqueles direitos que exigem do estado uma prestação positiva, ou seja, gera um dever de agir.

Portanto, o Estado tem obrigação de realizar ações concretas com vistas a garantir que os direitos humanos sejam respeitados e assegurados a todos, inclusive aos presos, ou seja, é exigido do Estado um conjunto de ações comissivas e organizadas para que tal fim seja alcançado.

Nesse passo, perceba-se que não foi à toa que a Lei de Execução Penal garante em seu art. 17 que: "a assistência educacional compreenderá a instrução escolar e a formação profissional do preso e do internado". Daí se depreende que deve ser oferecido tanto o ensino básico, regular, ou seja, de conhecimentos gerais, como o ensino profissionalizante, a fim de oferecer ao apenado uma oportunidade de aprender e dominar uma atividade profissional, de forma a contribuir para seu posicionamento no mercado de trabalho.

Além disso, na sequência, a lei ainda prevê as condições mínimas de estrutura dessas unidades prisionais, com vistas a assegurar a dignidade da pessoa humana dos detentos e assim garantir também a efetividade do caráter recuperador da pena.

Tendo em vista as estatísticas acerca das pessoas que comentem delitos e as possíveis causas do ingresso na criminalidade, segundo Alexis de Brito (2018, p. 137), nota-se a importância da educação na recuperação da pessoa presa, na medida em que contribui para evitar o aumento da exclusão social dessas pessoas:

> Ainda que não constitua o único fator, as estatísticas demonstram que um preocupante indicador da criminalidade é o desemprego, e a maior parte da população carcerária ainda é composta por autores de delitos contra o patrimônio.
>
> A inclusão do egresso em um universo social, econômico e cultural faz parte dos chamados "freios morais", que atuam de forma a inibir a conduta criminosa. Na verdade, trata-se muito mais de não excluir

ainda mais o condenado do convívio social a que tem direito.

Dessa forma, fornecendo meios para que a pessoa presa seja reinserida mais facilmente no convívio social, a administração pública estará também fomentando os instrumentos necessários à diminuição da reincidência, o que, por sua vez, é de suma importância para diminuir os índices de violência urbana de forma a promover uma melhor convivência social entre os cidadãos. No mesmo sentido mostra Roig: "De fato, a educação deve ser estimulada com o objetivo de promover a aquisição, por parte dos internos, das ferramentas necessárias que lhes permitam diminuir seu nível de vulnerabilidade, evitando a constante prisionização" (2018, p. 80).

Além dos benefícios acima apresentados, há também a possibilidade de remição da pena pelo estudo e pela leitura. Assim prevê a LEP: "Art. 126. O condenado que cumpre a pena em regime fechado ou semiaberto poderá remir, por trabalho ou por estudo, parte do tempo de execução da pena". O estudo poderá se dar "de forma presencial ou por metodologia de ensino à distância e deverão ser certificadas pelas autoridades educacionais competentes dos cursos frequentados" (art. 126, § 2°). A sistemática para a remição por estudo está prevista no § 1°, inciso I do mesmo dispositivo[3]. Sobre o assunto, assim explica Renato Marcão:

> [...] o estudo poderá ter carga horária diária desigual, mas, para que se obtenha direito à remição, é imprescindível que estas horas somadas resultem em 12 (doze) a cada 3 (três) dias para que se alcance o abatimento de 1 (um) dia de pena; portanto, se o preso tiver jornada de 12 (doze) horas de estudos em um único dia, isso não irá proporcionar isoladamente 1 (um) dia de remição.

A LEP prevê ainda que o tempo a remir pelo estudo será acrescido de um terço se a pessoa presa concluir o ensino fundamental, médio ou superior durante o cumprimento da pena (art. 126, § 5°) e que a remição será declarada pelo juiz da execução, ouvidos o Ministério Público e a defesa (art. 126, § 8°). Além disso, prevê também que "o tempo remido será computado como pena cumprida, para todos os efeitos" (art. 128). Há ainda a possibilidade

---

[3] § 1º A contagem de tempo referida no caput será feita à razão de:
I - 1 (um) dia de pena a cada 12 (doze) horas de frequência escolar - atividade de ensino fundamental, médio, inclusive profissionalizante, ou superior, ou ainda de requalificação profissional - divididas, no mínimo, em 3 (três) dias.

de remição pela leitura, em torno do que havia certo dissenso na doutrina, mas que veio a ser pacificado pela Recomendação nº 44/2013 do CNJ, que assim prevê:

> Art. 1º Recomendar aos Tribunais que:

> V - estimular, no âmbito das unidades prisionais estaduais e federais, como forma de atividade complementar, a remição pela leitura, notadamente para apenados aos quais não sejam assegurados os direitos ao trabalho, educação e qualificação profissional, nos termos da Lei n. 7.210/84.

Sobre a oferta de assistência educacional no sistema prisional do país, é importante destacar alguns dados trazidos pelo INFOPEN – Levantamento Nacional de Informações Penitenciárias. O estudo realizado pelo Departamento Penitenciário Nacional (2016, p. 34) mostra que 17,75% da população carcerária não teve acesso ao ensino médio, apenas 24%, encontra-se no ensino médio ou já o concluiu. Esses dados levam a pensar que a precariedade na educação em geral está diretamente ligada ao problema da criminalidade, haja vista que boa parte das pessoas que cometem delitos não tem uma adequada formação escolar.

Além disso, o estudo mostra que apenas 3% dos funcionários do sistema penitenciário são de categorias ligadas à educação (INFOPEN, 2016, p. 46) e que apenas 12% da população prisional no Brasil está envolvida em algum tipo de atividade educacional no que diz respeito àquelas de ensino escolar e atividades complementares (INFOPEN, 2016, p.53). Ainda, segundo o estudo, "em relação às atividades complementares, 2% da população prisional total do país encontra-se envolvida em atividades de remição pela leitura ou pelo esporte e demais atividades educacionais complementares" (INFOPEN, 2016, p. 54). Tais dados evidenciam a precariedade da assistência educacional prestada nesses estabelecimentos.

3 A assistência educacional no sistema prisional alagoano

Passaremos agora a analisar os números relativos à assistência educacional no sistema prisional alagoano. Trabalharemos com dados que foram captados majoritariamente no sítio eletrônico da Secretaria de Estado da Ressocialização e Inclusão Social – SERIS e que dizem respeito ao número de pessoas presas no sistema prisional alagoano, ao número de salas de aula em cada unidade prisional, ao tipo de ensino que é ofertado, entre outras informações relevantes.

O mapa carcerário da SERIS/AL relativo ao levantamento no período de 17 à 18 de outubro de 2019 mostra que a população carcerária total no Estado de Alagoas gira em torno de 9.020 pessoas, entre presos provisórios, presos em regime fechado, em regime aberto, em regime semiaberto, em cumprimento de medida de segurança e presos recolhidos nas Unidades Federais. Dentre esses, os recolhidos nas unidades prisionais somam 4.718.

ESTADO DE ALAGOAS
SECRETARIA DE ESTADO DE RESSOCIALIZAÇÃO E INCLUSÃO SOCIAL
CHEFIA ESPECIAL DE UNIDADES PENITENCIÁRIAS
CHEFIA DE PESQUISA E ESTATÍSTICA

MAPA DIÁRIO DA POPULAÇÃO CARCERÁRIA - PLANTÃO DE 17/10/2019 A 18/10/2019 - Fonte: Unidades Prisionais

1 - PENITENCIÁRIA MASCULINA BALDOMERO CAVALCANTE DE OLIVEIRA(PMBCO)
2 - PRESÍDIO DE SEGURANÇA MÉDIA PROFESSOR CYRIDIÃO DURVAL E SILVA(PSMPCDS)
3 - PRESÍDIO DO AGRESTE (PA)
4 - NÚCLEO RESSOCIALIZADOR DA CAPITAL(NRC)
9 - PENITENCIÁRIA DE SEGURANÇA MÁXIMA(PENSM)
5 - CASA DE CUSTÓDIA DA CAPITAL(COC)
6 - ESTABELECIMENTO PRISIONAL FEMININO SANTA LUZIA (EPFSL)
7 - CENTRO PSIQUIÁTRICO JUDICIÁRIO PEDRO MARINHO SURUAGY(CPJ)
8 - PRESÍDIO DE SEGURANÇA MÁXIMA (PSM)
*COLÔNIA AGROINDUSTRIAL SÃO LEONARDO(CAISL) INTERDITADA POR ORDEM JUDICIAL.

POPULAÇÃO ATIVA DAS UNIDADES PRISIONAIS

UNIDADES PRISIONAIS ATIVAS	CAPACIDADE PREVISTA		CAPACIDADE ATUAL		POPULAÇÃO CARCERÁRIA								TOTAL	DISPONIBILIDADES		EXCEDENTES	
					CONDENADOS		PROVISÓRIOS		SOB MEDIDA DE SEGURANÇA		INTERNADOS PARA TRATAMENTO E LAUDOS PSIQUIÁTRICOS						
	Masc.	Fem.	Masc.	Fem.	Masc.	Fem.	Masc.	Fem.	Masc.	Fem.	Masc.	Fem.		Masc.	Fem.	QUANT.	%
PMBCO	418	-	773	-	479	-	568	-	-	-	-	-	1047	-	-	274	35.4
PSMMPCDS	320	-	404	-	173	-	762	-	-	-	-	-	935	-	-	631	131.4
PSM	192	-	192	-	-	-	201	-	-	-	-	-	201	-	-	9	4.7
PA	789	-	960	-	399	-	620	-	-	-	-	-	979	-	-	19	2.0
EPFSL	-	221	-	221	-	78	-	83	-	-	-	-	161	-	60	-60	-27.1
CPJ*	137	-	71	9	7	1	25	2	40	1	-	-	76	1	05	-4	-6.0
COC	248	-	240	-	106	-	322	-	-	-	-	-	428	-	-	188	78.3
NRC**	157	-	157	-	100	-	-	-	-	-	-	-	100	57	-	-57	-36.3
PENSM	676	-	694	-	290	-	501	-	-	-	-	-	791	-	-	97	14.0
TOTAL	2937	221	3491	230	1514	79	2999	85	40	1	-	-	4718	56	66	907	26.8
TOTAL GERAL	3158		3721		1593		3084		41		-			121			

Figura 1: Mapa Carcerário de Alagoas. Fonte: SERIS/AL. Disponível em: http://www.seris.al.gov.br/populacao-carceraria

Esse mesmo mapa informa que a capacidade total nas unidades prisionais de Alagoas é 3.721 vagas, sendo 2.761 em Maceió e 960 no Presídio do Agreste. Assim, comparando com os números apresentados acima, temos em Alagoas um excedente de 980 pessoas presas, a maior parte, 960, nas unidades de Maceió. Esse problema da superlotação é uma questão que também tem o condão de prejudicar a prestação de assistência e, portanto, a reintegração da pessoa presa ao convívio social, o que será abordado brevemente mais adiante.

Outro instrumento utilizado para a captação de dados para essa pesquisa foi o Quadro Geral da Assistência Educacional do Sistema Penitenciário Alagoano no regime fechado, datado de 02 de outubro de 2019 e produzido pela Gerência de Educação, Produção e Laborterapia da SERIS/AL. Esse quadro demonstra as vagas para assistência educacional disponíveis em cada unidade prisional, as quais totalizam 1.429, sendo 1.380 em salas de aula e 49 em laboratórios de informática. Dentre as 12 unidades relacionadas, apenas 04 dispõem de bibliotecas.

Esse último número, aliás, talvez explique por que não há nenhuma pessoa presa fazendo uso do instituto da remição da penal pela leitura e pelo estudo (prática geralmente utilizada quando as vagas no sistema regular são escassas), o qual se dá em Alagoas através do Projeto Lêberdade, realizado através de uma parceria com o curso de Direito do Centro Universitário Cesmac, o que é motivo de orgulho para nós.

QUADRO GERAL DA ASSISTÊNCIA EDUCACIONAL DO SISTEMA PENITENCIÁRIO ALAGOANO (REGIME FECHADO) - EM 02/09/2019

Nº ORD	UNIDADE PRISIONAL	TIPO DE OFERTA									TOTAL
		EDUCAÇÃO BÁSICA EJA PRESENCIAL	SUPLETIVO ONLINE FUNDAMENTAL (SEDUC) PRESENCIAL	ENSINO SUPERIOR EAD	PÓS-GRADUAÇÃO EAD	REMIÇÃO DE PENA ESTUDO, PELA LEITURA PROJETO LÊBERDADE SEMI-PRESENCIAL	QUALIFICAÇÃO PROFISSIONAL				
							PROCAP CORTE COSTURA	PRONATEC PRESENCIAL	INSTITUTO MUNDO MELHOR EAD	SENAI EAD	
1	EPFSL	73	0	0	0	0	10	0	0	0	83
2	PMBCO	0	0	9	2	0	0	0	0	0	11
3	CPJ	18	0	0	0	0	0	0	0	0	18
4	PSMPCDS	30	0	0	0	0	0	0	0	0	30
5	PSM I	0	0	0	0	0	0	0	0	0	0
6	PSM II	0	0	0	0	0	0	0	0	0	0
7	NRC	84	0	15	0	0	0	0	0	0	99
8	PM	0	0	7	0	0	0	0	0	0	7
9	CCC	0	0	0	0	0	0	0	0	0	0
10	SEMI ABERTO	0	0	0	0	0	0	0	0	14	14
11	PA	222	0	3	0	0	0	0	0	0	225
	TOTAL	427	0	34	2	0	10	0	0	14	487

LEGENDA:
Estabelecimento Prisional Feminino Santa Luzia – EPFSL; Penitenciária Masculina Baldomero Cavalcante de Oliveira – PMBCO; Centro Psiquiátrico Judiciário Pedro Marinho Suruagy – CPJ; Presídio de Segurança Média Prof Cyridião Durval e Silva – PSMPCDS; Presídio de Segurança Máxima – PSM 1; Penitenciaria de Segurança Máxima – PSM 2; Nucleo Ressocializador da Capital – NRC; Presídio Militar – PM; Casa de Custódia da Capital – CCC; Presídio do Agreste – PA

CURSOS DO PRONATEC:
ATUALMENTE, SEM OFERTA.

CURSOS DO ENSINO SUPERIOR:
LETRAS, ADMINISTRAÇÃO, HISTÓRIA, GESTÃO PÚBLICA, CIÊNCIAS CONTÁBEIS, GESTÃO DE SEGURANÇA PÚBLICA, LICENCIAMENTO E AUDITORIA AMBIENTAL-MODALIDADE-WEB, TEC EM SERVIÇOS JURÍDICOS CARTORÁRIOS, LICENCIAMENTO E AUDITORIA AMBIENTAL, TEC EM GESTÃO DE RECURSOS HUMANOS, TECNOLOGIA EM MARKETING, TECNOLOGIA EM PROCESSOS GERENCIAIS, GESTÃO COMERCIAL, LOGÍSTICA, GEOGRAFIA

CURSO PÓS-GRADUAÇÃO:

GESTÃO DE LICENCIAMENTO, AUDITORIA AMBIENTAL, SAÚDE PÚBLICA, CIÊNCIAS JURÍDICAS, PLANEJAMENTO DE GESTÃO

Figura 2: Quadro da Assistência Educacional em Alagoas.
Fonte: SERIS/AL

O quadro, como se vê acima, demonstra também os tipos de ensino ofertados e a quantidade de matriculados em cada um deles, quais sejam: Educação básica - EJA presencial (427), ensino superior (34), pós-graduação (2) e qualificação profissional (24), totalizando 487 matriculados. Pode-se ver que em torno de apenas um terço das vagas estão preenchidas, o que leva a pensar que há uma deficiência na adesão a esses programas que precisa ser solucionada.

Um bom exemplo no Estado de Alagoas sobre como a educação tem papel fundamental na reintegração social é o Núcleo Ressocializador da Capital, o qual tem por volta de 100 pessoas recolhidas, segundo o Mapa Carcerário. De acordo com o citado Quadro da Assistência Educacional em Alagoas, este Núcleo tem 99 pessoas matriculadas, ou seja, praticamente sua totalidade. No mês de novembro do ano passado foi noticiado pelo sítio eletrônico de notícias do Governo de Alagoas – Agência Alagoas – que a referida unidade completara 22 meses com índice de reincidência criminal em 0%.

A notícia informa ainda que a média nacional de reincidência é de 25%, outra evidência de que a assistência educacional é de grande valia na efetivação do caráter reintegrador da pena, quando se leva em consideração os números médios da assistência educacional no Brasil apresentados no capítulo anterior, que são muito baixos. Por certo que são diversos os fatores que influenciam nesses índices, mas a educação é um dos principais instrumentos na formação da consciência ética de um indivíduo. É o que se vê no estudo de Oliveira, Viana, Boveto e Sarache:

> A finalidade da escola encontra-se nessa assertiva, que é transmitir conhecimento ao outro, não apenas os úteis mas, igualmente, os necessários ao processo formativo, qual sejam, tornar a pessoa capaz de deter o conhecimento científico produzido pela sociedade e saber conviver com o outro, segundo princípios de civilidade e de ética
>
> [...]
>
> É, pois, nessa condição que a educação escolar pode ocupar papéis na formação humana e intelectiva, dedicando-se a preparar e possibilitar ao ser humano condições necessárias para que o mesmo possa desenvolver-se cognitivamente e, de posse dos diversos ensinamentos, saber viver em sociedade [...] (2013, p. 156).

Reforçando essa argumentação, outra reportagem de dezembro de 2018 no mesmo portal de notícias do Governo mostra uma entrevista com a agente penitenciária Andréa Rodrigues, que é gerente de Educação, Produção e Laborterapia da SERIS/AL, em que ela ressalta o impacto dessas políticas na vida dos internos, visão da qual compartilhamos:

> Para a gerente de Educação, Produção e Laborterapia da Seris, agente penitenciária Andréa Rodrigues, as ações da pasta impactam na vida dos internos. "Trata-se da possibilidade de sustentar a família com um trabalho digno, ser alfabetizado e ingressar no Ensino Superior. Além disso, há o resgate da autoestima e do sentimento de existir como sujeito, podendo sonhar e crer num futuro promissor", afirma.

Nessa mesma reportagem, afirma-se que a partir dessas políticas ressocializadora os internos do regime fechado também têm a oportunidade de trabalhar no próprio Complexo Prisional de Alagoas, de forma que no ano de 2018, 264 reeducandos trabalharam para sustentar seus familiares ao tempo em que se profissionalizavam. A partir desses dados se percebe como a educação tem resultados visíveis na efetivação do caráter ressocializador da pena, de forma que é preciso que modelos como aqueles aqui citados sejam implantados de forma cada vez mais abrangente, não só no Estado de Alagoas, mas em todo o país.

Infelizmente, os estudos estatísticos sobre a reincidência, ainda mais quando tomado especificamente o Estado de Alagoas, são muito escassos, de forma que se torna dificultoso avaliar com mais precisão os impactos da deficiência na prestação da assistência educacional nos presídios, de forma que é possível mensurar com mais facilidade a relação entre a baixa reincidência e a educação de pessoas presas, como foi feito acima.

De volta à análise dos dados apresentados, vê-se que eles podem corroborar o que já é dito há muito por diversos autores que tratam do direito penal e do encarceramento sobre a indispensabilidade da educação dentro das prisões, ainda mais quando se leva em consideração que a falta dela é um grande causador da necessidade de encarceramento. É assim que afirma Michael Foucault:

> A educação do detento é, por parte do poder público, ao mesmo tempo uma precaução indispensável no interesse da sociedade e uma obrigação para com o detento. Só a educação pode servir de instrumento penitenciário. A questão do encarceramento penitenciário é uma questão de educação (1999, p. 224).

Nessa mesma esteira de pensamento está Franceilde Nascimento Paiva em seu estudo acerca da obra anteriormente citada – Vigiar e Punir – de Foucault, quando fala das consequências de uma educação deficitária e sobre a precariedade dos estabelecimentos prisionais brasileiros, nos quais as pessoas presas vivem muitas vezes em condições degradantes:

> [...] sem deixar de ressaltar também que a maior parte da população que se encontram encarcerada é composta de negros e analfabetos, o que acaba evidenciando que essa marginalização está em volta de um conflito econômico e racial. Econômicos porque os presídios estão lotados de detentos que vieram de uma educação familiar mal orientada, e racial porque culmina no indivíduo excluído, o qual não

teve as mínimas oportunidades de educação, trabalho e proteção familiar (2012, p. 37).

Dessa forma, é preciso ainda que esses outros problemas na aplicação da pena sejam solucionados ou, pelo menos, amenizados, para que se possa implementar o oferecimento adequado da educação nos presídios. Um dos principais deles é superlotação nos presídios, como demonstrado com os dados citados anteriormente. Além da superlotação, há também um grande problema no que diz respeito às estruturas físicas dos estabelecimentos prisionais, colocando os detentos em condições precárias de sobrevivência, sem condições básicas de higiene, acesso à saúde, por exemplo. Esse problema, por sua vez, acaba sendo agravado também pelo grande número de pessoas presas nesses estabelecimentos.

Essa precariedade contribui para agravar problemas como rebeliões, inefetividade do caráter reintegrador da pena, além de dar condições mais favoráveis para a atuação de facções criminosas nos presídios, o que por si só também tem ligação com a má administração desses estabelecimentos. Assim explicam em sua pesquisa Nicaela Olímpia Machado e Issac Sabbá Guimarães (2014, p. 573): "a desestruturação do sistema prisional ocasiona o descrédito da prevenção e da reabilitação do condenado, ante um ambiente, cujos fatores culminaram para que chegasse a um precário sistema prisional".

Como se pode ver, um problema tem sempre relação com outro, gerando um círculo vicioso, no qual um fator de precariedade do sistema prisional acaba por agravar outros, e somadas essas mazelas geram o que se pode chamar na falência do sistema prisional. Esses problemas impedem que o Estado invista recursos e esforços suficientes para a assistência educacional nas unidades prisionais.

Conclusão

Diante de todo o exposto, resta evidente a importância da discussão acerca do papel da educação tanto para a sociedade quanto para os indivíduos que dela fazem parte, quando considerados particularmente. O objetivo principal na presente investigação foi justamente verificar qual o impacto que a assistência educacional tem no que tange à reintegração social da pessoa presa no Estado de Alagoas e se é possível mensurar o impacto negativo da precariedade na prestação desse tipo de assistência.

Para isso, analisamos sucintamente as principais teorias da pena, para então verificar se essas vêm sendo efetivadas. As principais teorias se dividem entre absolutistas e relativistas, com as primeiras defendendo a pena como mera retribuição, enquanto as segundas defendendo a pena como um meio de prevenção, podendo essa última ser dirigida tanto à coletividade quanto ao indivíduo. O sistema brasileiro acabou adotando um sistema misto, logo, a pena também visa reintegrar, no que a educação, como dissemos, tem um papel fundamental.

Na sequência, analisamos os aspectos principais da assistência educacional para as pessoas presas. A educação é um dever do Estado, que deve realizar ações comissivas no sentido de prover acesso à educação para todos os cidadãos, haja vista que é considerada como um direito fundamental. Considerando que os direitos das pessoas presas devem ser mantidos, conforme previsto pela LEP, com exceção daqueles atingidos pela sentença penal condenatória, elas têm o direito à educação preservado. Além disso, boa parte das pessoas que são presas tem baixo nível de escolaridade, o que aumenta a necessidade da prestação da assistência educacional em presídios e também sinaliza certa seletividade do sistema.

Por fim, demonstramos dados sobre a população carcerária e a prestação educacional nos presídios alagoanos. De forma que se verificou que há um número razoável de vagas para as pessoas presas, mas há pouca adesão, o que chama a atenção para a possível existência de problemas correlatos, como a falta de incentivo e conscientização da população carcerária, o baixo efetivo de funcionários para que se possibilite uma melhor prestação da educação, entre outros.

Tem-se o exemplo do Núcleo Ressocializador da Capital, que tem quase 100% das pessoas presas matriculadas em programas de educação e vem mostrando um índice muito abaixo da média nacional de reincidência. São modelos como esse, embora o seu acesso seja ainda muito restrito, que devem servir de espelho para outras unidades prisionais. Viu-se ainda como as pessoas presas que participavam de alguma atividade educacional estavam tendo maiores oportunidades de trabalho ainda enquanto recolhidas nas unidades prisionais.

Dessa maneira, podemos concluir que os objetivos desta investigação foram atendidos, haja vista que ficou concluímos que a educação nos presídios tem impactos muito positivos na questão da reincidência, além de ter influência na transformação social das pessoas, ou seja, funciona como um instrumento de formação de caráter e de prevenção da criminalidade. Também se vê há muito que melhorar no Estado de Alagoas nesse aspecto, haja vista que a quantidade de pessoas presas que estão inseridas em programas educacionais ainda está muito abaixo do número total de pessoas presas. Além disso, é preciso que outros problemas nas unidades prisionais sejam resolvidos, como a superlotação, de forma a proporcionar condições favoráveis para a prestação educacional.

Referências

BITENCOURT, Cezar Roberto. Tratado de direito penal: parte geral - v. 1. 25. ed. São Paulo: Saraiva Educação, 2019.

BUARQUE, Luciana. Referência no país, presídio alagoano completa 22 meses com 0% de reincidência criminal. Agência Alagoas. 22 nov. 2018. Disponível em: http://www.agenciaalagoas.al.gov.br/noticia/item/27922-referencia-no-pais-presidio-alagoano-completa-22-meses-com-0-de-reincidencia-criminal. Acesso em: 18 out. 2019.

BRASIL. [Constituição (1988)]. Constituição da República Federativa do Brasil de 1988. Brasília, DF: Presidência da República, 5 out. 1988. Disponível em: http://www.planalto.gov.br/ccivil_03/constituicao/ constituiçao.htm. Acesso em: 3 maio 2019.

BRASIL. Lei nº 7.210, de 11 de julho de 1984. Institui a lei de execução penal. Brasília, DF: Presidência da República, 11 jul. 1984. Disponível em: http://www.planalto.gov.br/ccivil_03/leis/l7210.htm. Acesso em: 3 maio 2019.

BRASIL. Recomendação nº 44, de 23 de novembro de 2013, do CNJ. Dispõe sobre atividades educacionais complementares para fins de remição da pena pelo estudo e estabelece critérios para a admissão pela leitura. Brasília, DF: Presidência da República, DJE/CNJ, 27 nov. 2013. Disponível em: https://atos.cnj.jus.br/files//recomendacao/recomendacao_44 _26112013_27112013160533.pdf. Acesso em: 18 out. 2019.

BRITO, Alexis Couto de. Execução penal. 4. ed. São Paulo: Saraiva Educação, 2018.

CARVALHO, Salo de. Penas e medidas de segurança no direito pena brasileiro. 2. Ed. São Paulo: Saraiva, 2015.

Departamento Penitenciário Nacional. Levantamento Nacional de Informações Penitenciárias: INFOPEN Atualização junho de 2016. Brasília: Ministério da Justiça e Segurança Pública, 2017. Disponível em: http://depen.gov.br/DEPEN/depen/sisdepen/infopen. Acesso em: 3 maio 2019.

FOUCAULT, Michael. Vigiar e punir: nascimento da prisão. Tradução: Raquel Ramalhete. 20. ed. Petrópolis: Vozes, 1999.

MACHADO, Nicaela Olímpia; GUIMARÃES, Issac Sabbá. A Realidade do Sistema Prisional Brasileiro e o Princípio da Dignidade da Pessoa Humana. Revista Eletrônica de Iniciação Científica. Itajaí, Centro de Ciências Sociais e Jurídicas da UNIVALI. v. 5, n.1, p. 566-581, 1º Trimestre de 2014. Disponível em: www.univali.br/ricc. Acesso em: 3 maio 2019.

MARCÃO, Renato. Curso de execução penal. 16. ed. São Paulo: Saraiva Educação, 2018.

OLIVEIRA, Terezinha; VIANA, Ana Paula dos Santos; BOVETO, Lais; SARACHE, Mariana Vieira. Escola, conhecimento e formação de pessoas: considerações históricas. Políticas Educativas, Porto Alegre, v. 6, n. 2, p. 145-160, 2013. ISSN: 1982-3207. Disponível em: https://seer.ufrgs.br/Poled/article/view/45662/28843. Acesso em: 20 out. 2019.

PACELLI, Eugênio; CALLEGARI, André. Manual de direito penal: parte geral. 4. ed. rev. e atual. e ampl. São Paulo: Atlas, 2018.

PAIVA, Franceilde Nascimento. Vigiar e punir: o sistema prisional na visão de Foucault. Monografia apresentada ao Curso de Filosofia da Universidade Federal do Maranhão. São Luís: UFMA, 2012. Disponível em: https://monografias.ufma.br/jspui/bitstream/123456789/1485/1/FrancileidePaiva.pdf. Acesso em: 19 out. 2019.

PRADO, Luiz Régis. Teoria dos Fins da Pena: Breves reflexões. Revista de Ciências Penais, Brasil, ano 1, vol. 0, p. 143-158, jan. 2004. Disponível em:

http:/www.regisprado.com.br/Artigos/Luiz%20Regis%20Prad o/Teoria%20dos%20fins%20da%20pena.pdf. Acesso em 11 out. 2019.

ROIG, Rodrigo Duque Estrada. Execução penal: teoria crítica. 4. ed. São Paulo: Saraiva Educação, 2018.

SERIS/AL. Mapa carcerário. 18 out. 2019. Disponível em: http://www.seris.al.gov.br/arquivos/MAPA%2013_17.10.2019 %20A%2018.10.2019.pdf. Acesso em 19 out. 2019.

SERIS/AL. Quadro geral da assistência educacional do sistema penitenciário alagoano (regime fechado). 2 set. 2019. Disponibilizado pela Gerência de Educação, Produção e Laborterapia da SERIS/AL.

SILVA, José Afonso da. Curso de direito constitucional positivo. 40. Ed., ver. e atual. São Paulo: Malheiros, 2017.

THOMAZ, Lurdes; OLIVEIRA, Rita de Cássia. A educação e a formação do cidadão crítico, autônomo e participativo. 2009. Disponível em: http://www.diaadiaeducacao.pr.gov.br/portals/pde/arquivos/1 709-8.pdf. Acesso em: 18 out. 2019.

TRINDADE, Larissa Maria da. Crítica de Klug às teorias retributivas da pena. Boletim Jurídico, Uberaba/MG, ano 13, n. 1150, mar. 2014. Disponível em: https://www.boletimjuridico.com.br/doutrina/artigo/3324/cri tica-klug-as-teorias-retributivas-pena. Acesso em: 11 out. 2019.

WASTY, Mayara. Cursos impulsionam educação e trabalho nos presídios alagoanos. Agência Alagoas. 28 dez. 2018. Disponível em: http://agenciaalagoas.al.gov.br/noticia/item/28510-cursos-impulsionam-educacao-e-trabalho-nos-presidios-alagoanos. Acesso em: 18 out. 2019.

A descriminalização da *cannabis sativa* para o tratamento da esclerose múltipla: uma reflexão crítica sobre segurança pública, direito e medicina

PAULA HORTÊNCIA DA COSTA SILVA[1]
FRANCISCO DE ASSIS DE FRANÇA JÚNIOR[2]

Introdução

Diante das controvérsias históricas sobre a política brasileira de drogas e, consequentemente, a comercialização e o consumo, surgem, mais contemporaneamente, questionamentos sobre os benefícios que determinadas drogas, consideradas ilegais, poderiam trazer para pessoas com algumas espécies de doença. Daí que, segundo perspectivamos, é necessário discutir, por exemplo, a possibilidade de descriminalização da *cannabis sativa* para o tratamento médico, muito especialmente o da Esclerose Múltipla, o que se constitui no tema aqui proposto.

Assim, colocam-se como problemas centrais de nossa investigação os eventuais benefícios da descriminalização da *cannabis sativa* para o tratamento médico de pessoas com Esclerose Múltipla. Interessa-nos saber, portanto, o que diz a medicina contemporânea a esse respeito? Há tratamento realmente eficiente a partir da extração do princípio ativo proveniente da planta em enfoque? E mais ainda: seria possível ampliarmos a iniciativa para outros setores sociais, como, por exemplo, a descriminalização para o uso recreativo?

Nesse sentido, em consonância com as problemáticas apresentadas, a primeira hipótese a ser explorada é a de que a descriminalização será necessária para que as pessoas com Esclerose Múltipla tenham acesso mais facilitado possível a um tratamento que, segundo a literatura médica, tem apresentado resultados positivos. Na mesma linha argumentativa também nos parece coerente sustentar que a conhecida política de "guerra às drogas" não tem apresentado os resultados que promete. Muito pelo

---

[1] Graduada em Direito pelo Centro Universitário CESMAC (Maceió/AL)
[2] Doutorando e Mestre em Direito pela Universidade de Coimbra (PT); Professor no Centro Universitário CESMAC (Maceió/AL); Coordenador do IBCCRIM em Alagoas; Advogado de defesa.

contrário. O que percebemos é que existem mais influências nocivas do que benéficas na dinâmica social a partir da mesma, razão pela qual a descriminalização, mesmo que para o uso recreativo, poderia ser uma alternativa viável.

Como objetivo geral, pretendemos analisar os benefícios que a descriminalização da *cannabis sativa* pode trazer para pessoas com Esclerose Múltipla. Além disso, sua eventual descriminalização para recreação, os impactos no ordenamento jurídico brasileiro e no meio social, também estarão em nosso horizonte. Nesse passo, como objetivo específico, pretendemos relatar alguns casos clínicos de pacientes com a doença e que foram submetidos a tratamento médico com a *cannabis sativa*. Além disso, sondamos algumas decisões judiciais para avaliar como tudo isso tem sido tratado no âmbito do judiciário.

No entanto, tendo em vista a escassez de fontes físicas, pois são poucas as doutrinas que tratam do tema proposto, recorreremos a diversas fontes virtuais. Até mesmo porque, a medicina tem evoluído de maneira tão célere que, muitas vezes, não há tempo hábil para nos depararmos com obras físicas publicadas. São, portanto, encontradas com mais facilidade em artigos e notícias em sites especializados. Dessa maneira, como uma das principais referências bibliográficas tem-se o livro de Denis Russo, com o tema "O fim da guerra - A maconha e a criação de um novo sistema para lidar com as drogas".

As referências mais diretamente vinculadas ao tratamento médico com a *cannabis sativa* utilizamos foram retiradas do artigo "O uso de canabinóides como tratamento alternativo dos sintomas da esclerose múltipla", tendo sido escrito por Fernando Riberio Leite Júnior, Gustavo Miná Pinto, Matheus Andrade de Abrantes, Túlio Henrique Ferreira de Oliveira, Ezymar Gomes Cayana, publicado no II Congresso Brasileiro de Ciências da Saúde, evento realizado em Campina Grande/PB, no ano de 2017.

Por fim, no tocante aos procedimentos metodológicas, e a partir de uma pontual revisão bibliográfica, nossa pesquisa foi construída por meio do método hipotético-dedutivo, através do qual iremos analisar criticamente o conteúdo teórico referente à Esclerose Múltipla, à *cannabis sativa* e a possibilidade de sua descriminalização.

1 A esclerose múltipla: tipos e sintomas de uma doença agressiva e (ainda) sem cura

A Esclerose Múltipla é uma doença classificada pelo Código

Internacional de Doenças (CID 10) com a sigla G35, tendo como sua principal característica a imprevisibilidade de surtos, que, por consequência, trazem consigo crises inflamatórias, dificuldades motoras e sensitivas. Com evolução que varia de pessoa para pessoa, as causas da doença ainda não são totalmente conhecidas pela medicina moderna, não existindo, portanto, uma cura definitiva, embora os tratamentos ajudem significativamente no controle e na contenção da progressão da mesma.

Segundo Enedina Maria Lobato de Oliveira e Nilton Amorim de Souza (1998, p. 114), a Esclerose Múltipla, também conhecida como esclerose em placas, é uma doença que afeta basicamente o sistema nervoso, provocando destruição da mielina (desmielinização), uma proteína fundamental na transmissão do impulso nervoso. Assim, à medida que a doença progride, destrói o que se chama de bainha de mielina, comprometendo a comunicação entre os neurônios, o que provoca falha nos movimentos dos membros, como pernas e braços.

Com normatização tratando especificamente sobre a doença (Portaria n. 391/2015), o Ministério da Saúde, prescreve claramente como podem funcionar as crises, bem como o quadro clínico que geralmente se manifesta com a Esclerose Múltipla. De acordo com a mesma, que "Aprova o Protocolo Clínico e Diretrizes Terapêuticas da Esclerose Múltipla":

> O quadro clínico se manifesta, na maior parte das vezes, por surtos ou ataques agudos, podendo entrar em remissão de forma espontânea ou com o uso de corticosteroides (pulsoterapia). Os sintomas mais comuns são neurite óptica, paresia ou parestesia de membros, disfunções da coordenação e equilíbrio, mielites, disfunções esfincterianas e disfunções cognitivo-comportamentais, de forma isolada ou em combinação. Recomenda-se atentar para os sintomas cognitivos como manifestação de surto da doença, que atualmente vem ganhando relevância neste sentido.

Além disso, para Fernando Riberio Leite Júnior, Gustavo Miná Pinto, Matheus Andrade de Abrantes, Túlio Henrique Ferreira de Oliveira, Ezymar Gomes Cayana, a dor provocada pela doença é uma sintomatologia comumênte observada. Este tipo de dor tem origem direta no sistema nervoso central e geralmente não pode ser tratada com drogas convencionais, pois estas não têm o efeito desejado ou os pacientes criam resistência ao longo do tempo.

Nesse contexto, conforme constatam Enedina Maria Lobato de Oliveira e Nilton Amorim de Souza (1998, p. 116), os sintomas iniciais mais comuns compreendem alterações sensitivas e cerebelares, manifestações visuais, fraqueza, espasticidade, sinais de liberação piramidal. As alterações cerebelares podem ser divididas em comprometimento do equilíbrio e da coordenação. Os principais distúrbios visuais são diminuição da acuidade visual, diplopia e escotomas. O comprometimento esfincteriano, sob forma de incontinência ou retenção urinária e fecal, além da disfunção sexual, são consequências também observadas.

Como dissemos, a evolução de cada caso clínico varia de pessoa para pessoa, com a influência de fatores genéticos, do clima ambiente, do tratamento, que, quanto mais rápido, mais eficaz para o alívio de dores e intervalos de surtos. É evidente, portanto, que os sintomas da Esclerose Múltipla são inúmeros, podendo aparecer nos intervalos de surtos, vários ao mesmo momento, ou apenas alguns destes. Como um dos mais relevantes, tem-se também, segundo Enedina Maria Lobato de Oliveira e Nilton Amorim de Souza (1998, p. 116) que:

> Sintomas paroxísticos, tais como distonias ou espasmos tônicos, disartria e ataxia, dores paroxísticas (neuralgia do trigêmeo e outras) são as queixas iniciais dos pacientes em pequena porcentagem dos casos, estimados numa média de 3,8% a 17%. Sintomas raros são as manifestações psiquiátricas.

Com relação à população que pode ser afetada, a doença não tem cerimônia, ou seja, pode acometer diversas pessoas de idades distintas, de diferentes sexos ou gêneros e condição social. Mesmo gestantes estão entre as doentes, oportunidade em que a doença fica mais branda, com redução de até 80% da taxa de surtos, conforme a mencionada normatização do Ministério da Saúde. No caso de crianças e adolescentes, recomenda-se que o neurologista solicite uma avaliação para afastar leucodistrofias, tal como Erica de Queiroz Ribeiro, Maysa Ferreira Martins Ribeiro (2013, p. 581) explicam:

> A Leucodistrofia Metacromática (LDM) é causada por um erro inato do metabolismo, possui caráter autossômico recessivo e pertence ao grupo das lisossomopatias. A LDM é causada pela atividade deficiente da enzima arilsulfatase A (ARSA), a atividade deficiente da ARSA causa degradação de uma série de lipídeos sulfatados, que têm como principal função constituir a bainha de mielina das células do sistema nervoso central e periférico.

Perceba-se que, curiosamente, a Esclerose Múltipla tem mais preponderância em ocorrer em pessoas de pele branca e mulheres. De acordo com Enedina Maria Lobato de Oliveira e Nilton Amorim de Souza (1998, p. 115), a doença é mais comum em brancos, sendo considerada rara entre os orientais, negros e índios. Não obstante, no Brasil, ainda segundo os autores, estudos demonstraram a presença da mesma em 30% de negros entre os doentes avaliados.

Com o avanço tecnológico atualmente é possível descobrir a esclerose múltipla através da ressonância magnética. Conforme Pinheiro (2018), isso é válido "para a pesquisa e análise de doenças neurológicas, ortopédicas, abdominais, cervicais e cardíacas. O teste pode diagnosticar, para ter ideia, esclerose múltipla, câncer, infartos, fraturas e até infecções". Entretanto, na perspectiva de Enedina Maria Lobato de Oliveira e Nilton Amorim de Souza (1998, p. 117), o diagnóstico "ainda é clínico e baseia-se em dados de história e exame físico". Nesse aspecto, segundo a normatização publicada pelo Ministério da Saúde:

> Exame de ressonância magnética (RM) do encéfalo demonstrará lesões características de desmielinização; devem ser realizados alguns exames laboratoriais (examesde anti-HIV e VDRL e dosagem sérica de vitamina B12) no sentido de excluir outras doenças de apresentação semelhante à EM. Deficiência de vitamina B12, neurolues ou infecção pelo HIV (o vírus HIV pode causar uma encefalopatia com imagens à RM semelhantes às que ocorrem na EM) apresentam quadros radiológicos semelhantes aos de EM, em alguns casos. O exame do líquor será exigido apenas no sentido de afastar outras doenças quando houver dúvida diagnóstica (por exemplo, suspeita de neurolues, ou seja, VDRL positivo no sangue e manifestação neurológica). O Potencial Evocado Visual também será exigido apenas quando houver dúvidas quanto ao envolvimento do nervo óptico pela doença.

Infelizmente, como deixamos antever, a medicina ainda não encontrou a cura para a Esclerose Múltipla, porém, vem avançando tecnologicamente nos tratamentos médicos para com a mesma. Para Enedina Maria Lobato de Oliveira e Nilton Amorim de Souza (1998, p. 116):

> Vários tratamentos já foram propostos para a esclerose múltipla, nem todos eficazes. O tratamento divide-se em curativo, profilático, sintomático e de reabilitação. Até o momento não há profilaxia ou cura, pois os mecanismos básicos da doença não foram ainda plenamente esclarecidos. Em uma visão multidisciplinar, o tratamento tornou-se mais complexo e engloba diversos outros profissionais, ligados a fonoaudiologia, fisioterapia, terapia ocupacional, psicologia.

O tratamento convencional consistia em ingerir mais de cinco medicamentos por dia, provocando diversos sintomas desagradáveis, como náuseas e desconforto estomacal. No entanto, atualmente, existem neurocirurgias, medicação oral, e, um dos mais importantes e promissores, o uso da *cannabis sativa*, sobretudo por conta do seu potencial terapêutico medicinal, principalmente para doenças neurológicas, dentre as quais está, evidentemente, a Esclerose Múltipla (EM), consistindo tal articulação em nosso objeto de investigação.

2 A *Cannabis sativa* e a possibilidade de sua descriminalização: apontamentos críticos sobre a droga na segurança pública, na medicina e na recreação

No Brasil, tradicionalmente a *cannabis sativa*, como inúmeras outras drogas, tem sido tratada como um problema de segurança pública. Apesar disso, não é preciso muito esforço para constatarmos que as drogas são um problema muito longe de ser considerado como resolvido. Encontrada ao redor do mundo, segundo Denis Russo (2011, p. 12), o consumo da *cannabis sativa* tem aumentado em 8,5%, o que é pouco em relação às outras drogas, como a cocaína, que teve seu aumento em 25% nos últimos dez anos.

Não bastasse sua utilização para recreação, sem que tenhamos notícia de mortes ou problemas graves relatados na literatura por conta do uso da *cannabis sativa*, no tratamento de doenças como epilepsia, glaucoma e Esclerose Múltipla essa droga também está presente. A melhora de pacientes com essas doenças é notória e a procura pelo tratamento cresce cada vez mais. Entretanto, o plantio, a comercialização e o uso da *cannabis sativa* no Brasil, são proibidos, com mandamento de criminalização na própria Constituição Federal:

> Art. 5º. [...] XLIII – a lei considerará crimes inafiançáveis e insuscetíveis de graça ou anistia a prática da tortura, o tráfico ilícito de entorpecentes e drogas e afins, o terrorismo e os definidos como crimes hediondos, por eles respondendo os mandantes, os executores e os que, podendo evita-los, se omitirem; (BRASIL, 1988)

Dessa maneira, é para a Lei n. 11.343/2006 que devemos olhar quando o tema for a criminalização desse tipo de comportamento. Nela, destacam-se, dentre outros, os artigos 28 e 33. No que tange ao consumo, pura e simplesmente, não há punição com privação da liberdade. É o que disciplina o art. 28. Já no que trata do intuito de comercialização da droga, do chamado tráfico, previsto no art. 33, determina-se uma pena privativa de de 5 a 15 anos de reclusão, além do pagamento de multa. Senão vejamos as prescrições na íntegra:

Art. 28. Quem adquirir, guardar, tiver em depósito, transportar ou trouxer consigo, para consumo pessoal, drogas sem autorização ou em desacordo com determinação legal ou regulamentar será submetido às seguintes penas:

I - advertência sobre os efeitos das drogas;

II - prestação de serviços à comunidade;

III - medida educativa de comparecimento a programa ou curso educativo.

§ 1º Às mesmas medidas submete-se quem, para seu consumo pessoal, semeia, cultiva ou colhe plantas destinadas à preparação de pequena quantidade de substância ou produto capaz de causar dependência física ou psíquica.

§ 2º Para determinar se a droga destinava-se a consumo pessoal, o juiz atenderá à natureza e à quantidade da substância apreendida, ao local e às condições em que se desenvolveu a ação, às circunstâncias sociais e pessoais, bem como à conduta e aos antecedentes do agente.

§ 3º As penas previstas nos incisos II e III do caput deste artigo serão aplicadas pelo prazo máximo de 5 (cinco) meses.

§ 4º Em caso de reincidência, as penas previstas nos incisos II e III do caput deste artigo serão aplicadas pelo prazo máximo de 10 (dez) meses.

§ 5º A prestação de serviços à comunidade será cumprida em programas comunitários, entidades educacionais ou assistenciais, hospitais, estabelecimentos congêneres, públicos ou privados sem fins lucrativos, que se ocupem, preferencialmente, da prevenção do consumo ou da recuperação de usuários e dependentes de drogas.

§ 6º Para garantia do cumprimento das medidas educativas a que se refere o caput, nos incisos I, II e III, a que injustificadamente se recuse o agente, poderá o juiz submetê-lo, sucessivamente a:

I - admoestação verbal;

II - multa.

§ 7º O juiz determinará ao Poder Público que coloque à disposição do infrator, gratuitamente, estabelecimento de saúde, preferencialmente ambulatorial, para tratamento especializado.

[...]

Art. 33. Importar, exportar, remeter, preparar, produzir, fabricar, adquirir, vender, expor à venda, oferecer, ter em depósito, transportar, trazer consigo, guardar, prescrever, ministrar, entregar a consumo ou fornecer drogas, ainda que gratuitamente, sem autorização ou em desacordo com determinação legal ou regulamentar:

Pena - reclusão de 5 (cinco) a 15 (quinze) anos e pagamento de 500 (quinhentos) a 1.500 (mil e quinhentos) dias-multa.

§ 1º Nas mesmas penas incorre quem:

I - importa, exporta, remete, produz, fabrica, adquire, vende, expõe à venda, oferece, fornece, tem em depósito, transporta, traz consigo ou guarda, ainda que gratuitamente, sem autorização ou em desacordo com determinação legal ou regulamentar, matéria-prima, insumo ou produto químico destinado à preparação de drogas;

II - semeia, cultiva ou faz a colheita, sem autorização ou em desacordo com determinação legal ou regulamentar, de plantas que se constituam em matéria-prima para a preparação de drogas;

III - utiliza local ou bem de qualquer natureza de que tem a propriedade, posse, administração, guarda ou vigilância, ou consente que outrem dele se utilize, ainda que gratuitamente, sem autorização ou em desacordo com determinação legal ou regulamentar, para o tráfico ilícito de drogas.

§ 2º Induzir, instigar ou auxiliar alguém ao uso indevido de droga: (Vide ADI nº 4.274)

Pena - detenção, de 1 (um) a 3 (três) anos, e multa de 100 (cem) a 300 (trezentos) dias-multa.

§ 3º Oferecer droga, eventualmente e sem objetivo de lucro, a pessoa de seu relacionamento, para juntos a consumirem:

Pena - detenção, de 6 (seis) meses a 1 (um) ano, e pagamento de 700 (setecentos) a 1.500 (mil e quinhentos) dias-multa, sem prejuízo das penas previstas no art. 28.

§ 4º Nos delitos definidos no caput e no § 1º deste artigo, as penas poderão ser reduzidas de um sexto a dois terços, vedada a conversão em penas restritivas de direitos , desde que o agente seja primário, de bons antecedentes, não se dedique às atividades criminosas nem integre organização criminosa. (Vide Resolução nº 5, de 2012)

A discussão aqui proposta, portanto, vai no sentido de descriminalizar a utilização para fins medicinais, com a possibilidade de se discutir ainda o mesmo para a recreação, a começar pela *cannabis sativa*, sobretudo porque sua utilização em tratamentos tem tido eficácia comprovada. No entanto, é importante distinguir o que se caracteriza por descriminalização, despenalização e legalização. No caso da primeira, retira-se o caráter criminoso do fato, deixando o mesmo de ser punível na esfera penal. No segundo, significa adotar medidas alternativas, visando dificultar e evitar a aplicação da pena de prisão. Já no terceiro, tem-se a retirada da criminalização, sendo o fato regulamentado, possibilitando o comércio e o consumo dentro de certas regras. Ressalta-se, no entanto, que Supremo Tribunal Federal (STF), até aqui com três votos favoráveis à descriminalização, está debruçado sobre o tema.

Pela previsão legal, situada especialmente no art. 28, §2°, a linha entre o consumidor do traficante é muito tênue, sobretudo porque não existe uma determinada quantidade que os diferencie. O certo é que, sendo a pessoa encarada como mera consumidora, não poderá ser mantida presa. Já no caso do encarado como traficante, haverá punição com pena privativa de liberdade. É dessa maneira que se argumenta que o problema das drogas, de boa parte delas, tem sido tratado como assunto de segurança pública. Segundo França Junior (2016, p.09), segurança pública, drogas e sistema penitenciário são temas intimamente ligados, sendo que o número assustador de presos no Brasil é um evidente reflexo do equívoco alimentado.

Ainda conforme França Junior (2016, p.03), por não haver expressa indicação de quantidade para fins de tipificação no crime de porte para consumo próprio (art. 28 da lei 11.343/06), em muitos casos, pessoas encontradas com pequenas quantidades de drogas ilícitas tem sido condenadas como traficantes, já que a interpretação do dolo fica muito a critério do julgador.

Daí que a ideia de descriminalização paulatina, a começar para fins mediciais, como alternativa diferente daquela tradicionalmente posta, pode vir a possibilitar uma possível diminuição dos problemas enfrentados pela segurança pública brasileira, principalmente nas periferias e no sistema carcerário brasileiro, que enfrenta a superlotação. Na área médica, deve acelerar os processos jurídicos onde as partes com determinadas doenças necessitem do tratamento médico. Já na seara penal, isso, dentre outras coisas, certamente representaria um considerável abalo nas finanças do chamado crime organizado, vez que o comércio poderia acontecer com taxação estatal.

2.1 O uso medicinal da Cannabis sativa

Os primeiros registros de uso da maconha medicinal, fora a séculos atrás, já utilizada no tratamento de doenças da época, como malária e reumatismo. Sua popularidade como remédio se espalhou pela Ásia, Oriente Médio e costa oriental da África. Na Índia, usavam para fins religiosos e alívio do estresse, dor de ouvido e dores do parto (Ama+me), tudo apontado por Fernando Riberio Leite Júnior, Gustavo Miná Pinto, Matheus Andrade de Abrantes, Túlio Henrique Ferreira de Oliveira, Ezymar Gomes Cayana, conform referência já explicitada. Assim, novas formas de tratamento para a Esclerose Múltipla vêm sendo estudadas através de derivados da Cannabis Sativa, dentre eles os mais importantes são o Canabidiol (CBD) e o tetrahidrocanabinol. De acordo com Fernando Riberio Leite Júnior, Gustavo Miná Pinto, Matheus Andrade de Abrantes, Túlio Henrique Ferreira de Oliveira, Ezymar Gomes Cayana:

> fica evidente a capacidade dos canabinóides proporcionarem alívio às diversas mazelas trazidas pela esclerose múltipla. Se comparado aos medicamentos convencionais, foram mais eficazes, produzindo uma atenuação da espasticidade muscular, da dor neuropática além de contenção da apoptose celular e da inflamação neuronal causada por esta doença. Estes são, de fato, benefícios que trazem novas esperanças aos indivíduos acometidos pela EM, que não têm fármacos eficiente para recorrer. Contudo, tendo em vista as análises feitas, o uso destes componentes ainda não é totalmente seguro e estudos longitudinais são necessários para que sua eficácia e tolerabilidade sejam consagradas dentro do meio científico.

Nessa ordem de ideias, com o progresso da medicina, da justiça e da tecnologia, vários casos obtiveram sucesso com o uso da *cannabis sativa* para tratamento médico. Foi então que:

> Após a descoberta dos canabinoides internos, produzidos pelo próprio corpo humano, anandamida (N-araquidoniletanolamida) e 2-araquidonilglicerol (2-AG), dos receptores de canabinoides CB1 e CB2, e das enzimas relacionadas ao metabolismo dos mesmos, um sistema especializado se consolida. A comunidade científica focou na investigação do seu potencial clínico, com resultados encorajadores em muitas áreas. Os receptores canabinoides são identificados em várias células e sistemas, além do sistema nervoso central, e a ciência avança na área da imunologia e oncologia. (Ama+me)

Fica evidente que o Direito e a Medicina podem caminhar de mãos dadas para se adequar às políticas locais, levando em conta, a cultura, a legislação, a religião e os costumes de cada país. No Brasil, foram dados passos pequenos no decorrer dos anos, avançando aos poucos com a necessidade da sociedade. Assim sendo, no ano de 2012 (Ama+me) Associação Brasileira de Pacientes de *cannabis* medicinal constatou que:

> Charlotte Figi, garotinha americana com 5 anos de idade, portadora de síndrome de Dravet (que determina epilepsia refratária), tem sua historia de sucesso no controle de crises convulsivas, com o uso de um óleo rico em CBD, produzido a partir de uma cepa de Cannabis Sativa L., que acabou recebendo seu nome, amplamente divulgada pela imprensa americana. O poder da internet espalha mundialmente o sucesso de Charlotte.

A *cannabis sativa* poderia, portanto, ser utilizada como remédio e felizmente reduzir sintomas de doenças graves. A diminuição de dores físicas e clínicas de cada paciente e consequentemente de sua família, é inegável. Mais um caso de doença grave, que obteve sucesso no tratamento, em 2014 (Ama+me):

> Anny Fisher, garotinha brasileira com 5 anos de idade, portadora da síndrome CDKL5 (que também determina um quadro de epilepsia refratária), tem sua historia de sucesso no controle de crises convulsivas, com o uso de um óleo rico em CBD, apresentada no programa Fantástico. Anny foi a primeira paciente a conseguir na justiça o direito a importação do óleo. O sucesso de Anny acabou contagiando outros pais e mães pelo país, e as histórias de controle de crises convulsivas se multiplicaram. Um grupo de epiléticos do estado da Paraíba, liderados por Júlio Amarico e Sheila Dantas, conseguiu, junto ao ministério público federal, a primeira liminar favorável a um grupo de pessoas, para importação do óleo rico em CBD. O país passou a conviver com outras histórias de sucesso.

Em 2014, segundo Policarpo (2019, p.05), esse tipo de avanço acabou fazendo com que ocorresse a aprovação da importação do óleo da *cannabis sativa*, bem como sua prescrição médica para o tratamento de doenças no Brasil. Assim,

> A justiça brasileira aprova a importação do óleo de maconha e, em seguida, o Conselho Federal de Medicina (CFM) elabora a Resolução 2.112/2014, regulando a prescrição da maconha no país, com base no "uso compassivo". Apesar dos avanços que continuam no sentido de regulamentar o uso de maconha nos anos seguintes, com a Agência Nacional de Vigilância Sanitária (Anvisa) retirando, em 2015, o CBD – um dos canabinóides presentes na planta – da lista de substâncias proibidas no país, e em 2016 o THC, a orientação do CFM é a mesma de 2014.

De acordo com Fernando Riberio Leite Júnior; Gustavo Miná Pinto, Matheus Andrade de Abrantes, Túlio Henrique Ferreira de Oliveira, Ezymar Gomes Cayana, a importação excepcional de produtos à base de *cannabis* (CBD e THC) já é autorizada pela Anvisa a dezenas de pacientes todos os meses. Desde 2015 já foram mais de 6.000 pacientes autorizados por 911 médicos a importar produtos de *cannabis sativa* sem registro no país para uso médico. No entanto, o produto já é consumido no país sem o controle de vigilância sanitária ou monitoramento dos pacientes e de suas respostas ao tratamento.

Não restam dúvidas de que o tratamento médico com a *cannabis sativa* para portadores que necessitam da mesma, aliviam os sintomas e o sofrimento de doentes, trazendo-lhes uma forma de viver melhor e sem dor. Porém, adquirir este tratamento, requer certa burocracia. Primeiramente obtendo uma prescrição médica para *cannabis* medicinal, cultivando a própria *cannabis* medicinal no Brasil com autorização judiciária, importando medicamentos à base de *cannabis sativa*.

3 A *Cannabis sativa* no tratamento de esclerose múltipla: um enfoque na saúde pública

Como dissemos, apesar de toda a repressão jurídica, existem doenças que necessitam de tratamento com a *cannabis sativa* para o alívio de diversos sintomas e de dores crônicas. É o caso da esclerose múltipla, que é uma doença autoimune onde o próprio organismo ataca as células. Os anticorpos não agem como mecanismos de defesa e alguns cuidados devem ser tomados quanto à prescrição de canabinóides. Segundo Thiago Junqueira (2015) recentemente o uso do canabidiol (principal componente não psicoativo da planta) foi liberado para prescrição médica, tendo a ANVISA permitido a importação para vários casos, exigindo-se, para tanto, prescrição e laudo médicos e ainda termo de responsabilidade específicos efeitos adversos podem ser agravados.

Conforme o site Viva Bem (2019), dois princípios da *cannabis sativa* são utilizados na medicina, o canabidiol (CBD) que funciona como analgésico e anticonvulsivo, usado no tratamento de doenças como esclerose múltipla, epilepsia, mal de Parkinson, esquizofrenia e dores crônicas; e o tetrahidrocanabidiol (THC) é utilizado como antidepressivo e estimulante de apetite, como também anticonvulsivo. Seu extrato tem sido aplicado no tratamento de mal de Parkinson, esclerose múltipla, síndrome de Tourette, asma e glaucoma. Mas existem produtos à base de canabinóides com diferentes composições, porém, apenas um deles foi testado na Esclerose Múltipla, com o nome de Sativex. Em uma publicação online no site, Esclerose Múltipla, segundo Thiago Junqueira (2015):

No tratamento da espasticidade, os estudos com naxibimols (Sativex) demonstraram melhora nas escalas de auto avaliação (quando os próprios pacientes se avaliaram) aplicadas após 1 mês e meio de uso da medicação. As doses são aumentadas gradativamente ao longo de 14 dias, até o máximo de 5 puffs de manhã e 7 à noite.

A *cannabis sativa* ajuda, portanto, no tratamento de Esclerose Múltipla, intervindo em diversos sintomas, como os espasmos. Conforme Thiago Junqueira (2015), Sativex (nabiximols) é um preparado comercial já aprovado em diversos países para tratamento da espasticidade moderada a severa decorrente da esclerose múltipla, ou seja, para a dificuldade de locomoção devido às pernas "presas", "pesadas". É o primeiro medicamento legal à base de *cannabis* do mundo, contém uma mistura de THC e CDB na proporção de 1:1, de uso exclusivamente oro-bucal na dose de máxima de até 12 puffs (pulverizações) ao dia. Cada pulverização de 100 microlitros contém 2,7 mg de THC e 2,5 mg de CBD.

Conforme nota a favor da regulamentação dos produtos terapêuticos de *cannabis sativa* no Brasil, publicado pela Federação Brasileira das Associações de Doenças Raras, Antoine Daher (2019) ressalta que:

> O uso da Cannabis para fins de pesquisa e medicinal já é autorizado pela União no artigo 2º, parágrafo único, da Lei 11.343/06 (Lei de Drogas). Assim, não há qualquer alteração ou restrição proposta pelo Decreto com relação à autorização que já é garantida pela Lei de Drogas: do cultivo, plantio e colheita da Cannabis para fins exclusivamente medicinais. Nesse sentido, é importante destacar que atos regulatórios emitidos pela autoridade sanitária estarão sempre harmonizados com a legislação vigente no país.

Com resultados positivos, bem como com os avanços significativos ao alívio de sintomas para diversas doenças, e até mesmo para o uso recreativo, permitido em alguns países, é natural que o seu consumo aumente cada vez mais. Segundo Antoine Daher (2019):

> Importação excepcional de produtos à base de Cannabis (CBD e THC) já é autorizada pela Anvisa a dezenas de pacientes todos os meses. Desde 2015 já foram mais de 6.000 pacientes autorizados por 911 médicos a importar produtos de Cannabis sem registro no país para uso médico. O produto já é consumido no país sem o controle de vigilância sanitária ou monitoramento dos pacientes e de suas respostas ao tratamento.

A ANVISA não é contra o uso medicinal da *cannabis sativa*, possibilitando assim o tratamento de pacientes com Esclerose Múltipla e, consequentemente, para que tenham acesso ao produto à base de canabidiol, facilitando a importação destes de forma mais ágil. Além da possibilidade de seu plantio. Aduz Antoine Daher (2019) que:

> No Brasil, a eficácia e a segurança dos medicamentos derivados da Cannabis (contendo CBD e THC) já foram reconhecidas pela Anvisa, a partir da certificação de estudos clínicos para pacientes com esclerose múltipla, que garantiu o registro do medicamento Mevatyl (Sativex), disponibilizado nas farmácias do país.

Faz-se com que, apesar de ser uma alternativa, o Mevatyl ainda seja pouco acessível para pessoas com Esclerose Múltipla. Por esse motivo, a extração caseira do óleo é cada vez mais visada entre os pacientes. O fato de muitas pessoas ainda não conseguirem decisões judiciais que permitam sua importação ou plantio, fazem com que estas recorram à ilegalidade, fazendo o plantio ilegal ou comprando a *cannabis sativa* em péssimas condições para saúde, com chefes do tráfico na maioria das vezes.

Conforme o site Viva Bem (2019), atualmente, apenas 27 pessoas obtiveram habeas corpus para plantar maconha em casa sem que corram o risco de ser presas. Com o habeas corpus está liberado o plantio em casa, mas é preciso avisar a justiça quando parar de usar o óleo proveniente da erva. Para extrair a substância, colhe a flor e a deixa de molho no azeite em banho-maria por cerca de três horas.

É mister destacar que todo ser humano tem direito assegurado constitucionalmente ao tratamento médico. Princípio este corolário da dignidade da pessoa humana. Não existe dignidade sem que seja concedido ao paciente o direito de fazer escolhas terapêuticas de acordo com seus valores religiosos e pessoais. Além disso, a saúde é direito universal de todos. A Constituição Federal assegura o direito à saúde e o alívio do sofrimento de pacientes que são acometidos por doenças graves, senão vejamos:

> Art. 196. A saúde é direito de todos e dever do Estado, garantido mediante políticas sociais e econômicas que visem à redução do risco de doença e de outros agravos e ao acesso universal e igualitário às ações e serviços para sua promoção, proteção e recuperação.

Ocorre que, muitas pessoas com enfermidades graves já não respondem ao tratamento costumeiro ou convencional, fazendo com que novas formas de tratamento para essas doenças surjam. Publicado em "O Direito Constitucional à Saúde e o Uso da *cannabis* medicinal por Pacientes: Atipicidade da Conduta", escrito por com Marconi Antas Falcone de Melo, já temos exemplos de várias pessoas que usam o óleo da *cannabis*, como tratamento alternativo, tendo em vista que o THC e o Cannabidiol, além de outros canabinoides, têm trazido grandes resultados no tratamento dessas doenças:

> A capital da Paraíba, João Pessoa, já trata mais de 150 pacientes com o uso da maconha medicinal, com autorização da Justiça Federal, diante das omissões da Anvisa em regular adequadamente o direito à saúde, ofendendo a Constituição, a legislação federal e aos tratados internacionais. Em João Pessoa, foi criada a Associação Abrace, formado por pacientes e médicos que já não suportavam as omissões do poder público. Os resultados têm sido espetaculares, tanto gerando cura, como redução drástica de sintomas e dores.

Numerosas são a pesquisas e artigos científicos atestando sobre efeitos colaterais da *cannabis sativa* em pacientes com doenças graves, como também seus benefícios. Destacando-se os resultados comprovados em 150 pacientes que tratam as doenças em João Pessoa, reduzindo as convulsões, bem como outros sintomas. E ainda:

> Como a maioria dos pacientes com doenças graves não respondiam mais a tratamentos convencionais, fora necessário a criação de associações, estudos científicos e principalmente a movimentação de pessoas que necessitam do tratamento com a cannabis sativa. Conforme publicado em "O Direito Constitucional à Saúde e o Uso da Cannabis medicinal por Pacientes: Atipicidade da Conduta." escrito por com Marconi Antas Falcone de M Fundaram a Associação Abrace e ingressaram com uma ação na Justiça Federal (Número: 0800333-82.2017.4.05.8200 Classe: PROCEDIMENTO COMUM), arriscando suas próprias liberdades de locomoção, pois passaram a ministrar o óleo da cannabis, demonstrando resultados na ação, utilizando o argumento do Estado de necessidade, legislação e tratados internacionais já referidos, que autorizam o uso medicinal da cannabis, alegando a omissão da Anvisa em regulamentar. O óleo esperança restabeleceu a dignidade de várias famílias em João Pessoa, reduzindo crises epilépticas e tratando sintomas de várias enfermidades degenerativas, vejamos trecho constante do processo: o Óleo Esperança debelou ou reduziu muito as crises epiléticas nas crianças e jovens assistidos pela ABRACE, que não podem ter seu tratamento interrompido. As crises diárias

que os acometiam causam danos ao desenvolvimento neuro psicomotor, provocando perdas e involuções que podem ser irreversíveis, visto que a plasticidade neural - mecanismo essencial para a recuperação de danos cerebrais – diminui com o avançar da idade, o que pode comprometer de forma definitiva sua autonomia. O estado de saúde das crianças e jovens é grave e o tratamento com o Óleo Esperança, ao qual vêm se submetendo, não pode sofrer interrupção. Os relatos dos paciente ou de seus representantes legais demonstram que a ministração da substância levou ao fim ou à diminuição das crises epiléticas, fazendo com que os enfermos pudessem recuperar as conexões neurais perdidas com os danos cerebrais causados pelas convulsões. Muitos deles já conseguem estabelecer algum tipo de interação. Presentes, portanto, os requisitos para a concessão da tutela de urgência (arts. 294 c/c 300 do Código de Processo Civil).

Não pode, portanto, haver crime de tráfico ilícito de entorpecentes, se o paciente ou seu representante legal, utiliza o óleo da *cannabis sativa* para fins medicinais. O art. 2º da lei de drogas é claro em seu parágrafo único que demonstra que a União tem que autorizar o plantio.

Art.2º Ficam proibidas, em todo o território nacional, as drogas, bem como o plantio, a cultura, a colheita e a exploração de vegetais e substratos dos quais possam ser extraídas ou produzidas drogas, ressalvada a hipótese de autorização legal ou regulamentar, bem como o que estabelece a Convenção de Viena, das Nações Unidas, sobre Substâncias Psicotrópicas, de 1971, a respeito de plantas de uso estritamente ritualístico-religioso.

Parágrafo único. Pode a União autorizar o plantio, a cultura e a colheita dos vegetais referidos no caput deste artigo, exclusivamente para fins medicinais ou científicos, em local e prazo predeterminados, mediante fiscalização, respeitadas as ressalvas supramencionadas pois não pode ter limitações, quando se trata do direito à saúde do cidadão.

Conclusão

O desenvolvimento do presente estudo possibilitou uma análise crítica acerca do tema abordado. As pesquisas despertaram a nossa curiosidade para irmos além. O tratamento da Esclerose Múltipla com a *cannabis sativa*, atualmente, tem sido alvo de muitos estudos científicos, destacando positivamente seus benefícios para pessoas com doenças graves, como também, os impactos no ordenamento jurídico brasileiro, se ocorrer sua descriminalização.

Inicialmente fora necessário expandirmos o desenvolvimento para uma área que não conhecíamos. Saver exatamente, a partir da medicina, no que se constitui a doença Esclerose Múltipla, os seus principais sintomas, seus tipos mais recorrentes, como se dá seu diagnóstico, bem como as formas de tratamento médico mais comuns. Dentro desse contexto, surge o tratamento médico com a *cannabis sativa* para a Esclerose Múltipla. Somente então pudemos adentrar no que tange a possibilidade de descriminalização da *cannabis sativa*.

Na sequência, no que se refere à *cannabis sativa* no âmbito da legislação brasileira, diversas são as polêmicas, o que terá de ser enfrentado pelo Supremo Tribunal Federal. Evidenciamos o fracasso da política de "guerra às "drogas", o que nos faz defender uma mudança com a descriminalização como alternativa. Portanto, discutimos quais seriam os efeitos da descriminalização da *cannabis sativa* no Brasil, sobretudo para pessoas com doenças graves, perpassando ainda a descriminalização para eventual uso recreativo.

Apesar dos impedimentos legais do uso da *cannabis sativa*, existem doenças que seus sintomas só diminuem com o tratamento medicinal desta. Porém, várias pessoas no Brasil conseguiram, através do judiciário, tratamento médico mais eficaz que o convencional. No entanto, é necessário laudo médico, uma ação referente ao caso, para que então se obtenha o direito resguardado de cuidar da própria saúde. Vale ressaltar que apesar de a *cannabis sativa* trazer muitos benefícios nesses tratamentos, ainda existe grande repressão jurídica.

Por fim, conclui-se que a descriminalização da *cannabis sativa* para tratamento de diversas doenças, como a Esclerose Múltipla, traria uma gama de benefícios à saúde desses pacientes, como também a busca pelo tratamento legal através do poder judiciário, sem ter que recorrer ao mercado ilegal e se submeter a uma droga de qualidade bastante duvidosa.

Referências

ANTAS, M. O Direito Constitucional à Saúde e o Uso da Cannabis medicinal por Pacientes: Atipicidade da Conduta. Disponível em: https://congressonacional2017.ammp.org.br/public/arquivos/t eses/32.pdf. Acesso em 01 de maio de 2019, ás 12h29min.

AMA+ME. Conheça a história da cannabis medicinal. Disponível em: https://amame.org.br/historia-da-cannabis-medicinal/.

Acesso do em: 04 junho de 2019, ás 14h43min.

ANVISA. Lista oficial de fármacos inclui Cannabis. Disponível em: Agência Nacional de Vigilância Sanitária. Disponível em: http://portal.anvisa.gov.br/rss/-/asset_publisher/Zk4q6UQCj9Pn/content/lista-oficial-de-farmacos-inclui-cannabis-/219201. Acesso em 03 Maio. 2019.

ANVISA. Maconha: Anvisa não é contra uso para fins medicinais. Disponível em: Agência Nacional de Vigilância Sanitária. Disponível em: http://portal.anvisa.gov.br/rss/-/asset_publisher/Zk4q6UQCj9Pn/content/id/3470896. Acesso em 03 de Maio de 2019, ás 07h30min.

BRASIL. Código Penal. Rio de Janeiro, 7 de dezembro de 1940.

BRASIL. Constituição da República Federativa do Brasil de 1988. Disponível em: http://www.planalto.gov.br/ccivil_03/Constituicao/Constituiç ao.htm. Acesso em: 18 jul. 2019.

BURGIERMAN, Denis. O fim da guerra. A maconha e a criação de um novo sistema para lidar com as drogas. São Paulo, Leya, 2011.

BRASIL. Lei. 11.343, 23 de agosto de 2006. Prescreve medidas para prevenção do uso indevido, atenção e reinserção social de usuários e dependentes de drogas; estabelece normas para repressão à produção não autorizada e ao tráfico ilícito de drogas e define crimes. Casa Civil - Subchefia para Assuntos Jurídicos. Disponível em: http://www.planalto.gov.br/ccivil_03/_ato2004-2006/2006/lei/l11343.htm. Acesso em 01 junho de 2019, ás 00h23min.

BRASIL. Ministério da Saúde. Portaria nº 10, de 02 de abril de 2018. Aprova o Protocolo Clínico e Diretrizes Terapêuticas da Esclerose Múltipla. SECRETARIA DE ATENÇÃO À SAÚDE E SECRETARIA DE CIÊNCIA, TECNOLOGIA E INSUMOS ESTRATÉGICOS.

BRASIL. Ministério da Saúde. Portaria nº 391, de 05 de maio de 2015. Aprova o Protocolo Clínico e Diretrizes Terapêuticas da Esclerose Múltipla.
MINISTÉRIO DA SAÚDE SECRETARIA DE ATENÇÃO À

SAÚDE.

CHLOÉ, P. Saiba como funciona o exame que usa uma máquina de ponta para encontrar de tumores a lesões ortopédicas – e tem poucas contraindicações. Saúde, 05, janeiro. 2018. Disponível em: https://saude.abril.com.br/medicina/ressonancia-magnetica-o-que-e-e-para-que-serve/. Acesso em 12 de junho de 2019, ás 23h34min.

DAHER, A. NOTA A FAVOR DA REGULAMENTAÇÃO DOS PRODUTOS TERAPÊUTICOS DE CANNABIS NO BRASIL. In: A tragédia da maconha: causas, consequências e prevenção / Conselho Federal de Medicina, Comissão para Controle de Drogas Lícitas e Ilícitas- Brasilia: CFM. Federação Brasileira de Doenças Raras, 2019. Disponível em: https://sechat.com.br/federacao-brasileira-de-associacoes-de-doencas-raras-divulga-nota-defendendo-cannabis-medicinal/. Consultado em 25 de setembro de 2019, ás 23h14min.

EL PAÍS. STF suspende julgamento sobre a descriminalização das drogas. Disponível em: https://brasil.elpais.com/brasil/2019/05/30/politica/1559242849_891358.html. São Paulo, 2019. Consultado em 01 de junho de 2019, ás 21h56min.

HEMPMENDS BRASIL. O que é Cannabis, Maconha e Cânhamo?. Disponível em: https://hempmedsbr.com/o-que-e-cannabis-maconha-e-canhamo/. Consultado em 15 de junho de 2019, ás 12h24min.

FRANÇA JUNIOR, Francisco de Assis. Consumo de Drogas Uma Análise Crítica da Política Luso-Brasileira. Lumen Juris. Rio de Janeiro, 2016.

JUNIOR, F. R. L. et al. O USO DE CANABINÓIDES COMO TRATAMENTO ALTERNATIVO DOS SINTOMAS DA ESCLEROSE MÚLTIPLA. In: II Congresso Brasileiro de Ciências da Saúde - II CONBRACIS, Campina Grande, 2017. Disponível em: http://www.editorarealize.com.br/revistas/conbracis/trabalhos/TRABALHO_EV071_MD1_SA1_ID558_01052017075117.pdf. Consultado em 31 de maio de 2019, ás 12h14min.

JUSBRASIL. Legalização da maconha: Consequências no cenário

jurídico e social. Disponível em: https://marcusmariot.jusbrasil.com.br/artigos/378270923/lega lizacao-da-maconha-consequencias-no-cenario-juridico-e-social . 2016. Acesso em: 01 junho de 2019.

JUNQUEIRA, THIAGO. Uso de derivados da Cannabis na esclerose múltipla. Esclerose Múltipla, 24, junho. 2015. Disponível em: https://esclerosemultipla.com.br/2015/06/24/uso-de-derivados-da-cannabis-na-esclerose-multipla/

JUNQUEIRA, Thiago Uso de derivados da Cannabis na esclerose múltipla. 2015. Disponível em: https://esclerosemultipla.com.br/2015/06/24/uso-de-derivados-da-cannabis-na-esclerose-multipla/. Acesso em 13 de junho de 2019, ás 23h42min

MEDICINA NET. Esclerose Múltipla. Disponível em: http://www.medicinanet.com.br/conteudos/revisoes/1461/esc lerose_multipla.htm. Acesso em 04 de junho de 2019, ás 13h23min.

POLICARPO, F. Compaixão canábica: as dimensões simbólicas e políticas no manejo da dor e do sofrimento no Brasil. Compaixão Canábica, Revista Ingesta, São Paulo, v.1, n, p. 05, março. 2019. Disponível em: http://www.revistas.usp.br/revistaingesta/article/view/151891 /151749. Acesso em: 05 de junho de 2019.

SAÚDE - ABRIL. Ressonância magnética: o que é e para que serve – por Chloé Pinheiro. Disponível em: https://saude.abril.com.br/medicina/ressonancia-magnetica-o-que-e-e-para-que-serve/. 05 de janeiro de 2018. Consultado em 09 de outubro de 2019, ás 21h59min.

VIVA BEM. "Com esclerose múltipla, me deram só mais 5 anos. Maconha me devolveu vida." Disponível em: https://www.uol.com.br/vivabem/noticias/redacao/2018/12/ 07/com-esclerose-multipla-me-deram-cinco-anos-de-vida-maconha-me-salvou.htm

Promoção da migração ilegal: os senhores de engenho do Século XXI

LEVI NOBRE LIRA FILHO[1]
MANUELLA RAISSA DA SILVA OLIVEIRA[2]
RONALD PINHEIRO RODRIGUES[3]

Introdução

É possível perceber que nos últimos anos o fluxo migratório vem crescendo exponencialmente. A migração em si teve um aumento significante após a Segunda Guerra Mundial, mas o seu aumento recente se dá por motivos diferentes, estes que serão analisados neste trabalho.

A partir do aumento de imigrantes os Estados passam a ver isto como um problema, seja de segurança, seja como uma questão de saúde pública. Assim, comumente podemos ver que as regras para imigração vêm se tornando cada vez mais rígidas, coibindo a entrada de novas pessoas em seus territórios e iniciando a partir disso um debate sobre humanidade: já que as portas estão se fechando cada vez mais para os imigrantes, os refugiados de guerra ou de regimes autocráticos e os que buscam uma melhor qualidade de vida não poderão buscar novas oportunidades em outro país?

Outro debate surge a partir desse estreitamento das regras imigratórias, e diz respeito ao mercado de imigração ilegal, onde não vendo a possibilidade de imigração legal, e com esta se tornando cada vez mais difícil, os migrantes buscam os contrabandistas ou outros meios ilegais e muitas vezes perigosos para realizar a imigração a qualquer custo, levando em consideração que o desespero humano muitas vezes pode levar as pessoas a tomarem decisões emocionais e impensadas.

Este trabalho também analisará casos em que imigrantes ilegais

---

[1] Aluno de Graduação do curso de Direito pelo Centro Universitário Tiradentes de Alagoas. E-mail: levi.nobre@souunit.com.br.

[2] Aluna de Graduação do curso de Direito pelo Centro Universitário Tiradentes de Alagoas. E-mail: manuellaraissa98@gmail.com.

[3] Orientador. Graduado em Direito pela Universidade Federal de Alagoas; Mestre em Direito Penal pela Faculdade Damas da Instrução Cristã; Doutorando em Direito pelo IDP; Advogado Criminalista; Procurador Municipal; Professor de graduação e pós-graduação. E-mail: ronald.pinheiro.rodrigues@gmail.com.

têm sua mão de obra explorada e muitas vezes acabam trabalhando em regime de escravidão propriamente dita, uma vez que se torna impossível recomeçar uma vida e conseguir emprego com direitos e jornada de trabalho digna já que este está ali ilegalmente, sem uma identidade; sem direitos; sem dignidade.

Apesar de recente, o Brasil possui uma Lei de Migração que visa proteger os direitos humanos de migrantes, assegurando os direitos e liberdades civis, sociais, culturais e econômicas, além dos direitos invioláveis assegurados pela Constituição Federal de 1988, como o direito à vida, à liberdade, à igualdade, à segurança e à propriedade. Esta lei será estudada de maneira mais aprofundada no decorrer deste trabalho, assim como será analisado os resultados obtidos com esta nova Lei.

2 Principais motivos das migrações no mundo

Desde a antiguidade os fluxos migratórios estavam presentes no cotidiano global[4], onde em sua grande maioria seriam involuntários e forçados, como a exemplo de desastres naturais, perseguições políticas, raciais ou, ainda, devido a tempos de guerra. Ocorre que, com o decorrer do tempo essas migrações passaram a ser voluntárias.

Além dos fatores sociais supracitados, com o avanço tecnológico e a disseminação de informações, a busca pelo trabalho e estabilidade financeira se tornou um dos maiores fatores das movimentações internas e externas entre regiões a fim de mudanças radicais de ordem pessoal.

Atualmente o imigrante tem a imagem de um cidadão que busca melhores condições de vida e que para isso está disposto a largar a comodidade de seu lar na perseguição de um objetivo que consiga suprir as necessidades financeiras que se visam.

Ainda nesse viés, os meios de comunicação listam os melhores países para se exercer atividade laborativa, tendo desde já o conhecimento de que sempre existe o descontentamento econômico de algum nacional em seu país de origem.

Dessa forma, a melhor condição de trabalho de longe torna-se um objetivo para os imigrantes do mundo todo, refletindo assim que

---

[4] MARINUCCI, Roberto; MILESI, Rosita. **Migrações Internacionais Contemporâneas.** Disponível em: http://www.ufjf.br/pur/files/2011/04/MIGRA%C3%87%C3%83O-NO-MUNDO.pdf. Acesso em: 24 de outubro de 2019.

não se trata apenas de questões sociais, mas também pessoais, onde existem as perspectivas por melhores condições individualizadas.

3 Breve panorama das migrações ilegais no mundo

Como visto anteriormente, as migrações se dão por diversos motivos, desde o conhecido "estado de necessidade", até tentativas de um crescimento profissional. A Organização das Nações Unidas (ONU) possui uma agência específica para analisar e estudar os casos de migração, a Organização Internacional para as Migrações (OIM), e esta publicou o relatório mais recente sobre as migrações, o *"World Migration Report 2018"*[5], que será usado como fonte oficial para os dados e informações usadas a seguir.

Algo comum nas migrações ilegais é a entrada legal no país de destino, muitas vezes apenas com a autorização de turismo, mas que ao expirar a autorização temporária de permanência no país estes imigrantes não se apresentam ao consulado e passam a construir uma nova vida em seu destino. Mas nem todos os casos são assim, feitos de maneira segura e sem riscos de vida.

Muitas vezes as migrações ilegais, sejam elas em busca de melhor perspectiva de futuro ou por refúgio, são feitas de maneiras precárias e consideradas extremamente arriscadas. Segundo a ONU[6], pelo menos 30.510 pessoas morreram em migrações irregulares durante os anos de 2014 e 2018, e deste número ao menos 19 mil mortes foram por afogamento.

Devido às diversas condições no transporte, e por a maior parte das travessias serem através do mar, fica quase impossível encontrar todos os corpos, e quando encontrados não se sabe a sua origem ou a sua identidade. São mais de 30 mil vidas que tiveram um fim trágico, 30 mil pessoas que passaram a serem apenas números.

Em meio à crescente necessidade de migração, no relatório da OIM pode-se perceber a relação de diversas migrações com o início de conflitos civis e armados em diversos países. As pessoas que fazem parte deste grupo passam a ser chamadas de refugiados, não

---

[5]   IOM. **World Migration Report 2018.** Disponível em: https://publications.iom.int/system/files/pdf/wmr_2018_en.pdf. Acesso em: 15 de outubro de 2019.

[6] ONU. **Mais de 30 mil migrantes morreram no mundo em travessias irregulares em 2014-2018.** Disponível em: https://www.unodc.org/lpo-brazil/pt/frontpage/2019/01/onu_-mais-de-30-mil-migrantes-morreram-no-mundo-em-travessias-irregulares-em-2014-2018.html. Acesso em: 15 de outubro de 2019.

apenas como simples imigrantes ilegais, e a Síria é o maior e mais recente exemplo disso, país que está em guerra civil desde 2011.

A ONU vê o nosso momento atual como sendo o período com a pior crise humanitária do século, onde apenas de 2014 até 2016 houve um aumento de 10,3%[7] no número de refugiados no mundo, totalizando até o momento 65 milhões de pessoas. Do fluxo anual de refugiados, metade são sírios e de acordo com os dados da ONU de 2016, atualmente mais de 75% da população Síria depende de assistência humanitária.

Apesar da maioria dos países da União Europeia, por exemplo, estarem criando esforços e medidas para criar a chamada "anti-imigração", por outro lado é possível observar países como a Alemanha que entendeu esta atual situação da mesma forma que a ONU, como já visto anteriormente, que considera esta como não apenas uma crise humanitária, mas a maior do século. A política Alemã é chamada de "portas abertas" que foi adotada em 2015 e já recebeu cerca de 1,3 milhões de pedidos de asilo.

3.1 Números sobre as migrações ilegais envolvendo o Brasil

Segundo a Polícia Federal (PF)[8], hoje o Brasil possui cerca de 1,3 milhão de imigrantes ilegais, um número que representa 73% a mais de imigrantes regulares no país, que é cerca de 750 mil pessoas[9]. Ainda assim, a PF vem criando novas estratégias para tentar combater os imigrantes irregulares ainda no processo migratório e nas fronteiras.

O Brasil é um país considerado aberto para imigrantes que estejam buscando refúgio ou asilo, desde que estes se apresentem à migração para serem devidamente assistidos pela Polícia Federal e por outros órgãos que poderão melhor auxiliar esses imigrantes a terem de volta à sua dignidade e identidade.

---

[7] MERELES, Carla. **Crise dos Refugiados**. Disponível em: https://www.politize.com.br/crise-dos-refugiados/. Acesso em: 16 de outubro de 2019.

[8] GARCIA, Janaina. **SP tem ao menos 1 milhão de imigrantes ilegais**. Disponível em: https://www.terra.com.br/noticias/brasil/cidades/sp-tem-ao-menos-1-milhao-de-imigrantes-ilegais-diz-governo,1dc08e57fbf4a410VgnVCM5000009ccceb0aRCRD.html. Acesso em: 24 de outubro de 2019.

[9] TEIXEIRA, Lucas Borges. **O Brasil tem pouco imigrante**. Disponível em: https://www.uol/noticias/especiais/imigrantes-brasil-venezuelanos-refugiados-media-mundial.htm. Acesso em: 24 de outubro de 2019.

Contudo, ultimamente o maior problema do Brasil tem sido a emigração, mais especificamente a emigração ilegal. Boa parte da considera a "elite" brasileira, ou seja, bacharéis, doutores, especialistas em suas áreas, empreendedores, e outros, têm saído cada vez mais do país.

Segundo a Receita Federal[10], apenas nos períodos de janeiro de 2019 e julho de 2019 foram quase 22 mil declarações de brasileiros saindo definitivamente do país. Este número, de um período de apenas 7 meses deste ano, é quase igual ao total de declarações do ano de 2018 que totalizou 23 mil declarações.

Estes dados dizem respeito ao número de emigrantes regulares, ou seja, de brasileiros que passaram devidamente por todos os trâmites de um processo migratório para sair do Brasil e entrar legalmente em outro país. Contudo, o maior problema do Brasil têm sido os emigrantes ilegais e grupos que favorecem este trânsito, grupos que cobram pelo serviço de imigração ilegal e que tem ganhado cada vez mais destaque entre os brasileiros que normalmente seriam rejeitados no processo de imigração, então buscam as alternativas criminosas.

A promoção da migração ilegal é crime no Brasil e recentemente a Polícia Federal tem feito um árduo trabalho na tentativa de combater este crime. Diversos grupos criminosos e até pessoas particulares foram presas por favorecer ou até intermediar processos migratórios de brasileiros em outros países, mas estes casos serão abordados de uma forma mais aprofundada posteriormente ainda neste trabalho.

4 Imigrantes ilegais e a exploração do trabalho

Assim como abordado no primeiro tópico do presente artigo, torna-se coerente afirmar que a busca por uma melhor condição econômica tornou-se um dos maiores fatores da migração voluntária.

Destarte, conforme aludido na plataforma digital da Organização das Nações Unidas (ONU)[11], foi feito um novo estudo pela

---

[10] CAVALCANTI, Glauce. **Número de brasileiros que saíram do país este ano já iguala ao de 2018 e deve bater recorde**. Disponível em: https://oglobo.globo.com/economia/numero-de-brasileiros-que-sairam-do-pais-este-ano-ja-iguala-ao-de-2018-deve-bater-recorde-23903878. Acesso em: 16 de outubro de 2019.

[11] ONU News. **Millions more migrant workers, means countries lose 'most**

Organização Internacional do Trabalho (OIT) que apontou o número de trabalhadores migrantes terem saltado na casa dos milhões, alegando até que os países de origem estariam perdendo sua força produtiva de trabalho, pois 87% (oitenta e sete por cento) desses migrantes possui entre 25 (vinte e cinco) e 64 (sessenta e quatro) anos de idade.

Devido ao grande fluxo migratório, as políticas de imigração de alguns países passaram a ser mais rigorosas, restringindo o número de imigrantes aceitos naquela região. Com isso, as exigências para a realização do processo de migração tornam-se inacessíveis a maioria das pessoas, o que faz com que recorram à ilegalidade.

Ocorre que, na grande maioria das vezes, este se torna um processo perigoso. A entrada em outro país normalmente fica a mercê de um terceiro, denominado "coiote", que cobra uma taxa razoavelmente alta para possibilitar a promoção da imigração ilegal, conduta esta vedada pelo Código Penal Brasileiro, consoante o seu artigo 232-A.

A incerta consequência do grande risco nesta ultrapassagem informal da fronteira é o destino final destes imigrantes. O âmago da questão envolvida é que na grande maioria das vezes, estas pessoas serão submetidas ao primeiro trabalho que surgir e nas condições que vier, um trabalho não condizente com a legislação local, dando origem assim à exploração laboral dos imigrantes que chegam a sofrer desde trabalho escravo, prostituição, tráfico humano, até o mais infeliz óbito.

É um destino ilegal, consequentemente não supervisionado, que gera incontrolavelmente, através dos meios de comunicação abertos, clamores de socorro e notícias trágicas por todo o mundo contemporâneo.

5 A migração como estado de necessidade e suas possíveis consequências: casos reais

Diversos motivos levam uma pessoa, ou até mesmo uma família, à migrar clandestinamente. Dentre estes motivos está o estado de necessidade, já que muitas vezes estas pessoas estão saindo de um país devastado economicamente ou que está passando por problemas políticos ou sociais, como países que estão sob

---

productive part' of workforce. Disponível em: https://news.un.org/en/story/2018/12/1027651. Acesso em: 22 de outubro de 2019.

governança autocrata ou ditatorial.

Migrar quando se está vivendo em um país com estas condições onde não há liberdade ou não há o mínimo para se ter a chamada "dignidade humana", é necessário. Todas as questões que rodeiam a migração clandestina dizem respeito a como esta é feita e como poderia ser evitada. Muitas vezes (leia-se quase que no total das vezes) a migração clandestina, ou também chamada de migração ilegal, é feita de maneira precária e perigosa, quase sempre colocando em risco a vida daqueles que tentam.

Gerson[12] vivia em uma cidade de interior no Brasil e trabalhava em um supermercado local, mas após perder o emprego e desesperançoso com a situação econômica, social e política do Brasil, começou a organizar sua ida definitiva e ilegal para os Estados Unidos. Conhecidos de Gerson, que já haviam feito imigrações clandestinas, então o recomendaram uma pessoa que era conhecida por fazer estas travessias ilegais. Gerson então arrumou as malas rumo ao México, para então seguir para o tão sonhado Estados Unidos.

Ao chegar ao México, os coiotes guiaram Gerson até a fronteira, e ao chegar lá o informaram que não seria possível fazer a travessia naquele dia já que havia muitos policiais na fronteira, e que deveriam esperar até o dia seguinte. O rapaz então logo avisou à sua prima, por telefone, do imprevisto. Depois disso, dois dias se passaram sem nenhuma informação de Gerson, até que sua prima recebe uma ligação da pessoa que organizou a viagem dizendo que ele havia sofrido um acidente na travessia e que estava morto.

Casos como o de Gerson, infelizmente, são extremamente comuns e acontecem diariamente. Dia após dia os países recebem cada vez mais imigrantes ilegais e não conseguem dar assistência à todos eles, do outro lado há milhares de imigrantes ilegais que morrem durante estas perigosas travessias. Neste processo de migração clandestina, apenas uma pessoa (ou um grupo de pessoas) se beneficia: os coiotes.

Apesar da sofisticação dos grupos, a Polícia Federal vem obtendo êxito na "caçada" destes. Em maio de 2019 a Polícia Federal[13], com

---

[12] FRANCO, Luiza. **As trágicas histórias dos brasileiros que morrem na fronteira do México com os EUA**. Disponível em: https://www.bbc.com/portuguese/brasil-49131945. Acesso em: 26 de outubro de 2019.

[13] EBC. **PF desarticula esquema de contrabando de migrantes**. Disponível em:

apoio da Força Nacional, prendeu dois homens em flagrante quando eles tentavam atravessar estrangeiros de Assis Brasil, no Acre (Brasil), para a cidade de Iñapari, no Peru. Com eles a Polícia Federal encontrou 1,3 mil dólares e os encaminhou para Rio Branco, no Acre, para que eles respondam por promoção de migração ilegal.

Ainda neste ano, em setembro de 2019, a Polícia Federal[14] prendeu 10 (dez) pessoas que estavam acompanhadas de 8 (oito) crianças. Segundo a polícia, essa é uma tática recente usada pelos coiotes, uma vez que se descoberto o imigrante ilegal, este ao estar acompanhado de uma criança, que só pode permanecer no país na presença de um responsável, não será deportado imediatamente. Os presos responderam por promoção de migração ilegal de menor de idade.

Não apenas na obscuridade vive os coiotes, alguns deles não se intimidam pelo fato de estarem cometendo um crime. Danilo Ramscheid é um carioca que atualmente vive nos Estados Unidos e que ficou conhecido após o governo americano encontrar em sua casa, após uma denúncia, imigrantes ilegais[15]. Danilo, que possui mais de 140 mil seguidores nas redes sociais, publicava vídeos mostrando a vida do "sonho americano" e aproveitava para divulgar seus serviços que chamava de "assessoria" para os brasileiros que desejassem ir morar nos Estados Unidos.

Esta assessoria não passava do crime de promoção de migração ilegal propriamente dito, uma vez que Danilo cobrava para levar, ilegalmente, brasileiros para morar nos Estados Unidos. Na casa de Danilo as autoridades encontraram imigrantes ilegais que trabalhavam como motoristas de aplicativos de transporte e davam parte dos ganhos para ele, uma vez que o mesmo provia os carros alugados e a casa para que eles morassem.

Este caso vai além de apenas o crime de promoção de migração

---

http://radios.ebc.com.br/reporter-nacional-amazonia/2019/05/ac-pf-desarticula-esquema-de-contrabando-de-migrantes. Acesso em: 26 de outubro de 2019.

[14] O GLOBO. **PF prende 10 pessoas com crianças em esquema de imigração ilegal para os EUA.** Disponível em: https://oglobo.globo.com/brasil/pf-prende-10-pessoas-com-criancas-em-esquema-de-imigracao-ilegal-para-os-eua-23928892. Acesso em: 26 de outubro de 2019.

[15] FANTÁSTICO. **Carioca é preso nos EUA por esquema que oferecia serviços ilegais para imigrantes brasileiros.** Disponível em: https://g1.globo.com/fantastico/noticia/2019/03/03/carioca-e-preso-nos-eua-por-esquema-que-oferecia-servicos-ilegais-para-imigrantes-brasileiros.ghtml. Acesso em: 27 de outubro de 2019.

ilegal, mas Danilo aproveitava que estes imigrantes, por estarem ilegalmente no país, não iriam conseguir empregos legalmente, então criou um meio de explorar os trabalhos destes em favor próprio.

Olhando por uma perspectiva nacional, o Brasil, por ter uma política de portas abertas para imigrantes e para o mundo, abriga diversos imigrantes ilegais. Segundo o Ministério Público do Trabalho[16], o estado de São Paulo tem hoje pelo menos 1 milhão de imigrantes ilegais, destes 200 mil são bolivianos e que trabalham em confecções em condições de semi-escravidão.

Os venezuelanos vivem situações parecidas no Brasil, muitos vieram para o solo brasileiro para fugir do regime autocrata da Venezuela[17], mas, por estarem em condições ilegais e desesperados para conseguir o mínimo para sobreviver acabam se submetendo a exploração de trabalho. De acordo com o Escritório das Nações Unidas sobre Droga e Crime (UNODC)[18] no Brasil, os imigrantes homens são explorados como trabalhadores rurais e com salários extremamente baixos, e as mulheres são exploradas como prostitutas ou ajudantes domésticas.

6 O Brasil e a Lei de Migração

Em razão de casos corriqueiros de exploração de imigrantes, viu-se a necessidade de uma lei específica para os casos de migração, substituindo assim o Estatuto do Estrangeiro (Lei nº 6.815/1980) pela Lei de Migração (Lei nº 13.445/2017), que regula objetivamente a entrada e saída de migrantes e visitantes no Brasil, não se atentando apenas aos estrangeiros em território nacional, como a anterior regulava, mas também aos brasileiros emigrantes.

O foco nessa nova lei se resume aos direitos e garantias dos

---

[16] GARCIA, Janaina. **SP tem ao menos 1 milhão de imigrantes ilegais, diz governo.** Disponível em: https://www.terra.com.br/noticias/brasil/cidades/sp-tem-ao-menos-1-milhao-de-imigrantes-ilegais-diz-governo,1dc08e57fbf4a410VgnVCM5000009ccceb0aRCRD.html. Acesso em: 27 de outubro de 2019.

[17] EXAME. **OEA aprova resolução que reconhece regime de Nicolás Maduro como "ameaça".** Disponível em: https://exame.abril.com.br/mundo/resolucao-com-restricoes-a-governo-da-venezuela-e-aprovada/. Acesso em: 23 de novembro de 2019.

[18] MOLONEY, Anastasia. **Imigrantes venezuelanos são vítimas de trabalho forçado e abusos no Brasil.** Disponível em: https://br.reuters.com/article/worldNews/idBRKBN1FF2I9-OBRWD. Acesso em: 27 de outubro de 2019.

migrantes, além da segurança nacional. Dessa forma, dentro do viés legal, seria repudiada qualquer forma de xenofobia praticada, inclusive no âmbito trabalhista, consoante o artigo 3º, XI da Lei nº 13.445/2017, onde cada migrante deveria ser tratado com igualdade e respeito.

Portanto, as empresas brasileiras poderiam regularizar os imigrantes de forma mais fácil, evitando a deportação imediata, e ainda em condições humanitárias, diferindo de qualquer caso análogo à exploração ou escravidão anteriormente já exposto.

O artigo 14, I, alínea e, da supracitada lei, também nos remete à possibilidade de visto temporário aos imigrantes que vierem ao país com o intuito exercer atividade laborativa, podendo ainda modificar seu local de trabalho, conforme o § 8º do artigo 14, sendo mais um motivo que não os prenda em serviços desproporcionais e prejudiciais.

Assim como expõe o artigo 30, I, alínea e, o trabalho também pode garantir a autorização de residência para o imigrante, além de também existir a possibilidade de possuir residência se tiver sido vítima de trabalho escravo, tráfico de pessoas ou de violação de direito agravada por sua condição migratória, consoante II, b, do artigo supramencionado.

Além destas garantias envolvendo o viés trabalhista, ainda existem as políticas públicas para os emigrantes, previstas no artigo 77, II, da Lei de Migração, e o artigo 80 que prevê ao emigrante tripulante brasileiro garantias contra acidente de trabalho, invalidez total ou parcial e morte.

Destarte, como se faz notório, a lei cumpre grandes diligências quanto à proteção trabalhista dos imigrantes e emigrantes (foco do presente artigo), sem ainda mencionar o acolhimento destas pessoas nas outras áreas possíveis, como a exemplo da educação, saúde e vida social.

É uma aprovação recente, onde em pouco mais de dois anos já se notou uma grande evolução quanto ao texto legislativo que deve acompanhar o cenário da sociedade atual. Justamente por ser recente, se faz necessário um maior acompanhamento da eficácia desta legislação, entretanto, é importante ressaltar que diante dos problemas internacionais, incluindo a migração ilegal, leis como esta impulsionam que os nacionais e estrangeiros se desloquem dos países com a confiança de que existe uma segurança legal.

Conclusão

Diante do cenário apresentado, fica claro que sempre existiu uma carência legal quanto à situação do migrante internacional. A Lei de Migração aborda muitos aspectos importantes que antes já deveriam ter sido abordados, entretanto não exclui a problemática social que é a exploração dos imigrantes e emigrantes.

Embora alguns migrantes consigam mudar de vida ilegalmente cruzando a fronteira, com a ajuda dos denominados coiotes, fica claro que uma grande parcela se arrisca de tal forma que acaba sendo vítima de situações desumanas, como a exploração sexual, trabalho escravo, tráfico de pessoas, entre inúmeras outras situações que desvalorizem a condição de humanidade.

Portanto, assim como a Lei de Migração sancionada no Brasil, o âmbito internacional deveria buscar meios que viabilizem uma proteção mais eficaz aos não nacionais, garantindo assim que o aproveitamento destes não fosse agravado. É obrigação dos países que ratificam e assinam tratados internacionais fomentarem a proteção dos indivíduos que arriscam a vida, e que se submetem a situações degradantes para melhorar a qualidade de vida. Assim, o que se busca aqui é que o país de origem, bem como o país destino proporcione melhores condições de vida para seus cidadãos.

O que merece destaque aqui não é somente a forma como os indivíduos cruzam as fronteiras ilegalmente, mas também as políticas públicas praticadas e executadas pelo Estado em face desses migrantes e de seus habitantes, haja vista que o indivíduo que sai de um país para o outro tão somente quer uma vida digna e melhor, coisa que não consegue no seu país de origem.

Sabe-se que cada país possui suas restrições políticas e leis vigentes para tratar sobre cada caso, entretanto, essa demanda de caráter internacional ainda se perpetua de uma forma aberta, onde situações fatídicas e trágicas sobre migrantes explorados são expostas diariamente pelos meios de comunicação.

Sendo assim, o mundo encontra-se diante de um problema social e, conforme a teoria materialista de Karl Marx, é o ser social que determina a consciência do homem, sendo necessário aprofundar medidas educativas, legislativas e jurídicas sobre esses determinados casos internacionais.

Referências

CAVALCANTI, Glauce. Número de brasileiros que saíram do país este ano já iguala ao de 2018 e deve bater recorde. Disponível em: https://oglobo.globo.com/economia/numero-de-brasileiros-que-sairam-do-pais-este-ano-ja-iguala-ao-de-2018-deve-bater-recorde-23903878. Acesso em: 16 de outubro de 2019.

EBC. PF desarticula esquema de contrabando de migrantes. Disponível em: http://radios.ebc.com.br/reporter-nacional-amazonia/2019/05/ac-pf-desarticula-esquema-de-contrabando-de-migrantes. Acesso em: 26 de outubro de 2019.

EXAME. OEA aprova resolução que reconhece regime de Nicolás Maduro como "ameaça". Disponível em: https://exame.abril.com.br/mundo/resolucao-com-restricoes-a-governo-da-venezuela-e-aprovada/. Acesso em: 23 de novembro de 2019.

FANTÁSTICO. Carioca é preso nos EUA por esquema que oferecia serviços ilegais para imigrantes brasileiros. Disponível em: https://g1.globo.com/fantastico/noticia/2019/03/03/carioca-e-preso-nos-eua-por-esquema-que-oferecia-servicos-ilegais-para-imigrantes-brasileiros.ghtml. Acesso em: 27 de outubro de 2019.

FRANCO, Luiza. As trágicas histórias dos brasileiros que morrem na fronteira do México com os EUA. Disponível em: https://www.bbc.com/portuguese/brasil-49131945. Acesso em: 26 de outubro de 2019.

GARCIA, Janaina. SP tem ao menos 1 milhão de imigrantes ilegais, diz governo. Disponível em: https://www.terra.com.br/noticias/brasil/cidades/sp-tem-ao-menos-1-milhao-de-imigrantes-ilegais-diz-governo,1dc08e57fbf4a410VgnVCM5000009ccceb0aRCRD.html. Acesso em: 27 de outubro de 2019.

IOM. World Migration Report 2018. Disponível em: https://publications.iom.int/system/files/pdf/wmr_2018_en.pdf. Acesso em: 15 de outubro de 2019.

MARINUCCI, Roberto; MILESI, Rosita. Migrações Internacionais Contemporâneas. Disponível em: http://www.ufjf.br/pur/files/2011/04/MIGRA%C3%87%C3%83O-NO-MUNDO.pdf. Acesso em: 24 de outubro de 2019.

MERELES, Carla. Crise dos Refugiados. Disponível em: https://www.politize.com.br/crise-dos-refugiados/. Acesso em: 16 de outubro de 2019.

MOLONEY, Anastasia. Imigrantes venezuelanos são vítimas de trabalho forçado e abusos no Brasil. Disponível em: https://br.reuters.com/article/worldNews/idBRKBN1FF2I9-OBRWD. Acesso em: 27 de outubro de 2019.

O GLOBO. PF prende 10 pessoas com crianças em esquema de imigração ilegal para os EUA. Disponível em: https://oglobo.globo.com/brasil/pf-prende-10-pessoas-com-criancas-em-esquema-de-imigracao-ilegal-para-os-eua-23928892. Acesso em: 26 de outubro de 2019.

ONU. Mais de 30 mil migrantes morreram no mundo em travessias irregulares em 2014-2018. Disponível em: https://www.unodc.org/lpo-brazil/pt/frontpage/2019/01/onu_-mais-de-30-mil-migrantes-morreram-no-mundo-em-travessias-irregulares-em-2014-2018.html. Acesso em: 15 de outubro de 2019.

ONU News. Millions more migrant workers, means countries lose 'most productive part' of workforce. Disponível em: https://news.un.org/en/story/2018/12/1027651. Acesso em: 22 de outubro de 2019.

TEIXEIRA, Lucas Borges. O Brasil tem pouco imigrante. Disponível em: https://www.uol/noticias/especiais/imigrantes-brasil-venezuelanos-refugiados-media-mundial.htm. Acesso em: 24 de outubro de 2019.

Pluralismo jurídico: organizações criminosas como um sistema jurídico paralelo ao Estado.

EMANNUEL VICENTE DIAS[1]

Introdução

A presente monografia, busca investigar os aspectos sociais que favoreçam ou indiquem a existência de meios de resolução de conflitos ou ainda, de normatização cotidiana que se encontram à margem do sistema jurídico positivado brasileiro, com ênfase em grupos sociais brasileiros, na qualidade de organizações criminosas, das quais as mais conhecidas são o Primeiro Comando da Capital (PCC) e o Comando Vermelho(CV).

O intuído é demonstrar que as ações de tais organizações possuem uma legitimidade própria, no sentido de que independentemente da aprovação do Estado e agindo justamente na lacuna deixada por este, nasceram com estatuto próprio de uma entidade estatal, criando suas próprias normas, tomam decisões sociais cotidianas pertinentes não só ao indivíduos que fazem parte da organização criminosa mas também de todos àqueles que fazem parte da comunidade na qual estão inseridas.

Nesse sentido, o presente trabalho buscará demonstrar a evolução histórica do fenômeno conhecido como pluralismo jurídico, evidenciando onde e como surgiram suas primeiras manifestações até o momento contemporâneo, fazendo a relação deste com a atuação de grupos sociais marginais ao Estado, principalmente as organizações criminosas, demonstrando se a atuação paralela destas podem ser consideradas ou não como exemplo de pluralismo.

Para alcançar tal objetivo, o trabalho utilizará como fontes os estudos realizados por vários autores, dentre eles Murilo Menezes Nola, Lucas Machado Fagundes, Renata Ovenhausen Albernaz, Ariston Azevedo, dado o fato de serem autores que produziram importante conteúdo acerca do tema, demonstrando de modo aprofundado, aspectos plurais de jurisdição, como a relação do positivismo estatal com as organizações criminosas, dissecando sua

---

[1] Graduando da Faculdade UNIRB Arapiraca – AL. Email: emmanueldias.al@gmail.com

atuação paralela às normativas positivadas do ordenamento jurídico brasileiro.

Devido a tese de estudo principal, serão analisados seus conceitos e características do pluralismo segundo as concepções de Antônio Carlos Wolkmer, que será referência crucial para a verificação de compatibilidade entre as ações das organizações criminosas como um evidente exemplo do pluralismo.

Como método, a presente monografia se utilizará de método dedutivo através de base de dados eletrônica, visando explorar e qualificar as teses referente ao que tange o tema, pluralismo jurídico, bem como a relação deste com as ações de organizações criminosas brasileiras, a exemplo do Primeiro Comando da Capital (PCC) e o Comando Vermelho (CV), analisando a situação das regiões onde tais organizações possuem domínio. Por técnica, o trabalho utilizará revisão bibliográfica e o próprio ordenamento jurídico brasileiro.

Isto posto, a primeira parte do trabalho buscará sintetizar as várias ações da evolução social, que precederam o época onde o direito positivo se consolidou, além da abordagem acerca do pós-positivismo – enfatizando a crise do positivismo – momento em que se verifica o retorno do pluralismo, abordando sua evolução até a sua definição, ou definições, atuais.

Em contrapartida, a segunda parte deste trabalho irá buscar demonstrar as situações que possam se enquadrar como pluralismo jurídico contemporaneamente, bem como os motivos que as precederam e possibilitaram o seu aparecimento, dando destaque para o surgimento das organizações criminosas bem como a atuação destas junto à sociedade e ao Estado, relacionando tais ações às concepções e características do pluralismo jurídico.

Complementando-se, o presente trabalho se encerra concluindo se o surgimento das organizações criminosas no Brasil ou em qualquer outra parte do mundo, bem como a coexistência destas paralelamente ao Estado, podem ser considerados ou não um exemplo do fenômeno Pluralismo Jurídico.

PLURALISMO JURÍDICO

Inicialmente, evidente porém não desnecessário ressaltar que o Pluralismo Jurídico é um fenômeno que difere totalmente no Monismo Jurídico, do qual o Estado, o Direito e a Lei estão centralizados num sistema que determina a ordem social e jurídica de uma sociedade, de modo que se torna quase impossível distinguir a figura dos três sujeitos supracitados umas das outras.

Nesse sentido, Neto (2014, p. 19) observa que o Pluralismo é um termo substantivo que designa pluralidade; o que não é único; diversidade; várias ideias; ou várias formas de pensar um mesmo conceito. Sendo jurídico, significa, de um lado, a admissão de pluralidade de sistemas (jurídicos, morais, religiosos, etc.) e, de outro, uma visão polarizada e aberta do Direito, tudo em meio a uma ordem estatal delimitada, porém não totalmente abrangente.

A proposta do pluralismo, quanto ao termo, traz consigo várias acepções, como bem apontadas por Bianchi (1992, p. 139), onde a exemplo da filosofia, o pluralismo é a contraparte do monismo, este, atribuidor de um único princípio constitutivo. Observa-se já desde muito tempo que o termo "pluralismo" não se faz exclusivo apenas nas matérias jurídicas, sendo utilizado nos estudos e análises dos aspectos e técnicas de várias áreas, como a política ou ainda a econômica.

Bianchi (1992, p. 138) aponta as discussões relativas a um método que melhor considerasse as demandas da Economia, usufruindo da qualidade de uma ciência econômica, realçando como abstrato ou realista, dedutivo ou indutivo, matemático ou estatístico, hipotético ou histórico, deixando claro que todos gozam de méritos e limitações, concernindo ao Economista utilizar com maestria os méritos sem deixar de se resguardar quanto às limitações.

No que diz respeito ao campo jurídico, Bianchi (1992, p.138) ressalta que:

> Os monistas defendem a necessidade de um poder supremo ou autoridade superior, conferidos ao Estado, que se torna soberano tanto internamente quanto no campo das relações internacionais. Os pluralistas, ao contrário, sustentam que nem o Estado nem qualquer outra instituição possuem um tal poder absoluto, mas que o mesmo se reparte entre os vários grupos que integram a sociedade.

Não obstante, antecipadamente à consolidação de um Estado de Direito Moderno, representado pelo monismo, mesmo precedendo a existência das atuais concepções a respeito do Pluralismo Jurídico, este se manifestou na história através da organização social e política típica de cada época. Aquilo que Wolkmer (2001, p. 27) chama de Pluralismo Jurídico Medieval, que se dá:

> Mediante a infinita multiplicidade de centros interno de poder político, distribuídos a nobres, bispos, universidades, reinos, entidades intermediárias, estamentos, organizações e corporações de ofício. (WOLKMER, 2001, p. 27)

Menciona-se a Idade Medieval como um período de exiguidade estatal em decorrência da queda do Estado Romano, portanto, havendo um déficit de iniciativa política, com fraca aderência, acarretando na sua fragilidade para assimilar as diversas manifestações sociais, os acontecimentos históricos da época, assentindo uma grande margem para relações intersubjetivas (ROSA; PUGLIESI, 2016, p. 285-286).

Por conseguinte, percebe-se que o Direito Medieval em si se tratou de uma estrutura difusa e descentralizada, que se utilizava constantemente dos usos e costumes locais e hierárquicas, delimitadas por limites territoriais e de influência, conforme a posição social daquele que ditava a regra.

Contexto histórico

Cada época, traz um contexto político, socioeconômico, histórico e organizacional que se conecta diretamente ao arranjo estrutural inicial da sociedade em pauta, precipuamente que diz respeito às ligações entre poder, valores e interesses que estas ligações trazem. Não seria diferente com o contexto jurídico, da mesma forma é abraçado por todo os fatores mencionados, em constante desenvolvimento, com ciclos de evolução, crises e rupturas.

Os arquétipos culturais, que constituem paradigmas no tempo e no espaço, permeados pela experiência humana na historicidade e sistematizados por processos de racionalização, refletem concepções, significados e valores específicos de mundo (WOLKMER, 2001). Destarte, temos no Feudalismo uma das principais ou mais marcante fases, onde se pode observar claramente um sistema plural ordenadamente definido.

O aparecimento do Feudalismo foi efeito de dois eventos muito significativos, representados pela queda da sociedade escravista romana e a ruptura da sociedade materializada entre os povos do norte europeu. Wolkmer (2001, p. 27) bem retrata o modo de formação da sociedade feudal:

> Tratava-se de uma sociedade estamental, fundada na posse da terra e na produção econômica agrária, profundamente marcada por relações sociais de servidão (lações de subordinação pessoal entre suserania e vassalagem) e por uma hierarquia de privilégios. Os limites da política e da juridicidade se definem tendo por base a propriedade da terra, a forte relação de dependência e os estreitos vínculos comunitários. Já no que tange à organização do poder

senhorial, o sistema feudal compreende tanto uma descentralização administrativa, quanto uma fragmentação e pluralismo de centro de decisões. O pluralismo político medieval se dá mediante a infinita multiplicidade de centros internos de poder político, distribuídos a nobres, bispos, universidades, reinos, entidades intermediárias, estamentos, organizações e corporações de ofício.

Fagundes (2011, p. 22) marca que cada indivíduo poderia ser uma figura jurídica, a depender da posição social ocupada por ele na comunidade, no contexto político no qual estaria inserido bem como de suas atribuições dentro do feudo ou do reino, frisando as atividades laborais como lavrador, orador e os próprios senhores feudais. Havia uma grande diversidade de normas legais de subjetividade tal que a aplicação de uma ou outra dependeria totalmente da qualificação social do indivíduo, sendo esta classificação mais pertinente que o próprio mérito da questão. Não era estranho que populares exercessem cargos de juízes, adquirindo este status através da influência entre os demais indivíduos locais, ou ainda pela escolhe destes, seu grande conhecimento da cultura e dos costumes locais, julgando os assuntos de acordo com as regras locais bem como com as especificidades de cada caso.

É evidente a concomitante existência e alternância entre aqueles que detinham ou não poder, seja referente as questões sociais ou jurídicas, sendo um sistema de poder naturalmente plural caracterizado por uma multiplicidade de manifestações jurídicas. Hespanha (2005, p. 148) descreve que:

> Na sociedade europeia medieval, conviviam diversas ordens jurídicas – o direito comum temporal (basicamente identificável com o direito romano, embora reinterpretado), o direito canónico (direito comum em matérias espirituais) e os direitos próprios de várias naturezas e de diversa hierarquia, alguns deles quase que excluídos do conceito de direito.

É nessa distinção de fontes que se encontra o pluralismo jurídico medieval, que vai além do direito comum – este compreendido na reinterpretação do já consolidado direito romano – mas que também está atrelado na consciência popular que constroem uma necessidade particular, corroborando a individualização por parte dos sistemas político, social ou ainda jurídico medieval. (SALGADO, 2010, p. 253-254).

A questão territorial era de substancial importância para a aplicação do direito, pois este estaria sujeito a diversas variações conforme a localização. Tal importância trazida por Fagundes (2011,

p. 35-36) relaciona o direito regional à sociedade medieval:

> Para os povos medievais, essa situação de ter em seu feudo um direito particular ou comum a todos, advindo de tradições centenárias, representava não só uma segurança em termos legais como também uma caracterização e identificação popular da localidade. Filia-se à ideia de que para estes povos se submeter aos princípios formais advindos de algum centro regulador externo representaria um processo de esfacelamento do tecido social secularmente composto, bem como representaria uma abertura a ambição de outros povos mais fortes em relação as suas riquezas que estariam expostas, por exemplo, caso submetido ao julgo de tribunais externos ao feudo.

Frente ao protagonismo do direito local, deveria existir um parâmetro a ser seguido, mesmo que de maneira geral, pois obviamente, apenas os costumes regionais de cada feudo mostravam-se insuficientes para sanar todos os problemas da época. Consequentemente, o direito comum vigoraria apenas para os casos em que um direito particular não o tivesse afastado; ou seja, vigoraria apenas como *direito subsidiário.*" (HESPANHA, 2012, p. 154).

Somando a todo o contexto plural, progressivamente o direito canónico vai tomando forma, respaldado no poder institucionalizado à igreja, que passou a ter a necessidade de criar seu próprio ordenamento pois a situações vivenciadas pela sociedade medieval já não eram as mesmas descritas na literatura ecumênica. Momento em que a edição de inúmeros decretos dos concílios ecumênicos, regionais, provinciais ou diocesanos se sobressaíram, com a palavra papal possuindo força normativa para elucidar ou adotar certas aplicações fáticas. (NOLO, 2018).

Hespanha (2012, p. 148), observa nessa coexistência de ordens jurídicas dentro de um mesmo sistema de normas jurídicas, o advento do que viria a ser o fenômeno do pluralismo jurídico, deliberando este como a situação em que distintos complexos de normas, com conteúdo e legitimidade contrastivos, presentes num mesmo contexto social e local, visto que a cultura e os costumes da região também eram relevantes para a ordem jurídica pluralista.

Grossi (1996, p. 52) ainda complementa, conforme citado por Fagundes (2011, p. 25):

> He aquí cómo debemos aproximarnos al derecho medieval: como a una gran experiencia jurídica que alimenta en su seno una infinidad de ordenamientos, donde el derecho – antes de ser norma y mandato – es orden de lo social, motor espontáneo, lo que nace de

abajo, de una sociedad que se autotutela ante la religiosidad de la incandescencia cotidiana construyéndose esta autonomía, hornacina propia y autentica protectora del individuo y de los grupos. La sociedad se impregna de derecho y sobrevive porque ella misma es, antes que nada, derecho, debido a su articulación en ordenamientos jurídicos.

No contexto que se encontra o Direito Medieval, marcado pela ausência de um Estado que imponha uma legislação fixa, já que o Direito Romano agora é reinterpretado e usado de maneira subsidiária; a ordem jurídica formada pelo direito consuetudinário, a Igreja, institucionalizada e presente em todos os aspectos da vida social; e o direito consuetudinário (ROSA; PUGLIESE, 2016, p. 285)

Dicotomia entre o jusnaturalismo e o juspositivismo

Hart (2011, p. 1-5) ressalta que ao contrário de outras ciências, a exemplo das exatas, onde se possui um número limitado de conceitos ou fórmulas para se chegar num resultado, o Direito detém em si inúmeros conceitos definidos por diversas respostas que mesmo que não lhe sejam totalmente pertinentes, abrem espaço para uma relevante discussão. Não possui nenhum critério que defina um limite claro entre suas problemáticas, dada que estas advêm de relações interpessoais, portanto marcadas pelo subjetivismo.

As principais concepções daquilo que se denomina Direito, advém da legitimidade de suas normas, bem como da positivação destas. São elas o Jusnaturalismo um sistema jurídico baseado em princípios oriundos do Direito Natural e sem a necessidade de determinação específica Estatal. No entanto temos o Juspositivismo, este baseado na razão e no saber científico, com objetivos práticos sem interferência de valoração pessoal. Tais concepções figuram como a principal dicotomia existente nas ciências jurídicas.

Desse modo, se faz necessário compreender a relação entre o direito, coerção e moral, destacando suas diferenças e semelhanças, compreendendo cada um desses objetos, como um tipo de fenômeno social, portanto entendendo o Direito como a relação entre a coação, a moral e a norma jurídica, onde for possível (HART, 2011, p. 20).

Tendo o Jusnaturalismo, ou Direito Natural uma conexão principiológica entre direito e moral, Hart (2011, p. 209) aponta que as regras de conduta de qualquer organização social, constituem um elemento em comum, entendidos como uma forma diversa de controle social, chamados de *princípios.*

> Tais princípios de conduta reconhecidos universalmente, que têm como base as verdades elementares respeitantes aos seres humanos, ao seu ambiente natural, e às suas finalidades, podem ser considerados o conteúdo mínimo do Direito Natural, em contraste com as construções mais grandiosas e mais controvertidas que têm sido frequentem ente expressas sob aquele nome. (HART, 2011, p. 209)

Estas conexões relacionam as condições naturais e sistemas de regras, todavia não podem ser mediadas pela razão, visto que não há correlação entre a regra e a sua finalidade, ou ainda com o propósito destas, pois são inerentes ao indivíduo, dependendo de como se deu o desenvolvimento pessoal destes, portanto, inconscientes.

Neto (2014, p. 7), observou que nos períodos em que predominou o jusnaturalismo, foi dividido em várias correntes filosóficas e sofreu mudanças quanto à fonte do Direito Natural. Todas elas se referiam a teorias ou esquemas da principal ideia de justiça, bem como da universalidade e intocabilidade dos princípios morais, passando pela ideia de Deus, ou razão divina, ou ainda pelo próprio homem, representado pelo racionalismo.

Falcão (2014, p. 173-177), decompõe as fases jusnaturalistas em antiga, compreendendo a antiguidade e a idade média, e a moderna, momentos em que há a passagem da razão divina para a razão humana como fonte da base do Direito Natural. A primeira fase compreende-se como uma crença nas leis divinas e imutáveis, destarte um fundamento para o direito positivo. Por sua vez, a segunda fase passa a ser de cunho totalmente subjetivista, o indivíduo deixa de ser passivo quanto às normas, sendo a autonomia e atividade do sujeito, livre dos pressupostos objetivos da primeira fase, caráter adquirido pelo direito natural.

Segundo Neto, (2014, p. 9), tendo como base os apontamentos de Kant, há de se convir que o surgimento de uma legislação, seja qual for, deriva do direito natural pré-existente à norma. O Direito Natural faz parte da natureza humana com caráter irrestrito nesse sentido.

Segundo Maria Helena Diniz, Stammler sustentou que:

> O direito natural não pode ser visto como um sistema orgânico de preceitos concretos, validos com caráter absoluto para qualquer povo, tempo e lugar, mas apenas como um critério diretor, que plasme as figuras jurídicas, de acordo com as circunstâncias sociais,

ou espaço-temporais, com a tradição histórica (...). Há uma só ideia de justiça (direito natural de conteúdo variável) e inúmeros direitos justos. (2006, p. 44).

A percepção positivista, ou juspositivista, identicamente à sua contraparte, o jusnaturalismo, também é dividida em algumas correntes, sendo as principais, sem detrimento de qualquer outra, a corrente do positivismo legalista, o positivismo historicista ou sociologista e o positivismos psicologista (LYRA FILHO, 2007, p. 30-37)

Por conseguinte, a concepção positivista legalista é voltada para o dispositivo legal estando acima de qualquer outro tipo de espécie normativa; a concepção positivista historicista se dedica as normas jurídicas anteriores a lei; já a concepção positivista psicologista retrata o direito como um fenômeno que se basta. As três concepções, convergem em dois pontos, qual seja o Estado e a Lei (LYRA FILHO, 2007, p. 36).

Uma das características inerentes ao positivismo, é que esta corrente nega a finalidade do direito de conseguir um objetivo pré-determinado, linha de pensamento bastante discutida e rebatida visto que para muitos, é impossível destituir a finalidade de qualquer criação humana, mesmo que seja uma criação normativo jurídica (NETO, 2014, p. 11).

Assim para a maioria dos positivistas, a concepção ou definição de direito positivo, não pode abranger elementos morais, portanto, direito e justiça, não significam a mesma coisa, haja visto que "não existe conexão conceitualmente necessária entre o direito e a moral, entre aquilo que o direito ordena e aquilo que a justiça exige, ou entre o direito como ele é e como ele deve ser" (ALEXY, 2011, p. 13).

O século XIX representa o início do pensamento positivista, onde o direito se tornava cada vez mais escrito e com a recepção do direito Romano, com o rápido crescimento das leis emanadas pelo poder constituído em detrimento das leis costumeiras, surgindo assim uma hierarquia entre as normas (SAMPAIO; FERRAZ JÚNIOR, 2018).

Sampaio e Ferraz (2018) Júnior apontam que o direito escrito foi o que contribuiu para a transformação da concepção positivista do direito, pois:

> A fixação do direito na forma escrita, ao mesmo tempo em que aumenta a segurança e a precisão de seu entendimento, aguça também a consciência dos limites. A possibilidade do confronto dos

diversos conjuntos normativos cresce e, com isso, aumenta a disponibilidade das fontes, na qual está a essência do aparecimento das hierarquias. Estas, no início, ainda afirmam a relevância do costume, do direito não escrito sobre o escrito. Pouco a pouco, no entanto, a situação inverte-se. Para tanto contribuiu o aparecimento do Estado absolutista e o desenvolvimento progressivo da concentração do poder de legislar. Nesse período, a percepção da necessidade de regras interpretativas cresce, o que pode ser observado por sua multiplicação com vistas na organização e articulação das diversas fontes existentes. Essas transformações iriam culminar em duas novas condicionantes, uma de natureza política, outra de natureza técnico-jurídica. Quanto às primeiras, assinale-se a noção de soberania nacional e o princípio da separação dos poderes; quanto às segundas, o caráter privilegiado que a lei assume como fonte do direito e a concepção do direito como sistema de normas postas.

Dessa forma, fica caracterizado que o juspositivismo nada mais é do que a existência de leis que são o produto da ação humana, sendo o ordenamento jurídico e a presença de leis formais escritas – que passaram pelo devido procedimento legislativo – um estudo da realidade que a originou (SAMPAIO; FERRAZ, 2018).

Segundo Alexy (2012, p. 90-91), o que distingue regras e princípios ao ponto em que estes são mandados de otimização, ordenando algo que seja realizado dentro das possibilidades fáticas e jurídicas, enquanto as regras são normas que são sempre ou satisfeitas ou não satisfeitas. Em síntese, a distinção entre regras e princípios qualitativa e não de grau.

Com a promulgação constitucional de princípios e direitos fundamentais, e claro enfraquecimento da dicotomia entre o jusnaturalismo e o juspositivismo. Aquilo que era predominantemente conteúdo principiológico do direito natural foi positivado pela Constituição através destes direitos fundamentais que posteriormente abrangeram também os direitos sociais, políticos, econômicos, ecológicos, dentre tantos outros. Assim Sampaio e Ferraz Júnior (2018) afirma que:

> A distinção entre direito natural (direito à vida, à saúde, à liberdade etc.) e direito positivo foi, primeiro, esmaecida pela distinção entre direitos fundamentais constitucionais e demais direitos e, depois, com a trivialização dos constitucionais, a positivação acabou por tomar conta do raciocínio dogmático sobre o direito natural, confundido com um conjunto de normas naturais-racionais.

Paulo Bonavides (2008, p. 219), afirma que não se pode

diferenciar totalmente o Estado de Direito e o Estado de Justiça, pois estes não são apenas um sistema de leis, pois as leis podem ser injustas e, por igual, severas de mais ou opressoras, de modo que o Estado justo é aquele moldado à Constituição, à legalidade e à constitucionalidade, pelo que "o Direito é justo porque é legítimo" e "só a lei pode ser injusta porque nem sempre é legítima".

O surgimento do Estado Moderno

Entre os séculos XI e XV inicia-se a derrocada do modelo feudal, devido a sucessivas crises sociais. O modo como as castas definiam a formação social, a produção de riqueza, a organização político-institucional, a ascensão do comércio mercantil são cruciais nos processos de crise e de ruptura do feudalismo. Principia-se o desenvolvimento de uma economia urbana, baseada na troca de mercadorias por capital, é o florescimento de uma base monetária. Os indivíduos que se subordinavam aos senhores feudais, gradualmente perseguem sua emancipação dessas obrigações, migrando para os centros urbanos onde a economia ascende, agora não mais sujeitos a ninguém, perseguindo a remuneração pelo trabalho. (WOLKMER, 2001, p. 29).

É a partir do florescimento da cultura europeia ocidental, período marcado por intensas revoluções e desenvolvimento industrial e mercantil, que surge a necessidade de uma homogeneização de direitos e deveres não alcançada pelo direito natural, fazendo-se necessário uma força que mantivesse coesa, os novas concepções oriundas da convivência social através de um modelo normativista totalmente ligado à legitimidade de imposição estatal, através da positivação de suas normas. Dentre tantas características deste período, é possível citar:

> A instauração do Capitalismo como novo modelo de desenvolvimento econômico social, tendo o capital como instrumento fundamental da produção material, o grande impulso das atividades comerciais de algumas cidades europeias, a substituição das relações sociais servis e da produção artesanal dos pequenos trabalhadores independentes pela força de trabalho assalariada, a passagem das pequenas oficinas autônomas para as manufaturadas, e, finalmente, pela constante busca do lucro, pela implementação da produtividade econômica de mercado livre e pela sistematização do comércio através das trocas monetárias (WOLKMER, 2001, p. 29).

Examinando o contexto social e econômico da formação da

classe burguesa e do modo de produção capitalista, da ideologia liberal-individualista e da centralização política através da figura de um Estado Nacional Soberano, compatibilizaram para a constituição de um paradigma jurídico, marcados pela univocidade, da estatalidade, da racionalidade formal, da certeza e da segurança jurídica (WOLKMER, 2001).

Todos estes fatores arraigados do novo modo de produção trazido pelo capitalismo, pela propagação de uma ideologia liberal-individualista que permite a ascensão da burguesia, bem como a formação de um Estado moderno e soberano, apontam para a busca por um padrão de juridicidade que busca a hegemonia estatal, através de uma racionalidade lógica e formal centralizadora do Direito, passando este a ser produzido "unicamente" pelo Estado e seus órgãos, abrangendo tanto as forças produtivas como também os meios para apropriação dos meios de produção.

Contudo, surgiu a necessidade da criação de controle social, para manter-se a harmonia da sociedade, a exemplo da Ética, Religião e por fim o Direito, este exercido por meio de normas que devem aqui ser entendidas em seu sentido amplo, ou seja, que envolvem as leis, os costumes e as jurisprudências, as doutrinas, no geral as fontes do direito (RODRIGUES, 2011).

Fagundes (2011, p. 39) afirma que não apenas a transição do modelo feudal para o capitalismo culminou na constituição de um Estado, mas vários outros fatores, colaborando para o fortalecimento de um direito centralizado e coeso, reconstituindo a esfera pública burocrática à imagem do modelo romano. Dada a ânsia pela segurança jurídica, o direito costumeiro que antes era regra, agora passa a ser utilizado de modo apenas subsidiário.

> Os critérios da organização do Estado passam para o plano da concentração política do poder em vez da pluralidade da decisão jurídica, garantindo obtenção e maior controle da sociedade, o que irá mais à frente se refletir politicamente nos documentos das revoluções burguesas como garantias de privilégios para esta classe (FAGUNDES, 2011, p. 41).

Concomitantemente à figura do estado vem a necessidade de se implementar a ordem, buscando a homogeneidade não alcançada pelas leis naturais, já insuficientes para regular a sociedade, posto que não tinha forma de serem impostas. Portanto, o Estado com o poder que lhe é conferido tem a capacidade de programar a ordem através de seu sistema de normas (RODRIGUES, 2011).

Gramsci (1988, p. 98), citado por Nolo (2018, p. 20) compreende que era imprescindível ao Estado regular a lei de forma a garantir princípios estáveis aos cidadãos para que não viessem a ser surpreendidos com a arbitrariedade. Deste modo, aduz que os ensinamentos de Maquiavel são referentes à política, porquanto apenas com a concordância geral e perene é possível a criação dos estados.

Streck e Morais (2012, p. 29) mencionam que além da concepção de Maquiavel, "o pensamento contratualista pretende estabelecer, ao mesmo tempo, a origem do Estado e o fundamento do poder político a partir de um acordo de vontade, tácito ou expresso, que ponha fim ao estágio pré-político (estado de natureza) e dê início à sociedade política (estado civil).

Esse é o ideal da escola jusnaturalista, que possui Hobbes e Locke como seus principais idealizadores. Enquanto Hobbes traz o contrato social como um tratado entre indivíduos com objetivos em comum de autopreservação delegam um poder garantido a um terceiro, Locke vislumbra a legitimidade o poder de maneira diferente, pois a garantia de proteção já era preexistente ao contrato. Contudo, ambos concordam que a formação do estado civil e do governo comandado pela maioria são oriundos da criação do contrato como forma protetiva (NOLO, 2018, p.20).

Segundo os apontamentos de Streck e Morais (2012, p. 45), o Estado Moderno era absoluto com um poder absoluto e legitimado por deus concentrado nas mãos de um único homem, o monarca, que exercia sua vontade sobre os estados que se encontravam sob sua posse, sem sofrer qualquer questionamento ou limitação aos seus atos.

Divergindo dessa linha, Bobbio (1992, p. 96) ensina que:

> Contrariamente ao que se pensa de modo geral, poder absoluto não quer dizer poder ilimitado. Quer dizer simplesmente que o soberano, detentor do poder de fazer leis válidas em todo o país, não está sujeito a essas mesmas leis, porque "não pode dar ordens a si mesmo". Contudo, como todos os outros seres humanos, o soberano está sujeito às leis que não dependem da vontade dos homens – isto é, às leis naturais e divinas. Na escala ascendente dos poderes, o poder do soberano terrestre não é mais alto; sobre ele está a *asumma potestas* de Deus, de quem dependem as leis naturais e divinas. Outros limites ao poder soberano são impostos pelas leis fundamentais do Estados – que hoje chamaríamos de leis constitucionais.

Nota-se uma concepção de que o Soberano é um indivíduo legitimado, que concentra em si todo o poder de legislar, determinando inclusive o procedimento legislativo para que uma norma seja positivada. O Soberano cria, revoga ou reforma a lei, conforme a sua vontade, que mesmo não estando acima das leis que criam, estas estão mercê do seu julgamento.

Entretanto é Rousseau (2003, p. 44) que amplia o conceito de Estado Moderno, conseguindo melhor retratar o cenário onde a classe burguesa busca não apenas o poder econômico, mas também o político, afirmando que:

> [...] O pacto social estabelece entre os cidadãos uma igualdade tal, que eles se obrigam todos debaixo das mesmas condições, e todos devem gozar dos mesmos direitos. Assim, pela natureza do pacto, todo o ato de soberania, isto é, todo o ato autentico da vontade geral obriga ou favorece igualmente todos os cidadãos, de maneira que o soberano só conhece o corpo da nação e não distingue ninguém daqueles que a compõem.

Vemos o Estado, ente político, unindo-se à burguesia nascente, enquanto classe evidenciando assim que a origem da ciência jurídica moderna não se resume em ser apenas um meio para a formação da sociedade, pois está inerente à junção histórica da legitimidade do Estado em dispor das leis e da univocidade deste (FAGUNDES, 2011, p. 44).

É nesse contexto que surge o monismo jurídico, claro representante do Estado Moderno e possuidor de um papel claro e antagônico ao pluralismo, não mais caracterizado pela descentralização de um poder já difuso, mas sim pela organização sistemática da sociedade, que entrega ao Estado a função de reger as "engrenagens sociais", através da representação política.

O pluralismo jurídico no Estado Moderno

Como já antecipadamente citado, monismo e pluralismo jurídico são a contraparte um do outro. Aquele compreendendo o Direito, a Lei e o Estado como uma trindade homogênea, constituintes de um sistema com uma única ordem jurídica que facilmente se confunde com a ideia de governo, já que este detém todo o poder político e jurídico; e este, admitindo a existência de muitos sistemas ou instituição, com variações de direito oriundas de diversas fontes (NETO, 2014, p. 19).

Bobbio descreve o pluralismo jurídico como uma pluralidade de ordenamentos. Enquanto o monismo admite apenas um único ordenamento jurídico, o pluralismo admite vários, tendo passado por duas fases distintas onde a primeira delas é de caráter estatalista, vislumbrando a pluralidade de ordenamentos a nível mundial, visto que existem vários estados soberanos, detentores de seus próprios ordenamentos jurídicos (BOBBIO, 1995, p. 163).

Já a segunda fase, Bobbio a denomina como institucional, e nela pluralismo jurídico:

> Significa não somente que há muitos ordenamentos jurídicos (mas todos do mesmo tipo), em contraposição ao Direito universal, mas que há ordenamentos jurídicos de muitos e vários tipos. Chamamo-lo de institucional porque a sua tese principal é a de que existe um ordenamento jurídico onde existe uma instituição, ou seja, um grupo social organizado (BOBBIO, 1995, p. 163).

Wolkmer (2001, p. 172) reconhece no pluralismo jurídico a "existência de mais de uma realidade, de múltiplas formas de ação prática e da diversidade de campos sociais com particularidade própria". Nesse sentido, Wolkmer faz uma classificação muito pertinente, onde elenca concepções acerca do pluralismo conforme a natureza e a especificidade de cada uma delas.

Na concepção "filosófica", Wolkmer (2001, p. 172) afirma que esta:

> Se opõe ao unitarismo determinista do materialismo e do idealismo modernos, pois advoga a independência e a interrelação entre realidade e princípios diversos. Parte-se do princípio de que existem muitas fontes ou fatores causais para explicar não só os fenômenos naturais e cosmológicos, mas, igualmente, as condições de historicidade que cercam a própria vida humana. A compreensão filosófica do pluralismo reconhece que a vida humana é constituída por seres, objetos, valores, verdades, interesses e aspirações marcadas pela essência da diversidade, fragmentação, circunstancialidade, temporalidade, fluidez e conflituosidade.

Na concepção de pluralismo "cultural", Wolkmer (2001, p. 172) se baseia nas afirmações de N. Glazer, para afirmar que este implica um "estado de coisas no qual cada grupo étnico mantém, em grande medida, um estilo próprio de vida, com seus idiomas e seus costumes, além de escolas, organizações e publicações especiais".

Dentre as várias concepções, Wolkmer (2001, p. 172) ressalta que as que se referem ao pluralismo "sociológico" e "político" que foram cruciais para a descentralização do monismo social e da teoria da soberania estatal. "O pluralismo 'sociológico' se consolida na medida em que socialmente se ampliam os papéis, as classes e as associações profissionais no âmbito da sociedade industrial" relatando como origem deste as defesas de Monstequieu a respeito dos elementos de mediação política entre indivíduo e Estado através daquilo que chamava de corpos intermediários, ou ainda em Tocqueville, que considerava as associações livres como único meio capaz de torna o cidadão apto a se opor à soberania.

No que concerne ao pluralismo "político", a "sua territorialidade incorpora proposições que se pautam pela rejeição de roa e qualquer forma de concentração e unificação do poder ou fora de ação monotítica (política, ideológica ou econômica)" (WOLKMER, 2001, p. 173). Enquanto diretriz histórico-estratégica ou modo de análise assentado em práticas de direção descentralizadas:

> Realça a existência de um complexo corpo societário formado pela multiplicidade de instâncias sociais organizadas e centros autônomos de poder, que, ainda que antagônicos ou mantendo conflitos entre si, objetivam restringir controlar ou mesmo erradicar forma de poder unitário e hegemônico, principalmente a modalidade suprema de poder corporificado no Estado. Para além do pluralismo "político" – entendido como variedade de partidos e movimentos políticos que "disputam entre si, através do voto ou de outros meios, o poder na sociedade e no Estado.

Fica evidente o intento pluralista em edificar um meio social ajustado na mediação e confrontamento da soberania estatal, através de corpos sociais intermediários que concebem um espaço ideológico plural, implicando num direito à autodeterminação de cada um destes corpos, divergindo do individualismo, não se limitando a alcançar autonomia de um único nicho, mas sim a de vários, formando um diversificado sistema social (WOLKMER, 2001, p. 174).

De modo a reconhecer essa visão de pluralismo jurídico, entende Wolkmer (2001, p. 233-234):

> Ademais, torna-se imperativo que o pluralismo como novo referencial do político e do jurídico esteja necessariamente comprometido com a atuação de novos sujeitos coletivos (legitimidade dos atores), com a satisfação das necessidades humanas essenciais ("fundamentos materiais") e com o processo político democrático de descentralização, participação e controle comunitário (estratégias).

É mandatório apontar questões delimitativas que considera relevante, pois fica claro o surgimento de "sujeitos do direito" buscando mudanças no contexto social. O Estado foi firmado sem a presença das maiorias que ocupavam seu território o que acabou por produzir situações excludentes e marginalizadoras dessas maiorias que acabaram por formar um grupo social oprimido pela minoria que detinha o poder político (FAGUNDES, 2011, p. 105).

"Os modelos culturais, normativos e instrumentais que fundamentaram o mundo da vida, a organização social e os critérios de cientificidade tornaram-se insatisfatórios e limitados" (WOLKMER, 2001, p. 232). Verifica-se com isso que outros fenômenos e outras realidades sociais que possuem relevância jurídica surgem nas lacunas do sistema jurídico oficial, por vezes até com eficácia superior ao Direito do Estado ou ignorando-o (FAGUNDES, 2015, p. 307).

Albernaz e Azevedo (2005, p. 97-99) aponta que a partir das décadas 70 e 80, a precisão das delimitações dos sistemas jurídicos ocidentais modernos, passam a ser confrontados por questionamentos teóricos em função dos problemas não alcançados pelo seu sistema positivista, aliado a emergência de novas formas de sociabilidade menos precisas e mais dinâmicas, tornando-se verdadeira segmentação de poder. Ademais, com a ascensão da economia global, se posicionando de forma cada vez mais progressista, o aumento do poder econômico de grandes corporações e de um mercado globalizado, precederam uma certa tendência neoliberal do direito, onde a norma jurídica foi flexibilizada e muitas vezes até substituída.

É a manifestação desse novos viesses sociais, cada um com suas próprias características e um ponto específico que se opões ao Estado, fomentando em si uma juridicidade própria e local, que, segundo Albernaz (2005, p. 99-100), caracterizam o Pluralismo Jurídico numa perspectiva social, da seguinte forma:

> a) pela oposição, de maneira frontal, a toda a qualquer forma de absolutização, universalização ou monopolização da vida social, seja esta situação promovida pelo Estado Moderno, seja por qualquer outro agente ou fator (como os agentes do mercado globalizado da atualidade), em prol do respeito e reconhecimento da pluralidade social e, consequentemente, da pluralidade jurídica que lhe seja própria; b) pela crença de que os grupos de pressão têm um papel central no processo político. A atenção a esses grupos políticos (grupos, aliás, que na "pós-modernidade" se apresentam nas mais variadas formas e com as mais diversas naturezas), é o foco principal do pensamento acerca da política e do direito elaborado pelos

> defensores do Pluralismo; c) pela percepção de que apenas uma pequena parcela das inúmeras expectativas sociais que regem a vida nacional, e não necessariamente, as mais importantes delas, ou as mais importantes para todos os grupos sociais, encontram guarida no Direito Positivo Estatal – uma delimitação do direito estatal na qual, em sua experiência concreta, se deparam seus incluídos e seus marginais. Desta forma, a maior parte dessas expectativas se dá em regulações jurídicas outras, gestadas e organizadas nos próprios grupos, em normas, às vezes tão precisas e seguras, às vezes mais incertas e arriscadas, que as dadas no direito estatal.

Ante as imperitas relações jurídico-sociais, da emergência de novos grupos e novas reinvindicações, há uma necessidade de rearranjo da juridicidade, visto que o modelo unitário não mais atende com primazia este panorama moderno, equivalendo-se das mudanças que repercutem no Direito. Fica evidente que se torna impossível ao Estado, enquanto detentor de um sistema uniforme, abraçar toda esta pluralidade intrincada à diversidade social, sendo esta uma problemática a ser resolvida pelo pluralismo jurídico (ALBERNAZ, 2008, p. 13).

É notado que há uma tendência à positivação das reinvindicações desses grupos emergentes, buscando uma reordenação do poder constituinte para que sejam compreendidos na reestruturação do Estado através de um sistema que agregue o pluralismo jurídico e social, reinterpretando os conceitos de justiça e de direito através de um processo de inovações jurídicas e políticas, reconstituindo as instituições positivadas. Nesse contexto, o pluralismo jurídico e levado a um nível mais abrangente, teoricamente constatado através do papel da constituição como um instrumento formal de materialização de direitos, portanto, reconhecendo o valor da diversidade (WOLKMER; FAGUNDES, 2011, p. 371-373).

Fica claro que, a própria constituição, enquanto poder constituído eivado de inovações oriundas dos contextos políticos, sociais e econômicos do mundo globalizado, busca abranger toda a pluralidade não alcançado pelo direito positivo, centrado na uniformização do Direito. Assim, o Pluralismo surge como um direito dos grupos emergentes, legitimado constitucionalmente. Nesse sentido, Wolkmer e Fagundes (2011, p. 374) afirmam que:

> Pluralismo no Direito tende a demonstrar que o poder estatal não é a fonte única e exclusiva de todo o Direito, abrindo escopo para a produção e aplicação normativa centrada na força e na legitimidade de um complexo e difuso sistema de poderes, emanados

dialeticamente da sociedade, de seus diversos sujeitos, grupos sociais, coletividades ou corpos intermediários.

Étienne Le Roy, conforme citado por Villas Bôas (2014, p. 308), propõe quatro concepções de pluralismo jurídico:

> a) na primeira versão, de viés positivista, a pluralidade jurídica seria interpretada num contexto de hierarquia de normas monopolizadas pelo Estado; b) a segunda concepção, designada por Le Roy de "pluralismo jurídico soft" e que, segundo ele, teria reunido quase unanimemente os adeptos do debate pluralista durante os anos 80, caracterizar-se-ia pela indicação de uma pluralidade de soluções aplicando-se a uma situação idêntica no interior de uma ordem jurídica, concebida, por via de regra, como estatal. Tal concepção remeteria, assim, ao monopólio estatal e a uma concepção do pluralismo pensada de modo unitário; c) a terceira concepção corresponderia ao "pluralismo jurídico hard" e reportaria à circunstância na qual o indivíduo poderia, em uma situação idêntica, aplicar mecanismos jurídicos provenientes de ordens jurídicas distintas. Tal seria, por exemplo, a posição de autores como Jacques Vanderlinden e Roderick A. Macdonald;86 d) a quarta concepção apontada por Le Roy corresponderia justamente à sua perspectiva teórica que, segundo ele, estabeleceria a pluralidade como a base das relações sociais a partir da pressuposição da multiplicidade de pertenças dos membros de uma sociedade a coletividades mais ou menos institucionalizadas. Fazendo alusão à sua apropriação da tese de Luc Boltanski e Laurent Thévenot acerca da "pluralidade de mundos" como fundamento sobre o qual repousa a tese do "grande jogo da juridicidade", Le Roy sublinha o quanto sua perspectiva de uma "antropologia dinâmica" permitiria problematizar a suposta universalidade pretendida pelo direito ocidental mediante a sua consideração como apenas uma forma concreta de expressão do fenômeno da juridicidade.

No contexto brasileiro, "a história dos novos sujeitos coletivos é resultado de um processo de dominação interna e dependência externa", tais sujeitos são postos em evidência através da própria cultura, arquitetada através da conjuntura dissociativa, exploratória, supressora e dominante. Assim no cenário brasileiro, os Novos Sujeitos Coletivos marginalizados se fazem presentes na figura dos índios, negros, mulheres, homossexuais, doentes mentais, menores e oprimidos em geral que sofram discriminação ou violência, sobrepujados por uma certa opressão social, que respalda uma insurgência, a legitimação de sua resistência (SANTOS, 2006, p. 45-46).

Santos (2006, p. 53) ressalta que após o período colonial brasileira, os conceitos de sociedade civil, cidadania social e emancipatória foram reformulados, encontrando um novo significado, abrindo novos espaços para os Novos Sujeitos Coletivos. Tais mudanças impactaram nos grupos sociais emergentes, que encontraram uma identidade social, passando a ter uma autoconsciência de valores, referências, conduta, cultura próprias, independente daquelas impostas pelo Estado, que se encontrava encurtado.

Há um reconhecimento constitucional desses grupos emergentes, uma afirmação da diversidade étnica e do pluralismo cultural em decorrência da luta dos grupos marginalizados. No contexto contemporâneo esses Novos Sujeitos Coletivos formam uma resistência à marginalização, que propõem projetos alternativos, buscando criar uma identidade que não se submete ao Estado, visto que este não os atende em suas necessidades básicas (SANTOS, 2006, p. 54-56)

Para Wolkmer (2001, p. 247-248), os movimentos sociais surgem a partir dessa sociedade descontente, que luta e reivindica garantias sociais, culturais e políticas, opondo resistência ao sistema e se colocando como alternativa a este, surgindo como uma fonte legitimadora de direitos em si mesmo, garantindo que todos os indivíduos participem da construção de sua própria identidade. Assim, tais reivindicações são as responsáveis pela configuração dos Novos Sujeitos Coletivos, uma vez que buscam respostas jurídicas, são "... espectro de causalidades qualitativas e quantitativas, objetivas e subjetivas, materiais e imateriais, reais e ilusórias, etc."

Essa nova cidadania, nas palavras de Wolkmer (2001, p. 253):

> Não se trata mais de sujeitos de uma "cidadania regulada", presos à formalidade do voto delegativo, mas de "sujeitos em relação", numa dinâmica de alteridade com o outro, com a comunidade e com o poder político, objetivando a solução de seus problemas, de suas carências e do reconhecimento de seus direitos. Por isso, cabe substituir sujeitos destituídos de poder pelo subterfúgio da "delegação" por sujeitos individuais e coletivos com poder de ação e decisão, capazes de, no pleno gozo da cidadania, exercer o controle democrático sobre o Estado ou sobre qualquer outra forma de poder instituído.

Esses grupos emergentes, historicamente marginalizados, praticamente excluídos do pacto social no momento da formação do Estado Moderno, não são alcançados pelos valores que garantiam a igualdade e humanidade da sociedade, restando-lhes apenas o ônus dessa nova realidade social. Exemplo claro é o surgimento da função social do sistema carcerário que busca reeducar e ressocializar os indivíduos que encontrem-se à margem do sistema positivado (LEAL, 2014, p. 198-199).

Esse fenômeno é bem retratado por Leal e Mello (2016, p. 169-170), onde retratam necessariamente a figura do apenado na sociedade:

> Identifica-se um grupo de indivíduos – os presos – que historicamente tem tido sua cidadania negada, em sua origem, por não possuírem o status de branco e proprietário; contemporaneamente, em meio ao discurso do alargamento da cidadania através de um processo de inclusão generalizada, desde que observados os requisitos da fórmula técnico-jurídica; e ainda, de um tempo de estandardização de supostas garantias proporcionadas pelo tecnicismo jurídico de viés pretensamente humanitário; ainda esse grupo continua tendo a sua cidadania negada, aguardando as suas pautas serem concedidas como política filantrópica do Estado, sem poder participar da vida política do Estado, pois, continuam participando da modernidade e seu pacto social através da sua exterioridade.

Nesse sentido, fica clara a legitimidade dos indivíduos aprisionados como sujeitos coletivos, marginalizados, excluídos da organização social (NOLA, 2017, p. 29), ensejando a análise da configuração destes, como um exemplo concreto do fenômeno do pluralismo jurídico, paralelo ao Estado e ao ordenamento jurídico positivado por este.

ORGANIZAÇÕES CRIMINOSAS

Superada a análise conceitual do fenômeno do pluralismo jurídico, o presente capítulo se debruçará nos grupos ou movimentos sociais, especificamente sobre as organizações criminosas, contextualizando a historicidade destas organizações e o modo como ocupam um espaço perante a sociedade concomitantemente afrontam o ordenamento jurídico positivado.

Conforme Silva (2014, p. 8), é difícil de elaborar uma linha do tempo bem definida acerca das origens das organizações criminosas, principalmente pelo fato de que fatos históricos ensejaram o nascimento destas, logo de forma diferente conforme o país em que se encontra. Porém, não é possível deixar de observar que independente do local onde tenham se instalado, há um denominador comum, originando-se da insurgência de movimentos populares descontentes com as imposições de classes dominantes, do Estado, além da desassistência de serviços públicos vez que, via de regra, tais grupos encontram-se em áreas não urbanas.

Nesse sentido se buscará aludir o advento de alguns grupos insurgentes, citando-se como exemplo, algumas organizações criminosas específicas do contexto brasileiro, sob uma perspectiva social, conceitual e jurídica, uma vez que estas possuem peculiaridades próprias de um ordenamento positivado, buscando relacionar o surgimento e a atuação desses "entes sociais" com o pluralismo jurídico.

Finalmente será analisada a parcela de culpa do Estado, que ao não atender as demandas dos grupos sociais emergentes, abre brecha à composição de grupos insatisfeitos, que buscarão na marginalidade, alcançar meios de se estabelecerem socialmente, se insurgindo através da criminalidade.

Cenário favorável ao surgimento do crime organizado

A consolidação da sociedade perpassou inúmeras transformações relacionadas à maneira com que os indivíduos se relacionavam entre si e consigo mesmo, uma vez que houve o entendimento da necessidade de ser componente de um grupo para fazer tangível, um desenvolvimento mútuo através da interação e convivência (WLODARSKI; CUNHA, 2005, p. 3).

Nesse contínuo processo, as relações se enredaram às relações capitalistas, uma vez que o meio de produção destas é um dentre os vários aspectos que ensejam a formação do que se entende por classes sociais, acirrando exponencialmente a concorrência tanto pelo trabalho, quanto pelo consumo. Esse modo de produção que mira o lucro, propicia um aperfeiçoamento tecnológico que reduz a necessidade do trabalho exercido pela população proletária, aumentando o desemprego e a marginalização social do indivíduo que se vê forçado a aceitar condições cada vez mais precárias de vida e trabalho (LEAL; ALMEIDA, 2012, p. 3-7).

Marx (1984, p 218-200) exemplifica as reformas urbanas de Londres do final do século XIX, quando a população trabalhadora foi removida dos centros das cidades para a periferia. Tal feito foi conseguido com a supervalorização imobiliária, buscando uma higienização acompanhada de políticas de controle sanitário para o controle de doenças infecciosas, buscando preservar os indivíduos pertencentes as classes sociais mais altas.

Com a retirada da população mais pobre dos grandes centros urbanos, aumentou a aglomeração de indivíduos às áreas periféricas, onde a precariedade é comum e o Estado não alcança estes indivíduos, que não possuem garantidos seus direitos básicos, muitas vezes não sendo reconhecido sequer, como cidadão. É nesse cenário de debilidade estatal que irrompe situações de corrupção e violência (NOLA, 2017, p.30).

O surgimento dos grandes centros urbanos, bem como uma espécie de higienização social, onde os menos favorecidos foram relegados a ocupar uma área periférica das cidades foram fatores imprescindíveis que favoreceram a o aumento da criminalidade, constituída em sua maior parte pela classe trabalhadora e desempregada, sem condições de estruturais, dedicaram-se a atividades informais (LEAL; ALMEIDA, 2012, p. 7)

É justificado que tal população, negligenciada diariamente pelo próprio Estado, a cada dia que passa é passivamente legitimada a exercer o seu direito de insurgência, coadjuvando para uma "adequação informal" do sistema, posteriormente confrontando esse mesmo sistema social que forçou esses indivíduos à marginalidade.

Shneider (2014, p. 2) bem relaciona estes novos fenômenos sociais, considerando essa segregação social aliada à ingerência de recursos públicos, além da corrupção dos mais diversos órgãos estatais, como um grande fator ensejador do grande aumento da violência e da sistematização das atividades relacionadas às organizações criminosas.

A marginalização da sociedade é uma entre as consequências de uma globalização desenfreada e muitas vezes não planejada, corroborando com a presença de organizações criminosas precisamente nestes locais de menor atuação estatal, onde o desenvolvimento populacional marginalizado provém da precária abrangência e inúmeras vulnerabilidades locais da comunidade, se consolidando e se estruturando na brecha deixada pelo Estado, o que as tornam mais difíceis de serem combatidas (HARTMANN, 2011, p. 15).

Como características do surgimento destas organizações, Hartmann cita que:

> Esses grupos, sempre enfrentarão, além do combate das forças

policiais de sua região de atuação, a oposição de outras facções ilegais. Para manter suas ações ilícitas, os membros de organizações criminosas armam-se pesadamente, logo se pode dizer que as armas – e os assassinatos – entre outras são o sustentáculo do crime organizado. Entretanto, os maiores instrumentos e não menos fascinante das organizações criminosas e a ocultação de informações sobre suas atividades. Para tanto, elas contam com destruições de provas, subornos, falhas nos sistemas de segurança etc., Nesse sentido, suas ações se assemelham, em parte aos processos revolucionários subversivos sendo que completamente desprovido das nobres ideais de combate a miséria a construção de um mundo melhor, no crime organizado a maior importância decorre do poder social e do poder aquisitivo. (2011, p.15).

Desse modo, é comum que se atribua a estas organizações um status de poder autônomo, tomando favelas e periferias de grandes cidades a partir da ineficiência do Estado, dividindo tais áreas em territórios que ficam sob o seu controle, dominando inclusive a vida social das populações locais, imponto a estas o seu controle disfarçado pela assunção de funções que deveriam ser estatais, fato que corrobora com a concepção de que as organizações são uma espécie de "Estado paralelo" (LEAL; ALMEIDA, 2012, p. 3-5).

Associação criminosa x organização criminosa – conceito

Diante da sinonímia da situação que existe entre a associação e a organização criminosa, é comum que haja algum tipo de confusão conforme o conceito de ambas, confundindo-as, o que torna pertinente o presente tópico afim de esclarecer tal conceituação, uma vez que o presente estudo aborda apenas um deles.

O Código Penal Brasileiro já tipificava no seu artigo 288, o crime de "associação criminosa", *in verbis:*

Art. 288. Associarem-se 3 (três) ou mais pessoas para o fim específico de cometer crimes:

Pena – reclusão, de 1 (um) a 3 (três) anos.

Parágrafo único. A pena aumenta-se até a metade se a associação é armada ou se houver a participação de criança ou adolescente. (BRASIL, 1940)

Esta tipificação trata a associação, no sentido de punir a intenção dos agentes em praticar o ilícito, de modo que estes ainda se encontram na fase inicial do *inter criminis*, portanto o fato criminoso ainda está sendo planejado. É esta premeditação que é punida, bem como o ato onde os indivíduos se reunirem e planejam as minúcias de um crime, sendo suficiente para demonstrar a periculosidade do esquema, pois já enseja dano à estabilidade da ordem pública (MENDRONI, 2015, p. 8-9).

Diversos estudos foram efetuados na intenção de entender e desenvolver estratégias para o combate ao crime organizado, buscando não só o conceito, mas também a contextualização de tais organizações. Em 15 de novembro de 2000, foi adotada a Convenção das Nações Unidas contra o Crime Organizado Transnacional, em Nova York, trazendo uma definição de "grupo criminoso organizado" dentre outras terminologias, promulgada no brasil através do Decreto Nº. 5.015 de 12 de março de 2004.

Posteriormente o conceito de "organização criminosa" é definido pela Lei Nº 12.850, de 2 de agosto de 2013, no artigo primeiro, parágrafo primeiro, *in verbis*:

> Art. 1, §1º. Considera-se organização criminosa a associação de 4 (quatro) ou mais pessoas estruturalmente ordenada e caracterizada pela divisão de tarefas, ainda que informalmente, com o objetivo de obter, direta ou indiretamente, vantagem de qualquer natureza, mediante a prática de infrações penais cujas penas máximas sejam superiores a 4 (quatro) anos, ou que sejam de caráter transnacional. (BRASIL, 2013)

O dispositivo supracitado é praticamente uma reprodução de uma conceituação preexistente no ordenamento pátrio, encontrado na Lei Nº. 12.694 de 24 de julho de 2012, que dispões acerca do processo e julgamento colegiado em primeiro grau de jurisdições de crimes praticados por organizações criminosas, diferindo apenas na quantidade necessária para caracterização de uma organização, onde o dispositivo mais pretérito requer a associação de apenas 3 (três) pessoas, ao invés de 4 (quatro).

Neste, é perceptível que já há a noção de uma unidade social, onde seus componentes se identificam com um ideal específico compartilhado por todos, há uma ordenação estrutural que pode abranger desde maneirismos como saudações e expressões a um comportamento social padronizado com metas, divisão de tarefas, atribuição de funções e distribuição de cargos específicos hierarquizados, num real subsistema bastante autossuficiente, passível de desenvolver relações com outras organizações a partir de objetivos que lhes sejam comuns (CUNHA. 2011, p. 4).

Mendroni (2015, p. 10) pontua a diferenciação entre associação e organização criminosa da seguinte forma:

Enquanto na primeira, associação criminosa, constata-se apenas uma 'associação', com solidariedade entre os seus integrantes, no caso da segunda, Organização Criminosa, verifica-se uma verdadeira 'estrutura organizada', com articulação, relações, ordem e objetivo, com intenso respeito entre às regras e à autoridade do líder.

Após esclarecida qualquer confusão que por ventura existisse acerca de ambas as tipificações, Cunha (2011, p. 5-6) traça as principais características presentes em uma organização criminosa, salientando a possibilidade de variação destas, conforme a modalidade da organização, são elas:

Infiltração de agentes da organização no Estado, contribuindo para que haja omissão por parte deste, ou ainda angariando informações privilegiadas que possam trazer qualquer tipo de vantagem à organização, seja para o planejamento de algum ato interno, externo ou ainda para obtenção de meios de evadir-se de investigações e possíveis penalizações. Como exemplo dessa infiltração, cita-se patrocínios de campanhas políticas;

Criminalidade difusa, uma vez que não há necessariamente a individualização das vítimas, as organizações criminosas agem em benefício próprio, direcionando seus atos a pessoas indeterminadas que compartilham de alguma circunstância que as fazem alvo, o que geralmente acarreta numa irreparabilidade dos danos causados.

Baixa visibilidade dos danos – as organizações criminosas agem de forma oculta, de modo que quando qualquer um de seus atos ganha publicidade, já houve algum tipo de dano ou impacto na sociedade.

Alto grau de operacionalidade – as organizações criminosas investe em seus componentes, de modo que possam ter algum tipo de vantagem, além de uma bem definida divisão de cargos com poder de decisão ou ação, estes não se confundindo, cada papel devendo ser bem executado seja durante algum ato criminoso ou apenas no contexto interno da própria organização.

Velocidade, mudanças e adaptações – conforme a abrangência que a organização criminosa é capaz de ter, estando presente em praticamente todos os setores da sociedade, é fácil antever situações e tomar as devidas precauções para estas. Além disso, conta com um grande número de componentes que podem ser "descartáveis", uma vez que estes podem atuar como um desvio da atenção dos focos organizacionais que realmente importam. Ademais, podem buscar alianças com outras organizações criminosas que porventura venham a ter objetivos em comum.

Percebe-se que tais organizações dedicadas à atividade criminosa buscam técnicas que permitam uma melhor organização, viabilizando sua expansão – não só no que diz respeito a territórios, mas também no que tange ao poder aquisitivo – assumindo características corporativas onde as características mais pujantes são associações mais firmes, uma hierarquia bem consolidada e ações transacionais (CUNHA, 2011, p. 2).

Crime organizado no Brasil

De fato, a organização de grupos insurgentes ao Estado com intuitos obscuros, atuantes em diversas áreas a serem tratadas pelo Código Penal já é perceptível desde muito tempo atrás, portanto, tais organizações encontram-se arraigadas no sistema social de qualquer ordem nacional.

Apesar da criminalidade organizada já estar instalada abertamente ao contexto social há bastante tempo, sua análise sob a ótica do direito penal e processual penal brasileiro é recente, tendo como um dos primeiros exemplos práticos no contexto brasileiro, o movimento brasileiro conhecido como "Cangaço", no período entre o fim do século XIX e início do XX, no nordeste do país (SOBRINHO, 2009, p. 29).

Essa organização relacionada ao crime que encontra representatividade junto ao movimento nordestino, um grupo que possuía uma bem definida hierarquia, submetida à liderança de Virgulino Ferreira da Silva, conhecido por Lampião, caracterizava-se por ações violentas, saques, extorsão e sequestros, projetando proveito financeiro oriundo dos resgates (SCHNAIDER, 2014, p. 3-4).

No que diz respeito a infrações penais organizadas no Brasil, tem-se origem que destoa bastante em relação às organizações criminosas contemporâneas, oriundas de jogo de azar organizado pelo Barão de Drumond, sob o pretexto de arrecadar dinheiro em prol dos animais do Jardim Zoológico do Estado do Rio de Janeiro. Tal esquema foi reproduzido por outros grupos que passaram a disputar pelo monopólio do que viria a ficar conhecido como "jogo do bicho", corrompendo políticos e forças policiais (SILVA, 2014, p. 12).

Desde sua origem, o jogo do bicho possuía organização e leis próprias, além de várias ligações com chefes de organizações criminosas que encontravam-se refugiados no Brasil. Na condição de jogo, era bastante popular, o que ajudava a encontrar a tolerância de muitas autoridades, porém, dados os vultosos números de arrecadação e impulsionados pela ganância, surgiu a crise entre os grupos de bicheiros por volta do início dos anos 80, culminando em verdadeiro massacre no meio, com dezenas de execuções (FERRAZ, 2012, p. 22-23).

Durante os governo militares, onde uma revolução política e partidária eclodia, os presos políticos de esquerda, membros de organizações guerrilheiras foram encarcerados junto a presos comuns, fundindo ambas as realidades, no cerne de um ambiente precário e totalmente desassistido pelo Estado, com uma explosão populacional carcerária, reuniram-se naquele momento afim de evitar ataques dentro do cárcere e buscar uma maneira de tentar dialogar com as autoridades, afim de reivindicar melhores condições de vida aos detentos, era "Organizar-se ou morrer" (HARTMANN, 2011, p. 18-20).

Com o início dessas organizações e a grande miscigenação de infratores dos mais diversos tipos penais que as integravam, não demorou para que surgissem organizações criminosas comandadas por líderes do tráfico de entorpecentes (FERRAZ, 2012 p. 23). Diante do alto consumo, o tráfico passou a ser cada vez mais lucrativo, exigindo a formação de uma estrutura complexa para que o "negócio" mesmo ilícito, se mantivesse, desenvolvendo um círculo vicioso alimentada pela violência, assim como ocorreu com o clandestino em Chicago durante a lei seca nos Estados Unidos em 1920 (HARTMANN, 2011, p.20).

Além do tráfico de entorpecentes, Mendroni (2015, p. 38-40) aponta que as organizações criminosas praticam uma série de outros crimes para obtenção de mais lucro, expansão da organização, defesa de territórios etc. Como exemplo é possível citar crimes de extorsões, tráfico de armas, contrabando e descaminho, corrupção e concussão, jogos de azar, promoção e favorecimento à prostituição falsificação de documentos e dinheiro, golpes econômicos, cartelização de empresas e principalmente lavagem de dinheiro.

No Brasil existem vários exemplos de organizações criminosas em todo o território nacional, com as mais diversas origens, a exemplo da Amigos dos Amigos (ADA) no Rio de Janeiro, o Comando Norte-Nordeste (CNN) em Pernambuco e os Brasas no Rio Grande do Sul. O presente trabalho se debruçará um pouco mais detalhadamente sobre duas organizações que surgiram em contexto e locais diferentes, quais sejam o Comando Vermelho (CV) no Rio e o Primeiro Comando da Capital (PCC) em São Paulo.

O Comando Vermelho (CV)

Nascido entre a comunidade carcerária do Rio de Janeiro, inicialmente com o nome de "Falange Vermelha", o Comando Vermelho ou CV surgiu entre os anos de 1969 e 1975 presídio da Ilha Grande, Instituto Penal Cândido Mendes, devido as péssimas condições enfrentada pelos detentos, muitas delas impostas pelos próprios detentos que constantemente disputavam o poder dentro do cárcere (FERRAZ, 2012, p. 24).

O presídio de Ilha Grande, inicialmente recebia a presos idosos em fase terminal de cumprimento de pena, porém os presos comuns passaram a dividir o cárcere com os revolucionários de esquerda, também chamados de presos políticos, condenados pela Lei de Segurança Nacional. O presídio que foi criado em 1920 para abrigar até 540 presos, contava com 1.284 detentos entre militantes da esquerda e demais criminosos, em um ambiente totalmente insalubre e desumano (PORTO, 2007, p. 86-87).

Com essa miscigenação criminosa, os internos passaram a trocar informações e experiências de conduta, onde os guerrilheiros forneceram o *modus operandi* utilizado em suas guerrilhas. A organização contra os abusos das autoridades foi a base para o êxito da organização, passando a instituir medidas dentro do sistema carcerário como a proibição de violências físicas e sexuais entres os detentos, além de uma mensalidade a ser arrecadada por aqueles que fossem postos em liberdade (FERRAZ, 2012, p. 25).

Os fundadores do Comando, são os detentos José Carlos dos Reis Encina, conhecido como "Escadinha", José Carlos Gregório, o "Gordo", Francisco Viriato de Oliveira, o "Japonês" e William da Silva Lima, o "Professor. Utilizaram estratégias típicas de cartéis colombianos, onde aplicavam parte de seus lucros nas comunidades, suprindo as necessidades que o Estado nunca deu como saneamento, segurança, emprego e moradia (PORTO, 2007, p. 87-91).

O nível de organização chegou ao ponto de criarem um estatuto próprio, amplamente difundido e, conforme a expansão territorial e política da organização, sua presença foi constatada em diversas partes do país, onde versões mais atualizadas do tal Estatuto foram apresas. Os trecho que passam a ser transcritos a seguir, são parte de um estatuto apreendido com um adolescente em Fortaleza, onde este recebeu o convite para ingressar no Comando (BRASIL, 2017):

COMANDO VERMELHO LIBERDADE, RESPEITO, LUTA, JUSTIÇA, UNIÃO. ESTATUTO.

O CONSELHO DO COMANDO VERMELHO ORGANIZAÇÃO FUNDADA EM 1979 NO PRESÍDIO DA ILHA GRANDE NO RJ COM O INTUITO DE COMBATE A OPRESSÃO LUTA PELO PROGRESSO E LIBERDADE POSSA A REGREDIR AS REGRAS CRUCIAIS PARA O BOM FUNCIONAMENTO DE NOSSA ORGANIZAÇÃO.

Art:1:No lema do princípio de paz , justiça e Liberdade , significa que o respeito de todas as lutas somos também de paz , porém jamais fugiremos das guerra quando ela se fizer necessária .

Art:2: Os (5) Cinco pilares do CV. São ... Liberdade ,Respeito.Luta , Justiça, União . (L.R.L.J.U) Neste principios básico , se resume o grau de nossa convivência harmoniosa que idealizamos entre irmãos .e todos aqueles dignos de consideração no qual nos Relacionamos .

Art:3:A palavra de todos os integrantes serão validas , analizada e respeitada , Mas a palavra Final em qualquer questão sera sempre do Conselho (sic). (ANEXO A)

É nítido que o Comando Vermelho possui uma ideologia principiológica que dá base para a sustentação dos ideais da organização. Um lema baseado em "paz, justiça e liberdade" e o que eles chamam de os cinco pilares do CV, "Liberdade, Respeito, Luta, Justiça, União (L. R. L. J. U)", concepções que extraem a intenção dos relacionamentos entre os integrantes. São os alicerces do estatuto e o que legitima a própria existência da organização.

Além da codificação de um conjunto de normas principiológicas, o estatuto impõe normas de condutas para seus integrantes, devendo estes cumprir com suas responsabilidades, respeitando os "companheiros" e conselheiros, estando passíveis de punição em caso de descumprimento, que está prevista de forma escalonada, indo desde uma simples advertência verbal, afastamento provisório ou permanente e, em caso de infração muito grave, pena de morte.

Art:8: Não será permitido e será possível de correções as seguinte condutas.

A) Agressões entre irmãos , amigos , e companheiros

B) Inresponsabidade qualquer tipo de pilantragem .

C) faltar com o comando (Que é todos nos)

D) Se apoderar indevidamente de áreas de irmãos.

E) Derrama sangue inocente.

F) Causa desavenças , íntegras ou a desunião entre irmãos.

G) Derrama sangue de irmãos , antes de ter passado pela avaliação do concelho e saindo o decreto.

Art:9: A punição para os que violarem as normas serão de acordo com a inflação.

A) Advertência verbal para inflação leves.

B) Afastamento por um Ano sem da opinião em Nada , Para inflação leve.

C) Banido de definitivo para inflação Graves .

D)É o decreto para as inflacoes super Graves.

Art:10: A Rudez das punições.

A) 2 inflacoes leve , entra no afastamento provisório .

B) 2. Inflacoes médias, sera banido por tempo definitivo .

C) 1. Inflação. Grave o Banido sera obrigado a seguir o seu caminho , destino ir viver bem lonje do CV.

D) 1.Inflação super Grave, o acarretará automaticamente no óbito do decreto (sic). (ANEXO A)

Além dos dispositivos normativos, onde se pode verificar organização típica de Lei, com divisões em artigos e incisos, o referido estatuto termina com dez mandamentos tal qual os mandamentos bíblicos, com ordens de não cobiçar a mulher do próximo, ser coletivo, eliminar inimigos e orientação dos mais novos, além de uma reflexão onde justifica os motivos de existirem, como a luta contra imposições arbitrárias, progresso do crime e uma ética criminosa que dá força e seriedade à causa.

REFLEXÃO

[...]O OBJETIVO DO CV. QUE É PROGRESSO SERA LANÇADO ESTE ESPAÇO MAIOR E SERA ALCANÇADO PRIORIZANDO A ÉTICA DO CRIME, O RESPEITO E O DIREITO IGUAIS PARA TODOS, SOMENTE ASSIM O PRODUTO DAS SEMENTES PLANTADAS PRODUZIRAM EFEITOS EFICAZES É IPOSITIVO EM BENEFÍCIOS DO CRIME E DE MILHARES DE NOSSOS IRMÃOS QUE DARÃO A CONTINUAÇÃO DO CRIME DANDO A PROPRIA VIDA PELA CAUSA MAIOR DE NOSSA ORGANIZAÇÃO DENTRO E FORA DE NOSSOS TERRITÓRIOS[...] (sic). (ANEXO A)

Com isso conclui-se que há um tom organizacional, jurídico e político no estatuto supracitado, seja nos termos principiológicos, onde fica claro que há uma ideologia objetivista na existência do comando, seja na hierarquização de posições dentro da organização, onde há a composição de um conselho próprio com poder deliberativo e julgado, como também na determinação de responsabilidades, condutas, infrações e sanções àqueles que não cumprirem seus papeis ou transgredirem contra o sistema.

O Primeiro Comando da Capital (PCC)

Biondi (2009, p. 49), registra que os motivos e a data exata do surgimento do PCC é bastante imprecisa, principalmente pelo fato de existiram diversas versões sobre a fundação. Enquanto uma afirmava que surgiu na Casa de Detenção do Carandiru 1989, ou que é derivada de outros grupos prisionais que eram conhecidos pelo nome de Serpente Negra. Por último, a versão consolidada é a do surgimento durante jogo de futebol, devido a publicação desta no livro de Jozino, que foi amplamente difundido entre a população carcerária.

Também nascido da reunião de presos, no complexo prisional conhecido por ser um dos mais duros do sistema carcerário brasileiro, o Anexo da Casa de Custódia de Taubaté. A princípio, "PCC" era o nome dado a um time de futebol constituído pelos detentos fundadores, quando na final de um campeonato interno abandonaram o jogo e resolveram cobrar rixa possuída com integrantes do time adversário, culminando na morte destes em 1993 (PORTO, 2007, p. 73).

Além de matarem os dois rivais, prometeram mais cinco mortes como forma de exigir que uma lista de reivindicações fosse cumprida, houve tumulto, muita gritaria e balbúrdia onde os detentos destruíram móveis, queimaram colchões durante cerca de três horas. Dentre as exigências, pediam que o trabalho remunerado fosse implantado, prática de esportes, o fim de revista nas celas, bem como que os crimes cometidos durante a rebelião fossem anistiados e a exoneração de José Ismael Pedrosa, a época, diretor da casa de custódia. Esse evento marcou a criação do Primeiro Comando da Capital (DIAS, 2011, 131).

Com o ar revolucionário que a rebelião tomou, foi fácil para os fundadores do PCC conseguirem o apoio dos demais presos, que viram a oportunidade de melhorarem as condições de vida no cárcere. Antes da criação da organização, era comum que os detentos se agredissem e se matassem, havia estupro, mortes e extorsão, porém o PCC trouxe uma proposta de mudança ética dentro da própria prisão, motivo que gerou uma grande adesão entre a comunidade criminosa de dentro e de fora da prisão, que era invisível diante do poder público e passou a ter visibilidade. Mizael, um dos fundadores tomou a iniciativa de criar o primeiro estatuto onde codificava por escrito a intenção de se organizarem e evitar os maus tratos sofridos dentro da prisão (BIONDI, 2009, p. 48-49).

A organização criminosa alcançou um maior destaque em 18 de fevereiro de 2001, quando orquestrou o que ficou conhecido mundialmente como "Megarrebelião", envolvendo 29 presídios com aproximadamente 28 mil rebelados reunidos pelo Primeiro Comando da Capital em 19 municípios. Porém foi em meados de 2005 que o PCC adotou contornos políticos, sob o comando do detento Marcos Willians Camacho, o "Marcola", que teve inclusive planejado uma mudança quanto a nomenclatura inicial da sigla que representava a organização, que passaria a ser chamada de "Partido da Comunidade Carcerária (PORTO, 2007, p. 75-76).

Assim como o CV, o PCC também redigiu um estatuto, que segundo relatos é entregue aos iniciados durante um "ritual de batismo", ficando o novato atrelado a um padrinho que é responsável pela indicação do novo componente, como também por suas ações, como uma espécie fiador, podendo inclusive ser expulso da organização a depender da gravidade da infração cometida pelo seu apadrinhado (DIAS, 2011, p. 253-254).

Também é possível notar uma ideologia principiológica no estatuto do PCC (Anexo B) logo em seus primeiros artigos:
"ESTATUTO DO PCC 1. Lealdade, respeito e solidariedade acima de tudo ao Partido. 2. A luta pela liberdade, justiça e paz. 3. A união da luta contra as injustiças e opressão dentro da prisão".

Os três primeiros artigos trazem a base que fundamenta a existência da própria organização, assim como o CV, buscando a justiça segundo a ótica criminosa, deixando claro a causa de ser e agir contra a opressão que sofrem dentro do cárcere. Uma roupagem nobre com um possível intuito de se sobrepor aos atos criminosos que praticam dentro e fora do presídio.

8. Os integrantes do Partido têm que dar bons exemplos a serem seguidos. E por isso o Partido não admite que haja: assalto, estupro e extorsão dentro do sistema

9. O Partido não admite mentiras, traição, inveja, cobiça, calúnia, egoísmo, interesse pessoal, mas sim: a verdade, a fidelidade, a hombridade, a solidariedade e o interesse comum ao bem de todos, porque somos um por todos e todos por um.

10. Todo integrante tem que respeitar a ordem e disciplina do Partido. Cada um vai receber de acordo com aquilo que fez por merecer. A opinião de todos será ouvida e respeitada, mas a decisão final será dos fundadores do Partido. (Anexo B)

Fica clara a intenção de definir condutas a serem seguidas pelos integrantes do "Partido", termo empregado pelo fundador "Marcola", com intenção de dar ares políticos à organização. Do mesmo modo que o estatuto do CV, fica expresso que o PCC exigirá a colaboração de todos os integrantes, tanto financeira quando comportamental, sendo condenado à morte qualquer um que transgrida as regras. Ademais, inspirados pelos atentados de 11 de setembro de 2001, passaram a se autodenominar "terroristas", sendo responsáveis pelo sequestro e morte de um técnico e um repórter da Rede Globo de Televisão, ação na qual exibiram os sequestrados em vídeo, e fizeram duras críticas ao sistema penitenciário brasileiro, (PORTO, 2007, p. 79-80).

Após uma onda de ataques atribuídos à organização em 2006, além das investigações, foi mobilizado um estudo com o intuito de decifrar o PCC, bem como sua organização e métodos. Assim, foi elaborado o Dossiê Crime Organizado, através do Instituto de Estudos Avançados da USP.

Neste dossiê, Santos (2007, p. 100-101) reconhece o PCC como um grupo estruturado, que se adequa inclusive à classificação da ONU.

> Criminosos confinados que em nome de uma falsa solidariedade assumiram o comando do presídios, por falta da presença do Estado. (...) eles se organizaram para continuar praticando crimes, fazendo uma falsa proteção de familiares de presidiários, no ambiente de proteção de gangues como o Primeiro Comando da Capital.

Durante as investigações, ficou claro que o sucesso atribuído às ações do PCC se deu devido à organização estrutural da organização, que mantinha um verdadeiro quadro hierarquizado, composto por "funcionários" bastante disciplinados, que seguiam a risca a ideologia do estatuto, com capacidade de executar ordens sem questionamentos. Além disso, apresentavam normas próprias extremamente mutáveis, que se adaptavam à sociedade dependendo do local e do momento em que se encontrava (BIONDI, 2009, p. 53).

Dessa forma, se evidencia ainda que toda a cadeia de comando aliada à estrutura hierárquica, acaba sendo mais eficiente que o Estado, por não estar atrelado à burocracia administrativa, sendo uma cópia mal feita deste. (BIONDI, 2009, p. 54).

O ESTADO PARALELO

Wlodarski (2005, p. 1) considera o processo civilizador como responsável pela transformação social, trazendo consigo novas formas de interação dos grupos que compõem a sociedade. Ademais, permeia as questões acerca da organização do sistema social moderno, afirmando que este não resulta apenas do plano capitalista.

Como já apontado, esse processo de desenvolvimento dos grandes centros foi fator crucial para a marginalização da população que não possuíam condições de enquadramento ao novo modelo capitalista, com grande incentivo ao consumo. O que enveredou num processo de higienização e marginalização daqueles indivíduos que não fossem "limpos" o suficiente para estarem presentes no cerne da sociedade.

Desde o regime militar, era evidente a fronteira que distinguia os grupos sociais considerados "legítimos", daqueles a serem marginalizados, por não se adequarem à convivência dos mais abastados, sobrando para estes, servir àqueles. Ao Estado, como garantidor da propriedade privada, coube legislar de modo a garantir tal legitimidade, bem como impedir que tais grupos, banidos da convivência pública, fossem mantidos sem representatividade política (FELTRAN, 2008, p.36).

Esse crescimento demográfico, sem controle e sem a presença estatal, deixou lacuna imprescindível à instalação de um sistema jurídico paralelo, encabeçado pelas organizações criminosas. Como já apontado, tais organizações adotaram um sistema de expansão baseado nos carteis, onde uma de suas táticas, era a de reinvestir parte dos lucros arrecadados com a venda de drogas, na própria comunidade na qual estavam inseridas, fazendo-se presente e cumprindo um papel que deveria ser do Estado, foi fácil conseguir a simpatia da população marginalizada.

Segundo Hartmann (2011, p. 20) é essa exclusão social dada à população pobre, que por serem humildes são obrigadas a se instalarem nas periferias dos grandes centros, que ensejam a criminalidade. Nas favelas e comunidades, sem acesso a direitos básicos como saúde, moradia, educação e segurança, abandonados pelo poder estatal, que o criminoso encontra um ambiente mais que propício e se instala, muitas vezes provendo aquilo que o poder público se nega a prover.

Não só nas favelas, mas identicamente esse cenário se repente no sistema carcerário. Não é incomum encontrar presídios e casas de custódias onde os próprios criminosos, representando determinada organização, geralmente o PCC, ditam as regras de convívio do sistema carcerário.

Portanto, diante da ausência estatal na maioria das comunidades de periferia urbana, surge uma brecha que o crime organizado preenche, assumindo o papel de "Estado Paralelo". Nas periferias de São Paulo, quando há uma situação considerada injusta, não é junto ao Estado que o indivíduo lesado se socorre. Se alguém é roubado, morto, coagido, é a esse Estado paralelo arbitrará a contenda e tomará as medidas que julguem justas ao caso (FELTRAN, 2010, p. 58).

Organizações criminosas como o CV ou o PCC se instauram nas comunidades independentemente de qualquer tipo de autorização oficial do Estado, exercendo claramente o papel de uma "instância de poder" local. Assim como o Estado, essas instâncias possuem força armada composta de milícias própria, arsenal bélico pelo qual impões um controle e regras de conduta à população da comunidade onde se encontra, praticam o assistencialismo suprindo as brechas onde o Estado deveria se fazer presente, influenciam na escolha das lideranças locais e muitas vezes apoiam a candidatura de parlamentares, possuem uma burocracia organizacional, se auto afirmam independente de qualquer tipo de reconhecimento formal (LEAL; ALMEIDA, 2012. P. 12).

Note-se que o Estado, nessas comunidades, não é preterido, inclusive há interesse da população em se utilizar da lei oficial para fazer garantir seus direitos, porém essa busca é infrutífera, visto que o poder público é ausente, sendo demasiadamente difícil usufruir do direito de recorrer as jurisdições positivadas, o que faz com que, por uma experiência cotidiana que se faz muito mais eficaz do que os princípios normativos, se busque tais jurisdições complementares e paralelas à estatal, que de fato, funcionam (FELTRAN, 2010, p. 59). Fica claro que a organização criminosa se beneficia desse absenteísmo estatal, seja em situações que trazem precariedade ao convívio humano no cárcere, onde há maus tratos e superlotação, ou ainda nas condições insalubres de uma comunidade onde carece de saneamento, educação e segurança.

Nola, (2017, p. 43) ressalta que com o domínio do PCC, houve uma alteração na estrutura social das prisões paulistas, surgindo uma emanação de poder, que era dividido entre determinados indivíduos. Esses detentores de poder, passaram a ter influência social e política quanto aos demais, determinando medidas de contenção de conflitos, regendo normas de condutas, de comércio, resolvendo impasses surgido de diferenças entre os próprios detentos. Há uma deturpação da presença do Estado, uma vez que as normas destes são cumpridas pela vontade do encarcerado, que devido a essa influência e poder, obrigava

O mesmo ocorre nas periferias, onde a criminalidade organizada se faz presente no dia-a-dia, se infiltrando nas instituições estatais, ou através de atividades comuns relacionadas a práticas informais exercidas por uma classe trabalhadora que se encontra desempregada e desamparada pelo poder público, fomentando atividades que possibilitem a obtenção de qualquer lucro fácil. Seja local ou regionalmente, a clandestinidade é mais atuante justamente nas áreas de não atuação do Estado, uma vez que a soberania deste passa a ser ineficiente (CUNHA, 2011, p. 14-15).

Decerto, há uma impossibilidade em regulamentar todas as demandas acerca do direito, que por serem extremamente mutáveis, surgem novas concepções do que se entende por justo a cada momento. O Estado que apenas dispões de um ordenamento jurídico uno, não consegue amparar todos os conflitos que surgem envolvendo os mais diversos tipos de partes, principalmente àquelas que se encontram marginalizadas que dificilmente se enquadra na legislação (BOLZAN; NEUBAUER, 2016, p. 4).

As infrações à "ética" do mundo do crime, a "lei", por assim dizer, mesmo que sem uma codificação ou normatização específica, enseja julgamento e punição através da mediação do integrantes da organização. Tal composição pode ser evidenciada nos debates onde há deliberação sobre as pequenas causas, estas passíveis de modo rápido através de advertência no próprio local onde o "delito" ocorreu; casos de gravidade moderada devem ser consultadas por outros componentes em posições hierárquicas superiores. Por fim, os casos de vida ou morte são discutidos em debates mais complexos, onde haverá um julgamento que proferirá uma decisão final (FELTRAN, 2010, p. 63).

Diante de todo esse contexto apresentado, a atuação de uma organização criminosa forma um "arcabouço teórico" que remete a hipótese de um "Estado paralelo", uma vez que apresentam, metaforicamente, uma soberania nas comunidades em que se instala, possuindo domínio territorial, força armada para proteger esse território, assistencialismo, controle político local e por fim, autodeterminação, assumindo assim o papel de ordenamento social que deveria ser ocupado pelo poder público (LEAL; ALMEIDA, 2012. P. 12).

Outrossim, o crime organizado atualmente permeia o próprio Estado, dado um senso se impunidade que prevalece no país, aliado as formas de ascensão financeira mais rápidas através das práticas ilícitas, não é incomum ações da Polícia Federal onde servidores são investigados por esquemas criminosos, evidenciando o que antes era associado apenas aos morros e favelas, hoje encontra-se cada vez mais associado ao Estado, como pode-se observar em desvios de recursos públicos, ou financiamento de campanhas através de dinheiro lavado por tais organizações (HARTMANN, 2009, p. 38).

Ademais, as vultosas somas de dinheiro proveniente das práticas ilícitas trazem a necessidade de "legalizar" o lucro obtido através do processo conhecido por "lavagem", numa verdadeira reciclagem onde o dinheiro ilícito é colocado no mercado através de vários meios como depósitos, compra de bens, de maneira fracionada, utilizando-se de estabelecimentos que trabalham com dinheiro em espécie (SILVA, 2014, p. 14).

A própria presença do crime organizado nas periferias dos centros urbanos favorece a capitalização local, uma vez que provê emprego e sustento para muitos componentes dessas localidades, demonstrando que tais organizações cumprem com uma função totalizadora na realidade social da comunidade, estabelecendo complexos sociais internos como o domínio de territórios, ordenamento social e um política de classe, ainda que disfarçada (LEAL; ALMEIDA, 2012. P. 19).

Conclusão

O presente trabalho se dignou a analisar as concepções do

fenômeno conhecido por Pluralismo Jurídico, analisando suas nuances quanto ao contexto histórico, desde a idade média, onde o feudalismo foi um de seus mais marcantes exemplos, até os dias de hoje após a formação do Estado moderno, principalmente no tocante a situação das organizações criminosas como uma forma de manifestação do pluralismo jurídico.

Dada a evidente conjectura trazida por uma globalização desenfreada, o incentivo a um estilo de vida capitalista que não pode ser alcançado por todos, surge a "higienização" dos grandes centros urbanos, relegando a população pobre as regiões periféricas urbanas, local onde o poder público não alcança de maneira eficaz, o que acarreta numa grande quantidade de pessoas que ficam desassistidas de seus direitos básicos como segurança, saúde e educação.

Atividades informais passam a ser meio de sustento e ocorre uma explosão do número da população carcerária, situação também resultante da higienização urbana supracitada. Dentro dos presídios, a imposição da força é a maneira de resolução de conflitos.

Surge um sistema carcerário extremamente violento e que falha na sua função primordial de ressocializar o detento, que já não teve amparo do Estado fora da prisão, também não o encontra dentro de um sistema que deveria ter por função principal a sua devolução à sociedade totalmente apto para o convívio social.

Diante da série de problemas estruturais do cárcere, aliado aos abusos da administração deste, inicia-se, ainda que precariamente, uma forma de organização entre os detentos, incialmente sob o pretexto de busca de melhorias para a vida na cadeia, reivindicando condições mais humanas de tratamento. É a partir daí que surgem as organizações criminosas.

Com ares políticos, porém sem abrir mão da violência e das práticas criminosas como tráfico de drogas, contrabando, corrupção, sequestros, homicídios e crimes diversos, organizações criminosas crescem e se expandem, agora para fora do regime carcerário, o que demonstra a grande ineficácia do Estado, visto que são essas organizações que tomam para si o papel de prover aquilo que o poder público lhe nega, dentro e fora das penitenciárias.

A estrutura organizacional é típica de uma instituição empresarial ou política, possuindo estatuto próprio onde é colocado no papel a ideologia a ser seguida pelos componentes de tais organizações. Verdadeiramente, há a determinação de normas de conduta, sociais, hierárquicas, com destaque para aquelas que imputam uma sanção àqueles que infringirem tais dispositivos.

São ordenamentos e normas, que mesmo não positivadas ou reconhecidas pelo Estado, evidentemente possuem efeitos jurídicos que, obviamente não são os mesmos advindos do ordenamento jurídico positivado pelo Estado, mas que na falta deste, é aplicado e produz efeitos nas comunidades, favelas e periferias tomadas pelas organizações como o CV e o PCC.

A manifestação do pluralismo se faz presente justamente por tais manifestações apresentarem um novo conceito de coletividade, através de um sistema comunitário descentralizado, participativo e emancipado, mesmo que forçadamente.

Nas proposições de Wolkmer (2001), a iniciativa da classe de criminosos que dá início às suas atividades com a busca de seus direitos, eliminando conflitos, estruturando uma hierarquia, elaborando todo um planejamento de expansão e controle social local, objetivando garantias não só para si, mas também para a sociedade marginalizada como um todo, é uma forma de manifestação do pluralismo jurídico, uma vez que fica clara a presença de um novo sujeito coletivo, organizado, que mesmo de forma precária ou ilegal atinge melhores resultados do que o Estado, que é ausente (NOLA, 2017, p. 56).

A organização criminosa nada mais é do que um grupo, que age por seus próprios meios, possuindo uma ideologia e uma ética própria, que lutam por direitos ainda que de maneira ilícita, ocupando territórios e os defendendo, difundindo normas sociais e de conduta devendo seus preceitos serem reconhecidos sim, como exemplo de pluralismo jurídico.

Referências

ALBERNAZ, Renata Ovenhausen; AZEVEDO, Ariston. A pluralidade do social e o pluralismo jurídico: a discussão acerca da atual emergência de novas unidades sociais geradoras de juridicidade. Direito, Estado e Sociedade. v.9, n. 26, p. 97 a 124, jan/jun 2005. Disponível em < https://revistades.jur.puc-rio.br/index.php/revistades/article/view/328/300> Acesso em: 22 de Julho de 2019.

__________, A delimitação de formas de juridicidade no pluralismo jurídico: a construção de um modelo para a análise dos conflitos entre o direito afirmado pelo Movimento dos Trabalhadores

Rurais Sem Terra e a juridicidade estatal no Brasil. Tese (Doutorado) – Universidade Federal de Santa Catariana, Centro de Ciências Jurídicas. Programa de Pós-Graduação em Direito. Florianópolis. 2008. Disponível em < https://repositorio.ufsc.br/xmlui/bitstream/handle/123456789 /91268/249934.pdf?sequence=1&isAllowed=y>. Acesso em: 22 de Julho de 2019.

ALEXY, Robert. Conceito e validade do direito. 1. Ed. 2ª tir. São Paulo: Editora WMF, 2011.

________, Teoria dos direitos fundamentais. Trad. Virgílio Afonso da Silva. 2ª ed., 2ª tir. São Paulo: Malheiros, 2012.

BIANCHI, Ana Maria. Muitos métodos é o método: A respeito do pluralismo. Revista de economia política São Paulo_, v. 12, n. 2, p. 135-142, abr./jun. 1992.

BIONDI, Karina. Junto e misturado: imanência e transcendência no PCC. Dissertação de mestrado. Programa de Pós-graduação em Antropologia Social da Universidade Federal de São Carlos, 2009.

BOBBIO, Norberto. A teoria das formas de governo. 6. ed. Brasília: Editora Universidade de Brasília, 1992.

________, Teoria do ordenamento jurídico. Trad. Maria C. C. L. dos Santos. 6. Ed. Brasília: UnB, 1995.

BONAVIDES, Paulo. Teoria constitucional da democracia participativa. 3. Ed. São Paulo: Malheiros, 2008.

CUNHA, Danilo Fontenele Sampaio. Criminalidade Organizada: antigos padrões, novos agentes e tecnologias. Ponto Urbe [Online], 8 | 2011. Disponível em: http://journals.openedition.org/pontourbe/1752, Acessado em 01 de maio de 2019. Acesso em: 02 de Agosto de 2019.

DIAS, Camila Caldeira Nunes. Da pulverização ao monopólio da violência: expansão e consolidação do Primeiro Comando da Capital (PCC) no sistema carcerário paulista. São Paulo, 386 pp. Tese de doutorado. Faculdade de Filosofia, Letras e Ciências Humanas da Universidade de São Paulo, 2011.

DINIZ, Maria Helena. Compêndio de introdução à ciência do

direito. 18. ed. rev. e atual. São Paulo: Saraiva, 2006.

FAGUNDES, Lucas Machado. Pluralismo jurídico e justiça comunitária na américa latina: perspectiva de emancipação social. 2011. 218f. Dissertação (Mestrado em Direito) – Programa de Pós-Graduação em Direito da Universidade Federal de Santa Catarina, Universidade Federal de Santa Catarina, Florianópolis, 2011. Disponível em: <https://repositorio.ufsc.br/bitstream/handle/123456789/957 06/299946.pdf?sequence=1>. Acesso em: 28 de abril de 2018.

FALCÃO, Raimundo Bezerra. Curso de filosofia do direito. São Paulo: Malheiros, 2014.

FELTRAN, Gabriel de Santis. Fronteiras de tensão: um estudo sobre política e violência nas periferias de São Paulo 2008. Tese de Doutorado – Programa de Pós-Graduação em Ciências Sociais – Unicamp. 2008.

FELTRAN, Gabriel de Santis. 2010, Crimi e castigo na cidade: os repertórios da justiça e a questão do homicídio nas periferias de São Paulo. Caderno CRH, Salvador, 23: 59-74, mai.-ago.

FERRAZ, Cláudio Armando. Crime organizado: diagnóstico e mecanismos de combate. Monografia – Escola Superior de Guerra. Rio de Janeiro, 2012.

FERRAZ Junior, SAMPAIO, Introdução ao estudo do direito : técnica, decisão, dominação / Tercio Sampaio Ferraz Junior. – 10. ed. rev., atual. E ampl. – São Paulo: Atlas, 2018.

HART, Herbert Lionel Adolphus. O conceito de direito. 6. ed. Lisboa: Fundação Calouste Gulbenkian, 2011. 348f.

HARTMANN, Julio Cesar Facina. Crime Organizado no Brasil. Monografia – Instituto Municipal de Ensino Superior de Assis – IMESA. Assis, 2011. Disponível em < https://cepein.femanet.com.br/BDigital/arqTccs/0611230215. pdf>. Acesso em: 02 de Agosto de 2019.

HESPANHA, António Manuel. Cultura jurídica europeia: síntese de um milênio. Florianopólis: Fundação Boiteux, 2005.

LEAL, Jackson da Silva. O paradoxo na história do poder punitivo moderno: entre a pretensão sistematizadora e a manifestação usurpadora e totalitária. MÉTIS: história & cultura. Caxias do Sul, v. 13, n. 26, p. 185-212, jul./dez. 2014. Disponível em <http://www.ucs.br/etc/revistas/index.php/metis/article/view/2481/pdf_344>. Acesso em: 04 de Setembro de 2019.

LEAL, Jackson da Silva; GRANZOTTO MELO, Eduardo. As manifestações da cidadania negada: pânico social e política criminal - o caso de Santa Catarina / The manifestations of citizenship denied: social panic and policy criminal - the case of Santa Catarina.Revista Direito e Práxis, [S.l.], v. 7, n. 2, p. 161-197, jun. 2016. ISSN 2179-8966. Disponível em: <https://www.e-publicacoes.uerj.br/index.php/revistaceaju/article/view/18778 >. Acesso em: 15 maio 2019.

LEAL, Glauber Andrade Silva; ALMEIDA, José Rubens Mascarenhas. Estado, crime organizado e território: poderes paralelos ou convergentes?. Presidente Prudente, 2012. In: Jornada do trabalho: A irreformabilidade do capital e os conflitos territoriais no limiar do século XXI. Os novos desafios da geografia do trabalho, XIII. Presidente Prudente, 2012. 20f. Disponível em: <http://www.proceedings.scielo.br/pdf/jtrab/n1/13.pdf>. Acesso em: 22 de Setembro de 2019.

LYRA FILHO, Roberto. O que é direito. 17. ed. 16ª impr. São Paulo: Brasiliense, 2007.

MARX, Karl. O capital: crítica da economia política. Volume I, tomo 2. São Paulo: Abril Cultural, 1984.

MENDRONI, Marcelo Batlouni. Crime organizado: aspectos gerais e mecanismos legais. – 5. ed. – São Paulo: Atlas, 2015.

NETO, Emetério Silva de Oliveira. A Superação da dicotomia entre Direito Natural e Direito Positivo por meio do Pluralismo Jurídico. Florianópolis: CONPEDI, 2014.

NOLA, Murilo Menezes. Organizações criminosas e o império estatal: um estudo acerca do primeiro comando da capital a partir do pluralismo jurídico. Monografia – Universidade do Extremo Sul Catarinense – UNESC. Criciúma, 2017. Disponível em <http://repositorio.unesc.net/handle/1/6084>. Acesso em: 30 de Outubro de 2019.

PORTO, Roberto. Crime organizado e sistema prisional. – São Paulo: Atlas, 2007.

RODRIGUES, Giselly Campelo. O Estudo da Teoria da Norma Jurídica como essência de toda pesquisa científica no direito. Editora CESUMAR, Maringá – Paraná – Brasil, 2011.

ROUSSEAU, Jean-Jacques. Do contrato social ou princípios do direito político. São Paulo: Editora Martin Claret, 2003. 128f.

ROSA, Viviane Lemes da; PUGLIESE, William Soares. Estado, direito e religião na europa medieval. Revista Brasileira de História do Direito. São Paulo, v.2, n. 1, p. 284-300, jan/jun. 2016. Disponível em: https://www.indexlaw.org/index.php/historiadireito/article/view/730/pdf. Acesso em: 09 de Novembro de 2019.

SALGADO, Karine. O direito tardo medieval: entre o ius commune e o ius proprium. Revista Faculdade de Direito, Belo Horizonte, n. 56, p. 243-264, jan/jun. 2010. Disponível em: <https://www.direito.ufmg.br/revista/index.php/revista/article/view/119>. Acesso em: 29 de abril 2019.

SANTOS, Getúlio Bezerra. 2007. A hora e a vez de derrotar o crime organizado. Revista Estudos Avançados. São Paulo: Instituto de Estudos Avançados da USP, vol. 21, n° 61.

SANTOS, Valdoir da Silva. O multiculturalismo, o pluralismo jurídico e os novos sujeitos coletivos no Brasil. Dissertação (Mestrado) – Universidade Federal de Santa Catarina, Centro de Ciências Jurídicas. Programa de Pós-Graduação em Direito. Florianópolis. 2006. Disponível em < https://repositorio.ufsc.br/bitstream/handle/123456789/88574/230469.pdf?sequence=1&isAllowed=y>. Acesso em: 30 de Outubro de 2019.

________, Getúlio Bezerra. 2007. A hora e a vez de derrotar o Crime Organizado. Revista Estudos avançados. São Paulo: Instituto de Estudos Avançados da USP, vol. 21, n° 61. P. 99-105. Disponível em https://www.revistas.usp.br/eav/article/view/10269/11904. Acesso em: 09 de Novembro de 2019.

SCHNEIDER, Juliana Cordeiro. O novo conceito de crime

organizado na lei nº 12.850/13: Considerações dogmáticas. Derecho y Cambio Social. 2014.

SILVA, Oberdan Ferreira Costa da. Crime organizado: Aspectos processuais e meios de prova. Monografria – Faculdade de Direito da Universidade de Brasília. 2014.

SOBRINHO, Mário Sérgio. O crime organizado no Brasil. In: FERNANDES, Antonio Scarance; ALMEIDA, José Raul Gavião de; MORAES, Maurício Zanoide de (Coord.). Crime organizado: aspectos processuais. São Paulo: Revista dos Tribunais, 2009.

STRECK, Lenio Luiz; MORAIS, José Luis Bolzan de. Ciência política & teoria do estado. 7. ed. Porto Alegre: Livraria do Advogado, 2012. 211f.

VILLAS BÔAS FILHO. O. Juridicidade: uma abordagem crítica à monolatria jurídica enquanto obstáculo epistemológico. Revista da Faculdade de Direito, Universidade de São Paulo, 109, 281-325. Jan./dez. 2014 Dispnível em <http://www.periodicos.usp.br/rfdusp/article/view/89235/Rev_2014_09>. Acesso em:

WLODARSKI, Regiane; CUNHA, Luiz Alexandre. Desigualdade social e pobreza como consequências do desenvolvimento da sociedade Ponta Grossa, 2005. In: Simpósio internacional processo civilizados: tecnologia e civilização, IX. Ponta Grossa, 2005. 10f. Disponível em: http://www.uel.br/grupo-estudo/processoscivilizadores/portugues/sitesanais/anais9/artigos/workshop/art15.pdf. Acesso em: 01 de maio de 2019.

WOLKMER, Antonio Carlos. Pluralismo Jurídico: fundamentos de uma nova cultura no Direito. 3. ed. São Paulo: Alfa-Omega, 2001.

__________, Antônio Carlos; FAGUNDES, Lucas Machado. Tendências contemporâneas do constitucionalismo latino-americano: Estado plurinacional e pluralismo jurídico. Pensar, Fortaleza, v. 16, n. 2, p. 371-408, jul./dez. 2011.

__________, Antônio Carlos; FAGUNDES, Lucas Machado. Tendências contemporâneas do constitucionalismo latino-americano: Estado plurinacional e pluralismo jurídico. Pensar – Revista de Ciências Jurídicas. Fortaleza, v. 16. N. 2, p. 371-408, jul./dez. 2011

ANEXO A – ESTATUTO DO COMANDO VERMELHO (CV), 2016.
COMANDO VERMELHO LIBERDADE, RESPEITO, LUTA, JUSTIÇA, UNIÃO.
ESTATUTO

O CONSELHO DO COMANDO VERMELHO ORGANIZAÇÃO FUNDADA EM 1979 NO PRESÍDIO DA ILHA GRANDE NO RJ COM O INTUITO DE COMBATE A OPRESSÃO LUTA PELO PROGRESSO E LIBERDADE POSSA A REGREDIR AS REGRAS CRUCIAIS PARA O BOM FUNCIONAMENTO DE NOSSA ORGANIZAÇÃO.

Art:1: No lema do princípio de paz, justiça e Liberdade, significa que o respeito de todas as lutas somos também de paz, porém jamais fugiremos das guerra quando ela se fizer necessária.

Art. 2: Os (5) Cinco pilares do CV. São ... Liberdade, Respeito. Luta, Justiça, União. (L.R.L.J.U) Neste principios básico, se resume o grau de nossa convivência harmoniosa que idealizamos entre irmãos. e todos aqueles dignos de consideração no qual nos Relacionamos.

Art. 3:A palavra de todos os integrantes serão validas, analizada e respeitada, Mas a palavra Final em qualquer questão sera sempre do Conselho.

Art:4: Os Conselho serão formados por 13. Conselheiro do mais alto grau de conhecimento de nossas regras, capacidade, moral e senso de imparcialidade, dentre eles o Presidente do Conselho, vice Presidente Porta voz e Tesoureiro.

Art:5: A organização esta a cima de qualquer membro , interesses pessoais e não errar cortaremos na própria cane as decepçãos punido sempre o errado, aquele que se omitir diante de erros de irmãos, é prevalecida sempre a Razão , Para atingir o patamar de, Eficiência que almejamos o expurgo sera constante quando se dizer necessário.

Art:6: Cada integrate receberá o valor que merecer de acordo com, suas ações boas intenções e Responsabilidade.

Art:7: Em Referência a criminosos de outro estado, fica proibido a entrada para o CV. Membros de outros estado onde já existe facção, que corre pelo certo oriundo do próprio Estado, se for conveniente em como acordo fecharemos aliança nesse estado e daremos suporte para as alianças progredirem, mais em respeito aos que corre pelo certo jamais batiza neste estado desta maneira plantaremos a semente do CV. Em cada canto desse Brasil toda via corpo priorizando sempre a qualidade , o espírito de luta e não a quantidade .

Art:8: Não será permitido e será possível de correções as seguinte condutas.

A) Agressões entre irmãos, amigos , e companheiros

B) Inresponsabidade qualquer tipo de pilantragem.

C) faltar com o comando (Que é todos nos)

D) Se apoderar indevidamente de áreas de irmãos.

E) Derrama sangue inocente.

F) Causa desavenças, íntegras ou a desunião entre irmãos.

G) Derrama sangue de irmãos, antes de ter passado pela avaliação do concelho e saindo o decreto.

Art:9: A punição para os que violarem as normas serão de acordo com a inflação.

A) Advertência verbal para inflação leves.

B) Afastamento por um Ano sem da opinião em Nada, Para inflação leve.

C) Banido de definitivo para inflação Graves.

D)É o decreto para as inflacoes super Graves.

Art:10: A Rudez das punições.

A) 2 inflacoes leve, entra no afastamento provisório.

B) 2. Inflacoes médias, sera banido por tempo definitivo.

C) 1. Inflação. Grave o Banido sera obrigado a seguir o seu caminho, destino ir viver bem lonje do CV.

D) 1. Inflação super Grave, o acarretará automaticamente no óbito do decreto.

Art:11: Estará sujeito a punição severas o irmão que sem Neuma cautela e critério minuciosos coloca camaradas vacilões (Com Mancha no passado) Em nossa organização.

Art:12: Qualquer pessoa que se sentir prejudicada por atitudes de membros do CV. Poderá contestar no Concelho em derradeira instância no Concelho Geral que avaliará as questões detalhadamente com justiça, Fazendo impera sempre a razão, Não a aceitamos impostores infiltrados em hipótese alguma porque somos o Certo admitimos falha de ninguém.

Art:13:As Regras servirão para os mais antigos da cúpula do CV para o Bom andamento da nossa organização, é Marchar para frente os direto serão igualitário para todos sem distinções, Condição ou poder hierarquia.

Art:14 Somos Uma instituição progressiva uma familia unida , Membros do mesmo corpo , qualquer poluição de um dos membros será suprimido e lançado fora para que não venha contaminar todo Corpo CV, Que esta acima de todos os Membros.

Art:15: Todos os integrantes serão sempre respeitados quando sua atuação for dentro dos contornos legais, Nos limites doutrinados, Estabelecido nas regras, porem quando a atuação se mostra transgressoras destes preconceito legais ela será sempre invalida e combatida pela cúpula do Comando. Espero que os irmãos tenha compreendido acho que fico bem especificado

REFLEXÃO

O CV NÃO DESVIARÁ JAMAIS O CAMINHO DE LUTA QUE NÓS LIBERTARÁ PARA SEMPRE DOS INSTRUMENTO EM SEQÜELAS DO AUTORISMO QUE ASSOLA NOSSA NAÇÃO EM QUANTO EXISTIR OPRESSÃO ESTAREMOS SENDO CRUÉIS INIQUICINPEDOSOS PORÉM JUNTAMOS JUNTOS NOS PROTEJA PARA IMPOSIÇÕES ARBITRÁRIAS DA INFURIA E DA PREPOTÊNCIA ATRAVÉS DA BATALHA PELO SEDIO E O VEDADEIRO DE PROGRESSO SEGUIREMOS A FRENTE, OTIMISTA ACREDITANDO QUE AINDA EM VIDA (OU A MENOS NAS PROXIMAS GERAÇÕES) O OBJETIVO DO CV. QUE É PROGRESSO SERA LANÇADO ESTE ESPAÇO MAIOR E SERA ALCANÇADO PRIORIZANDO A ÉTICA DO CRIME, O RESPEITO E O DIREITO IGUAIS PARA TODOS , SOMENTE ASSIM O PRODUTO DAS SEMENTES PLANTADAS PRODUZIRAM EFEITOS EFICAZES É IPOSITIVO EM BENEFÍCIOS DO CRIME E DE MILHARES DE NOSSOS IRMÃOS QUE DARÃO A CONTINUAÇÃO DO CRIME DANDO A PROPRIA VIDA PELA CAUSA MAIOR DE NOSSA ORGANIZAÇÃO DENTRO E FORA DE NOSSOS TERRITÓRIOS TODOS OS SACRIFÍCIOS SOFRIMENTO COMPLEXIDADE E COMPREENSÃO CADA META É O

PROGRESSO ELA É UMA PONTE ENTREOS SONHOS E A REALIDADE UMA PONTE QUE NOS IMPULSIONA PELAS LUZES DA ESPERANÇA E NOS ESTIMULA E NÃO ESMORECE JAMAIS QUANDO NOSSAS VOZES NÃO SÃO OUVIDAS O CRIME É A MELHOR OPÇÃO PARA QUE ELA VENHA FAZER ECO E SURTIR EFEITO NO PRESENTE E PARA AS FUTURAS GERAÇÕES QUE CONTINUA MOVENDO TODOS OS DIAS . CONTA DE UMA NOCIVA CANETADA DAS AUTORIDADES TIRANICAS QUE SO VISAM SEUS PRÓPRIOS ENTERECES E NEM SE QUE SABE DISTINGUI O CERTO E ERRADO O UNIDOS VENCEREMOS ESTAS PRATICAS POR

    OS 10 MANDAMENTOS DO COMANDO VERMELHO
    1.NÃO NEGAR A PATRIA
    2.NAO COBIÇA A MULHER DO PRÓXIMO
    3.NÃO CONSPIRAR
    4.NÃO ACUSAR EM VÃO
    5.FORTALECER OS CAÍDOS
    6.ORIENTAR OS MAIS NOVOS
    7.ELIMINAR NOSSOS ENIMIGOS(A.D.A,T.C.P,POLÍCIA)
    8.DIZER A VERDADE MESMO Q CUSTE A VIDA
    9.NÃO CAGUETAR
    10.SER COLETIVO

    SE EU AVANÇAR SIGA-ME
    SE EU RECUAR MATE-ME
    SE EU MORRER VINGUE-ME
    POIS SOMOS GUERREIROS DO COMANDO VEMELHO

    CV.CE.RJ

ANEXO B – ESTATUTO DO PRIMEIRO COMANDO DA CAPITAL (PCC), 1997.

ESTATUTO DO P.C.C.

1. Lealdade, respeito, (sic) e solidariedade acima de tudo ao Partido.

2. A Luta (sic) pela liberdade, justiça, e paz.

3. A união na Luta (sic) contra as injustiças e a opressão dentro da prisão.

4. A contribuição daqueles que estão em Liberdade com os irmão dentro da prisão, através de advogados, dinheiro, ajuda aos familiares e ação de resgate.

5. O respeito e a (sic) solidariedade à (sic) todos os membros do Partido, para que não haja conflitos internos, pro que aquele que causar conflito interno dentro do Partido, tentando dividir a irmandade será excluído e repudiado do Partido.

6. Jamais usar o Partido para resolver conflitos pessoais, contra pessoas de fora. Porque o ideal do Partido está acima de conflitos pessoais. Mas o Partido estará sempre Leal e solidário à (sic) todos os seus integrantes para que não venham à (sic) sofrerem (sic) nenhuma desigualdade ou injustiça em conflitos externos.

7. Aquele que estiver em Liberdade 'bem estruturado' mas esquecer de contribuir com os irmãos que estão na cadeia, será condenado à (sic) morte sem perdão.

8. Os integrantes do Partido tem (sic) que dar bom exemplo à (sic) serem seguidos e por isso o Partido não admite que haja: assalto, estupro e extorsão (sic) dentro do Sistema.

9. O partido não admite mentiras, traição, inveja, cobiça, calúnia, egoísmo, interesse pessoal, mas sim: a verdade, a fidelidade, a hombridade (sic), solidariedade, e o interesse comum ao Bem de todos, porque somos um por todos e todos pro um.

10. Todo integrante tem que respeitar a ordem e a disciplina do Partido. Cada um vai receber de acôrdo (sic) com aquilo que fez por merecer. A opinião de Todos será ouvida e respeitada, mas a decisão final será dos fundadores do Partido.

11. O Primeiro Comando da Capital — P.C.C. fundado no ano de 1993, numa luta descomunal e incansável contra a opressão e as injustiças do Campo de Concentração "anexo" à Casa de Custódia e Tratamento de Taubaté, tem como tema absoluto "a Liberdade, a Justiça e a Paz".

12. O Partido não admite rivalidades internas, disputa do poder na Liderança do Comando, pois cada integrante do Comando sabe

a função que lhe compete de acôrdo (sic) com sua capacidade para exercê-la (sic).

13. Temos que permanecer unidos e organizados para evitarmos que ocorra novamente um massacre, semelhante ou pior ao ocorrido na Casa de Detenção em 02 de outubro de 1992, onde 111 presos, (sic) foram covardemente assassinados, massacre este que jamais será esquecido na consciência da sociedade brasileira. Por que nós do Comando vamos sacudir o Sistema e fazer essas autoridades mudar a prática carcerária, desumana, cheia de injustiça, opressão, torturas, massacres nas prisões.

14. A prioridade do Comando no montante é pressionar o Governador (sic) do Estado à (sic) desativar aquele Campo de Concentração "anexo" à Casa de Custódia e Tratamento de Taubaté, de onde surgiu a semente e as raízes do Comando, no meio de tantas lutas inglórias e a tantos sofrimentos atrózes (sic).

15. Partindo do Comando Central da Capital do KG (sic) do Estado, as diretrizes de ações organizadas e simultâneas em todos os estabelecimentos penais do Estado (sic), numa guerra sem tréguas, sem fronteiras, até a vitória final.

16. O importante de tudo é que ninguém nos deterá nesta luta porque a semente do Comando se espalhou por todos os Sistemas Penitenciários do Estado e conseguimos nos estruturar também do lado de fora, com muitos sacrifícios e muitas perdas irreparáveis, mas nos consolidamos (sic) à (sic) nível estadual e à (sic) médio e longo prazo nos consilidaremos (sic) à (sic) nível nacional. Em coligação com o Comando Vermelho – CV e PCC iremos revolucionar o país de dentro das prisões e o nosso braço armado será o Terror 'dos Poderosos' opressores e tiranos que usam o Anexo de Taubaté e o Bangú I do Rio de Janeiro como instrumento de vingança da sociedade, na fabricação de monstros.

Conhecemos a nossa força e a força de nossos inimigos Poderosos, mas estamos preparados, unidos e o povo unido jamais será vencido.

LIBERDADE! JUSTIÇA E PAZ!!!

O Quartel General do PCC, Primeiro Comando da Capital, em coligação com Comando Vermelho CV.

UNIDOS VENCEREMOS

ANEXO C – ESTATUTO DO PRIMEIRO COMANDO DA CAPITAL (PCC), 2017.

A Sintonia Final comunica a todos os irmãos que foram feitas algumas mudanças necessárias em nosso Estatuto.

O PCC foi fundado em 1993. Comemoramos esta data no dia 31 de agosto de todos os anos, mas 24 anos se passaram e enfrentamos várias guerras, falsos criminosos foram desmascarados, sofremos duros golpes, fomos traídos inúmeras vezes, perdemos vários irmãos, mas graças a nossa união conseguimos superar todos os obstáculos e continuamos crescendo.

Nós revolucionamos o crime impondo respeito através da nossa união e força que o certo prevalece acima de tudo com a nossa justiça, nós formamos a lei do crime e que todos nós respeitamos e acatamos por confiar na nossa justiça.

Nossa responsabilidade se torna cada vez maior porque somos exemplos a ser seguido.

Os tempos mudaram e se fez necessário adequar o Estatuto à realidade em que vivemos hoje, mas não mudaremos de forma alguma nossos princípios básicos e nossas diretrizes, mantendo características que são nosso lema PAZ, JUSTIÇA, LIBERDADE, IGUALDADE e UNIÃO acima de tudo ao Comando.

Que o novo Estatuto faça juz a cara que o Comando tem hoje e com o apoio e união de todos almejamos crescer cada vez mais, fortalecendo a ajuda aos que necessitam.

Agradecemos todos os irmãos que se dedicam pela nossa causa e qualquer dúvida procure a Sintonia para que possíveis dúvidas sejam esclarecidas.

1 Item: Todos os integrantes devem lealdade e respeito ao Primeiro Comando da Capital, devem tratar todos com respeito, dando bons exemplos a ser seguidos pela massa, acima de tudo ser justo e imparcial.

2 Item: Lutar sempre pela PAZ, JUSTIÇA, LIBERDADE, IGUALDADE e UNIÃO, visando sempre o crescimento da organização, respeitando sempre a ética do crime.

3 Item: Todos os integrantes do Comando tem por direito expressar sua opinião e tem o dever de respeitar a opinião de todos.

Sabendo que dentro da organização existe uma hierarquia e uma disciplina a ser seguida e respeitada. Aquele integrantes que vier a causar divisão dentro do Comando, desrespeitando esses critérios, será excluído e decretado.

4 Item: Aquele integrante que for para rua tem a obrigação de manter o contato com a Sintonia da sua quebrada ou da quebrada que o mesmo estiver. Estar sempre a disposição do Comando, a Organização necessita do empenho e união de todos os integrantes. Deixamos claro que não somos sócios de um clube e sim integrantes de uma Organização Criminosa, que luta contra as opressões e injustiças que surgem no dia a dia e tenta nos afetar. Sendo assim, o Comando não admite acomodações e fraquezas.

5 Item: Todos os integrantes que estiver na rua, tem a mesma obrigação, sendo ele estruturado ou não, porém os estruturados tem condição de se dedicar ao Comando e quando possível participar de projetos que venham a criar soluções desamparo social e financeiro para apoiar os integrantes desamparados.

6 Item: O comando não admite entre seus integrantes, estupradores, pedófilos, caguetas, aqueles que extorquem, invejam, e caluniam, e os que não respeitam a ética do crime.

7 Item: É dever de todos os integrantes da facção colaborar e participar dos "progressos" do comando, seja ele qual for, pois os resultados desse trabalhos são integrados em pagamentos de despesas com defensores, advogados, ajuda para trancas, cesta básica, ajuda financeira para os familiares que perderam a vida em prol a nossa causa, transporte para cadeirantes, ou auxílio para doentes com custo de remédio, cirurgia e atendimentos médicos particulares, principalmente na estruturas da luta contra os nossos inimigos, entre várias situações que fortalecem a nossa causa ou seja o crime fortalece o crime, essa é a nossa ideologia.

8 Item: Os integrantes que estiverem na rua e passando por algum tipo de dificuldade, poderão procurar a Sintonia para que o Comando possa ajuda-lo ir para o corre, deixando claro que o intuito da organização e fortalecer todos os seus integrantes, para que cada um tenha Condições de se empenhar também no progresso do Comando e assim nossos objetivos serem atingidos com total êxito.

9 Item: Todos os integrantes devem ter a certeza absoluta que querem fazer parte do Comando, pois aquele que usufrui dos benefícios que o Comando conquistou e pedir pra sair pelo fato da sua liberdade estar próxima ou até mesmo aquele que sair para a rua e demonstrar desinteresse por nossa causa, serão avaliados e se constatado que o mesmo agiu de oportunismo o mesmo poderá ser visto como traidor, tendo atitude covarde e o preço da traição é a morte.

10 Item: Deixamos claro que a Sintonia Final é uma fase da hierarquia do Comando composta por integrantes que tenham sido indicados e aprovados pelos irmãos que fazem parte da Sintonia Final do Comando. Existem várias Sintonias, sendo a Sintonia Final a última instância. O objetivos da Sintonia Final é lutar pelos nossos ideais e pelo crescimento da nossa Organização.

11 Item: Toda missão destinada deve ser concluída. Será feita uma avaliação da capacidade de cada integrante indicado pela Sintonia, e aquele que for selecionado e aprovado tem capacidade de cumprir uma missão, e tem o dever de arcar com as despesas financeira, mas quando for possível todos os gastos ficarão sob a responsabilidade do Comando. Essas missões incluem principalmente ações de resgate e outras operações restritas ao Comando. Todos aqueles que vierem a ser resgatados, terão a obrigação de resgatar outro irmão, aquele irmão que falhar na missão por fraqueza, deslealdade, será excluído e o caso será avaliado pela sintonia, no caso de vazar as idéias poderá ser caracterizado como traição e a cobrança será a morte.

12 Item: O Comando não tem limite territorial, todos os integrantes que forem batizados são componentes do Primeiro Comando da Capital, independente da cidade, estado ou país, todos devem seguir a nossa disciplina e hierarquia do nosso Estatuto.

13 Item:O Comando não tem nenhuma coligação com nenhuma outra facção, vivemos em harmonia com facções de outros estados, quando algum integrante de outra facção chegar em alguma cadeia nossa o mesmo será tratado com respeito e terá o apoio necessário, porém queremos o mesmo tratamento quando o integrante do Comando chegar preso em outro estado em cadeias de outras facções e se algum integrante de outra facção de outro estado desrespeitar a nossa disciplina em nossa cadeia vamos procurar a Sintonia responsável pelo mesmo e juntos procurarmos a solução e se ocorrer de um irmão nosso estar desrespeitando, a busca da solução será da mesma forma. Deixamos bem claro que isso se trata de facções de outro estado que seja amiga do Comando.

14 Item: Todos os integrantes serão tratados com igualdade, sendo que a nossa luta é constante e permanente, seus méritos e atitudes serão avaliadas dando prioridade para aquele que merece, esclarecendo que méritos não é sinônimo de acomodações e impunidade diante da nossa luta, tratando com igualdade para os iguais e desigualdade para os desiguais.

15 Item: Os ideais do Comando estão acima dos conflitos pessoais, no entanto o Comando será solidário com aquele integrante que esteja certo e em desvantagem para resolver os seus problemas pessoais, o apoio será prestado, a causa será prestado, a causa será aprovada, após a avaliação direta da Sintonia.

16 Item: É inadmissível usar o Comando para ter benefício próprio. Se algum integrante vier a subfaturar algo para ganhar dinheiro em cima do Comando, agindo com esperteza em benefício próprio, será analisado pela Sintonia e após ser comprovado os superfaturamento o mesmo será excluído e decretado. Nenhum integrante poderá usufruir do contato do Comando para transações comerciais ou particulares sem o conhecimento da Sintonia, os irmãos que investir o capital em mercadoria ou ferramentas para negociar, podem fazer negócio com a Família e obterem seu lucro desde que não seja abusivos, pois todo o fruto desse trabalho é destinado aos necessitados em prol a nossa ideologia.

17 Item: O integrante que vier a sair da Organização e fazer parte de outra facção caguetando algo relacionado ao Comando será decretado e aquele que vier a mexer com a nossa família terá a sua família exterminada. O Comando nunca mexeu com a família de ninguém e tais não terão paz. Ninguém é obrigado a permanecer no Comando, mas o Comando não vai ser tirado por ninguém.

18 Item: Todos os integrantes tem o dever de agir com severidade em cima de opressões, assassinatos e covardias realizados por Policiais Militares e contra a máquina opressora, extermínios de vidas, extorsões que forem comprovadas, se estiver ocorrendo na rua ou nas cadeias por parte dos nossos inimigos, daremos uma resposta a altura do crime. Se alguma vida for tirada com esses mecanismos pelos nossos inimigos, os integrantes do Comando que estiverem cadastrados na quebrada do ocorrido deverão se unir e dar o mesmo tratamento que eles merecem, vida se paga com vida e sangue se paga com sangue.

Relatório de atividades da Seccional Palmeira dos Índios em 2019

Mês 02/2019

. **04/02/2019:** Visita do Presidente juntamente com a comissão de cidadania e de direitos Humanos, na sede do Ministério Público Federal em Arapiraca, solicitando as devidas providências junto aos órgãos competentes laudos de avaliação das barragens localizadas em Palmeira e Quebrangulo.

. **07/02/2019:** Reunião pela primeira vez em 34 anos de existência da 3ª subseção com o poder executivo.

. **08/02/2019:** Visita da diretoria as obras do fórum da comarca de Palmeira dos Índios.

. **12/02/2019:** A presidente da comissão do meio ambiente e bem estar animal, advogada Adelaide França acompanhou junto ao representante da procuradoria federal os primeiros levantamentos feitos in loco da barragem da cafurna, conforme o requerimento protocolado no MPF, pela 3ª subseção.

. **26/02/2019:** Realização do processo seletivo do laboratório de ciências criminais.

Mês 03/2019

. **09/03/2019:** A advogada Dra. Jacqueline Camilo a convite do colégio Santo Agostinho, proferiu uma palestra no dia internacional da mulher sobre feminicídios.

. **11/03/2019:** A 3ª subseção a convite do professor França Junior, avaliou algumas apresentações do Workshop Acadêmico realizado no Cesmac do Sertão.

. **18/03/2019:** Realização da festa Solene da posse da diretoria e suas comissões da 3ª subseção da OAB/AL.

. **24/03/2019:** Realização de audiência pública no auditório da 3ª subseção por intermédio da comissão de cidadania e direitos

Humanos, com a presença do poder executivo para tratar da delicada situação de 15 famílias ameaçadas por eventuais ações de despejo do estado.

. **25/03/2019:** A 3ª subseção esteve presente nas ações itinerantes realizada pelo governo municipal, através das comissões de defesa do consumidor e mediação, conciliação e arbitragem.

Mês 04/2019

. **03/04/2019:** Realização do curso de verão, com o tema: Aprenda a advogar em matérias previdenciárias, com a professora Juliana Ribeiro, curso realizado no auditório da 3ª subseção da OAB/AL.

. **09/04/2019:** Representando a comissão de direitos sociais da 3ª subseção a Dra. Mariane Garrote esteve presente na VI Conferência Municipal de saúde do município de Estrela de Alagoas.

. **17/04/2019:** Realização da Palestra: Atuações do advogado em sede de delegacia, com o palestrante Dr. Ronald Pinheiro, evento realizado promovido pela comissão do jovem advogado, realizado no auditório da 3ª subseção.

. **27/04/2019:** Organização técnica e esportiva do torneio de futsal da OAB/AL, realizado sob a liderança do presidente da comissão de esporte e laser da 3ª subseção.

Mês 05/2019

. **04/05/2019:** O Dr. Marcos Gama Secretário Geral da 3ª subseção esteve presente no município de Belém na entrega de títulos do programa moradia legal, representando a 3ª subseção da OAB/AL.

. **07/05/2019:** A 3ª subseção esteve presente na Audiência Pública, promovida pela 4ª vara criminal da comarca de Palmeira dos Índios, que teve como tema: Contra a violência doméstica e familiar.

. **28/05/2019:** Realização na sede da 3ª subseção a vacinação contra a gripe para advogados e familiares.

Mês 06/2019

. **06/06/2019:** Realização do Arraia da ordem na sede da 3ª subseção da OAB/AL.

. **13/06/2019:** Diretoria da 3ª subseção presente na cerimonia de entrega do novo Fórum Des. Nelma Torres Padilha na cidade de

Palmeira dos Índios.

. **17/06/2019:** A 3ª subseção recebeu a caravana do saber, na oportunidade os advogados aprimoraram o saber com varias palestras.

. **18/06/2019:** A 3ª subseção realizou a Palestra com o tema: Reflexões sobre as principais mudanças jurídicas na atualidade, com o Desembarcador Dr. Marcelo Vieira, palestra realizada no auditório da 3ª subseção.

. **19/06/2019:** Diretoria da 3ª subseção presente na correição da vara do trabalho da comarca de Palmeira do Índios, com o Desembargador Dr. Marcelo Vieira.

Mês 07/2019

. **15/07/2019:** A diretoria da 3ª subseção juntamente com o presidente da seccional foram recebidos em audiência na corregedoria geral do TJ AL pelo Des. Fernando Torinho para tratar a cerca das indicações dos juízes titulares da 2ª e 4º vara da comarca de Palmeira dos Índios.

Mês 08/2019

09/08/2019: A comissão de direitos humanos da 3ª subseção em razão de denúncias foi verificar a possível precariedade das instalações físicas da casa de passagem, da casa de acolhimento e do centro pop.

13/08/2019: A diretoria se fez presente na abertura da semana do advogado na faculdade Cesmac do sertão.

14/08/2019: A diretoria da 3ª subseção, juntamente com a comissão de defesa do consumidor, recebeu na sede o superintendente do Procon. Dr. Daniel Sampaio, para tratar da ausência do Procon na cidade de Palmeira do Índios.

17/08/2019: Foi realizado após 35 anos de existência, o primeiro juramento dos novos advogados na sede da 3ª subseção de Palmeira dos Índios.

21/08/2019: O presidente da 3ª subseção se reuniu por convocação do ministério público do estado de alagoas com o secretário de infraestrutura do município de Palmeira dos Índios, Marcos Parreco e com o promotor de justiça Dr. Sergio Ricardo para tratar das devidas licenças ambientais a cerca da obra do açude da cidade de Palmeira dos Índios.

23/08/2019: A 3ª subseção juntamente com a comissão da mulher advogada realizou um evento acerca das causas inerentes as mulheres, com palestras com as Dras. Ariane Ferreira, Mylla Gabriela Araújo e Sandra Gomes. No mesmo dia a 3 ª subseção representada pela Dra. Fernanda Doria e pelo Dr. João Victor estiveram na escola Belarmino Vieira na cidade de Minador do Negrão, participando do enceramento da campanha agosto lilás.

29/08/2019: A 3ª subseção representada pela presidente da comissão de defesa do consumidor Dra. Jacqueline Camilo participou do XIX Congresso Nacional do Ministério Público do Consumidor.

30/08/2019: O presidente da 3ª subseção Dr. Marcus Ribeiro participou da reunião do conselho da OAB e do colégio de presidentes, fazendo algumas proposições em nome da advocacia da OAB Palmeira.

Mês 09/2019

04/09/2019: A comissão do Jovem advogado promoveu uma palestra no auditório da 3ª subseção com o tema: Os desafios do Jovem advogado empreendedor, com os palestrantes Dr. Sérgio Ludmer conselheiro federal da ordem e com o Dr. Luiz Gustavo presidente da ATRIAL.

06/09/2019: Representando a 3ª subseção a Dra. Mariane Garrote presidente da comissão de diretos sócias, esteve presente na Assembleia Legislativa no lançamento da procuradoria da mulher Itinerante.

19/09/2019: A diretoria da 3ª subseção, junto com o DPU, DPE, procuradoria e controladoria municipal, câmera de vereadores e prefeito Júlio César estiveram em audiência pública com representantes dos moradores da área afetada pela ação da reintegração de posse da faixa de domínio, proposta pela transnordestina e DNIT.

25/09/2019: O presidente da comissão de fiscalização profissional da 3ª subseção da OAB/AL, Dr. Fabiano Passos, esteve presente na ação Barnabé, promovida pela 1ª Igreja Batista de P.dos Índios.

02/10/2019: O presidente da 3ª subseção da OAB, Dr. Marcus Ribeiro e representantes da comissão Eleitoral, participaram da audiência pública sobre a reforma política, promovida pela OAB/AL, na cidade de Maceió.

10 e 11/10/2019: A 3ª subseção da OAB/AL em parceria com empreendedores de palmeira dos índios , recebeu em sua sede o mestre Prof. Carlos Conce, com o curso O poder da Persuação, onde os participantes poderão apreender técnicas de linguagem, gestual e dinâmica de grupos.

17/10/2019: A diretoria da 3ª subseção fez uma visita de cortesia ao juiz titula da 2ª vara da comarca de Palmeira dos Índios, desejando boas vindas ao magistrado.

19/10/2019: O presidente da 3ª subseção participou da reunião do conselho da ordem de advogados do Brasil Seccional Alagoas, além das deliberações aprovadas para a advocacia, recebeu a ministra do conselho nacional do ministério público Dra. Fernanda Marinela.

25/10/2019: O presidente da 3ª subseção, Dr. Marcus Ribeiro participou de mais reunião do conselho da ordem, uma pauta extensa e positiva, na reunião o Dr. Marcus Ribeiro visando beneficiar a jovem advocacia, foi requerer a isenção da taxa de transferência de domicilio eleitoral, o presidente conseguiu realizar todos os pedidos que fez durante esse ano, até dezembro a sede da 3ª subseção estará recebendo aspectos tecnológicos, a sala do fórum será uma das mais confortáveis e funcionais do estado, outros projetos já estão em pauta para o não de 2020, entre eles o estacionamento a área de convivência familiar e uma confortável sala de peticionamento em nossa sede.

30/10/2019: A 3ª subseção recebeu em sua sede uma ação do ministério público em defesa da vida, coordenada pelos promotores. Dr, José Antônio Malta Marques, pelas Dras. Micheline Tenório, Hylza Torres e o promotor titular da comarca de palmeira dos índios, Dr. Sergio Ricardo.

31/10/2019: A 3ª subseção da OAB recebeu em sua sede através da Associação do Advogado criminalistas do estado de alagoas, a ACRIMAL e da comissão de direito criminal, o advogado e professor Ailton Júnior a Dra. Mayara Heloisa e o professor, mestre, doutor e juiz federal, Dr. Rosmar Alencar, com palestras acerca do Direito Penal e Processo Penal e suas peculiaridades na atualidade.

Mês 11/2019

01/11/2019: A 3ª subseção, através da comissão de direitos humanos e cidadania, realizou uma visita à comunidade cachoeira do tamanduá no extremo norte de Palmeira dos Índios para buscar mais informações com a comunidade sobre as possíveis ameaças de fazer com que os moradores desocupassem a área de 314 hectares. Com o contado já estabelecido com os moradores a 3ª subseção e defensoria estão atentos a violações de direito e garantias fundamentais.

07/11/2019: O presidente da 3ª subseção Dr. Marcus Ribeiro esteve presente na reunião coordenada pela seccional da OAB/AL, através do seu presidente Dr. Nivaldo Barbosa na Corregedoria Geral de Justiça. Na ocasião foram discutidos vários pontos que beneficiam os advogados da capital e do interior.

08 e 09/11/2019: A 3ª subseção da OAB/AL esteve presente na cidade de Santana do Ipanema para prestigiar o III Encontro do Advogado do Sertão.

12/11/2019: A OAB Palmeira esteve na 4ª vara criminal da comarca de Palmeira dos Índios, fazendo uma visita de cortesia, desejando boas vindas ao Dr. Lucas Dória, novo magistrado Titular da vara.

18/11/2019: A 3ª subseção da OAB/AL, atuou junto a comissão do concurso público e com o procurador e presidente da comissão Dr. Aldo Cardoso da realização do concurso público da prefeitura de Palmeira dos Índios.

www.ingramcontent.com/pod-product-compliance
Lightning Source LLC
Chambersburg PA
CBHW061423150726
47987CB00001B/79